Schattauer

Jens Winkler

# Warum wir *gerade jetzt* Humanistische Psychotherapie brauchen!

Das etwas andere Praxisbuch
für Therapie und Beratung

Schattauer

**Jens Winkler**
www.psychotherapie-winkler.info

Besonderer Hinweis:
Die in diesem Buch beschriebenen Methoden sollen psychotherapeutischen Rat und medizinische Behandlung nicht ersetzen. Die vorgestellten Informationen und Anleitungen sind sorgfältig recherchiert und nach bestem Wissen und Gewissen weitergegeben. Dennoch übernehmen Autor und Verlag keinerlei Haftung für Schäden irgendeiner Art, die direkt oder indirekt aus der Anwendung oder Verwertung der Angaben in diesem Buch entstehen. Die Informationen sind für Interessierte zur Weiterbildung gedacht.

MIX
Papier | Fördert gute Waldnutzung
FSC® C083411
www.fsc.org

Schattauer
www.schattauer.de
J. G. Cotta'sche Buchhandlung Nachfolger GmbH
Rotebühlstr. 77, 70178 Stuttgart
Fragen zur Produktsicherheit: produktsicherheit@klett-cotta.de


Gestaltungskonzept: Farnschläder & Mahlstedt, Hamburg
Cover: Jutta Herden, Stuttgart
unter Verwendung einer Abbildung von shutterstock/Smit
Gesetzt von Eberl & Koesel Studio, Kempten
Gedruckt und gebunden von CPI – Clausen & Bosse, Leck
Lektorat: Karla Seedorf
Projektmanagement: Dr. Nadja Urbani
ISBN 978-3-608-40198-1
E-Book ISBN 978-3-608-12433-0
PDF-E-Book ISBN 978-3-608-20719-4

Bibliografische Information der Deutschen Nationalbibliothek
Die Deutsche Nationalbibliothek verzeichnet diese Publikation in der Deutschen Nationalbibliografie; detaillierte bibliografische Daten sind im Internet über http://dnb.d-nb.de abrufbar.

*In lebendiger Erinnerung an Wolf Büntig (1937–2021)*

Gesund zu sein heißt, anwesend zu sein, zu sehen, was ist, zu schmecken, was ist, zu fühlen, was ist, was einem guttut, was einem nicht guttut. Was einen erfüllt, was einen schal lässt – das ist gesund, aber das ist nicht normal. Wirklich mit etwas in Beziehung zu sein, hingegeben zu sein an den Augenblick, das gegenwärtige Leben im beständigen Wandel ganz zu erfahren, das ist nicht normal, aber sehr gesund.
*(Wolf Büntig 2013, S. 20)*

Aber hast du dir schon mal überlegt, einfach nur zuzuhören? Nichts zu sagen und einfach mal zuzuhören? Denn manchmal wäre das schon genug. Jemand, der versucht zu verstehen. Jemand, den das interessiert. Und versteh mich nicht falsch, ich möchte jetzt nicht, dass du dich verstellst. Ich will nicht, dass du jetzt denkst, du musst das tun. Denn damit würdest du mir kein bisschen helfen.
*(Carmen G. 2023)*

# Kurze Vorbemerkung – Keine hohen Ideale, bitte: Das Leben fordert uns schon genug!

Ich sage es ganz offen: Manchmal hadere ich damit, ein Buch über Humanistische Psychotherapie zu schreiben – besonders in Momenten, in denen ich deutlich mit meiner eigenen Beschränktheit konfrontiert werde: Momente, in denen ich mit den Gefühlen meiner Kinder überfordert bin, in denen ich unsachlich mit meiner Frau streite, in Momenten, in denen ich vor mir selbst weglaufe, indem ich mich ablenke, anstatt nachzuspüren, was los ist und was ich wirklich brauche.

Erst auf den zweiten Blick erinnere ich mich dann, dass die humanistische Perspektive dazu einlädt, die Ganzheit unserer Erfahrungen in uns zu erkennen und uns damit zu versöhnen. Können wir das Leben in seiner ganzen Fülle annehmen? Es ist voll von Schönheit, Freude und Verbundenheit – genauso ist es voller Herausforderungen, Schmerz, Trennung und Verlust! That's what you get!

Ich möchte hier kein Ideal beschreiben, an dem du dich beim Lesen misst und dich dann schlecht fühlst. Wenn das so wäre, hätte ich mein Ziel verfehlt. Ich möchte keinen Weg zum »guten Therapeuten oder Berater« aufzeigen, sondern dich ermutigen, einen persönlichen Weg zu finden, der deiner Eigen-Art und deinen Fähigkeiten entspricht – und in diesen Weg zu vertrauen, ohne ihn zu kennen!

Häufig ist die psychotherapeutische Arbeit erfüllend. Sie bringt mich mit dem Wesentlichen des Menschseins in Verbindung. Sie gibt mir das Gefühl, einer sinnvollen Tätigkeit nachzugehen und etwas bewirken zu können. Es entstehen besondere Begegnungen und Momente. Menschen schenken mir ihr Vertrauen und zeigen sich ganz verletzlich. Ich erlebe ihre Entwicklung hin zu mehr Lebendigkeit, Offenheit und Authentizität. Das empfinde ich als großes Geschenk.

Manchmal jedoch stehe ich in den Prozessen selbst wie ein Ochs vorm Berg, fühle mich befangen, erschöpft oder ratlos. Wie kann ich da ein Buch über die humanistische Perspektive schreiben, die oft als so ein unerreichbares Ideal daherkommt?

Für meinen persönlichen Weg war die humanistische Perspektive stets ein Wegweiser. Verbinde ich mich mit dieser Grundhaltung, dann fühle ich wieder Vertrauen, wenn ich nicht weiterweiß – und Sicherheit, wenn ich unsicher bin. Für mich ist sie mehr als eine altmodische Altherrenfantasie über das *Wahre, Schöne und Gute*. Sie bietet eine Perspektive, die die eigene Entwicklung und den therapeutischen Prozess in seiner Ganzheit und Tiefe sinnvoll rahmt. Sie lässt mich mit den Bewegungen des Lebens mitgehen, ohne wissen zu müssen, wohin die Reise gerade geht. Sie ermutigt zur Eigenart. Sie fördert die Verbindung zu anderen, ohne dafür die Verbindung nach innen kappen zu müssen. Es geht nicht um das Richtige im Außen, sondern um das

Stimmige im Innern. Damit verbunden finden wir einen Weg, in der Welt zu sein, der uns und unsere Mitmenschen nährt. Unser Bemühen gilt der Gestaltung einer Beziehung, die unser Gegenüber bestmöglich in seiner Entwicklung unterstützt.

Wir schaffen in den Therapien einen Raum, in dem wir dazu einladen, langsamer zu werden, bei uns anzukommen und zu lauschen: auf die innere Stimme und darauf, was mein Gegenüber mir über sich mitteilt. Wir fragen dann: Wer bist denn du? Wir interessieren uns für die Beziehungen, die jemand zu sich und zur Welt hat.

Nach meinem Psychologiestudium, meiner tiefenpsychologischen Approbationsausbildung an einem Humanistischen Institut und den ersten Jahren mit eigenem Kassensitz war für mich klar, dass ich über die wichtigsten Erkenntnisse auf diesem Weg schreiben möchte. Stets hat mir die humanistische Perspektive den Rahmen gegeben, der mir ein sinnvolles Handeln in der Gegenwart ermöglichte, ohne den Prozess kontrollieren zu müssen. Unabhängig davon, ob ich gerade wusste, was ich tat oder nicht. Ich bin dankbar, an verschiedenen Stellen in meinem Leben immer wieder damit in Berührung gekommen zu sein und so tolle Lehrerinnen und Lehrer gehabt zu haben, die selbst auf diesem Weg gewachsen sind.

Der Prozess der Therapie ist zu komplex, um ihn vollständig zu verstehen und erschöpfend zu beschreiben. Wir können ihm aus vielen verschiedenen Perspektiven begegnen. Ich nähere mich ihr an aus der humanistischen Perspektive. Was ich mitbringe, ist die Bereitschaft, meine Erfahrungen theoretisch einzuordnen und zu hinterfragen. Ich schrecke nicht davor zurück, mich persönlich einzubringen. Ich möchte nicht so tun, als wäre Therapie etwas Objektives, was mit mir als Mensch nichts zu tun hätte. Die Art, wie oft über Therapie geschrieben und gesprochen wird, irritiert mich. Als wäre sie nicht selbst ein offener, intersubjektiver Prozess, der stets in Bewegung ist, sondern etwas Festes, das man nach Belieben kontrollieren und in jede gewünschte Form bringen könnte. Ich habe mir immer eine fragende und offene Haltung bewahrt. Das schafft nicht immer Sicherheit im Prozess. Therapieprozesse bleiben für mich interessant, weil ich mich überraschen lassen kann. Dazu Wolf Büntig: »Es gibt keine langweiligen Klient*innen, sondern nur fehlendes Interesse« (Büntig 2015). In diesem Buch möchte ich die Erkenntnisse und Fragestellungen meines bisherigen Weges sortieren und an dich weitergeben.

Die humanistische Therapie gilt als eine der vier bedeutenden psychotherapeutischen Strömungen; in ihrer Tiefe wird sie heute jedoch am wenigsten gelehrt und verstanden. Da geht etwas sehr Wertvolles verloren. Diesem drohenden Verlust möchte ich mit diesem Buch entgegenwirken und allen Interessierten hoffentlich auf anregende Weise ein grundlegendes Verständnis vermitteln.

Ich habe gespürt, dass das Buch von mir geschrieben werden möchte. Ich hoffe, dass es dich auf deinem Weg bereichern kann. In erster Linie sitzen wir als Therapeut*innen oder Berater*innen anderen Menschen gegenüber. Wir begegnen uns von Sein zu Sein. Du darfst zweifeln, unsicher und fehlbar sein. Ich hoffe, das vorliegende Buch kann dabei helfen, dir die Angst vor Nichtwissen und tiefen Prozessen zu nehmen, in deine Fähigkeiten zu vertrauen und die Freude und innere Sicherheit im Rahmen deiner Arbeit und darüber hinaus zu vergrößern.

Herzlich
Jens Winkler

# Inhalt

# 1 Einleitung: Das, was an Richtung fehlt, lässt sich nicht durch Geschwindigkeit wettmachen

Zunächst drei Fragen an dich: Was ist für dich wesentlich? Was an dir ist wesentlich? Was ist für dich wesentlich, wenn du dich in einer Lebensphase befindest, in der du in Not bist und nicht weiterweißt? Halte einen Moment inne und sei neugierig auf das, was auftaucht. Wenn du magst, schreibe es auf. Nimm deine innere Stimme ernst. Wir müssen nicht in Therapiemanualen oder Studien danach suchen! Die wesentlichen Antworten befinden sich in dir.

Wenn wir als Therapeut*innen Unterstützung anbieten, sollten wir uns am Wesentlichen orientieren. Wir sollten uns fragen, was die Grundlage und der Kern unserer Arbeit sind. Die Entwicklung therapeutischer Ansätze unterliegt seit jeher Trends, Moden und Strömungen. Diese entstehen im Kontext des jeweiligen gesellschaftlichen und wissenschaftlichen Diskurses und wirtschaftlich-politischer Vorgaben. Der Therapiemarkt boomt. Für jede Diagnose gibt es das »*richtige*« evidenzbasierte Interventionspaket, das effizient und wirtschaftlich in nur wenigen Stunden störende Symptome beseitigt. Leicht verliert man vor lauter Angeboten und Ideen den Überblick. Diese Interventionsbaukästen suggerieren, dass wir Therapie »*richtig*« machen können. *Bei dem Versuch, alles richtig zu machen, gerät jedoch allzu häufig das Wesentliche aus dem Blick.* Die humanistische Perspektive hat sich immer mit dem Wesentlichen befasst: Wie kann ich dem verletzten und verletzlichen Menschen, der mir gegenübersitzt, in seiner Ganzheit begegnen? Wie berühre ich ihn und sein Leid? Wie kann ich in einem Prozess, der ständig in Bewegung ist, eine wirksame Begleitung sein? Wie kann ich nicht nur in meiner Funktion als Therapeut*in begleiten, sondern auch als Mensch, der selbst verletzt und verletzlich ist? Wie schaffen wir die optimalen Voraussetzungen dafür, dass eine Person sich entwickeln kann?

Die Humanistische Psychotherapie bietet einen wahren Schatz an Haltungen und Interventionen an. Sie setzt dem modernen *Fix-it-Denken* eine wirksame Haltung entgegen, die den therapeutischen Prozess in seiner Tiefe und Ganzheit sinnvoll rahmt. Dadurch gibt sie Sicherheit, Kompetenz und Gelassenheit während der therapeutischen Arbeit. Sie ermöglicht es uns, uns dem Unbekannten auszusetzen und mit dem mitzugehen, was sich zeigen möchte. Diesen Schatz möchte ich öffnen, Seite für Seite in diesem Buch entpacken und an dich weitergeben. Ich bin davon überzeugt, dass wir diesen Schatz heute mehr brauchen denn je. Die Humanistische Psychologie hat heute ein verstaubtes Image. Sie droht allmählich hinter einer dicken Staubschicht zu verschwinden und in Vergessenheit zu geraten. Das Buch sollte allerdings nicht als Nachruf gelesen werden, sondern als Einladung und Aufruf, die Inhalte für die eigene Arbeit zu nutzen. Ich möchte zeigen, warum die humanistische Perspektive hochaktuell ist und warum wir sie gerade so sehr gebrauchen können – in unserer Gesellschaft und in der Therapie. Dafür möchte ich das teilweise verstaubte Wissen entstauben und dir so zugänglich machen.

Wir leben in einer immer schneller werdenden Welt. Das wirkt sich auch auf unsere Psychotherapielandschaft aus, die sich ständig verändert. Der Psychotherapie-Markt und die Interventionsforschung boomen. Das Angebot platzt vor neuen evidenzbasierten Manualen, Therapie-Tools, Kurzzeitinterventionen und Therapie-Apps. Fast sicher wird das Angebot an KI-gestützten Therapie-Chatbots in der kommenden Zeit explodieren. Ständig entstehen neue Ansätze, die eine effektivere und effizientere Therapie versprechen. Um am Puls der Zeit zu bleiben, müssen auch wir Therapeut*innen ständig den Blick nach außen wenden. Niemand möchte den Anschluss verlieren. Was ist heute *State of the Art*? Das Versprechen lautet: Psychotherapie lässt sich richtig machen und die Forschung zeigt dir, was richtig ist! Das moderne Credo dazu lautet: Erfinde dich ständig neu und verbessere deine Performance! Auch der therapeutische Raum ist ein Performance-Raum geworden. Er wird immer mehr von einer Agenda besetzt, die von der Logik des *Schneller, besser, effizienter!* beherrscht wird. Diese Logik bestimmt schließlich unser Kontaktangebot, den therapeutischen Raum und die Forschung. Wissenschaftliche Forschung basiert darauf, dass mit der modernen State-of-the-Art-Methodik Erfolg versprechende Lösungen präsentiert und publiziert werden können. Im Vordergrund steht nicht die Dringlichkeit der Fragestellung. Der moderne Psychotherapieforschungsmythos besagt: Die moderne Forschung zeigt dir, was richtig ist. Das wichtigste Argument sind dabei Signifikanzen, Effektstärken, Veröffentlichungen und Zahlen.

Auch der psycho-spirituelle Markt boomt. Dort wird nach Antworten auf die großen Fragen gesucht. Antworten, die die moderne evidenzbasierte Psychotherapieforschung nicht geben kann – gar nicht erst versucht zu geben. Die großen Fragen sind schwer zu operationalisieren und experimentell zu untersuchen und damit für wissenschaftliche Publikationen uninteressant. Abgesehen davon, dass die Antworten darauf nicht zum Anliegen der Psychotherapie gehören, hat doch jede Therapierichtung eine mehr oder weniger klar formulierte Haltung zu den größeren Fragen – eine Haltung, die sich konkret darauf auswirkt, wie wir als Therapeut*innen diesen Themen begegnen.

Der moderne psycho-spirituelle Markt verbindet die alte Vorstellung des Persönlichkeitswachstums mit der neokapitalistischen Logik der Selbstoptimierung. Auch hier liegt das Versprechen im Außen. Die unerfüllte innere Suchbewegung füllt die Kassen derer, die vermeintlich Antworten auf die existenziellen Fragen haben. Die Sehnsucht nach Orientierung und Anbindung scheint gewaltig. Der Mythos der psycho-spirituellen Szene strotzt vor Positivität und lautet in etwa: Folge dieser oder jener Person und optimiere deine Performance; dann wirst du beliebter, gesünder, glücklicher und sexyer! Du kannst alles sein und alles erreichen! Letztendlich wird dadurch ein Erwartungsdruck erzeugt, der langfristig nicht erfüllt werden kann und damit das Leid und das Gefühl der eigenen Unfähigkeit nur noch vergrößert.

Vielleicht haben wir uns da etwas verrannt. *Wenn wir rennen, verlieren wir leicht den Blick fürs Wesentliche.* Allzu leicht können wir uns in diesem Überangebot an Versprechungen verlieren. Für uns wird das Angebot immer unüberschaubarer: Was hat Bestand? Was ist wahr? Was nährt? Was passt zu mir? Woran kann ich mich orientieren? Verführungen gibt es überall, in Form angenehmer Zerstreuungen oder großer Versprechungen. Wir verlieren aus dem Blick, was eigentlich wesentlich ist. *Hier kann die humanistische Perspektive helfen, uns wieder zu besinnen, den Blick von außen nach innen zu lenken, Tempo rauszunehmen, uns umzuschauen, nachzuspüren, innezuhalten.* Was stimmt für uns, wenn wir zur Ruhe kommen? Sie bedient eine andere Logik, einen anderen Blick auf die Welt und unsere Beziehungen. Im Vordergrund stehen nicht Performance, Effizienz und das »*Richtige*«. Und doch ist die humanistische Perspektive hochwirksam. Wir brauchen Herzqualitäten wie Bezogenheit, Einstimmung und offene Neugierde heute umso mehr: als Ergänzung und Gegenpol einer immer effizienzversesseneren Psychotherapie. *Das Versprechen einer objektiven, richtigen Psychotherapie lässt sich zwar in Studiendesigns abbilden, niemals jedoch im Kontakt zu einem leidenden, verletzten und vulnerablen Menschen.* Der therapeutische Prozess ist so viel komplexer. Er ist – genau wie das Leben – immer in Bewegung. Persönlichkeitsentwicklung und psychische Heilung benötigen mehr als vorstrukturierte Entwicklungspläne und standardisierte Interventionen: Sie brauchen offene Räume und ein offenes Beziehungsangebot.

Immer weniger Menschen und in Ausbildung befindliche Therapeut*innen lernen den Schatz der Humanistischen Psychotherapie mit seinen Haltungen und Interventionen kennen. Die humanistische Perspektive ist weitgehend aus dem akademischen Feld verdrängt worden – und das, obwohl sie international unbestritten als eine der vier bedeutenden therapeutischen Strömungen gilt. Keine Psychologie-Professur in Deutschland wird aktuell von einem Vertreter oder einer Vertreterin der humanistischen Verfahren besetzt. Es scheint, als wäre das Thema gegessen, als hätte uns die humanistische Perspektive in der heutigen Zeit nichts mehr zu sagen. Zumindest haben die akademischen und politischen Entscheidungsträger in Deutschland kein Interesse daran, die Perspektive der Humanistischen Therapie lebendig zu halten und weiterzuverbreiten. Das Mindesthaltbarkeitsdatum scheint abgelaufen. Mit Ablehnung des Antrags der *Arbeitsgemeinschaft Humanistische Psychotherapie* (AGHTP) durch den Wissenschaftlichen Beirat für Psychotherapie (WBP) des gemeinsamen Bundesausschusses im Jahr 2018 ist das Angebot der Humanistischen Psychotherapie endgültig aus der öffentlich finanzierten Grundversorgung verdrängt worden. Die Kriterien für die Aufnahme eines neuen Richtlinienverfahrens in Deutschland wurden vom WBP neu formuliert und nochmals verschärft. Unter diesen Voraussetzungen besteht keine Chance mehr für die Humanistische Therapie, als Richtlinienverfahren in der psychotherapeutischen Grundversorgung in Deutschland noch eine Rolle spielen zu können. In diesem Gremium sitzt übrigens kein einziger Vertreter der Humanistischen Psychotherapie. Die Humanistische Psychotherapie wird sich in Deutschland davon so schnell nicht erholen. Sie hat den großen Kampf um Gelder verloren und droht damit insgesamt verloren zu gehen. Was mich besorgt, ist dabei nicht, dass die Humanistische Psychotherapie keine von den Kassen bezahlte Leistung sein wird. Bezeichnend finde ich vielmehr, dass die Idee einer prozessoffenen, an der Beziehung und an der Gesundheit ausgerichteten Therapie strukturell ins Abseits befördert wird.

Wir können und sollten uns ernsthaft die Frage stellen, ob wir eine Humanistische Psychotherapie überhaupt brauchen. Welchen Mehrwert sollte das neben den heutigen Richtlinienverfahren noch haben? Alle Verfahren haben doch mittlerweile längst begriffen, dass Empathie, Wertschätzung, Kongruenz und die therapeutische Beziehung zentral für eine gelingende Psychotherapie sind, und die humanistischen Grundhaltungen integriert. Das Gerede von Selbstverwirklichung, innerem Wachstum, Autonomie, Verantwortung und Freiheit ist nicht mehr revolutionär. Häufig langweilt es nur. Wir haben ein gespaltenes Verhältnis dazu aufgebaut: Im Privaten wähnen wir uns frei. Wir sind ohnehin ständig mit unserer Selbstverwirklichung beschäftigt. Wir müssen uns gegen kein autokratisches System, Autoritäten oder eine rigide Sexualmoral auflehnen. Wir leben nicht mehr in den 1950er- und 1960er-Jahren! Wir sind Unternehmer unserer Selbst und klettern die Sprossen der Leiter unserer Selbstverwirklichung von Projekt zu Projekt immer höher. Oder wir fühlen uns abgeschlagen, entwertet und von den Erfolgskreisen ausgeschlossen.

Die Forschungsfelder der sehr populären neurobiologischen Forschung beschränken sich auf Themen, die besser messbar sind als Würde, Freiheit, Sinn oder das innere Potenzial. Diese Themen spielen bei unserem alltäglichen Blick auf die Welt eine große Rolle, nicht aber in der psychologischen Forschung. Sind die letzten verbliebenen Humanisten nicht weltfremde Idealisten, die nicht mitbekommen haben, dass ihr Kampf gar nicht mehr geführt werden muss? Ihre Haltungen sind doch überholt und werden nicht mehr gebraucht!

Nein, das ist nicht so! Ich möchte zeigen, warum die humanistische Perspektive so viel tiefer geht. Es reicht nicht, Carl Rogers Beziehungsvariablen Empathie, unbedingte Wertschätzung und Kongruenz als Mittel zum Zweck in Therapie oder Beratung einfließen zu lassen. Die humanistische Perspektive rahmt den gesamten Prozess. Ich möchte auch zeigen, warum Selbstverwirklichung im humanistischen Sinne nichts mit einer narzisstischen Selbstbespiegelung zur Erhöhung des sozialen Eigenmarktwertes zu tun hat. Häufig wird die Verwirklichung des Selbstbildes mit Selbstverwirklichung verwechselt (Perls 2008, S. 28). Diese Begriffe sind Hüllen geworden, die mit ihrer humanistischen Bedeutung nicht mehr viel zu tun haben. Wenn wir nur lose Ideen aus dem humanistischen Schatz rausnehmen und entfremden, werden sie bedeutungslos. Wir müssen die humanistische Perspektive umfassend verstehen. Erst dann entfaltet sie eine Wirkung, die tiefer und größer ist als die einer isolierten Intervention, welche auch noch kontextfremd angewandt wird. Ich bitte dich als Leser, dich für ein neues Verständnis der humanistischen Konzepte zu öffnen – und diese beim Lesen neu zu denken. Vielleicht verbirgt sich hinter dem ein oder anderen verstanden geglaubten Konzept doch noch etwas, was dir etwas zu sagen hat.

Da die humanistische Perspektive so wirksam für viele Menschen ist, überleben die Methoden weiterhin. Da sie jedoch nicht in die Grundversorgung einfließen, boomen sie in Selbsterfahrungs- und Persönlichkeitsentwicklungsseminaren. Viele Heilpraktiker*innen lassen sich darin ausbilden. Das ist zu begrüßen bei gut ausgebildeten Heilpraktiker*innen. Das Fehlen der humanistischen Verfahren in der Kassentherapie kann jedoch so nicht kompensiert werden. Es ist bedauerlich, dass psychisch schwer erkrankte Menschen immer weniger mit Psychotherapeut*innen und Psychiater*innen in Kontakt kommen, die humanistisch arbeiten und denken.

Nun könnte man sich fragen, ob es in der aktuellen Debatte um die Weiterentwicklung von Psychotherapie nicht dringlichere Themen gibt, als eine vom Aussterben bedrohte Perspektive wiederaufleben zu lassen. Zum Beispiel: Wie kommen wir in der Therapie von paternalistischen Strukturen weg und hin zu partizipativen Settings? Wie können wir als Therapeut*innen einen Beitrag zur Integration Geflüchteter und Migrant*innen mittels kultursensibler Ansätze leisten? Wie entwickeln wir eine gendersensible Perspektive? Wie gehen wir mit besorgniserregenden autokratischen und antidemokratischen Entwicklungen in unserem Land um? Sollten wir nicht eher in Richtung auf eine integrative Therapie hinarbeiten, in der ganz pragmatisch zählt, was wirkt und den Menschen dienlich ist, die psychisch aus dem Gleichgewicht geraten sind? Sollten wir nicht weniger Energie damit verschwenden, wie wir als Therapeut*innen mit unserem Wirken ein vermeintliches »Reinheitsgebot« (Kriz 2011, S. 336) einer therapeutischen Richtung einhalten können? Das sind wichtige Fragen. Dazu Kriz (ebd.): »Der überwiegende Teil der Praktiker [...] hält sich sowieso nicht an irgendwelche Reinheitsgebote, sondern nutzt das, was effektiv ist.« Die jeweiligen Therapieströmungen bieten mit ihren Narrativen und Menschenbildern eine Orientierung, in der wir uns in der Welt verorten können. Wir brauchen Wissen über verschiedene Ansätze und können davon ausgehend wählen, was zu unserer Persönlichkeit passt. Es ist durchaus sinnvoll, zunächst eine Perspektive in der Tiefe zu lernen und sich dann einem integrativen und pragmatischen Vorgehen zu öffnen. Letztendlich bin ich ein Fürsprecher für eine allgemeine Psychotherapie, die sich nach dem ausrichtet, was eine Klientin braucht, und nicht danach, was man im Sinne einer therapeutischen Schule tun sollte oder nicht. Auf dem Weg dahin brauchen wir grundlegende Kenntnisse der verhaltenstherapeutischen, psychodynamischen und systemischen Verfahren ebenso wie der Humanistischen Therapie. Und da Letztere in Deutschland in Vergessenheit gerät, möchte ich sie hiermit in Erinnerung rufen. Für mich ist die Kenntnis der humanistischen Verfahren unverzichtbar im Rahmen einer allgemeinen Psychotherapie. Diese ist im angewandten klinischen Alltag längst Realität. Ein Klinikleiter machte folgende Beobachtung: Die meisten Therapeut*innen in Kliniken denken humanistisch und tiefenpsychologisch und handeln verhaltenstherapeutisch und systemisch!

Ich plädiere nicht für die humanistische Therapie anstelle der anderen Therapieformen, sondern für ein tiefes Verständnis der humanistischen Perspektive auf dem Weg zu einer integrativen Therapieform!

Auf gesellschaftlich-politischer Ebene beobachten wir eine zunehmende Tendenz zu Autoritarismus, Populismus und Fremdenfeindlichkeit. Der Ruf nach starker Führung, der Ausgrenzung des Fremden und nach einfachen Feindbildern wird immer lauter. Als Gegengewicht brauchen wir eine humanistische Haltung, die den Wert von Beziehungen, Verantwortung, Empathie und der Auseinandersetzung mit dem Fremden für die eigene Entwicklung betont – nicht das Trennende, sondern die gemeinsame menschliche Erfahrung steht im Mittelpunkt. Die humanistische Perspektive kann uns in einer so unüberschaubaren und oft zerrissenen Welt Hoffnung schenken.

An Wissen mangelt es in unserer Welt nicht. Doch es muss von Menschen angewandt werden, die mit Herz und Verstand in Beziehung treten. Reines Wissen allein bleibt kalt und technisch. Neben der Psychoanalyse bietet die humanistische Perspektive die letzte große Erzählung über die Entfaltung und Entwicklung der menschlichen Psyche und Persönlichkeit. *Therapie ist nicht nur Wissenschaft. Sie ist auch Handwerk und Kunst, insbesondere Beziehungskunst.* Die so wichtigen und zahlreichen Erkenntnisse aus der Forschung müssen für eine erfolgreiche Psychotherapie mit einer aus dem Herzen kommenden Bezogenheit gepaart werden, um fruchtbar sein zu können.

Die humanistischen Denkansätze und Methoden sind zahlreich in die aktuellen Richtlinientherapien eingeflossen. Dazu zählen:

- die Bedeutung der Beziehung als Prozess,
- das Verständnis, dass wir als Therapeut*innen nicht objektiv auf einen Menschen schauen, sondern als Beobachtende den Prozess aktiv gestalten und uns auch selbst dadurch verändern,
- die Stuhlarbeit und das therapeutische Experiment als Erweiterung des Gesprächssettings,
- die Arbeit mit dem Inneren Kind,
- die Arbeit mit inneren Anteilen,
- die Bedeutung von Gewahrsein, Achtsamkeit und Akzeptanz für eine Veränderung,
- die Bedeutung des Hier und Jetzt für das therapeutische Geschehen,
- die Bedeutung der Arbeit mit dem Körper für die Lösung von Abwehrprozessen, Spannungen und traumatischen Erregungszuständen und
- das Verständnis des menschlichen Organismus als sich selbst organisierendes System.

Die humanistische Schatztruhe wurde weitgehend geplündert. Die Methoden und Haltungen wurden durch andere Verfahren oft ohne Referenz einverleibt. Warum? Weil sie wirksam sind! Als Antwort des umfassenden Gutachtens der AGHTP zur Aufnahme der Humanistischen Therapie in die Richtlinienverfahren in Deutschland entschied der WPB, dass aus insgesamt über 300 angeführten Studien als Wirksamkeitsnachweis genau eine aus dem Bereich der Angststörungen fehle, um die Humanistische Psychotherapie als wissenschaftlich anerkannt gelten zu lassen (Kriz 2018, S. 261). Was für ein Schicksal in Deutschland! Es drängt sich dann doch der Verdacht auf, dass das politisch-wirtschaftliche Interesse an einem Wiederbeleben und Verbreiten dieser Perspektive auf den Menschen nicht besonders hoch ist.

International wird die Humanistische Psychotherapie einstimmig neben der Verhaltenstherapie und den tiefenpsychologischen Verfahren als dritte Kraft und eigenständiges Verfahren mit eigenständiger und kohärenter Theorie betrachtet (Kriz 2011, S. 333). Mittlerweile zählt die systemische Therapie als vierte eigenständige Strömung dazu. Lediglich in Deutschland wird die humanistische Denkrichtung berufspolitisch und akademisch geradezu ausgeblutet – fast so, als würde sie bereits als verstaubte historische Fußnote für das Museum vorbereitet. So heißt es im gängigen Lehrbuch für »Klinische Psychologie & Psychotherapie« von Wittchen und Hoyer (Wittchen et al. 2006) zu den »humanistischen Therapieverfahren«: »Da diese Verfahren mit Ausnahme der Gesprächspsychotherapie keine hinreichend gesicherte empirische Basis aufweisen sowie nicht im Richtlinienverfahren ›Psychotherapie‹ aufgeführt sind, werden sie mit Ausnahme der Gesprächstherapie auch nicht weiter besprochen« (Wittchen et al. 2006, S. 420). So schnell kann das gehen! Studierende kommen auf dem *klassischen akademischen* Weg mit diesem Denken, das natürlich für die Behandlung von Menschen mit psychischen Erkrankungen vorgesehen ist, gar nicht mehr in Berührung.

Wir brauchen verschiedene Perspektiven auf den Menschen, um uns von unterschiedlichen Seiten der Vielschichtigkeit und Komplexität des Menschseins annähern zu können. Die humanistische Sicht ist ein eigenständiges Paradigma mit eigenen Prinzipien und einem sehr aufschlussreichen Blick auf den Menschen, sein Leiden und sein Potenzial. Kriz (Kriz 2018, S. 261) fragt daher: »Wollen wir eine Psychotherapielandschaft, in welcher im Gegensatz zu vielen europäischen Ländern und den USA das Paradigma der Humanistischen Psychologie und Psychotherapie marginalisiert oder gar ganz eliminiert ist?«

Meiner Meinung nach ist es unethisch, ein erwiesenermaßen wirksames Verfahren, das bereits an über 10.000 Menschen erfolgreich angewandt wurde (ebd., S. 260), nun von der Versorgung durch die Kassen ganz auszuschließen. Es schadet der Verfahrensvielfalt. Menschen, die mit ihren Fragestellungen und ihrem Menschenbild gezielt nach humanistischen Psychotherapeut*innen suchen, bleibt der Zugang verschlossen. Das betrifft insbesondere Menschen, die einen ganzheitlichen Blick auf ihr psychisches Leid und eine authentische menschliche Begleitung wünschen. Menschen, die bereit sind, ihren Innenraum neugierig und experimentierfreudig zu erforschen. Oder Personen, die mit existenziellen menschlichen Themen in Kontakt sind und nicht als Fälle oder Diagnoseträger behandelt werden wollen.

Die jüngeren politischen Entscheidungen sind für mich erst recht Anlass, meine persönlichen Erfahrungen und Schlussfolgerungen mit diesem Ansatz und seinen Grundhaltungen weiterzugeben und öffentlich zu machen.

Meine tiefenpsychologische Approbationsausbildung habe ich im ZIST bei Wolf Büntig gemacht. Das ZIST ist als humanistisches Zentrum entstanden und hat seit Jahrzehnten das Ziel, die humanistische Grundhaltung und ihre Methoden zu vermitteln. Als ich nach dem Studium dorthin kam, hat dort etwas zu mir gesprochen; etwas hat mich erreicht, etwas in mir ins Schwingen gebracht. Ich habe dort einen Raum erlebt, der sich mit meinen rein akademisch-kognitiv geschulten Fähigkeiten nicht erschließen ließ. Ich habe Qualitäten von Ruhe, Tiefe, Bezogenheit, Präsenz, Körperlichkeit, Vertrauen und Stimmigkeit erlebt. *Dass es möglich war, zu lernen und sich dabei wohlzufühlen, war mir bis dahin neu.* Das schien in der schulischen und universitären Umgebung einfach nicht zusammenzugehören. Ich habe sofort gespürt, dass sich diese therapeutische Arbeit nicht durch Wissen oder Lehrbücher vermitteln lässt. Wissen wurde nicht abstrakt für den Kopf vorbereitet: Es wurde durch Erfahrung, basierend auf Selbstgefühl und Selbstkenntnis, gewonnen. Mit dem Kopf konnte ich nicht durchdringen, wie Therapeuten wie Wolf Büntig gedacht und gearbeitet haben. Ich wollte es herausfinden. Die Aufforderung, aus dem Kopf zu Sinnen zu kommen (Perls 2008, S. 77), also die Festung meiner Ratio aufzugeben und mich meinem inneren Kompass zuzuwenden, zu fühlen und zu spüren, hat mir enorme Angst eingejagt. Dafür musste ich ja Kontrolle abgeben und mich auf das Prozesshafte, Lebendige in mir einlassen. Aber da ging es lang. Das habe ich gespürt.

Ich habe wahrgenommen, wie diese Suchrichtung meine Selbstachtung und das Vertrauen in mich stärkte. Ich vertraute mehr auf meine Wahrnehmung und nahm meine Gefühle nicht nur als lästig wahr, sondern als Empfindungen, die eine intelligente Botschaft an mich haben. Es lohnte sich, das, was ich erlebte, wahr- und ernst zu nehmen. Ich habe etwas im Außen, im Vorbild erkannt, was als Potenzial in mir gegeben war. Ich konnte nicht nur denken, sondern auch erforschen, spüren und fühlen. Dies erweiterte meinen inneren Raum im Umgang mit den Aufgaben des Lebens ungemein.

Für das differenzierte Verstehen und Erlernen humanistischer Verfahren ist die Selbsterfahrung der Königsweg. Dazu Han (Han 2015, S. 65): »So kann eine Erkenntnis, der eine Erfahrung vorausgeht, das Gewesene in Gänze erschüttern und etwas ganz Anderes beginnen lassen. Das Übermaß an Kenntnisnahme lässt keine Erkenntnis aufkommen.« Sicherlich war ich in der Universität, aber auch in der Schule mehr mit *Kenntnisnahme* beschäftigt als mit Erkenntnis und Erfahrung. Das Leben ist ständig in Bewegung, genau wie wir in unseren Beziehungen und mit unseren Empfindungen. Wenn wir den inneren Raum haben, das Leben durch uns fließen zu lassen und uns mit dem Leben zu bewegen, dann wird es leichter. Wenn wir viel halten, kontrollieren, bewerten und richtig machen wollen, erzeugen wir Widerstände, die das Leben schwerer machen. Um einen lebendigen Bezug zur Gegenwart zu haben, müssen wir innerlich in Bewegung bleiben. Wolf Büntig betont, dass in dem Wort »Erfahrung« das Fahren enthalten sei (Büntig 2015, S. 76).

Konfuzius soll gesagt haben: »Erzähle mir und ich vergesse. Zeige mir und ich erinnere. Lass es mich tun und ich verstehe.« Es ist unmöglich, jemandem nur über die Sprache zu vermitteln, wie eine Avocado schmeckt. Man muss den Geschmack selbst erfahren. Das Gleiche gilt für die Vermittlung der humanistischen Arbeitsweise.

Es geht um »Selbsterkenntnis, basierend auf Selbstgefühl« (Büntig 2013, S. 17). War im Studium das Kriterium noch objektive Richtigkeit, war es nun Stimmigkeit und ob ich mein Gegenüber in einer Begegnung erreichen kann. *Wir können noch so viel wissen und verstehen: Wenn wir es nicht schaffen, zu unserem Gegenüber eine Verbindung aufzubauen, indem wir in einen wertfreien, offenen Kontakt herstellen, kann auch alles andere nicht wirken.* Ohne Kontakt kann nichts fließen! Dieses Buch ersetzt zwar keine

Selbsterfahrung. Dennoch hoffe ich, dass du nicht nur mit dem Kopf liest, sondern dass du auch die tiefere Bedeutung der Worte zu dir sprechen lässt. So kannst du beim Lesen eine Erfahrung machen, dich berühren und vielleicht verändern lassen.

Ich hoffe, deine Perspektive erweitern zu können und dich zu mehr Fühlen und Vertrauen sowie zu weniger Tun und dem Zwang, immer alles wissen zu müssen, zu ermutigen. Gleichzeitig möchte ich mit gängigen Missverständnissen aufräumen. Die humanistische Perspektive wirkt heute etwas aus der Zeit gefallen. Sie postuliert einen Wesenskern, die wesensgemäße Eigenart und ein wahres Selbst. Dies ist als Möglichkeit in uns angelegt und nimmt in unserer Entwicklung Gestalt an. »Wir gestalten auf unserem Lebensweg das im Keim schlummernde Wesen zur persönlichen Form. Wir lassen uns immer wieder neu von der Welt beeindrucken, sammeln und verdauen unsere Eindrücke, drücken die dabei auftauchenden Gefühle und Gedanken aus und finden, formen und erkennen so unser Selbst« (Büntig 2013, S. 16). Der Zeitgeist möchte von dir ständige Flexibilität und die Bereitschaft, dass du dich ständig neu erfinden kannst und willst. Die humanistische Perspektive geht von unserer grundlegenden Freiheit aus, unsere Zukunft aktiv und selbstverantwortlich gestalten zu können. Im Gegensatz zur allgemeinen Vorstellung, dass wir über unsere Neurobiologie, Genetik und Kindheitstraumen vorbestimmt werden. Sie betont den Wert von Sein, Lassen, Vertrauen und Ruhe im Gegensatz zu Performance, Machbarkeitswahn, Stimulation, Hyperaufmerksamkeit und dem Credo »*Stille ist Stillstand*«. Sie ermutigt, still auf unsere innere Stimme zu hören und darauf zu vertrauen, dass wir alle Fähigkeiten zur Lösung unserer Aufgaben in uns tragen, anstatt auf Experten im Außen angewiesen zu sein, die uns sagen, welche Richtung wir einschlagen müssen. Das Narrativ der Humanistischen Psychologie stört das neoliberale Narrativ der heutigen Zeit.

Leben ist nicht leicht. Niemand hat die letztendlichen Antworten auf die großen Fragen. Wir können der persönlichen Verletzung oder dem persönlichen Leid nicht entgehen: »In every life, periods of pleasure and pain, gain and loss, praise and blame keep showing up, no matter how hard we struggle to have only pleasure, gain, and praise« (Kornfield 2023).

Wir können eine Haltung finden, die es uns erleichtert, die großen Aufgaben im Leben zu bewältigen. Wir können unsere Entwicklung in ihren Sprüngen und unvorhersehbaren Krisen so begleiten, dass wir uns selbst nicht verlieren müssen. Dabei ist eines wesentlich: Wie können wir eine lebendige Beziehung zur Gegenwart, uns selbst und unseren Mitmenschen pflegen? Wie können wir den Aufgaben des Lebens so begegnen, dass wir uns weniger schaden, gestärkt und gewandelt aus Krisen hervorgehen?

In diesem Buch möchte ich eine persönliche Perspektive auf die Humanistische Psychotherapie geben. Eine Perspektive, die Ruhe und Vertrauen vermittelt, die ermöglicht, Sicherheit in der Unsicherheit zu finden, die ermutigt, weniger zu machen, mehr zu lassen, mehr zu begleiten und weniger zu leiten. Damit ist diese Perspektive auch ein Burn-out-Schutz. Sie vergrößert die Freude an der Begegnung mit Menschen, unabhängig davon, ob gerade Leid und Verletzung oder Freude und Leichtigkeit im Vordergrund stehen. Den Raum für beides zu vergrößern, sollte Ziel von Psychotherapie sein. Ich hoffe, dass meine Perspektive die Tiefe und Relevanz der Humanistischen Perspektive deutlich macht und dich anregt, mit dieser Brille auf deine Klien*tinnen, den therapeutischen Prozess und auch deine Welt- und Außenbeziehungen zu schauen. Unabhängig von der therapeutischen Schule, in der du dich zu Hause fühlst. Die Fassung der alten Humanistischen Psychologie passt nach wie vor zum Gewinde unserer Zeit. In den Therapien frage ich mich, wie ich eine Beziehung so gestalten kann, dass sie für mein Gegenüber hilfreich sein kann. Mit Beziehung meine ich nicht einfach die viel zitierte Arbeitsbeziehung als Grundlage für therapeutische Interventionen, sondern die Beziehung als grundlegende menschliche Erfahrung, als ein »Freiraum« (Eberwein & Thielen 2014, S. 36), in dem etwas fließen kann, als wichtigstes Mittel und Ziel in der Psychotherapie. Wir dürfen innerlich still werden, genau wahrnehmen und uns durch das verändern lassen, was unser Gegenüber uns mitteilt. »Humanistische Psychotherapie ist eine Einladung an den Klienten, sich auf vertiefte Weise selbst zu erkunden, sich zu spüren und sich selbst zu verstehen – nicht durch intellektuelle Anstrengung, sondern in Form der unmittelbaren, persönlichen Erfahrung« (Eberwein & Thielen 2014, S. 37).

Du wirst in diesem Buch keinen umfassenden Überblick über die humanistischen Methoden im Stil eines Fachbuches finden. Dazu empfehle ich Überblickswerke wie den von Werner Eberwein und Manfred Thielen (2014) herausgegebenen Sammelband »Humanistische Psychotherapie: Methoden, Theorien, Wirksamkeit« oder »Humanistische Psychotherapie: Grundlagen – Richtungen – Evidenz« von Jürgen Kriz (Kriz 2023).

Das Buch lässt sich in zwei Teile aufteilen. Im ersten Teil des Buches erläutere ich die Hintergründe und Einflüsse der Humanistischen Psychologie und versuche ihre Relevanz vor dem Hintergrund der heutigen Zeit zu verdeutlichen. Hier mache ich deutlich, warum wir die humanistische Perspektive *gerade jetzt brauchen*. Im zweiten Teil des Buches – das mit Kapitel 10 (Die Praxis der Humanistischen Psychotherapie) beginnt – versuche ich das Wissen auf den Boden der Praxis zu bringen.

Ich möchte keine trockene Fachliteratur bieten, sondern meine Erfahrungen und Schlussfolgerungen als lebendigen und flüssigen Erfahrungsbericht schildern. Dabei erweitere ich bewusst die Grenzen des nüchternen wissenschaftlichen Schreibens, da ich überzeugt bin, dass sich die Inhalte der psychotherapeutischen Praxis am besten persönlich vermitteln lassen. Neben meiner Perspektive auf die humanistische Grundhaltung gebe ich zahlreiche konkrete Interventionsimpulse, um dich zu inspirieren, deine Perspektiven zu erweitern und mit neuer Lust und Sicherheit zu wirken.

Haltungen lassen sich – anders als Interventionen – nicht als einfache Handlungsanweisungen vermitteln. Sie gehen so viel tiefer. Aus diesem Grund nähere ich mich den humanistischen Grundhaltungen aus verschiedenen Perspektiven an. Das führt an einigen Stellen zu Wiederholungen. Ich hoffe, dich als Leser*in damit nicht zu langweilen. Idealerweise hat dies einen Lerneffekt und hilft dir bei der Verinnerlichung der Haltungen. Die Kapitel müssen nicht chronologisch gelesen werden – du kannst direkt zu den Abschnitten springen, die dich am meisten interessieren.

Ich möchte die humanistische Perspektive in ihrer Tiefe vermitteln und gleichzeitig versuchen, nicht pathetisch zu klingen. Zu häufig sind die dazugehörigen Begriffe wie Potenzial, Wachstum, wahres Selbst oder Selbstverwirklichung ideologisch aufgeladen. Ich möchte diese Konzepte für einen pragmatischen Blick auf Therapieprozesse und das Leben nutzen. Ich hoffe, dass ich vermitteln kann, welcher Wert in diesem Wissen für unsere heutige Zeit enthalten ist.

Mit diesem Buch versuche ich, die Seele der Humanistischen Psychotherapie, wie ich sie kennengelernt habe, einzufangen. Auf verschiedensten Stationen meines Weges habe ich einige humanistische Methoden und Ansätze kennengelernt und einige Therapeut*innen bei dieser Arbeit beobachten können. Anfänglich hat mich die Vielfalt der Methoden überfordert. Mit der Zeit begann der rote Faden für mich immer klarer durchzuschimmern. Humanistische Therapiemethoden sind in ihrer Herangehensweise sehr heterogen, auch wenn sie den Blick auf den Menschen und seine Beziehungen teilen.

In diesem Buch habe ich die Perlen sortiert und aufgefädelt. Das Wissen, das ich vermittle, ist nicht neu. Ich rahme es jedoch vor dem Hintergrund der heutigen Zeit, meiner persönlichen Erfahrungen und Erkenntnisse. Diese fließen in die von mir vorgeschlagenen Haltungen ein. Wolf Büntig drückt es so aus: »Man kann Therapie nicht richtig, sondern nur persönlich machen.« Hier biete ich eine persönliche Perspektive und ermutige dich als Leser*in, ebenfalls eine für dich zu finden. Ich kann mit diesem Buch nicht für alle humanistischen Therapeut*innen sprechen. Ich hoffe jedoch, dass wir die zentralen Aussagen teilen. Die Gedanken dürfen gerne zum Streiten und Widersprechen einladen. Das Buch richtet sich an alle therapeutisch Arbeitenden, ist jedoch auch für Coaches, Berater*innen, Sozialarbeiter*innen und alle, die in sozialen Berufen tätig sind, fruchtbar. Es ist aber auch für Laien lesbar, die sich für die humanistische Perspektive in der Psychotherapie interessieren. Es kann für Studierende oder Psychotherapeut*innen in Ausbildung eine Einführung in die humanistische Denkweise sein. Der besseren Lesbarkeit wegen spreche ich in diesem Buch von Therapeut*innen und schließe damit auch alle anderen Zielgruppen wie Coaches, Berater*innen oder Sozialarbeiter*innen ein. Mit Klient*innen sind alle gemeint, die sich in Beratung oder Therapie befinden.

In diesem Buch gebe ich eine Einführung in die zwei Strömungen, die wegen ihrer inneren Konsistenz für mich am bedeutendsten für die Humanistische Psychotherapie sind: die Gesprächspsychotherapie und die Gestalttherapie. Darüber hinaus vermittle ich die Kerngedanken meines Institutsleiters Wolf Büntig, der die *Potenzialorientierte Psychotherapie* entwickelt hat. Dieses Buch enthält zudem die wichtigsten Erkenntnisse, die ich aus meiner langjährigen Psychotherapieausbildung am Humanistischen Institut ZIST gewonnen habe. Da es mir ein Anliegen ist, dir den Blick und die Denkweise der bedeutenden Gründerväter und -mütter nahezubringen, lasse ich sie – wenn möglich – selbst *zu Wort kommen*. Vielleicht zählst du zu den Leser*innen, die mit den Augen rollen, sobald die Sprache etwas blumiger wird … Gerade Wolf Büntig hatte eine große Liebe für die Sprache und spielt gerne mit ihr. Ich bitte dich, hier etwas nachsichtig zu sein, und die Worte an dich heranzulassen, auch wenn manche Formulierungen etwas aus der Zeit gefallen erscheinen.

Dieses Buch ist die ausführliche Ausarbeitung verschiedener Seminare, die ich am Jung-Institut in Zürich gegeben habe und in denen ich in die Denkweise der Humanistischen Psychologie einführe[1]. Ich selbst wurde als Tiefenpsychologe ausgebildet und praktiziere als solcher. Ich profitiere sehr von meinen Erfahrungen mit der humanistischen Denk-, Arbeitsweise und Perspektive. Da ich die tiefenpsychologischen Konzepte sehr hilfreich und aufschlussreich finde, fließen sie in Form eines psychodynamischen Beziehungsverständnisses auch deutlich in meine Denkweise mit ein: Ich bin der Meinung, dass das tiefenpsychologische Denken die humanistische Herangehensweise gut und sinnvoll ergänzt. Letztendlich muss jeder seine eigenen Haltungen für seine Arbeit finden. Ich hoffe, mit meiner Perspektive deinen Horizont erweitern zu können, Orientierung zu geben und die Neugierde und Freude an der Arbeit zu vergrößern!

Heutige Therapiefachbücher bieten häufig einen Strauß an pragmatischen und beliebig einsetzbaren Interventionsidee. Dieses Praxisbuch ist »etwas anders«, da ich keine How-to-Formeln liefere, sondern eine zu Unrecht etwas aus der Mode gekommene haltungsbasierte Herangehensweise vorschlage. Ich hoffe dennoch, dass du ganz pragmatisch von dieser Perspektive für deine Arbeit profitieren kannst. Um meine Gedanken greifbarer zu machen, nutze ich Metaphern sowie Ausschnitte aus der Literatur, frei nach Wolf Büntig: Das Lesen darf tief gehen und Freude machen!

Die Humanistische Psychotherapie gilt international als eigenständiges Therapieverfahren und wird allgemein – neben den psychodynamischen Verfahren und der Verhaltenstherapie – als *dritte Kraft* in der Psychotherapie bezeichnet. Später kam die systemische Therapie als vierte Strömung hinzu. Zahlreiche ihrer Methoden, Interventionen und Haltungen wurden durch andere Richtlinienverfahren übernommen. Dennoch hat sie akademisch und berufspolitisch in Deutschland weitgehend an Bedeutung verloren. Im Rahmen der Humanistischen Therapie wird die Qualität der therapeutischen Beziehung so gestaltet, dass diese Klient*Innen optimal bei ihrer Selbstentwicklung unterstützt. Damit stellt sie einen wichtigen Gegenpol zu einer zunehmend effizienz- und methodenorientierten modernen Psychotherapie dar: Sie orientiert sich nicht an der Technik, sondern an der Beziehung. Der Autor plädiert nicht für eine Humanistische Psychotherapie anstelle der anderen Verfahren, sondern für ein grundlegendes Verständnis der Humanistischen Therapie im Rahmen einer allgemeinen Psychotherapie.

---

1 Titel der Seminare:
- Selbstwerdungsprozesse unterstützen und begleiten – Humanistische Perspektiven auf das Individuationskonzept für eine sichere und vertiefte therapeutische Haltung
- Wie Menschenbilder unser therapeutisches Wirken prägen – Eine Reflexion aus humanistischer Perspektive
- Mut zum Hier und Jetzt – Übertragung und Gegenübertragung im therapeutischen Dialog (gemeinsam mit Julian Meyer-Hemme)
- Psychotherapie und Spiritualität: Wie berühren wir das Leid? (gemeinsam mit Alexander Dreydorff)

# 2 Wurzeln der Humanistischen Psychologie – Im Zentrum der Mensch

Im Folgenden werde ich einen kurzen Überblick über die philosophischen Einflüsse auf die heutige humanistische Psychologie geben und den gesellschaftlichen Kontext skizzieren, in dem sie entstanden ist. Wir sollten die Wurzeln kennen, wenn wir die Früchte der humanistischen Perspektive ernten. Ich versuche, die recht trockenen Inhalte praxisnah und gut verständlich aufzubereiten.

Vergangene humanistische Strömungen hatten stets folgendes Anliegen: Bedingungen für ein gutes Leben zu formulieren, in dem der Mensch im Mittelpunkt steht. Dazu gehören die Bedingungen seiner Existenz, die Bewahrung seiner Würde, die Erfüllung seiner Grundbedürfnisse und die Verbesserung seines sozialen Umfeldes mit seinen Beziehungen. Fast immer waren humanistische Strömungen eine Bewegung gegen eine zunehmende Entfremdung des Menschen von sich selbst und seinen Mitmenschen. Verursacht wurde dies durch autoritäre gesellschaftliche Strukturen und schlechte Arbeits- und Lebensbedingungen. Die humanistischen Strömungen führten zu neuen Freiheiten, stärkten die Rechte und erweiterten die Handlungsoptionen der Menschen in der westlichen Welt.

## Die Geburt der Humanistischen Psychologie

Die Humanistische Psychologie ist in den 1950er-Jahren in den USA entstanden. Der Zweite Weltkrieg mit seinen schrecklichen Folgen für Mensch und Natur war noch nicht lange vorbei. Ein weiterer Kalter Krieg stand bevor. Die Gesellschaft war bestimmt von patriarchalen und autoritären Strukturen. Rassismus war allgegenwärtig, die Sexualmoral rigide und unfrei.

Die Menschenbilder in der bis dahin gelehrten Psychologie wurden anhand des Studiums von erkrankten Menschen oder Tieren entwickelt. Sie waren zutiefst deterministisch oder biologistisch wie bei den psychoanalytischen Triebtheorien oder stark reduktionistisch, mechanisch und auf reine Lernprozesse beschränkt wie bei den Behavioristen. Dies prägte auch die Vorstellung von therapeutischer Veränderung: Symptome wurden als erlernte Verhaltensmuster betrachtet, welche durch Anleitung eines Experten schlicht umgelernt werden mussten. Oder sie mussten von einem allwissenden und durchanalysierten Therapeuten treffend gedeutet werden, um sich aufzulösen. Dementsprechend waren die Beziehungen zwischen Therapeut und Patient asymmetrisch und einseitig: Auf der einen Seite war das objektive Wissen. Der Therapeut saß am Hebel der Veränderung. Auf der anderen Seite war der unbewusste Patient mit seinem psychischen Leid und Nichtwissen.

Nach dem Zweiten Weltkrieg entstand eine Aufbruchsstimmung im Land, die zahlreiche politische und gesellschaftliche Veränderungen herbeiführte. Menschen wollten mehr aus ihrem Leben machen, sie wollten autonomer werden, ihrem Tun einen Sinn verleihen und sich selbst verwirklichen. Mit wachsendem Wohlstand richtete sich die junge Generation gegen autoritäre Strukturen und Kriege wie den Vietnamkrieg. Die 68er-Bewegung bildet den politischen Höhepunkt dieser Entwicklung. Die Flower-Power- oder Hippie-Bewegung folgte als soziale Freiheits- und Friedensbewegung.

Die Humanistische Psychologie bildete sich schließlich in einer Arbeitsgruppe um den Psychologen Abraham H. Maslow als dritte Kraft und Gegenbewegung zur Psychoanalyse und zum Behaviorismus heraus. Sie wollten ihre Theorie über die psychische Entwicklung des Menschen nicht ausschließlich anhand des Studiums von Tieren oder psychisch erkrankter Menschen entwickeln. Die Theorie sollte sich weder aus den mechanischen Grundlagen des Verhaltens ableiten, noch sollte sie von den Defiziten des Menschen ausgehen.

Die humanistischen Forscher interessierten sich insbesondere für die Bedingungen eines guten und psychisch gesunden Lebens. Daraus leiteten sie ihre Entwicklungs- und Persönlichkeitstheorie ab. Sie sahen den Menschen nicht als ihren Trieben, inneren Konflikten oder Reiz-Reaktions-Mustern ausgeliefert. Sie sahen ihn als potenziell freien Menschen, der wachsen und sich mit seinen Begabungen entfalten möchte und das Potenzial zur Selbstheilung in sich trägt: Der Mensch steht als aktives und verantwortliches Wesen im Leben. Er hat eine freie Zukunft vor sich. Sein Handeln ist nicht ausschließlich durch seine Biologie und Vergangenheit vorbestimmt. Er kann aktiv und intentional auf Ziele hinarbeiten, die seinen Werten und seinem Wesen entsprechen. Damit war der Klient nicht länger lediglich Empfänger von Interventionen. Die Fähigkeiten zur inneren Veränderung waren in ihm angelegt.

Therapie wurde zu einem gemeinsamen Prozess, in dem die Therapeutin der Klientin hilft, diese Fähigkeiten in sich zu entdecken. Der psychisch erkrankte Mensch bekam damit eine gleichberechtigte Rolle im therapeutischen Prozess. Therapeut und Klient waren nun Sender und Empfänger zugleich. Der Klient durfte und musste mitgestalten. Damit trafen sie ganz den Zeitgeist. Das humanistische Narrativ befreite den Menschen zumindest potenziell aus den Fesseln seiner Herkunft, seines gesellschaftlichen Standes oder den Anweisungen einer Autorität.

Auf gesellschaftlicher Ebene hinterfragte man nun die Entscheidungen politischer Autoritäten. Möchte ich als Soldat in einem Krieg kämpfen, dessen Sinn ich nicht sehen kann? Möchte ich als Frau auf die Verwirklichung meiner beruflichen Ziele verzichten, um ausschließlich im Haushalt zu arbeiten? In den Therapien wurde die Klientin dazu ermächtigt, die Antworten selbst zu finden.

Der Therapeut wurde nicht weiter als objektiver, unantastbarer Experte gesehen, welcher undurchsichtig interveniert und von außen auf den Patienten schaut. Er war nun Teil des therapeutischen Prozesses: als Mensch, mit Unzulänglichkeiten und Fehlern. In der Therapie begegneten sich nun zwei Menschen. Diese Veränderung in der Psychotherapie wird von Balint (Balint 2002, S. 197) als Übergang von der Ein-Personen- zur Zwei-Personen-Psychologie bezeichnet.

Im Zentrum stand nicht mehr das objektive Wissen der Therapeutin, mit dem sie den psychisch kranken Menschen formte, sondern die innere Erfahrung des Klienten, sein innerer Bezugsrahmen und die in ihm angelegten Entwicklungsfähigkeiten. Mit dieser Brille auf die therapeutische Beziehung wurde der Klient aus der Abhängigkeit vom Wissen des Therapeuten befreit. Die Deutungshoheit lag nicht mehr ausschließlich beim Behandelnden. Die vorhandenen Kompetenzen, die Fähigkeiten der Selbstheilung und Problembewältigung des Klienten wurden genutzt, was seine Selbstachtung stärkte. Der Mensch wurde nicht länger ausschließlich als durch seine Vergangenheit, Triebe oder Konditionierungen vorbestimmt betrachtet, sondern als autonomer und selbstverantwortlicher Gestalter seiner Gegenwart und Zukunft gesehen. Therapie löste sich von autoritären Strukturen und wurde als intersubjektiver Prozess verstanden, der darauf abzielt, das bereits vorhandene Wissen und Potenzial zu wecken.

Diese Sicht auf den Menschen stellte eine enorme Ermächtigung sowohl für den Menschen in der Gesellschaft und insbesondere für den vulnerablen Klienten in der Psychotherapie dar. Zusammen mit Charlotte Bühler und Carl Rogers gründete Abraham Maslow 1962 in den USA die »Gesellschaft für Humanistische Psychologie«. Weitere zentrale Vertreter waren Fritz und Laura Perls, Paul Goodman, Alfried Längle, Rollo May, Viktor Frankl und später Irvin Yalom. Die daraus resultierende humanistische Strömung hatte bis in die 1980er-Jahre eine enorme Bedeutung nicht nur für die Psychotherapie, sondern auch für die Selbstwahrnehmung des Menschen in der Gesellschaft und sein Wirken in der Welt.

Aus dem Menschenbild der Humanistischen Psychologie heraus entwickelten sich zahlreiche humanistische Methoden, die dann jeweils einen unterschiedlichen Ansatzpunkt für die therapeutische Arbeit wählen:

| **Methode** | **Fokus** | **Zentrale Ebene** | **Bedeutende Vertreter** |
|---|---|---|---|
| Die Personenzentrierte Therapie | Gestaltung einer Ich-du-Beziehung mit dem Ziel, die Entfaltung der Persönlichkeit zu fördern | Beziehung | Carl Rogers<br>Anne-Marie und Reinhard Tausch (in Deutschland) |
| Gestalttherapie | Experimentierfreudige Arbeit am sichtbaren Kontaktgeschehen im Hier und Jetzt mit dem Ziel der Rücknahme von Projektion und der Integration abgespaltener Selbstanteile | Kontakt | Fritz und Laura Perls<br>Paul Goodman |
| Emotionsfokussierte Therapie (EFT) | Emotionale Konflikte und Blockaden erkennen und überwinden/Emotionen regulieren lernen | Emotionen (und ihre Rolle in der Paarbeziehung) | Leslie Greenberg<br>Sue Johnson |
| Psychodrama | Spielerisches Erleben und Reflexion der eigenen Rolle in der Gemeinschaft | Gemeinschaft | Jacob Levy Moreno |
| Logotherapie & Existenzanalyse | Frage nach dem Sinn der Existenz und des eigenen Lebens | Sinn und Existenz | Viktor Frankl<br>Alfried Längle |
| Transaktionsanalyse | Analyse und Verständnis eigener Ich-Anteile und deren Rolle in Kommunikationsmustern | Kommunikation | Eric Berne<br>Thomas Anthony Harris |
| Körpertherapie (u. a. Bioenergetik, Hakomi, Pesso Boyden Psychomotor (PBSP)) | Integration von Körpererleben, der Körper als Quelle von Weisheit und Stimmigkeit/Lösung körperlicher Blockaden/bessere Selbstregulation | Körpererleben | Diverse |
| Integrative Therapie | Integration verschiedener Methoden mit dem Ziel einer ganzheitlichen individuellen Therapie | Körper, Emotionen, Kognition, Beziehungen, Ressourcen | Hilarion Petzold |

**Tab. 1:** Die humanistischen Methoden (formuliert von der AGHTP)

## Encounter-Gruppen

In den 1960- und 1970er-Jahren entstanden zahlreiche Encounter-Gruppen, in denen es möglich war, sich in seiner Vollständigkeit als Mensch zu zeigen. Die hinter Fassaden weggedrückten Emotionen durften gezeigt und ausgedrückt werden. Der freie Ausdruck von Gefühlen unter Mitmenschen glich in einer puritanischen Gesellschaft einer kleinen Revolution. Dementsprechend erlebten diese Gruppen einen regelrechten Boom. Der Wunsch nach authentischer Begegnung war riesengroß. Menschen wollten ihre mit Kraft aufrechterhaltene Fassade fallen lassen. Sie hatten nun einen Raum, in dem sie die Bedeutung ihrer Empfindungen ernst nehmen konnten. Die Encounter-Gruppen schufen einen Kosmos jenseits von Anpassung, Funktionieren, Disziplin, Unterordnung und Leistungsdruck.

Größte Bedeutung als Zentrum für die humanistische Bewegung bekam das Esalen-Institut in Kalifornien als Wiege der Gestalttherapie und auch vieler körpertherapeutischer Verfahren. Die dort vermittelten humanistischen Ansätze beeinflussten viele Therapeut*innen, die ihre Erfahrungen in die Welt trugen. Nach dem Vorbild Esalen gründeten Wolf Büntig und seine damalige Frau Christa Büntig zusammen schließlich das ZIST Institut in Deutschland.

Das humanistische Menschenbild ist beeinflusst von der antiken Philosophie, dem Humanismus der Renaissance, der Phänomenologie und dem Existenzialismus. Hier möchte ich die Ausgangssituation, Kerngedanken und Folgen der jeweiligen Strömungen kurz skizzieren.

## Die Antike

Die Philosophen der Antike schufen die Grundlage für das humanistische Menschenbild. Sie beschäftigten sich damit, wie Menschen Zufriedenheit, Seelenfrieden und Glückseligkeit (Kunzmann et al. 2003, S. 29) erreichen konnten. »Natur, Sittlichkeit, Staat, Geist und Seele« (Hirschberger 1980, S. 10) standen im Fokus der philosophischen Betrachtung. Menschen sollten ihre geistigen und körperlichen Fähigkeiten entwickeln. Der Mensch solle gut und tugendhaft sein (ebd.). Sie sahen den Menschen als vernunftbegabtes Wesen, der mit seiner Vernunft seine Triebe und Instinkte steuern könne, um so zu einem gelingenden Zusammenleben und dem Wohl der Gemeinschaft beizutragen. Mit diesem Blick auf den Menschen wandten sich die Philosophen gegen die blinde Hörigkeit gegenüber Mythologie oder Religion und betonten die Bedeutung von Bildung und Erziehung. »Aristoteles kann als Begründer systematisch aufgebauter und wissenschaftlich fundierter Philosophie gelten, die alle Bereiche menschlicher Erfahrung zu umfassen sucht« (Kunzmann et al. 2003, S. 29). Auch heute noch hat das Denken der Antike enormen Einfluss auf unser Denken: »Wesentliche

Begriffe unseres heutigen Philosophierens und wissenschaftlichen Denkens überhaupt entstammen dem Geist der Antike« (Hirschberger 1980, S. 9).

## Humanismus und Renaissance

Im Bildungsideal des Humanismus im Rahmen der Renaissance gewann die antike Philosophie wieder an Bedeutung. Im 15. und 16. Jahrhundert war das Welt- und Menschenbild im Abendland starr an die damalige Auslegung der Bibel gebunden. Es gab kaum Freiheiten für eine menschliche Entwicklung außerhalb dieses Schemas. Die Stellung in der Gesellschaft und alles, was dem Menschen widerfuhr, war eben so, wie Gott es wollte. »Das Denken des Mittelalters erscheint den Humanisten in theologischen und logischen Spitzfindigkeiten festgefahren zu sein, und daher wird eine Wiedergeburt des Menschen aus dem antiken Geist heraus gefordert« (Kunzmann et al. 2003, S. 93).

Mit einer Erweiterung des Handels und der Erfindung des Buchdrucks in dieser Zeit wurden Menschen wohlhabender (siehe ebd.). Die persönliche Reichweite wuchs und der Ruf nach Handlungsspielräumen wurde lauter, die diese neu sichtbaren Freiheiten auch auszufüllen vermochten. Der Buchdruck ermöglichte, dass das vorhandene Wissen eine allgemein zugängliche Ressource wurde. Das war eine Revolution und ermächtigte jeden, der Zugang zu Wissen bekam. Das Bürgertum wurde stärker im Vergleich zum Adel und Klerus.

Das heliozentrische Weltbild, in der die Erde und Gott im Mittelpunkt stehen, geriet ins Wanken. Ein Weltbild, das nicht hinterfragbar schien, wurde erschüttert: »das religiöse Gefühl [soll] ... ein allgemeinmenschliches und nicht mehr spezifisch christlich« sein (Hirschberger 1980b, S. 13). Plötzlich waren Risse im starren System spürbar. Es war wieder etwas möglich! Das Selbstbild der Menschen wandelte sich entsprechend. »Doch sind es nicht mehr die mittelalterlichen Vorstellungen von Größe und Auszeichnung, sondern es erhebt sich ein neues Gefühl für Welt und Mensch« (ebd., S. 8).

Der Humanismus bildete eine Bildungsbewegung gegen das starre christliche Weltbild. Sie stellte nicht das fromme, unterwürfige Leben in den Vordergrund, sondern das gute Leben, in dem es um den Menschen, seine Entwicklungsmöglichkeiten, die »freie Entfaltung seiner schöpferischen Kräfte« (Kunzmann et al. 2003, S. 97) und seine Beziehungen geht: »Wesen und Größe des Menschen [wird] in dessen Fähigkeit zu unbegrenzter Metamorphose [gesehen]. Immer Neues solle der Mensch schaffen in einem unendlichen Prozeß und dadurch sich selbst verwirklichen« (Hirschberger 1980b, S. 13).

Die Bibel stand nicht länger über der Wissenschaft. Erkenntnisgewinn war nun über das Experiment und die Beobachtung möglich. So rutschte die Erde allmählich vom Zentrum des Universums an seinen eigentlichen demütigen Platz. Der Mensch nahm nun diesen Platz ein. Als Folge dieser Bewegung wurde der Mensch nicht mehr nur als Teil einer göttlichen Ordnung gesehen, sondern als Individuum mit Stärken und Freiheiten. »Die Unendlichkeit, einst etwas Göttliches, wechselt hinüber in den Menschen« (ebd.). Mit diesen Freiheiten kam auch der Ruf nach gleichen Rechten und gleicher Behandlung aller Menschen. Weiter formte sich daraus ein Bildungsideal: »Es war das Bildungsideal vom homo liberalis, dem ganz dem Wahren, Schönen und Guten lebenden und deswegen freien Menschen« (ebd., S. 21). Daraufhin wurde ein einheitliches Rechtssystem und eine zentrale politische Verwaltung eingeführt, was die Menschen vor reiner Willkür schützte. Natürlich war dieses Ziel noch lange nicht erreicht und gilt hier erst mal für eine kleine Auswahl privilegierter Menschen.

## Skandinavischer Existenzialismus

Eine ergiebige Quelle für die Humanistische Psychotherapie ist das Werk des dänischen Existenzialisten Søren Kierkegaard (1813–1855). Dieser betonte die Einzigartigkeit des menschlichen Erlebens, seines Leids und die daraus resultierende Notwendigkeit, sich methodisch der subjektiven Erfahrung zuzuwenden. »Wenn er immerzu wiederholt, die Subjektivität sei die Wahrheit, dann will er damit sagen [...]: Eine Wahrheit zu erwerben hat keinen Sinn, wenn sie die Existenz nicht berührt und verwandelt« (Weischedel 2001, S. 233). Er betonte die Freiheit des Menschen, aber auch die damit einhergehende Verantwortung und die existenziellen Themen des Menschseins: »Als existenzieller Denker muss er den Begriff des Menschen aus der Selbsterfahrung gewinnen. Diese aber ist für ihn die Erfahrung der Fremdheit zur Welt und zu sich selber, der inneren Zerrissenheit, der abgründigen Angst, der Verzweiflung« (ebd.). Im Gegensatz zum etwas später folgenden französischen Existenzialismus spielte für ihn der religiöse Glaube eine wichtige Rolle (vgl. ebd., S. 235).

## Französischer Existenzialismus

Einen weiteren wichtigen Einfluss hatte die französische Strömung der Existenzphilosophie. Die Existenzphilosophie lässt sich durch den berühmten Satz Sartres, »dass beim Menschen die Existenz der Essenz vorausgeht« (Sartre 2023, S. 16), beschreiben. Er meint damit, dass wir als nackte Existenz in die Welt geworfen sind und das Privileg, aber auch die Bürde haben, unserer Existenz einen Sinn und Inhalt zu geben. Wir sind quasi zur Freiheit verdammt! Wir haben die Chance, ein gutes Leben zu führen, wenn wir diese Aufgabe annehmen und eine Balance zwischen Freiheit und Verantwortung finden. Keine Autorität kann diese Aufgabe für uns übernehmen. Wir müssen eine ganz individuelle Antwort darauf finden. Die existenziellen Fragen können nicht allgemeingültig beantwortet werden.

## Die »Amerikanisierung« der humanistischen und existenziellen Sicht auf den Menschen

In den USA wurden andere Aspekte des Menschseins betont als von den europäischen Existenzialisten. Dazu Yalom (Yalom 2010b, S. 131):

> »Wir Amerikaner haben die europäische existenzielle Tradition jedoch nicht nur importiert, sondern auch amerikanisiert. [...] Der europäische Existenzialismus konzentriert sich auf die tragischen Aspekte der Existenz, auf Grenzen, auf die Auseinandersetzung mit der Angst vor Ungewissheit und Nichtsein und deren Verinnerlichung. Amerikanische humanistische Psychologen hingegen sprechen weniger von Grenzen und Ungewissheit als von den Möglichkeiten des Menschen, weniger vom Akzeptieren als vom Bewusstmachen, weniger von Angst als von Gipfelerlebnissen und ozeanischem Einssein, weniger vom Sinn des Lebens als von Selbstverwirklichung, weniger von Getrenntsein und grundsätzlicher Isolation als von der Ich-Du-Beziehung und Begegnung.«

Sie heben also die positive und wachstumsorientierte Seite der Existenz in den Vordergrund und betonen nicht so sehr die *»nackte Existenz«*: Mehr Hollywood, weniger Arte.

## Die Phänomenologie

Ausgehend vom Ersten Weltkrieg und der Weltwirtschaftskrise in den 1930er-Jahren stellten Menschen sich die Sinnfrage über dieses Leben voller Entbehrungen und Grausamkeiten. Im Zuge der Industrialisierung veränderte sich die Welt rasant. Menschen sahen sich einer kargen Existenz ausgesetzt und fühlten sich von sich und ihren Mitmenschen zunehmend entfremdet. Gleichzeitig entwickelte sich die Technik rasant (Kunzmann et al. 2003, S. 183). Vor diesem Hintergrund entwickelte sich die philosophische Strömung der Existenzphilosophie, welche auf Kierkegaards Existenzialismus gründete. Sie brach mit dem Versuch der großen philosophischen Systeme, abstrakte und allgemeingültige Regeln für das Menschsein zu formulieren und feste Wesensbeschreibungen für den Menschen zu formulieren. Sie interessierte sich für die reine Erfahrung als konkretes, zu erforschendes Phänomen und wollte sich so dem Menschlichen nähern. Sie führte in radikaler Weise zurück zum Menschen und seinen unmittelbaren Erfahrungen. Sie brach mit dem Glauben an das absolut erfahrbare, zeitlose und allgemeingültige Wissen (vgl. ebd., S. 159), welches unabhängig vom Fragestellenden formuliert werden könnte.

Im Rahmen dieser Bewegung entstand eine neue wissenschaftliche Methode: die Phänomenologie. Sie möchte sich dem Menschen als subjektiv erlebendes Wesen nähern und ihn verstehen. Das Wesen des Menschen soll nicht mehr objektiv und abstrakt erfasst, sondern durch die Beschreibung und Beobachtung des konkret Erfahrbaren verstanden werden: »Hinter der Bezeichnung steht die Forderung, sich in der Philosophie aller vorschnellen Weltdeutung zu enthalten und sich vorurteilsfrei an die Analyse dessen zu halten, was dem Bewusstsein erscheint« (ebd., S. 195).

Erklären und Verstehen werden zwei wissenschaftliche Zugänge: Wenn wir etwas erklären, berufen wir uns auf allgemeingültige objektive Gesetze. Der Erklärende selbst spielt hier keine Rolle. Wenn wir verstehen, müssen wir uns in die Innenwelt eines Menschen oder einer Kultur einfühlen und die individuellen Beweggründe, Werte und Ziele verstehen. Die subjektive Erlebniswelt des beobachtenden Teilnehmers müssen wir zum Verständnis der Beschreibung hinzuziehen. Diese Vorgehensweise prägte die therapeutische und wissenschaftliche Methode der Humanistischen Psychologie.

## Die Gestaltpsychologie

Die Grundannahmen der humanistischen Therapie fußten unter anderem auf der damaligen psychologischen Forschung. Dazu zählen insbesondere die Gestaltpsychologie um Max Wertheimer, Kurt Lewin und Kurt Goldstein (vgl. Kriz o. D.). Die Gestaltpsychologie beschäftigte sich mit der Organisation unserer Wahrnehmung. Sie untersuchte die Frage, wie wir einzelne Sinnesreize zu einem sinnvollen Ganzen verarbeiten, und bestätigte die Richtigkeit des berühmten Satzes von Aristoteles für unsere Wahrnehmungsprozesse: Das Ganze – also die Gesamtgestalt einer Wahrnehmung – ist mehr als die Summe seiner Teile. Im Rahmen der Gestaltpsychologie wurde das Konzept der Selbstorganisation von Organismen formuliert. Demnach haben wir Menschen eine uns innewohnende Fähigkeit, ein inneres dynamisches Gleichgewicht zu finden und zum Beispiel beeinträchtigte Sinne durch eine organismische Reorganisation teilweise zu reparieren oder auszugleichen. Dies stellte der Psychiater Kurt Goldstein bei der Beobachtung des Heilungsprozesses verwundeter Soldaten (vgl. ebd.) fest. Er nannte dies die Tendenz zur Selbstregulierung. Dieses Konzept wurde später als Selbstaktualisierungstendenz von Carl Rogers aufgenommen und durch systemische Ansätze weitergeführt und wissenschaftlich im Rahmen unterschiedlichster Disziplinen bestätigt.

> Die Humanistische Psychologie entstand in den 1950er- und 1960er-Jahren in den USA als Gegenbewegung zu patriarchalen und autoritären Gesellschaftsstrukturen, in deren Rahmen als sinnlos empfundene Kriege geführt wurden und eine rigide Sexualmoral herrschte. Als Gegenpol zu einem als prüde und fassadenhaft erlebten Miteinander sollten Menschen ihre Gefühle in authentischen Begegnungen frei ausdrücken dürfen. Encounter-Gruppen, in denen dies möglich war, boomten. Der Mensch wurde als freies,

autonomes und für sich selbst verantwortliches Wesen betrachtet, das nach Selbstverwirklichung strebt. Die Bedeutung des einzelnen Menschen wurde betont. Seine Handlungsspielräume vergrößerten sich im Rahmen dieser Bewegung. Wichtige Einflüsse auf die Humanistische Psychologie haben die Philosophie der Antike, die Renaissance, der europäische und der französische Existenzialismus und die Gestaltpsychologie.

# 3 Eine Einführung in die beiden großen humanistischen Methoden: die Personenzentrierte Therapie und die Gestalttherapie (mit besonderer Würdigung der Analytischen Therapie Carl G. Jungs)

## Was ist heilsam?

Manchmal ist es hilfreich, wenn wir uns als Therapeut*innen mit unserer tiefsten Intention verbinden. Letztendlich sollte uns die Frage im Kern bewegen, was wirklich heilsam ist. Wir können die Antwort darauf in uns selbst finden. Was kommt dir bei dieser Frage in den Sinn? Was brauchst du, wenn es dir nicht gut geht? Welche Art von Kontakt oder Beziehung tut dir dann gut? Wem aus deinem Umfeld würdest du dich anvertrauen wollen und warum? Sicherlich spielt hier erstmal keine Rolle, ob jemand *wissenschaftlich bestätigte* Interventionstechniken anwendet oder zahlreiche Handlungsanweisungen zur Hand hat. Vor dem Hintergrund ist es doch erstaunlich, dass viele therapeutische Ausbildungsinstitute genau dies ins Zentrum ihres Lehrplans stellen. Ich habe hier ein paar heilsame Aspekte von Beziehungen zusammengestellt:

- Jemand, der da ist und dableibt
- Jemand, der nicht wertet
- Jemand, der den Schmerz da sein lässt, ihn vielleicht auch ein wenig an sich heranlässt, der mitfühlt, aber nicht mitleidet
- Jemand, dem es in sich gut geht und der meine Not aushalten kann
- Jemand, bei dem ich sein kann, wie ich bin, und mich nicht verstellen muss
- Jemand, der mir keinen Druck macht
- Jemand, der mir in meine eigene Kraft verhilft und der mir Vertrauen vermittelt, damit umzugehen
- Jemand, der mein Vertrauen in meine eigenen Fähigkeiten und in meine Kraft weckt
- Jemand, der mir Hoffnung und Trost gibt
- Jemand, der sich auf mich einlässt, von dem ich mich verstanden und gesehen fühle und Raum bekomme für das, was ist

- Jemand, der das anerkennt und sieht, was ist, ohne es vorschnell verändern oder beseitigen zu wollen
- Jemand, der selbst authentisch und kongruent ist in dem, was er sagt und rückmeldet
- Jemand, von dem ich mich als Person wertgeschätzt und angenommen fühle
- Manchmal auch Klarheit und authentische Rückmeldung (mein Gegenüber muss spürbar für mich sein, es muss sich zurücknehmen können, aber auch in Erscheinung treten)
- Jemand der die Dinge beim Namen nennt
- Jemand, der ruhig bleibt, der in sich reguliert bleibt
- Wenn ich selbst festgefahren in immer wieder kehrenden Mustern bin, schätze ich jemanden, der mir auch schwierige Rückmeldungen auf eine nicht-wertende, annehmbare und einfühlsame Art geben kann

Wen würdest du nicht als Begleitung haben wollen? Vielleicht jemanden, der dir sagt, wie und was du machen musst? Jemand, der vorschnell Lösungen anbietet, ohne deine Not erkannt zu haben? Jemand, der schnell meint, dich zu kennen und die Situation zu verstehen, ohne wirklich zuzuhören, was du zu sagen hast? Jemand, der deine Probleme runterspielt, indem er dir einen einfachen Ausweg aufzeigt? Jemand, der als Mensch nicht spürbar ist und nicht kongruent wirkt, sondern aus einer Rolle heraus handelt? Jemand, der eine eigene Agenda verfolgt und nicht wirklich bei dir ist?

Wir Therapeut*innen sind nicht neutral in unserem Beziehungsangebot. Über Jahre hinweg erlernen wir einen bestimmten Blick auf den Menschen und sein Leid. Uns wird so suggeriert, dass wir einen psychisch aus dem Gleichgewicht geratenen Menschen »richtig« oder »falsch« begleiten und behandeln können. Das führt uns zwangsweise von unserem Gegenüber und unserem spontanen Erleben in der Beziehung weg. Wir können dann nicht mehr so genau hinschauen, wer uns da eigentlich gegenübersitzt und was unser Gegenüber uns mit all seinen Äußerungen mitteilt. Wenn wir eine Theorie im Kopf haben, müssen wir unser Erleben ständig mit dieser Theorie abgleichen. Wir haben weniger Präsenz und Aufmerksamkeit für den Menschen, dem wir im Hier und Jetzt begegnen. Wir haben auch weniger Energie für unser Mitgefühl und die Antworten, die in unserem inneren mitschwingenden Raum entstehen. Als Therapeut*innen müssen wir uns mit dem Begriff der Heilung auseinandersetzen und fragen, was er für uns bedeutet. In der Humanistischen Therapie arbeiten wir aus dem Paradigma der Bezogenheit heraus. Objektive Wahrheit oder Richtigkeit ist nicht der Anspruch: Es geht um Wahrhaftigkeit und Stimmigkeit.

Im Folgenden möchte ich zwei der wichtigsten humanistischen Therapieansätze vorstellen: die Klientenzentrierte Psychotherapie nach Carl Rogers und die Gestalttherapie nach Fritz und Laura Perls. Besonders würdigen möchte ich die Analytische Psychologie nach Carl G. Jung, die ebenfalls im Rahmen der Humanistischen Psychologie einen wichtigen Stellenwert einnimmt, auch wenn diese Therapieform in Deutschland zu den psychodynamischen Therapien zählt.

## Die Personenzentrierte Gesprächspsychotherapie

Diese Therapieform geht auf den US-Amerikaner Carl Rogers zurück, der zwischen 1902 und 1987 lebte. Er wuchs in einer christlich-konservativen Familie auf und studierte zunächst Theologie. Während einer China-Reise distanzierte er sich von christlich-religiöser Dogmatik und wandte sich schließlich den Erziehungswissenschaften zu. Er arbeitete am Teachers College mit psychisch auffälligen und delinquenten Kindern und Jugendlichen. Im Verlauf interessierte er sich zunehmend dafür, welche Bedingungen ein Kind braucht, um lernen zu können und seelisch zu wachsen. Im Laufe seiner Arbeit wurde ihm bewusst, dass für Menschen eine bestimmte Qualität von Beziehung als Lernumgebung zentral ist (Rogers 2012). Zwischen 1957 und 1963 war er Professor für Psychologie und Psychiatrie an der University of Wisconsin und insbesondere im Bereich der Psychotherapieforschung tätig. Er entwickelte die nondirektive Therapie, die später mit Fokus auf die Beziehung zur Klientenzentrierten und schließlich zur Personenzentrierten Therapie weiterentwickelt wurde. Später galt sein Interesse Encounter-Gruppen und der Friedens- und Konfliktarbeit (vgl. Rogers 2012).

Die Tatsache, dass diese Therapieform in Deutschland harmlos als *Gesprächspsychotherapie* übersetzt wurde, hat berufspolitische Gründe. Zu jener Zeit durften Psycholog*innen nicht selbstbestimmt, sondern nur im Delegationsverfahren Psychotherapie anbieten. Reinhard Tausch wählte aus diesem Grund den harmlosen Namen Gesprächspsychotherapie. Denn reden durften die Psychos doch! *Leider füttert diese Bezeichnung bis heute das Vorurteil einer weichen, ziellosen und wenig potenten Therapieform, die letztendlich in ihrer Tiefe nicht über ein gelangweiltes und frustrierendes ständiges Wiederholen des letzten Satzes der Klienten hinausgeht.* Diese beliebig klingende Übersetzung hatte also einen hohen Preis. Vielleicht wäre es mal Zeit für eine direkte Übersetzung ins Deutsche. Mittlerweile hat sich ja eindrucksvoll gezeigt, dass neben Ärzten und Ärztinnen auch psychologische Psychotherapeut*innen in der Lage sind, erfolgreiche Psychotherapien durchzuführen.

Rogers geht davon aus, dass wir psychisch krank werden, wenn die Spannung zwischen dem, was wir tatsächlich erleben, und dem, wie wir uns selbst sehen möchten, zu groß wird. Die dadurch entstehende Kluft zwischen unserem Selbstbild und unserem Selbsterleben nennt er Inkongruenz. Der Mensch sollte sich nicht in starre Bilder, Masken oder Rollen zwängen, sondern »gegenüber allen Elementen seines organischen Erlebens offener« (Rogers 2012, S. 129) sein und lernen, »sein Leben als fließenden, fortwährenden Prozess zu sehen, in dem er ständig neue Aspekte seines Wesens im Strom seiner Erfahrungen entdeckt« (ebd.). Er soll seinen inneren Fähigkeiten, seinem Potenzial, seinem Erleben und seiner Wahrnehmung trauen.

Dem liegt die Vorstellung zugrunde, dass in uns Menschen eine Kraft wirkt, die uns dazu drängt, unsere Fähigkeiten und Potenziale zu verwirklichen und psychisch zu reifen. Diese Kraft sei die »Haupttriebfeder des Lebens« (Rogers 2012, S. 49). Unser Selbst als Ort unserer wahrhaftigen Erfahrungen hat die Tendenz, sich zu realisieren und zu aktualisieren. Aus diesem Grund nennt Rogers diese Kraft Selbstaktualisierungstendenz:

> »Ob man dies eine Tendenz zur Entfaltung, einen Drang zur Selbstaktualisierung, oder eine sich vorwärtsentwickelnde Gerichtetheit nennt, es handelt sich um die Haupttriebfeder des Lebens und ist letztendlich die Tendenz, von der die ganze Psychotherapie abhängt. Es ist der Drang, der sich in allem organischen und menschlichen Leben zeigt: sich auszuweiten, auszudehnen, zu entwickeln, autonom zu werden, zu reifen; die Tendenz, alle Fähigkeiten des Organismus in dem Maße auszudrücken und zu aktivieren, in dem solche Aktivierung den Organismus sich entfalten läßt oder das Selbst steigert.«
> *(Rogers 2012, S. 49)*

Die Vorstellung, dass der Mensch durch innere Wachstumskräfte angetrieben und bewegt wird, bildet den Kern der Humanistischen Psychologie. Diese Tendenz kann ins Stocken geraten, wenn wir mit unserem Erleben nicht mehr in Verbindung stehen. Wir lassen uns dann nicht mehr von unserem Selbstgefühl leiten, sondern von den Vorstellungen, die wir über unser Selbst haben. Unser Erlebens- und Erfahrungsraum verarmt und wir verlieren uns. Unser Erleben, Handeln, Denken und Fühlen sind nicht länger kongruent. Wir werden uns selbst fremd.

Aufgrund seiner Beobachtungen entwickelte Rogers die nondirektive Therapie, die später mit Fokus auf die Beziehung zur Klientenzentrierten Therapie wurde. Rogers erkannte, dass Menschen für ihre innere Entwicklung keine Expert*innen brauchen, die ihnen sagen müssen, was mit ihnen nicht stimmt und was zu tun ist. Entscheidend sind eine bestimmte Qualität von Beziehung und ein bestimmtes »psychologisches Klima« (Rogers 2012, S. 49). In dieser Beziehung stellt der Therapeut niemanden dar, der er nicht ist. Er ist als Mensch, mit seinen Gefühlen und seinem Erleben kongruent. Er spielt keine Rolle. Dazu Rogers: »In meinen Beziehungen zu Menschen habe ich herausgefunden, daß es auf lange Sicht nicht hilft, so zu tun, als wäre ich jemand, der ich nicht bin« (ebd., S. 32). Diese Kongruenz und Authentizität hilft dem Klienten, sich ebenfalls kongruent seinem Erleben zuzuwenden. Die Selbstaktualisierungstendenz in ihm kann durch diese Beziehung wieder *angekurbelt* werden: »Diese Tendenz wird in einem angemessenen psychologischen Klima frei, wird aktualisiert, anstatt potentiell zu bleiben« (ebd., S. 49). Als Therapeut*innen müssen wir die Entwicklungsrichtung nicht vorgeben: »Es ist meine Erfahrung gewesen, dass Menschen eine im Grunde positive Entwicklungsrichtung haben« (ebd., S. 42). Damit meint er, zu mehr psychischer Reife, relativer Autonomie, Beziehungsfähigkeit und einem kohärenten Selbstgefühl.

Ein erfolgreicher therapeutischer Prozess hat folgende »notwendige und hinreichende Bedingungen:

1. Zwei Personen befinden sich in psychologischem Kontakt.
2. Die erste, die wir Klient nennen wollen, befindet sich in einem Zustand der Inkongruenz, ist verletzbar oder ängstlich.

3. Die zweite Person, die wir Therapeut nennen wollen, ist kongruent oder integriert in der Beziehung.
4. Der Therapeut empfindet eine unbedingte positive Zuwendung dem Klienten gegenüber.
5. Der Therapeut empfindet ein emphatisches Verstehen des inneren Bezugsrahmens des Klienten und ist bestrebt, diese Erfahrung dem Klienten gegenüber zum Ausdruck zu bringen.
6. Die Kommunikation des emphatischen Verstehens und der bedingungslosen positiven Zuwendung des Therapeuten dem Klienten gegenüber wird wenigstens in einem minimalen Ausmaß erreicht (Nach Rogers, 1957)«

*(Kriz 2007, S. 172).*

Rogers vertritt keinen diagnose- oder störungsspezifischen Ansatz. Diese Konzepte spielen in der direkten Ich-Du-Begegnung, die auf Entwicklung ausgerichtet ist, eine untergeordnete Rolle. Das erspart dem Personenzentrierten Therapeuten natürlich nicht, profunde Kenntnisse davon zu haben. Die Personenzentrierte Therapeutin sieht sich als Mensch, der eine Beziehung zu einem anderen Menschen anbietet, in deren Rahmen dieser sich erforschen besser verstehen und letztendlich persönlich entfalten kann. Die authentische und Sicherheit bietende Beziehung unterstützt ihn dabei abgewehrte und abgespaltene Persönlichkeitsanteile nach und nach zu integrieren. Das Ziel ist Ganzheit und nicht die schnelle Beseitigung von Symptomen. Die innere Aktualisierungstendenz gibt die Richtung für die Klientin vor. Dabei lässt »der Einzelne [...] eine nach der anderen seiner Abwehrmasken [fallen], mit denen er dem Leben bislang begegnete, [...] daß er die verborgenen Aspekte seines Selbst voll erfährt; daß er in diesen Erlebnissen den Fremden entdeckt, der hinter diesen Masken gelebt hat. Den Fremden: sich selbst« (Rogers 2012, S. 129). Das therapeutische Klima ist so sicher, dass der Klient sich und auch seine schambesetzten und brüchigen Erfahrungen und Anteile nach und nach erforschen kann. So können auch Elemente seines Erlebens bewusst werden, die zuvor durch sein Selbstbild verzerrt waren:

> »beim Fehlen jeglicher wirklichen oder angedeuteten Bedrohung für das Selbst kann es sich der Klient erlauben, verschiedene Aspekte seiner Sinnesorgane und seine Physis zu erfassen, ohne sie verzerren zu müssen, damit sie dem vorherrschenden Begriff des Selbst entsprechen. Viele Aspekte stehen im größten Widerspruch zum Selbstbild, aber man kann es ihnen in dieser sicheren Beziehung erlauben, unverzerrt ins Bewusstsein zu treten.«
> *(Rogers 2012, S. 87)*

Rogers lässt sich nicht von einem intellektuellen Ansatz in seinen Therapien leiten. Er hört zu, versucht zu verstehen, vertraut auf seine Erfahrung und die der Klienten: »Erfahrung ist für mich die höchste Autorität« (ebd., S. 39).

Seine therapeutische Methode lässt sich als zurückhaltend, präsent und verstehend beschreiben. Sie umfasst folgende Kriterien:

- Der Therapeut verzichtet auf Handlungsanweisungen und -empfehlungen.
- Der Therapeut begegnet dem Menschen als Mensch und nicht in seiner Rolle als Fachmann oder Experte.
- Er ist präsent, offen, interessiert und aufmerksam.
- Er ist zurückhaltend mit weiterführenden Fragen, die das Gespräch in eine vom Therapeuten suggerierte Richtung lenken.
- Der Therapeut ist nondirektiv. Er überlässt Richtung, Inhalt und Geschwindigkeit des Prozesses dem Klienten.
- Er fasst das Gehörte regelmäßig zusammen und paraphrasiert dies in anderen Worten.
- Er findet sprachliche Bilder für das Gesagte und die Emotionen.
- Er spiegelt die offen ausgedrückten oder für den Therapeuten spürbaren emotionalen Erlebnisinhalte.
- Er achtet auf seine eigenen Gefühle und teilt diese auch mit, sofern sie im Sinne der Entwicklung der Klienten sind.
- Er klärt Unverstandenes, stellt Rück- und Verständnisfragen.
- Er orientiert sich unmittelbar am »inneren Bezugsrahmen« des Klienten und verzichtet auf Deutungen, Wertungen und Interpretationen.

Sicherlich stößt dieser Ansatz bei Klient*innen mit starken Beziehungsstörungen an seine Grenzen. Wenn mein Gegenüber meine Empathie und Zuwendung nicht wahrnehmen kann, kann ich nicht zu ihm durchdringen. Dieser so wirksame, aber allgemeine Ansatz sollte meiner Meinung nach mit profunder Kompetenz und Erfahrung verbunden werden, wie wir mit Kontakt- und Beziehungsstörungen arbeiten können, ohne dabei »nur stabilisierend« oder »stützend« zu wirken. Tatsache ist, dass dieser Ansatz für sehr viele Menschen sehr heilsam ist und war: Das betrifft insbesondere Menschen mit einer ausreichenden Ich-Stärke, die sich ihr Leben lang nach den Erwartungen anderer gerichtet haben, denen gesagt wurde, was sie zu tun oder zu denken haben und die deutlich in ihren Grenzen und ihrer Autonomie verletzt wurden. Die von Rogers gelebte Art der Beziehung ist hier sehr heilsam. Sie öffnet einen Raum, zum Eigenen vorzudringen, ohne von einem Menschen begleitet zu werden, der es besser weiß. Menschen, die jedoch gar nicht in der Lage sind, in Kontakt nach innen oder außen zu treten, können eine zurückgelehnte, spiegelnde und stabilisierende Beziehung möglicherweise weniger für sich nutzen. Hier brauchen wir unter anderem Werkzeuge, wie wir mit starker Abwehr und dysfunktionalen Beziehungsstrategien arbeiten können. Das lässt sich gut mit diesem Ansatz verbinden.

## Fazit: Chancen und Grenzen der Personenzentrierten Psychotherapie

Rogers' Haltung der Gesprächsführung kann sehr fruchtbar für mich als Begleiter sein, wenn ich dazu neige, die Rolle des Machers und Experten zu übernehmen und zu viel Verantwortung für mein Gegenüber und den Prozess zu übernehmen. Ich empfinde dann Druck, gute Lösungen oder Ratschläge zu geben oder die inneren Löcher meiner Klient*innen zu füllen. Wenn ich mit dieser Rolle identifiziert bleibe, brenne ich irgendwann aus. Die zurückhaltende, raumgebende und Verantwortung zurückgebende Haltung von Rogers entlastet mich einerseits und empowert meinen Klienten andererseits. Ich ent-rolle mich damit wieder, entschleunige den Prozess und gebe ihn wieder an meinen Klienten zurück. Die Verweigerung, den Handlungsdruck aufzunehmen, hat etwas durchaus Konfrontatives. Wir müssen es aushalten, für unsere Klient*innen frustrierend und enttäuschend zu sein. Häufig hat das irgendwann eine heilsame Wirkung für mich, meine Klienten und den gemeinsamen Prozess. Wir müssen nicht alles wissen. Wir müssen nicht wissen, wo die Reise hingeht. Wir müssen da sein, zuhören, als Mensch kongruent sein und unser Gegenüber als Mensch im Kern unbedingt positiv wertschätzen. Manchmal kommen wir weiter, wenn wir weniger machen und mehr lassen.

Für mich ist diese Haltung die Foundation der therapeutischen Arbeit. Kann ich mein Gegenüber in seiner oder ihrer Wesenhaftigkeit wirklich sehen, höre ich so zu, dass ich den inneren Bezugsrahmen dieser Person wirklich begreife? Höre ich so zu, dass ich die jeweilige Konstruktion der Wirklichkeit nachvollziehen kann? Kann ich meine konkreten Beobachtungen spiegeln, ohne sie zu deuten, zu werten oder zu interpretieren? Kann ich Fragen stellen, ohne zu glauben, die »richtige« Antwort bereits zu kennen? Diese Art von Zuhören und Explorieren erfordert einen kleinen Ego-Tod von uns; wir haben als Therapeut*innen oder Berater*innen schließlich jahrelange Ausbildungen hinter uns und einen großen Fundus an Wissen, Konzepten und Ideen angesammelt. Sind wir dennoch in der Lage, diese beiseitezulassen und uns ganz darauf einzulassen, was der Mensch, der uns gegenübersitzt, über sich mitteilen möchte? Für mich ist diese Art des präsenten Zuhörens und Daseins die Grundlage unserer Arbeit. *Wir »klauen« unseren Klient*innen den Prozess, wenn wir sie in ihrem Selbstkontakt und ihrer Selbsterforschung unterbrechen und den Raum mit unseren Ideen und unserer Agenda besetzen.* Je mehr wir wissen, desto mehr müssen wir uns manchmal zügeln. Die Gesprächsführung der Personenzentrierten Therapie führt uns immer wieder dahin zurück. Diese Fähigkeit brauchen wir für alle Klient*innen, unabhängig von der Art und Schwere ihrer Symptomatik. Beim Versuch, Therapie »richtig« zu machen, strengen wir Therapeut*innen uns zu sehr an. Die Foundations der Gesprächstherapie werden gerade wieder sehr gebraucht, um von Expert*innen, die meinen, alles wissen zu müssen, wieder zu menschlichen Begleiter*innen zu werden, die wirklich zuhören.

Die Haltung der Personenzentrierten Therapie muss gepaart sein mit einem Sinn fürs Pragmatische und effektiv Hilfreiche. In der stationären Arbeit in Kliniken haben wir wenig Zeit für die Klient*innen und müssen strukturiert arbeiten und eine aktive Rolle einnehmen. Auch bei sehr vulnerablen Klient*innen müssen wir Führung übernehmen und eine klare Struktur schaffen. Wenn zum Beispiel ein Klient unmittelbar vor einer Masterprüfung steht und unter Prüfungsängsten leidet, sollte ich nicht ausschließlich nondirektiv die Gefühle explorieren, sondern meinen Klienten aktiv bei diesem Ziel unterstützen. Manchmal auch auf der Handlungsebene. *Wir sollten nie eine Theorie oder ein Ideal über das stellen, was gerade pragmatisch gebraucht wird und unsere Klient*innen in ihrer Wirklichkeit abholt. Unsere therapeutische Grundhaltung sollte immer gepaart sein mit Pragmatismus und einem Fingerspitzengefühl für die Anforderungen einer bestimmten Lebenssituation.* Den Weg der goldenen Mitte sollten wir nicht verlassen.

## Die Gestalttherapie

Fritz Perls, seine Frau Laura Perls und Paul Goodmann gelten als wichtigste Vertreter der Gestalttherapie. Fritz Perls ist von ihnen der bekannteste. Er wurde als Jude 1893 in Berlin geboren. Während des Nationalsozialismus emigrierte er über die Niederlande nach Südafrika und schließlich in die USA. Er machte eine Psychoanalyse bei Karen Horney und war Assistenzarzt beim Gestaltpsychologen Kurt Goldstein, der sich mit selbstorganisierenden Vorgängen im menschlichen Organismus befasste. Perls absolvierte eine Lehranalyse bei Wilhelm Reich, von der er wohl begeistert gewesen war. Nach einem psychoanalytischen Kongress in Tschechien brach er mit den orthodoxen Psychoanalytikern und verfolgte einen eigenen therapeutischen Ansatz. Ein kurzer Kontakt mit Sigmund Freud verlief für ihn enttäuschend. Er war Zen-Schüler in Japan und entwickelte schließlich in den USA zusammen mit Paul Goodman und Laura Perls die Gestalttherapie.

Auch die Gestalttherapie geht davon aus, das der Mensch immer in Bewegung ist. Wir müssen uns eine grundlegende Offenheit gegenüber Erfahrungen bewahren. Unser Organismus hat selbstorganisierende Kräfte, die wirken, solange wir in Kontakt mit uns sind: »Der Organismus weiß alles. Wir wissen sehr wenig« (Perls 2008, S. 31). Wir brauchen keinen intellektuellen Zugang zum Klienten, sondern einen direkten Kontakt in der Begegnung zu ihm. Offene Bedürfnisse, Konflikte und Lebensaufgaben würden als offene Gestalten im Organismus wirken, deren natürliche Bestrebung es ist, sich durch Befriedigung oder Lösung zu schließen. Auch abgespaltene Persönlichkeitsanteile unterbrechen die selbstregulativen Fähigkeiten des Organismus. Sie streben danach, integriert zu werden. Das bedeutet, dass sie im bewussten Selbstbild, Selbstgefühl und Selbsterleben der Person wieder einen Platz bekommen. Wenn der Organismus zu starre Ich-Grenzen hat und der Austausch mit der Umwelt nicht mehr reibungslos funktioniert, bleiben Gestalten unvollendet:

> »Die Grenze zwischen Organismus und Umwelt erfahren wir mehr oder weniger als das, was innerhalb der Haut und was außerhalb der Haut ist, aber das ist sehr vage definiert. Zum Beispiel: Ist im Augenblick des Atmens die Luft, die einströmt, noch Teil der Außenwelt oder ist sie schon unsere eigene? Wenn wir Nahrung zu uns nehmen, verleiben wir sie uns ein, können sie aber noch erbrechen – wo ist also der Punkt, an dem das Selbst beginnt und das Anderssein der Umwelt endet? Wir sehen, daß die Ich-Grenze nichts Fixiertes ist. Wenn sie verfestigt ist, so entsteht wieder Charakter oder ein Panzer wie bei der Schildkröte. [...] Die Ich-Grenze ist von großer Bedeutung.«
> *(Perls 2008, S. 16)*

Wenn zu viele Gestalten offen sind, funktionieren wir nicht mehr richtig. Auch die Gestalttherapie geht davon aus, dass der Organismus »in sich selbstregulierend ist« (ebd., S. 14). »Jedes Ungleichgewicht wird als ein Bedürfnis erlebt, dieses Ungleichgewicht zu korrigieren« (ebd., S. 25). Und weiter (ebd., S. 14): »Wir nennen jedes lebendige Wesen einen Organismus, jedes lebendige Wesen, das Organe hat, das eine Organisation hat, das in sich selbstregulierend ist.«

Im Gegensatz zum intellektuellen Ansatz der Psychoanalyse orientiert sich der Gestalttherapeut ganz am Offensichtlichen, Sichtbaren, am direkten Kontakt:

> »[...] die Einfachheit des Gestaltansatzes liegt darin, dass wir dem Offensichtlichen, der äußersten Oberfläche unsere Aufmerksamkeit zuwenden [...]. Ein guter Therapeut hört nicht auf den Inhalt [...], sondern auf den Klang, die Musik, das Zögern [...]. Die wirkliche Kommunikation ist jenseits der Sprache. [...] Also, hört nicht auf die Worte, hört einfach auf das, was die Stimme euch sagt, beachtet, was die Bewegungen sagen, was euch die Haltung sagt, was euch die Erscheinung vermittelt.«
> *(ebd., S. 61)*

Die Therapeutin versucht, sich ganz am phänomenologisch Sichtbaren zu orientieren. Im Gegensatz zu den psychodynamischen oder analytischen Verfahren versucht der Gestalttherapeut, ähnlich wie der Personenzentrierte Therapeut, ganz auf Deutungen und Interpretationen zu verzichten, die aus dem inneren Bezugsrahmen der Therapeuten stammen. Er möchte den Prozess des Klienten nicht mit seinen eigenen Interpretationen besetzen. Dazu Perls (2008, S. 129): »[...] meine ganze Technik entwickelt sich immer mehr dahin, *nie, niemals zu interpretieren*. Lediglich zurückgeben, back-feeding, dem anderen Menschen eine Gelegenheit verschaffen, sich selbst zu entdecken.«

Auch die Gestalttherapie beschäftigt sich mit Widerständen. Jedoch nicht in Hinblick auf die vom Therapeuten formulierten Therapieziele, sondern in Hinblick auf Kontakt. Kontakt entsteht an der Grenze zwischen zwei Menschen. Der Gestalttherapeut unterstützt den Selbstexplorationsprozess des Klienten mit Kontakt und spiegelt jedes Ausweichen aus dem Kontakt. Folgende Kernelemente sind für den gestalttherapeutischen Prozess typisch:

- **Die Beschäftigung mit dem offensichtlich Sicht- und Spürbaren:** Es geht zunächst nicht darum, etwas zu erkennen, was nicht direkt im Therapiegeschehen sichtbar wäre. Es geht darum, das prägnant zu machen, was sich zeigt, und das schlichtweg zu benennen. Diese Technik wird »stating what is« genannt.
- **Die Integration abgespaltener Selbst-Anteile.** Der Gestalttherapeut bietet verschiedene Experimente an, in denen der Klient in die Rolle des abgespaltenen Selbst-Anteils schlüpfen kann. So kann etwas bisher Abgespaltenes wieder ein Teil des Ichs werden. Die Handlungsspielräume werden größer und die Identität weniger starr: »[...] jedesmal, wenn du ein Es in ein Ich übersetzt, so wachsen deine Lebendigkeit und deine Möglichkeiten« (Perls 2008, S. 78).
- **Gewahrsein als das wichtigste Instrument für Integration:** Durch Gewahrsein geben wir bisher Verdrängtem oder Verleugnetem Raum. Wir können durch unser Gewahrsein nicht nur etwas erkennen. Wahres Gewahrsein führt bereits zu einer Integration. Indem wir zum Beispiel die Energie einer bisher weggedrängten Emotion in uns halten lernen. Wir beschäftigen uns mit der wahrhaftigen Erfahrung im Hier und Jetzt und nicht mit intellektuellen Einordnungen. Das Credo lautet: »Verliert den Kopf und kommt zu euren Sinnen« (ebd., S. 77).
- **Annahme:** Wir helfen dabei, abgespaltene und schwer aushaltbare Erfahrungen anzunehmen. Wir dulden sie nicht lediglich, sondern stimmen dem, was wahr ist, zu: »Annehmen ist nicht bloß Dulden. Annehmen ist, wie wenn man ein Geschenk bekommt, eine Gabe. Gleichgewicht drückt sich in der Dankbarkeit aus für das, was ist« (ebd., S. 78).
- **Rücknahme der Projektionen:** Wenn wir in unseren Projektionen feststecken, also mit ihnen identifiziert bleiben, können wir nicht wachsen. Wir müssen das, was wir auf andere schieben, wieder uns selbst zuschreiben. Wir müssen lernen, Verantwortung für unsere eigenen Gefühle, Gedanken und Empfindungen zu übernehmen. Dann werden wir freier und unsere Handlungsspielräume größer: »Und eine der wichtigsten Verantwortlichkeiten – das ist ein sehr wichtiger Übergang – ist es, Verantwortung für unsere eigenen Projektionen zu übernehmen, und uns mit diesen Projektionen zu re-identifzieren und das zu werden, was wir projizieren« (ebd., S. 73).
- **Impasse zulassen:** Ein Impass ist ein Punkt in der Entwicklung, in der das Alte nicht mehr stimmt, das Neue aber noch nicht gefunden ist. Es ist ein Punkt, an dem wir nicht weiterwissen, nicht weiterkommen. In den Therapien sind das die Punkte der größten Hilflosigkeit, aber auch die Übergänge zu etwas Neuem. In der Gestalttherapie gelten diese »toten Punkte« als notwendig, um von einer Entwicklungsstufe zur nächsten zu schreiten.
- **Verantwortung übernehmen:** In der Gestalttherapie gibt der Therapeut Verantwortung zurück. Er frustriert die Versuche des Klienten, den Therapeuten für seine Fortschritte verantwortlich zu machen oder seine Bedürfnisse von ihm erfüllt zu bekommen, so lange, bis er selbst reift und Verantwortung für sich übernimmt.
- **Fokus auf zwischenmenschlichen Kontakt** und das Benennen jeglicher Versuche, den Kontakt zu vermeiden: Dabei orientiert sich der Therapeut an folgenden Kernfragen:

- Was tust du?
- Was fühlst du?
- Was möchtest du?
- Was vermeidest du?
- Was erwartest du? (Vgl. Kriz 2007, S. 193)
- Wozu ist das gut?/Wozu machst du das?

Auf die Frage *warum?* wird in der Regel verzichtet, da sie häufig zu einer intellektuellen oder rationalisierenden Suche einlädt, die von den unmittelbaren Prozessen wegführt.

Die Rolle des Kontaktes ist auch hier entscheidend. Durch die Berührung des eigenen Erlebens werden selbstorganisierende Kräfte in Gang gesetzt, denn »in dem Augenblick, in dem man mit sich selbst in Berührung kommt, beginnt das Wachstum, beginnt die Integration, die Sammlung« (Perls 2008, S. 187).

Auch die Gestalttherapie versteht sich als nondirektiv, da sie Richtung und Geschwindigkeit des Prozesses nicht vorgibt. Die therapeutischen Experimente sind jedoch häufig stark emotionsaktivierend. Die Therapeutin hat eine recht aktive Rolle, indem sie Experimente vorschlägt und mit ihrem Fokus auf den unmittelbaren Kontakt sehr präsent und nicht selten provokativ auftritt. Insgesamt ist der Ansatz wenig theorielastig. Hier schimmert der sinnesbezogene und puristische Zen-Einfluss durch. Fritz Perls verstand ein zu starkes Theoretisieren als Abwehr, weshalb er auch wenig zur Gestalttherapie schrieb. Es ist ein erfahrungsbasierter Ansatz, der von Neugierde und Experimentierfreudigkeit aufseiten der Therapeut*innen und Klient*innen lebt. Anstelle der Abwehrlehre tritt in der Gestalttherapie die Bedeutung der Kontaktfunktionen. Sie beschreiben spezifische Kontaktstile, die wirklichen Kontakt vermeiden:

- **Introjektion**: Fremde Zuschreibungen werden unverdaut als Selbstbild und -gefühl übernommen.
- **Projektion**: Ich halte bedrohliche Gefühle, Empfindungen und Gedanken von mir fern, indem ich sie auf andere schiebe.
- **Konfluenz**: Ich suche die symbiotische Nähe zu anderen, in der die Grenzen von Ich und Du verschwimmen. Die daraus resultierende Entwicklungsaufgabe besteht darin, sich abzugrenzen, sich zu fragen: Wer ist das gerade? Ich, oder der andere?
- **Retroflexion**: Ein Impuls oder Gefühl, das eigentlich auf ein Gegenüber gerichtet ist, wird nach innen verlagert: Statt meinen Ärger auszudrücken, agiere ich den Ärger ein, indem ich mich mit Schuldgefühlen, Vorwürfen oder hohen Ansprüchen quäle.
- **Deflexion**: Ich antworte auf einen Kontaktimpuls oder eine Frage nicht direkt. Ich weiche aus, bleibe in einem diffusen Halbkontakt, lenke ab oder schaffe Nebenschauplätze.

Diese Kontaktfunktionen können sich auflösen, sobald ich ein Bewusstsein dafür schaffe. So bekommen Klient*innen einen Zugriff darauf.

Auch wenn das Menschenbild und die Vorstellung des sich selbst regulierenden und organisierenden, auf Wachstum ausgerichteten Organismus bei der Gesprächspsychotherapie und der Gestalttherapie sehr ähnlich sind, unterscheiden sich ihre therapeutischen Methoden doch grundsätzlich. Gesprächspsychotherapeuten sind tendenziell zurückhaltender, mit einem warmen und wertschätzenden Kontaktangebot, das viel Raum lässt. Gestalttherapeut*innen sind tendenziell experimentierfreudiger, aktiver und etwas fordernder an der Kontaktgrenze. Durch die Betonung der Kontaktgrenze für gelingende Beziehungen kommt der persönlichen Verantwortung ein hoher Stellenwert zu. Dies kommt im Gestaltgebet zum Ausdruck, das für viele Menschen, die sich zu sehr im Außen bei den Erwartungen und Bedürfnissen anderer aufhalten, sehr entlastend sein kann.

**Das Gestalt-Gebet (sinngemäß):**
Ich bin ich.
Du bist du.
Ich bin nicht auf der Welt, um nach deinen Erwartungen zu leben.
Und du bist nicht auf der Welt, um nach meinen Erwartungen zu leben.
Sollen wir uns über den Weg laufen und es passt: Wie schön!
Wenn nicht, kann man auch nichts machen.

## Fazit: Chancen und Grenzen der Gestalttherapie

Gerade bei Menschen mit sehr eingefahrenen Verhaltens- und Abwehrmustern, aber auch bei experimentierfreudigen und offenen Menschen ist die gestalttherapeutische Vorgehensweise ideal geeignet, um einen Zugang zu abgespaltenen Selbstanteilen zu finden, den Selbstkontakt zu stärken und somit das innere und äußere Wachstum zu fördern.

Wir sollten unser Gegenüber allerdings nicht mit unserem Kontaktangebot überfordern. Meiner Meinung nach müssen wir es nicht mit jedem Versuch, Kontakt zu vermeiden, konfrontieren. Unser Ziel sollte darin bestehen, den Kontakt so zu gestalten, dass unser Gegenüber in seiner Kapazität gestärkt wird, den häufig sehr irritierbaren Kontakt nach innen zu halten. Nicht ständiger Kontakt ist das Ziel. Das wäre überfordernd und entspricht auch nicht dem natürlichen Pulsieren von Kontraktion und Expansion. Indem wir spiegeln, wann sich jemand in Kontakt befindet oder vom Kontakt abtrennt, schaffen wir ein Bewusstsein für diese Vorgänge. Damit schaffen wir die Voraussetzungen, dass unsere Klient*innen ihr Kontaktverhalten besser steuern können. Wenn wir ein besseres Bewusstsein über unser Kontaktgeschehen haben, gibt es eine natürliche Bewegung in uns, die sich ohnehin auf mehr Kontakt hinbewegt (Heller & Kammer 2023, S. 76). Statt zu konfrontieren, reflektieren wir das Kontaktgeschehen und spiegeln dies feinfühlig. Gerade traumatisierte Klient*innen können sich durch ein zu intensives Kontaktangebot schnell überfordert fühlen. Wenn das Kontaktsystem überladen ist, müssen sie sich aus Schutz wieder verschließen. Das Gleiche gilt für sehr vulnerable Klient*innen. Wir lassen ihnen ihre Abwehr und können diese dann benennen, wenn sie wieder auf sichererem Boden stehen. So lange stützen und beachten wir sie. Fritz Perls (Perls 2008) betont diesen Rhythmus von Öffnung und Schließung des Kontaktes durchaus, auch wenn er selbst immer wieder in Aufzeichnungen von Seminaren sehr konfrontativ auftritt:

> »Wenn man mit einer Situation, so wie sie ist, nicht fertigwerden kann, zieht man sich dorthin zurück, wo man sich wohler fühlt oder wo die abgeschlossene Situation warten kann, und dann kommt man wieder hervor. Dieser Rhythmus ist so wesentlich für das Leben. Wenn man auf diesen Rhythmus nicht hört, einseitig ist, dann ist man entweder eine aufgeblasene, laute Person, extrovertiert, oder aber man lebt völlig zurückgezogen. Das ist nicht das Herz (er macht eine Faust). Und das ist auch nicht das Herz (er öffnet die Hand). Das ist das Herz (er öffnet und schließt die Hand, öffnet sie und schließt sie). Kontakt – Rückzug. Merkt es euch, es ist immer dieser Rhythmus.«
> *(Perls 2008, S. 196)*

Der gestalttherapeutische Ansatz ist sehr stark darin, Emotionen zu aktiveren und so nachhaltige Erfahrungen zu ermöglichen. Neben der Aktivierung sollten wir der Integration und dem gemeinsamen Verstehen des Erlebten einen wichtigen Stellenwert zukommen lassen. Vieles wird unbewusst verarbeitet, ein gemeinsames Reflektieren über die Prozesse und das Geschehene ist jedoch unverzichtbar. Wir brauchen keine Angst davor zu haben, dass die gemachte Erfahrung beschädigt wird, wenn wir später gemeinsam zu verstehen versuchen, was geschehen ist.

Eine besondere Würdigung gilt hier Laura Perls, die den Ruf hatte, sehr bezogen, fein und unaufgeregt an der Kontaktgrenze zu arbeiten. Viele Gestalttherapeut*innen arbeiten in dieser Tradition. Angeblich blieb ihre Mitwirkung in einigen Schriften unerwähnt und wir unterschätzen somit den Einfluss, den sie auf eine bezogenere und sanftere Form der Gestalttherapie hatte.

## Die Analytische Therapie nach Carl Gustav Jung

Besonders würdigen möchte ich an dieser Stelle Carl Gustav Jung, der eine wichtige Rolle innerhalb der Humanistischen Psychologie spielt. Vor Rogers und Perls postulierte er eine positive Entwicklungs- und Wachstumskraft im Menschen. Es gibt einen »Drang zur Selbstverwirklichung« (Jung 2007, S. 70), der durch angehaltene Individuation zu einer großen »Enge« (ebd.) des Bewusstseins führt und damit zu »aufgestauter« Energie. Für ihn hatte das Selbst eine mystische Dimension. Das Selbst umfasst alle Phänomene und sei an sich nie realisierbar. Er vertritt die Vorstellung, dass die Individuation, also der Prozess der Selbstwerdung, ein lebenslanger Prozess ist, der sich im

Spannungsfeld zwischen gegensätzlichen Polen ereignet. Die Widersprüchlichkeiten des Lebens lassen sich nicht auflösen, auch nicht durch gekonnte Achtsamkeitspraxis. Sie bleiben ein Bestandteil des Lebens, mit dem wir immer wieder zu kämpfen haben, aus dem sich aber auch die lebendigen Spannungen des Lebens speisen:

> »Man tut wohl besser daran, sich zu vergegenwärtigen, daß jenes tragische Gegensatzspiel zwischen innen und außen [...] im Grunde genommen der Energetismus des Lebensprozesses ist, jene Gegensatzspannung, die der Selbstregulierung unerläßlich ist. So verschieden in Erscheinung und Vorsatz diese gegensätzlichen Mächte auch sind, im Grunde genommen bedeuten und wollen sie das Leben des Individuums; sie schwanken um dieses als Mitte der Waage.«
> *(Jung 2007, S. 82)*

Im Gegensatz zu den Vertretern der Humanistischen Psychotherapie kommt dem Unbewussten bei Jung eine zentrale Bedeutung zu. Und zwar nicht nur als Ort unserer verdrängten, uns bedrohenden Gefühle, Fantasien und Gedanken oder als Spiegel unseres Bewusstseins, sondern auch in seiner schöpferischen, produktiven, heilsamen und transpersonalen Dimension: Das Unbewusste ist »ein Erfahrungsgebiet von unbestimmter Ausdehnung« (ebd., S. 70) und es ist zur »Selbstregulierung der Gesamtpsyche nötig« (ebd., S. 63).

> »Jeder schöpferische Mensch weiß, dass Unwillkürlichkeit die wesentliche Eigenschaft des schöpferischen Gedankens ist. Weil das Unbewußte nicht bloß reaktive Spiegelung, sondern selbstständige, produktive Tätigkeit ist, so ist sein Erfahrungsgebiet eine eigene Welt, eine eigene Realität, von der wir aussagen können, daß sie auf uns wirke, wie wir auf sie wirken, dasselbe, was wir vom Erfahrungsgebiet der äußeren Welt aussagen.«
> *(ebd., S. 70)*

Durch die Arbeit mit Träumen, dem Sandspiel, Bildern oder Imaginationen kann diese produktive Komponente des Unbewussten genutzt werden. Bei Jung führt die Entwicklungstheorie bis in transpersonale und spirituelle Bereiche. Hier bemerkt man seine Beschäftigung mit dem Buddhismus und seinen Austausch mit Hermann Hesse:

> »So führt uns die Auflösung der Mana-Persönlichkeit durch die Bewusstmachung ihrer Inhalte natürlicherweise zu uns selbst zurück als einem seienden und lebenden Etwas [...]. Dieses ›Etwas‹ ist uns fremd und doch so nah, ganz uns selber und uns doch unverkennbar, ein virtueller Mittelpunkt von solch geheimnisvoller Konstitution, daß es alles fordern kann, Verwandtschaft mit Tieren und mit Göttern, mit Kristallen und Sternen, ohne uns in Verwunderung zu versetzen, ja ohne unsere Missbilligung zu erregen.«
> *(ebd., S. 122)*

## Zentrale Unterschiede zwischen der Analytischen Psychologie, der Humanistischen Psychologie und der Tiefenpsychologie

Die Menschenbilder der Analytischen Psychologie nach Jung und der Humanistischen Psychologie stimmen in großen Teilen überein. Ein zentraler Unterschied besteht sicherlich darin, dass bei Jung das Unbewusste und sein produktiver Wert für die Psyche einen wesentlichen Bestandteil seiner Überlegungen darstellen. Die Methodik des Analytikers basiert darauf, über Träume, Symbole, Archetypen oder Bilder mit dem Unbewussten in Kontakt zu kommen, und so seine produktive und schöpferische Kraft nutzen zu können.

Für die Humanistische Psychologie spielt das Unbewusste eine untergeordnete Rolle. Der Fokus der Methodik besteht in der Gestaltung der therapeutischen Beziehung. Nicht das Unbewusste, sondern eine bestimmte Art der Beziehung ist Motor für die Entfaltung der Persönlichkeit. Der Therapeut orientiert sich dabei an den sichtbaren Phänomenen an der Oberfläche, die freilich nicht immer bewusst sein müssen. Ziel ist es, eine größere Übereinstimmung zwischen wahrhaftigem Erleben und Selbstbild zu erreichen, an die eigenen Wachstumsprozesse angebunden zu bleiben und somit die Handlungs- und Beziehungsfähigkeit in der Welt zu vergrößern.

In den psychodynamischen Verfahren hingegen wird das Therapiegeschehen vor dem Hintergrund des psychodynamischen Beziehungsverständnisses betrachtet. Dazu gehören die Arbeit in und an der Übertragungsbeziehung und die Widerstandsanalyse mit den therapeutischen Mitteln Klären, Deuten und Konfrontieren. In den humanistischen Verfahren liegt der Fokus weniger auf der Analyse der Beziehung, sondern auf der Qualität der Beziehung und des Kontaktes, mit dem Ziel, optimale Bedingungen für die Selbstaktualisierungskräfte zu schaffen.

Die Personenzentrierte Psychotherapie geht davon aus, dass Menschen erkranken, wenn die Kluft oder Inkongruenz zwischen Selbstbild und ihrem inneren Erleben zu groß geworden ist. Durch eine therapeutische Beziehung, die durch Empathie, Kongruenz und unbedingte positive Wertschätzung charakterisiert ist, wird der Klient eingeladen, zunehmend wieder mit seinem authentischen Erleben in Kontakt zu kommen. Seine Selbstaktualisierungskräfte können zur Wirkung kommen. Die Gestalttherapie hingegen arbeitet am Konkreten und Offensichtlichen des Kontaktgeschehens. Sie geht davon aus, dass wir nicht mehr gut funktionieren, wenn unsere Ich-Grenze zu starr ist und wir den Kontakt zu unserem Erleben abschneiden. Durch das therapeutische Experiment können wir abgespaltene Ich-Anteile wieder zu uns nehmen. Die Analytische Psychologie nach Carl Jung stellt den produktiven Wert unseres Unbewussten heraus. Das Leben vollzieht sich im Spannungsbereich zwischen verschiedenen Polen. Diese Spannung lässt sich nicht einfach durch Meditation oder Erkenntnis auflösen. Wir müssen lernen, uns in diesem Spannungsfeld zu bewegen, das die Grundlage für Lebendigkeit bildet.

# 4 Wissenschaftstheoretische Überlegungen zur Humanistischen Psychologie – »Anwendung von Methoden« oder »Entfaltung von Prinzipien«?

> »Um […] [die Wirklichkeit zu begreifen], muss sich die Welt zuerst selbst trennen, nämlich in einen Zustand, der sieht, und in einen anderen, der gesehen wird. In diesem zerschnittenen, verstümmelten Zustand ist das, was sie sieht, nur teilweise sie selbst. Wir dürfen annehmen, dass die Welt sich selbst entspricht (das heißt von sich selbst ununterscheidbar ist), dass sie aber bei jedem Versuch, sich selbst zu sehen, so verfahren muss, dass sie sich von sich selbst unterscheidet und daher sich selbst verfälscht. In diesem Zustand wird sie ihrem eigenen Erfassen stets selbst teilweise entgehen.«
>
> *(Spencer Brown, zitiert in: Watzlawick 2022, S. 48)*

Gelegentlich höre ich das Vorurteil, die Humanistische Psychologie sei wissenschaftsablehnend oder gar wissenschaftsfeindlich. Genau das Gegenteil ist der Fall! Abraham Maslow, einer der Gründerväter der Humanistischen Psychologie, war ein renommierter Wissenschaftler und Vorsitzender des wichtigsten Gremiums für psychologische Forschung und Praxis in den USA, der American Psychological Association (APA). Er war Kopf des psychologischen Mainstreams! Nachdem es bereits unumstritten war, dass Psychotherapie hilft, begründete Carl Rogers die moderne Psychotherapieforschung, indem er empirisch und systematisch zu verstehen versuchte, *wie* Psychotherapie eigentlich wirkt. Beide waren ihr Leben lang damit beschäftigt, wie sie ihre Thesen und Beobachtungen systematisch, wissenschaftlich und methodisch untersuchen konnten.

Die Humanistische Psychologie lehnt wissenschaftliches Denken, Fragen und Forschen nicht ab, ihre Vertreter haben den Grundstein für die heutige Psychotherapieforschung erst gelegt! Skeptisch ist die Humanistische Psychologie jedoch in Hinblick auf einen einseitigen und ideologischen Blick auf Forschung. Sie interessiert sich für eine ganzheitliche Wissenschaft, die sowohl ihre Grenzen als auch Möglichkeiten kennt. Die drängenden Fragestellungen sollten im Vordergrund stehen, nicht die Methodik.

Schon in den 1950er-Jahren warnte Maslow davor, dass psychologische Fragestellungen anhand ihrer Dringlichkeit und Relevanz formuliert werden müssten (Maslow 2010, S. 40). Wir dürften Fragestellungen nicht nach der Beantwortbarkeit mit der vorherrschenden wissenschaftlichen Methode auswählen. Diese Warnung ist nach wie vor hochaktuell. Heute werden psychologische Fragestellungen so ausgewählt, dass sie sich mit quantitativen empirischen Methoden abbilden lassen. Maslows Warnung ist nicht wissenschaftsfeindlich, sondern kritisch in Hinblick auf eine einseitige Methodik und damit selbst hochwissenschaftlich; sie steht im Zeichen der wissenschaftlichen Wahrheitssuche. Die Wissenschaft muss ihre Beschränkungen und Grenzen anerkennen. Aus der beschriebenen Selektion von Fragestellungen resultiert ein weitverbreitetes Missverständnis, das Karl Jaspers (Jaspers 1965, S. 20) auf den Punkt brachte:

> »Das Unheil menschlicher Existenz beginnt, wenn das wissenschaftlich Gewusste für das Sein selbst gehalten wird und wenn alles, was nicht wissenschaftlich wissbar ist, als nicht existent gilt.«

Dieser voreilige und falsche Schluss begegnet uns allzu häufig als implizite Schlussfolgerung der modernen und sehr populären Neurowissenschaften: Konzepte wie Würde, Wille, Sinn, Freiheit etc. lassen sich im Gehirn nicht ausreichend scharf verorten oder abbilden. Die wissenschaftlich korrekte Schlussfolgerung sollte demnach sein, dass sich diese Konzepte mit den Methoden und der Terminologie der Neurowissenschaften nicht sinnvoll untersuchen lassen. Dies gilt jedenfalls für die aktuellen Möglichkeiten der Forschung. Weitverbreitet ist jedoch die voreilige und wissenschaftlich falsche Schlussfolgerung, dass diese Konzepte somit nicht relevant sind.

Im deutschsprachigen Raum forschten beispielsweise das Ehepaar Reinhard und Anne-Marie Tausch, Schüler von Carl Rogers, sowie Jürgen Kriz zur Humanistischen Psychotherapie. Gerade Jürgen Kriz befasste sich differenziert mit wissenschaftstheoretischen Fragestellungen und kritisiert die Überbetonung und -bewertung quantitativer Forschung in der Psychotherapie, ohne den großen Wert dieser Art zu forschen an sich infrage zu stellen (vgl. Kriz 2018, 2023).

Andere humanistische Therapeuten wie zum Beispiel Fritz Perls lehnten wissenschaftliche Erkenntnisse nicht ab. Sie waren jedoch zurückhaltend mit Theoriebildung, insbesondere im therapeutischen Prozess. In der therapeutischen Begegnung wollten sie sich am objektiv Sichtbaren orientieren, also an dem, was den Sinnen konkret zugänglich war. Sie verfolgten einen intersubjektiven, hermeneutischen Ansatz. Therapeutische Interventionen orientieren sich an den konkret erfahrbaren Phänomenen in der Beziehung und nicht top-down, durch die Schablone scheinbar allgemeingültigen Wissens, mit der wir auf unser Gegenüber schauen. *Wenn wir als Therapeuten zu sehr mit Theoriebildung während des Gespräches beschäftigt sind, ziehen wir Präsenz aus dem Kontakt ab. Wir müssen ständig das, was wir erleben und sehen, mit unseren inneren Theorien abgleichen.* Dadurch begrenzen wir den therapeutischen Raum. Wir verlieren dann das Wesentliche aus den Augen: unser Gegenüber zu sehen und ihm als

Mensch zu begegnen. Je mehr wir in der Therapie mit unseren eigenen Theorien beschäftigt sind, desto weniger Energie und Offenheit haben wir für den jeweiligen Kontakt, für das, was sich in der Begegnung zeigt. *Intellektuelle Konzepte und echte Begegnung stehen sich in einem Spannungsfeld gegenüber.* Wir verlieren unsere lebendige Spontanität und die Verbindung zu unserer tieferen therapeutischen Intuition, was für unsere Wirksamkeit zentral ist. Unser Theoretisieren sollte nicht komplexer sein als das, was wir im Therapiegespräch in Worte fassen können. Wie ich später zeigen werde, haben die volle Präsenz der Therapeutin und echter Kontakt eine solch zentrale Bedeutung für die Humanistische Psychotherapie, dass wir in der Lage sein sollten, jede Änderung der Kontaktqualität zu bemerken.

Fritz Perls ging es um Stimmigkeit. Ob seine Interventionen wirkten, erkannte er an den körperlichen und emotionalen Reaktionen seiner Klient*innen. Wenn wir zu viel mit Theoriebildung beschäftigt sind, verlieren wir unsere Klienten aus den Augen. Wir schauen dann nicht mehr so genau hin, wer uns gegenübersitzt, was im jeweiligen Moment passiert, stimmt oder wirkt, sondern konzentrieren uns darauf, was objektiv richtig sein müsste. Wir gucken dann unschärfer, spüren weniger und verlieren den Blick für den Prozess. Wie dieser sich entwickelt, lässt sich nicht anhand von Diagnosen, Symptomen oder Behandlungsmanualen vorhersagen. Wir sollten wachsam, frisch und neugierig bleiben. Wir müssen unser Gegenüber genau anschauen. Immer neu. Eine ausschließliche Orientierung an empirisch validierten Interventionen in der Psychotherapie wäre für mich vergleichbar mit einer evidenzbasierten Kindererziehung. Hier ist es doch offensichtlich, dass wir uns an der Beziehung, an den Bedürfnissen unserer Kinder ausrichten und nicht an wissenschaftlich erprobten Interventionen!

Insgesamt lassen sich zwei wissenschaftliche Wege zur Erforschung des menschlichen Erlebens und Verhaltens unterscheiden. Zum einen gibt es den Weg der quantitativen Forschung. Dieser orientiert sich an den Naturwissenschaften, die versuchen, objektive und allgemeingültige Gesetzmäßigkeiten zu identifizieren. Dafür müssen wir alle Variablen, die in einem Vorgang eine Rolle spielen, identifizieren und messbar machen. Aus diesem Grunde haben sich die Behavioristen anfänglich nicht für das innere Erleben von Menschen interessiert: Es lässt sich nicht objektiv beobachten. Die innere Erlebenswelt ist die nicht messbare *Blackbox*, deshalb konzentrierten sich Verhaltenstherapeut*innen anfänglich lediglich auf das Verhalten als Zielvariablen der Therapie.

Die quantitative Forschung geht davon aus, dass Menschen grundsätzlich miteinander vergleichbar sind. Wissenschaftliche Erkenntnisse sind unabhängig von demjenigen, der sie formuliert, gültig. Dafür müssen alle Variablen, die eine mögliche Rolle spielen, operationalisiert werden. Das bedeutet, dass sie messbar sein müssen. Deshalb spielen messbare und standardisierbare Variablen wie Diagnosen, Indikationen, Manuale und spezifische Interventionen in dieser Art zu forschen eine zentrale Rolle. Der gesamte psychotherapeutische Prozess muss in alle seine messbaren Elemente zergliedert werden, die dann wie in einem Baukasten zusammengesetzt und miteinander verglichen werden können. Randomised Controlled Trials (RCTs), am besten noch im blinden Versuchsdesign, beschreiben den Königsweg der quantitativen Psychotherapieforschung. In diesem experimentellen Design gibt es eine Kontrollgruppe, die keine spezifische Intervention erhält, und eine Interventionsgruppe. Teilnehmende wissen nicht, in welcher Gruppe sie sich befinden. Nach einer durchgeführten Intervention wird überprüft, ob sich die Teilnehmenden der beiden Gruppen zum Beispiel in Hinblick auf Symptomschwere, Wohlbefinden oder Lebensqualität unterscheiden. Auch wenn dieses Studiendesign für die Therapieergebnisforschung das Beste sein mag, was uns verfügbar ist, so dürfen wir die daraus entstehenden Aussagen nicht überschätzen und als absolut betrachten. Die quantitative Forschung kann Aussagen über eine Gruppe von Menschen machen, nicht aber über den Einzelnen. Der direkte Rückschluss einer statistischen Aussage auf Einzelpersonen ist nicht zulässig. Dieser häufig gemachte Fehler ist als ökologischer[2] Fehlschluss bekannt. Ein Beispiel: Die durchschnittliche Schuhgröße von Männern in Deutschland liegt bei 42,5, bei Frauen beträgt sie 38,5. Statistisch gesehen ist die Wahrscheinlichkeit am höchsten, dass auch du diese Schuhgröße hast. Das bedeutet aber noch lange nicht, dass dieser Durchschnittsschuh dir auch passt. Die gleiche Logik gilt für statistische Aussagen aus Psychotherapie-Studien nach dem RCT-Design. Selbst das derzeit beste Forschungsdesign zur Untersuchung psychotherapeutischer Interventionen weist zahlreiche Probleme auf, die die Aussagekraft solcher Studien für den Einzelfall erheblich einschränken.

## Exkurs: Kritik an Empirically Supported Treatments

Die Grundlage von empirischer experimenteller bzw. quasiexperimenteller Forschung lässt sich sehr vereinfacht so ausdrücken: Wir möchten herausfinden, wie A (eine spezifische Intervention oder ein Verfahren) auf eine Zielvariable B (eine spezifische Diagnose, Symptomatik etc.) wirkt. Zu diesem Zweck müssen A und B und idealerweise auch der Wirkfaktor C, der zum Beispiel eine bestimmte Intervention darstellt, im Prozess identifiziert und isoliert werden. Und zwar so, dass größtmögliche Vergleichbarkeit entsteht. Wir müssen also von der Annahme ausgehen, dass die Depression von Person X mit der Depression von Person Y vergleichbar ist. Wir müssen auch annehmen, dass eine bestimmte Intervention, die eine Therapeutin an einem bestimmten Klienten anwendet, genauso wirkt wie bei anderen Therapeuten-Klienten-Paaren. Wollen wir nun beispielsweise die Auswirkungen der Intervention »Aktivitätenaufbau« auf die depressive Symptomatik untersuchen, müssen wir davon ausgehen, dass alle Therapeut*innen die Intervention gleich, also unabhängig vom Klienten oder dem Stand des jeweiligen therapeutischen Prozesses, ausführen. Sie müssen sich ungeach-

2 »Ökologie« meint in den Sozialwissenschaften und der Statistik Vorgänge auf der Gruppenebene.

tet der Besonderheiten der jeweiligen Klientin oder ihres Prozesses treu an das Manual halten. Auf der anderen Seite müssen wir davon ausgehen, dass die Depression eines Patienten X mit der Depression eines Patienten Y vergleichbar ist. Aus diesem Grund darf keine andere Diagnose vorliegen, was in der Versorgungsrealität eher selten ist. Die Symptomsprache ist nicht an Diagnosen gebunden, sondern vielfältig. Nun stellt sich die Frage, ob sich A als objektive Diagnose und B als ganz bestimmtes Störungsbild so isolieren lassen. Diese Problematik entsteht bereits bei der Verhaltenstherapie, in der ein Hauptfokus darauf liegt, isolierte Methoden zu erforschen und anzuwenden. Noch komplexer ist es bei den psychodynamischen und humanistischen Verfahren, bei denen es, wie erwähnt, um Prozesshaftigkeit und die »Entfaltung von Prinzipien« geht (Kriz 2018, S. 263). In diesem Studiendesign können und dürfen die Anwender nicht spontan und kreativ auf das eingehen, was sich in der Therapie zeigt. Die manualisierte Therapie entstammt der quantitativen Forschung und ist dieser wiederum bestmöglich zugänglich. Das ist ihr großer Vorteil. Ich bin der Meinung, dass diese Art von wissenschaftlichem Anspruch paternalistischen und autoritären Tendenzen in der Psychotherapie entgegenwirkt. Therapie wird so auch vergleichbarer. Auf der anderen Seite lässt diese Form der Therapie keine Freiheitsgrade für den Raum, der in der Therapie stattfindet. Sie lässt keine Freiheiten für Intuition, Fingerspitzengefühl, Lebendigkeit, Spontanität, Timing und einen Ansatz, der auf das jeweilige Gegenüber zugeschnitten ist. Sie lässt keinen Raum dafür, dass der Prozess möglicherweise in eine ganz andere Richtung geht als anfänglich angenommen. Erfahrene Therapeut*innen wissen, dass dies nicht die Ausnahme, sondern die Regel ist. Praktizierende machen meist die Erfahrung, dass ihre Klient*innen nicht wegen der Symptome und Konflikte in Therapie bleiben, deretwegen sie diese ursprünglich begonnen haben. Ich würde noch weitergehen und sagen, dass genau in diesem spontanen Eingehen auf das, was sich im Kontakt zeigt, der Wert und Sinn von Therapie liegt. Dafür brauchen wir ein fein eingestimmtes menschliches Gegenüber, das emotional mitschwingt und mit klarem Kopf mitdenkt. Diese Qualität können weder Computer, KI-basierte Chatbots noch Apps übernehmen. Humanistische und auch tiefenpsychologische Therapeut*innen arbeiten prozesshaft. Diese Arbeit lässt sich über RCTs nicht zufriedenstellend abbilden. Ihr eigentlicher Wert bleibt für diese Studien unsichtbar. Diese bilden lediglich Methoden und Interventionen optimal ab. Aus diesem Grund sind Langzeittherapien auch wenig untersucht. Sie sind diesem Studiendesign aufgrund ihrer Komplexität nicht wirklich zugänglich.

Weitere Kritikpunkte betreffen die externe Validität, also die Aussagekraft und Gültigkeit der Ergebnisse von RCTs für die Versorgungsrealität. Praxisbedingungen sind schwer zu standardisieren, weil die meisten erfahrenen Therapeut*innen nicht ausreichend loyal zum »Reinheitsgebot« (Kriz 2011, S. 336) der deutschen Richtlinientherapien arbeiten. Dieses »Gebot« ist im Therapeutengesetz formuliert. Viele Therapieverläufe in der Versorgungsrealität weichen deutlich von den wenigen Therapien ab, die in die RCTs aufgenommen und untersucht werden: Komorbiditäten sind die Regel, Anliegen sind vielschichtig, anfänglich häufig schwer zu durchschauen und komplex. Nicht selten brauchen wir in den Therapien einige gemeinsame Stunden, um überhaupt herauszufinden, was los ist. Patient*innen mit solch komplexen Anliegen werden in RCTs in der Regel nicht aufgenommen. Darüber hinaus richten sich die meisten erfahrenen Praktiker (zum Glück!) nicht ausschließlich danach, was in einem Manual steht, sondern nach dem, was erwiesenermaßen für ihre Klientinnen und Klienten Wirkung gezeigt hat (ebd.). Um diese Freiheitsgrade zu ermöglichen, braucht es eine innere Sicherheit im Umgang und in der Beziehung zu Menschen, die seelisch aus dem Gleichgewicht geraten sind. Diese Sicherheit entsteht über ausreichend Praxiserfahrung und über jahrelange intensive Ausbildungen mit theoretischen und praktischen Anteilen. Erfahrene Therapeut*innen arbeiten häufig integrativer und nehmen die Prinzipien oder Methoden in ihre Arbeit auf, die zu ihrer Persönlichkeit passen und ihrer Erfahrung nach Wirkung zeigen. Die Ergebnisse der RCTs sind häufig verzerrt, da die Entwickler in der Regel eine spezifischere Expertise aufweisen als die Anwender in der realen Praxis. Auf der anderen Seite sind die Anwender*innen eher therapieunerfahrene Psychotherapiestudierende. Darüber hinaus wird stark selektiert, welche Patienten oder Therapieprozesse überhaupt in Studien aufgenommen werden. Im Durchschnitt werden nur etwa 40 bis 50 % der Therapien, die im Rahmen von Therapiestudien durchgeführt werden, in den Ergebnissen berücksichtigt (Jacobi 2006, S. 572). Ausschlusskriterien sind zum Beispiel Komorbiditäten, also das Vorhandensein weiterer psychischer oder körperlicher Diagnosen, sonstige parallele Behandlungen, mangelnde Motivation oder fehlendes Interesse. Seltene, schwerere und komorbide Störungen bleiben in den Studien außen vor. Hinter diesen Studiendesigns steht die Grundannahme, dass jede Pathologie mit speziellen, zugeschnittenen, meist kurzen Interventionen veränderbar sei. Diese Grundannahme steht auf wackeligen Füßen. Dies soll ja unter der Prämisse geschehen, dass ein primäres Problem identifiziert, isoliert betrachtet und ohne Berücksichtigung weiterer Persönlichkeitsmerkmale modifiziert werden kann. Trotz dieser erheblichen Probleme, die RCTs oder allgemein Emperically Supported Treatments (ESTs) mit sich führen, haben sie eine enorme Entscheidungsmacht über die berufspolitische Anerkennung von Verfahren. Therapeutische Verfahren, die sich nicht oder schlecht dadurch abbilden lassen, werden aus der therapeutischen Versorgung ausgeschlossen. Die Therapie entwickelt sich damit immer weiter in Richtung einer manualisierten »Malen-nach-Zahlen-Psychotherapie«, die der Komplexität des Menschseins nicht gerecht werden kann.

Für diese Art der Forschung brauchen wir darüber hinaus die Grundannahme, dass verschiedene Behandler*innen austauschbar intervenieren können. Unabhängig von ihrer Person müssen die gleichen Ergebnisse in Hinblick auf Veränderungen und Symptomverbesserungen erzielt werden können. Diese Grundannahme ist widerlegt. Schon lange wissen wir aus der Kybernetik zweiter Ordnung, dass sowohl der Akt der Beobachtung als auch der Beobachter auf das zu Beobachtende einwirken und dieses dadurch verändern. Es gibt keinen objektiven, gleichbleibenden Beobachter, schon gar nicht in einer zwischenmenschlichen Beziehung. Meiner Meinung nach ist das in der Therapie weder möglich noch erstrebenswert.

Auch wenn ich der Aussagekraft von ESTs skeptisch gegenüberstehe, glaube ich dennoch, dass dies ein unverzichtbarer Weg ist, die Wirksamkeit von Therapien zu untersuchen und zu vergleichen. Diese Art zu forschen hat den Weg für Psychotherapie weg von einer gewissen Beliebigkeit hin zu allgemeinen Standards geebnet. Der Weg sollte von der »Eminenzbasierung« zur »Evidenzbasierung« führen. Wenn dieser Weg jedoch Selbstzweck wird und nicht mehr dem Ziel wirklich besserer und effektiverer Therapien dient, verringert er die Wirkkraft guter Therapeut*innen. Sie erzielen gute Ergebnisse, eben weil sie spontan auf den Therapieprozess eingehen können. Für Anfänger*innen hingegen geben vorhandene Manuale Sicherheit und Orientierung für den Prozess. Wir dürfen die RCTs nicht auf dieses hohe Podest stellen. Wir müssen sowohl die Grenzen als auch die dadurch entstehenden Verzerrungen verstehen: Bestimmte Verfahren scheinen durch die Brille der RCTs anderen überlegen, obwohl sie es in der Versorgungsrealität nicht sind. RCTs sind eine von vielen möglichen wissenschaftlichen Zugängen. Sie besitzen nur eine begrenzte Aussagekraft für die Versorgungsrealität und vermitteln ein verzerrtes Bild der Effektivität von Verfahren, die sich durch solche Forschungsdesigns nicht optimal abbilden lassen. Deshalb müssen sie in der Versorgungsrealität jedoch nicht unterlegen sein. Wir brauchen einen ganzheitlichen wissenschaftlichen Zugang, der sich dieser Probleme bewusst ist und ein realistisches Bild ermöglicht. Die Therapieforschung zeigt, dass einzelne Therapeut*innen stabil bessere Ergebnisse erzielen als andere (vgl. Ackerman & Hilsenroth 2001, Ackerman & Hilsenroth 2003). Das geschieht jedoch nicht in Abhängigkeit der Methodik, die sie ausführen, sondern in Abhängigkeit von Beziehungsstil, Haltungen und Persönlichkeitsmerkmalen der Therapeut*innen.

## Geisteswissenschaftliche Zugänge zum menschlichen Erleben und Verhalten

Es gibt noch einen weiteren wissenschaftlichen Zugang zum menschlichen Erleben und Verhalten: die Hermeneutik oder Phänomenologie. Dieser Zugang ist ein geisteswissenschaftlicher. Hier wird nicht untersucht, welche Funktion oder welche Auswirkungen eine bestimmte Beobachtung hat. Hier ist die innere subjektive Bedeutung einer Erfahrung von Interesse – der innere Bezugsrahmen. Es wird davon ausgegangen, dass Menschen unterschiedlich und einzigartig sind und dass sich nicht ohne Weiteres generalisierbare Aussagen über alle Menschen hinweg treffen lassen. Die naturwissenschaftliche Forschung versucht zu erklären, die geisteswissenschaftliche Forschung versucht zu verstehen! Aus diesem Grund ist sie intuitiv der therapeutischen Methode des zugewandten Gesprächs viel näher. In der akademischen Psychologie spielt diese Methode heute jedoch kaum mehr eine Rolle. Ich hätte zum Beispiel keinen Masterabschluss an einer Universität mit einer qualitativen hermeneutischen Arbeit, wie einer Fallarbeit, erlangen können. Die geisteswissenschaftliche Forschung versucht, Aussagen über das Individuum mit seinem einzigartigen Erleben zu machen und dessen Bedeutung zu verstehen.

Die humanistische Perspektive ist aus dem akademischen Bereich fast ganz verschwunden. Das hat verschiedene Gründe. Zum einen möchte sich die moderne Psychologie als reine Naturwissenschaft verstehen. Diese zeichnet sich durch replizierbare quantitative Studienergebnisse aus. Dafür brauchen wir isolierte, mit qualitativen Methoden messbare therapeutische Interventionen und Techniken. Die Verhaltenstherapie ist der alleinige Gewinner der akademischen Entwicklung in Deutschland und hat sich ganz in ihrem Sinne ausdifferenziert: War sie zunächst allein auf das messbare Verhalten als Zielvariable von Psychotherapie reduziert, entwickelte sie sich allmählich zu einer eklektischen Therapieform. In dieser ist nicht mehr nur das Verhalten von Interesse. Von Interesse sind alle Methoden und Techniken, die mit den heutigen quantitativen Methoden eine Besserung versprechen, ganz unabhängig davon, ob sie das Verhalten, die Gefühle, die Beziehungen, die Einstellungen oder andere Ebenen betreffen.

Die humanistische Perspektive hingegen ist zutiefst humanwissenschaftlich. Sie interessiert sich für das Innenleben und die Erfahrungen des Einzelnen. Sie hat einen ganzheitlichen und individuellen Blick auf den Menschen. Den Zugang dazu bilden explorative Fragen, das Zuhören, das tiefe Einlassen und Verstehen. *Verstehen ist ein intersubjektiver Prozess, der sich in der Beziehung ereignet und nicht in erster Linie vor dem Hintergrund eines allgemeingültigen theoretischen Rahmens.* Ihrer Natur nach ist die humanistische Therapie nicht technik-, sondern haltungsorientiert. Sie will nicht objektiv sein, sondern versteht sich als hermeneutisch, phänomenologisch und intersubjektiv. Jürgen Kriz bringt es auf den Punkt, wenn er sagt, dass es bei der Verhaltenstherapie um die »Anwendung von Methoden« geht, bei den humanistischen Therapien jedoch um die »Entfaltung von Prinzipien« (Kriz 2011, S. 263).

Wenn wir das Erleben, die Beziehungen und das Verhalten des Menschen beschreiben wollen, müssen wir dies aus möglichst vielen verschiedenen Perspektiven tun, um der Komplexität des Menschen auch nur annähernd gerecht zu werden. Eine gute Orientierung für die Ganzheitlichkeit wissenschaftlicher Zugänge bieten Ken Wilbers vier Quadranten (Wilber 2006, S. 160). Diese bilden sich aus den Dimensionen individuell vs. sozial und innen vs. außen:

| **innen** | **außen** | |
|---|---|---|
| Hermeneutik<br>Phänomenologie<br>Geisteswissenschaften<br>Humanistische und tiefenpsychologische Verfahren | Verhaltenstherapie<br>Naturwissenschaften | **individuell** |
| Kultursoziologie<br>Ethnologie<br>Anthropologie<br>Geisteswissenschaften | Systemwissenschaften<br>Soziologie | **sozial** |

**Tab. 2:** Die vier Quadranten

In der Schnittstelle von innen und sozial befinden sich die kultursoziologischen, ethnologischen und anthropologischen Zugänge zu menschlichen Kulturen, Gruppierungen und Völkern. Diese wissenschaftlichen Zugänge versuchen, die Vorgänge in diesen Kulturen von innen heraus zu verstehen. Zu diesem Zweck müssen sich die Forschenden diesen Kulturen wirklich aussetzen: Sie nehmen an Ritualen und Festen teil oder werden zeitweise Teil einer Gemeinschaft. Sie fragen nach der Bedeutung, die bestimmte Phänomene für die Teilnehmer*innen haben. In der Schnittstelle von außen und sozial befinden sich die Systemwissenschaften. Sie interessieren sich für die abstrakte Funktion von Phänomenen in einem System. Sie versuchen, allgemeingültige und objektivierbare Vorgänge zu beschreiben, die unabhängig vom Beobachter des Systems gültig sind.

Auf der individuellen Ebene finden wir die Zugänge zum menschlichen Erleben und Verhalten. In der Schnittstelle von außen und individuell befinden sich die verhaltenstherapeutischen Zugänge. Sie schauen auf das von außen sichtbare Verhalten und versuchen, bei einer Veränderung genau dort anzusetzen. Die akademische Psychologie konzentriert sich gänzlich auf diesen Zugang. Der anfängliche Fokus auf das sichtbare Verhalten erweitert sich im Laufe der Zeit. Von Interesse ist heute alles, was sich mit quantitativen Methoden operationalisieren, also messen, lässt.

An der Schnittstelle zwischen innen und individuell sind die hermeneutischen, also geisteswissenschaftlichen Zugänge zum menschlichen Erleben und Verhalten angesiedelt. Dazu zählen die psychodynamischen und humanistischen Verfahren. Sie schauen nicht nur darauf, was jemand tut, sondern was es für die Person bedeutet, welchen Sinn ein bestimmtes Erleben für sie hat. Auf der Außen-Ebene fragen wir, »Was tut es?«, auf der Innen-Ebene fragen wir: »Was bedeutet es?« (ebd., S. 167).

Wir sollten nie reduktionistisch auf den Menschen schauen. Auch mit den besten Theorien können wir immer nur den Ausschnitt beschreiben, der zu der jeweiligen Brille passt. Die vier Quadranten geben uns einen guten Überblick, was einen holistischen Forschungsansatz auszeichnen würde.

Die quantitative Forschung passt perfekt zum Paradigma der Verhaltenstherapie. Die Verhaltenstherapie hat sich über dieses Paradigma definiert und all die Methoden aufgenommen, die sich über diese Art der Forschung abbilden lassen. Sie ist das angewandte Äquivalent der quantitativen empirischen Verhaltenswissenschaften. Ihre ursprüngliche Erzählung hat sie längst verlassen und ist zu einer eklektischen und pragmatischen Therapieform geworden. Natürlich lässt sich die Verhaltenstherapie optimal über ein Forschungsparadigma abbilden, über das sie sich geformt hat. Das hat seine Berechtigung und ist gut so.

Andere Perspektiven, die einen anderen Zugang haben, sollten jedoch dadurch nicht systematisch benachteiligt werden. Die zergliedernde quantitative Forschung widerspricht im Kern der ganzheitlichen humanistischen Haltung. Als Therapeut*innen sind wir im Sinne der humanistischen Perspektive keine Expert*innen, die objektives Fachwissen auf isolierte Diagnosen anwenden. Wir sind fühlende Menschen, die anderen fühlenden Menschen begegnen. Als Teilnehmende in dieser Begegnung wirken wir auf den therapeutischen Prozess ein und lassen auch uns selbst dadurch verwandeln. Wir sind keine abgeschlossene, objektivierbare Größe! Wir versuchen andere nicht durch gezielte Interventionen zu verändern. Der innere Wandel ergibt sich im Prozess durch einen bezogenen Kontakt, ein tiefes Verstehen und Verstandenwerden. Auch Humanistische Therapeut*innen arbeiten mit einer Metatheorie im Hintergrund. Sie rahmt den komplexen therapeutischen Prozess und vermittelt uns Therapeut*innen eine Haltung, die uns Sicherheit und Orientierung gibt.

## Warum ist die quantitative Methodik so einseitig vorherrschend in der akademischen Psychologie?

Die Gründe dafür sind vielfältig. Zum einen möchte sich die Psychologie von den »harten Naturwissenschaften« wie Physik und Chemie nicht vorwerfen lassen, eine »weiche« Wissenschaft zu sein. Allerdings haben Physiker*innen und Chemiker*innen ganz andere Fragestellungen als Psycholog*innen. Deshalb ist dieser Vergleich weder zielführend noch sinnvoll. Um ihre Fragestellungen beantworten zu können, brauchen sie andere Werkzeuge und Methoden. Je weiter wir uns von den konkret beobachtbaren physikalischen Gesetzmäßigkeiten entfernen, hin zu komplexen psychischen und kulturellen Phänomenen, desto vager werden die Schlussfolgerungen, die wir ziehen können. Die Phänomene, die wir zu beschreiben versuchen, sind damit aber nicht weniger bedeutsam.

Unsere Fragestellungen selbst sind beeinflusst von bestimmten Interessen und Wertorientierungen, die mehr oder weniger offengelegt werden. Je weiter wir uns von der reinen Biologie oder Materie wegbewegen, desto mehr arbeiten wir mit Perspektiven und Erzählungen, die die jeweilige Kultur formen. Die akademische Psychologie in Staaten wie China befasst sich sehr wahrscheinlich mit anderen Fragestellungen als die akademische Psychologie in Deutschland.

Wenn wir die menschliche Psyche, Motivation, Emotion und soziale Phänomene erforschen, können wir keine Aussagen mit der gleichen Sicherheit treffen wie in den »harten« Naturwissenschaften. Wenn wir uns als Disziplin jedoch hinsichtlich der Schärfe unserer Aussagen messen wollen, müssen wir die unfassbare Komplexität unseres Menschseins und unserer Beziehungen auf die grundlegendsten Ebenen unserer Biologie und der sichtbaren Verhaltensweisen reduzieren. Wir dürfen das Grundlegende nicht mit dem Bedeutsamen verwechseln. Dazu gehören unser Geist, unser Bewusstsein und unsere Kultur. Um all das zu verstehen, reicht es nicht, die materielle und funktionale Basis dieser Phänomene anzuschauen. Wie bereits erwähnt: Das Ganze ist mehr als die Summe seiner Teile! Wenn wir das Ganze verstehen wollen, reicht es nicht, wenn wir es in seine Einzelteile zerlegen, die wir dann untersuchen. Um kulturelle und psychische Phänomene in ihrer Ganzheit zu erfassen, müssen wir auch ihre Bedeutung verstehen. Dafür müssen wir uns der Kultur oder dem jeweiligen Menschen aussetzen, sie *berühren* und verstehen. In der Therapie geschieht dies über das

Gespräch, vielmehr noch über die Begegnung. Verstehen ist ein intersubjektiver Prozess. Die Erkenntnis ereignet sich im Rahmen der Beziehung. Sie kommt nicht vom Therapeuten zum Klienten. In unserer Kultur ist das ähnlich. Die Kulturwissenschaften versuchen, die Bedeutung von sozialen Phänomenen zu erfassen. Rituale zum Beispiel werden nicht nur in ihrer Funktion verstanden, Schwellenübergänge zu rahmen und sozialen Zusammenhalt zu schaffen. Sie werden auch von innen heraus zu verstehen versucht. Forschende müssen teilnehmen und die tiefere Bedeutung verstehen, die ein Ritual für eine Gruppe von Menschen hat.

Für das quantitative Wissenschaftsparadigma brauchen wir die Vorstellung, dass wir sowohl bestimmte Reize (Interventionen) vereinheitlichen können als auch verlässliche Vorhersagen für die daraus resultierenden Reaktionen treffen können. Das funktioniert bei einfachen mechanischen Vorgängen in der Physik. Beim Menschen ist das schon sehr viel komplexer. Der menschliche Organismus ist ein komplexes System, das sich aus einer physiologischen Basis und einem kulturellen Innenraum mit seiner Sprache, seinen Bildern, Symbolen und Bedeutungen zusammensetzt. Aus der Systemtheorie wissen wir, dass wir bei komplexen Systemen nicht vorhersagen können, wie sie sich verhalten, wenn sie einem bestimmten Reiz ausgesetzt werden (Luhmann 2004). Wir können lediglich »unspezifische Umgebungsfaktoren« (Kriz 2024) formulieren, die eine Veränderung des Systems hin zu neuen Ordnungsstrukturen und -mustern wahrscheinlicher machen. So wurde auch vielfach in der Therapieforschung gezeigt, dass Klient*innen nicht isolierte kunstfertige Interventionen als hilfreich oder ausschlaggebend für eine Veränderung empfanden, sondern Aspekte der Beziehung (Yalom 2010b, S. 138). Wir können zwar die Interventionen vereinheitlichen, wir können aber nie vorhersehen, welche Bedeutung, welche Sinnzuschreibung eine Person diesen Interventionen gibt oder welche Resonanz als Folge in ihr erzeugt wird. In Kliniken habe ich das immer wieder eindrucksvoll beobachten können: Die kunstvollen Deutungen des Chefarztes in der Visite berührten einen Klienten kaum. Die wichtigste Veränderung bewirkte ein Satz von einem FSJler, den dieser bei einem Spaziergang beiläufig sagte! Welche Bedeutung unseren Interventionen beigemessen wird, ist weder vorhersagbar noch steuerbar oder kontrollierbar. Wir können zwar in Manualen unser Vorgehen genau festlegen, aber nicht, welche Resonanz dadurch in unserem Gegenüber ausgelöst wird. Das bleibt letztendlich für uns »unverfügbar« (vgl. Rosa 2023). Nehmen wir diese Erkenntnisse aus den Systemwissenschaften ernst, sollten wir uns weniger mit kleinschrittigen Interventionen beschäftigen, sondern mit den Umgebungsvariablen, die sich günstig auf die Entwicklung eines Systems auswirken. Eine Metaanalyse zeigt, dass die wichtigsten Umgebungsvariablen von Psychotherapien tatsächlich Aspekte der Beziehung sind, die Rogers in seiner Personenzentrierten Therapie hervorgehoben hat. Neben der therapeutischen Zusammenarbeit und Allianz sind diese Empathie, Wertschätzung und Kongruenz (Strauß 2019, S. 6). Yalom zitiert eine Studie, die die Unterschiedlichkeit der Einschätzung von Wirkfaktoren zwischen Klient*innen und Therapeut*innen zeigt: »Eine umfassende Studie über psychoanalytisch orientierte Psychotherapie ergab, dass die Klienten ihren Erfolg in der Therapie Beziehungsfaktoren zuschreiben, wohingegen ihre Therapeuten technische Kompetenzen und Techniken als vorrangig bezeichneten« (Yalom 2010b, S. 138).

Ich verzichte an dieser Stelle darauf, umfassender auf Probleme der Erkenntnisgewinnung einzugehen. Ich verweise hier auf konstruktivistische Ansätze, die davon ausgehen, dass wir stets unsere individuelle und kollektive Realität konstruieren. Das, was wir in der »Realität« draußen sehen, ist nicht die Wirklichkeit selbst. Unsere Wahrnehmung entsteht durch biochemische Vorgänge im Gehirn, die die Wahrnehmung unserer Sinnesreize *(Was)* als elektrische Impulse *(Wie)* codieren, was dann wiederum von unserem Gehirn unter Rückgriff auf vergangene Erfahrungen interpretiert wird (vgl. Watzlawick 2022). Wahrnehmung und Erfahrung sind immer ein subjektiver und dynamischer, autonomer innerer Prozess. Wir nehmen nie rein objektiv wahr. Unsere Wahrnehmung ist immer bereits Interpretation. Unsere Sprache ist wie eine Landkarte, die eine Landschaft aber nie in ihrer Gänze erfassen kann. Das bedeutet nicht, dass wir nicht wissenschaftlich versuchen sollten, systematische Erkenntnisse zu gewinnen. Wir müssen uns nur darüber bewusst sein, dass die Wissenschaft nur ein begrenztes Gebiet abbildet. Ihre Aussagekraft ist immer begrenzt.

## Exkurs: Die Sache mit den Signifikanzen

Akademischer Erfolg bemisst sich heute nicht nur an der Qualität, sondern auch an der Anzahl wissenschaftlicher Veröffentlichungen. Sie bringen letztendlich Geld ein und fördern das Fortbestehen und die Reputation eines Lehrstuhls. Um veröffentlichen zu können, brauche ich quantitative Studien mit signifikanten Ergebnissen, was bedeutet, dass die gefundenen Zusammenhänge nach statistischer Prüfung nicht rein zufällig zustande gekommen sind. Dieser einseitige Weg zum akademischen Erfolg schafft Anreize, Daten, die nicht zur jeweiligen Hypothese passen, aus dem Datensatz herauszunehmen und damit die Veröffentlichung wahrscheinlicher zu machen. Darüber hinaus wende ich mich nur den Fragestellungen zu, deren Ergebnisse sich auch auf diesem Wege veröffentlichen lassen. Qualitativ hochwertige Studien, die jedoch keine signifikanten Ergebnisse aufzeigen können, werden sehr wahrscheinlich nicht veröffentlicht. Sie verschwinden in den Schubladen der Forschenden. Auch wenn die Ergebnisse dieser Studien nicht interpretierbar wären, wären sie von wichtigem Erkenntniswert. Auf diesem Weg werden zum Beispiel die Effekte von Medikamenten überschätzt. Ein Beispiel: In Bezug auf die Wirksamkeit eines Medikamentes werden 100 Studien durchgeführt, von denen 50 eine Wirksamkeit nachweisen und 50 nicht. Nun werden alle 50 Studien veröffentlicht, in denen die Wirksamkeit nachgewiesen wurde, jedoch nur 10 Studien, in denen das nicht der Fall war. Dieser Fehler ist in der Forschung als Publikationsbias bekannt.

Ein geisteswissenschaftlicher Forschungsansatz, der einen intersubjektiven und hermeneutischen Zugang verfolgt, verspricht in der heutigen akademischen Psychologie keine Karriereaussichten. Er ist ungeeignet für kleingliedrige Forschung mit Fragebögen. Dafür gibt es kein Geld.

## Die Kluft zwischen dem starken Interesse an Humanistischer Psychotherapie und ihrer akademischen und berufspolitischen Bedeutung

Man könnte argumentieren, dass die Humanisten zu einem gewissen Teil selbst schuld daran seien, dass sie heute an Bedeutung verloren haben. Zwar haben Vertreter der Gestalttherapie und des Psychodramas mit dem Psychotherapeutengesetz einen Antrag auf wissenschaftliche Anerkennung gestellt. Die Gesprächspsychotherapie als der wichtigste klinische Anwendungsbereich für humanistische Therapien wurde gleich zu Beginn wissenschaftlich anerkannt. Insgesamt haben es die Humanisten in Deutschland jedoch verpasst, sich in Bezug auf die Inhalte des Therapeutengesetzes von 1999 neu zu organisieren. Die Tiefenpsychologen haben diese Entwicklung klug vorausgesehen und mit der Operationalisierten Psychodynamischen Diagnostik (OPD) schon vor Einführung des Therapeutengesetzes eine einheitliche Sprache für ihre zahlreichen Ansätze gefunden. Eine Systematisierung versuchte die AGHTP mit ihrem Gutachten von 2012. Der Zug war jedoch schon abgefahren: Der Wissenschaftliche Beirat für Psychotherapie verschärfte die Bedingungen für die Aufnahme neuer Richtlinienverfahren 2010 noch einmal so, dass die Aufnahme neuer Verfahren kaum mehr möglich war. Die den Geisteswissenschaften näher liegenden humanistischen Ansätze lassen sich nicht optimal durch quantitative Forschungsdesigns abbilden. Humanistische Therapien sind dennoch weitverbreitet. Viele Klient*innen suchen bewusst nach Gestalttherapie, Gesprächspsychotherapie, Psychodrama oder Körpertherapien.

Die Fachbücher und Therapiegeschichten des vielleicht bekanntesten Therapeuten der Welt, Irvin Yalom, sprechen Menschen auf der ganzen Welt an. Auch wenn er weithin als Psychoanalytiker gilt, hat er selbst nie eine psychoanalytische Ausbildung gemacht und bezeichnet sich selbst auch nicht so. Er ist eher Vertreter einer integrativen, interpersonellen, existenziellen und Humanistischen Psychotherapie. Er erreicht ein Millionenpublikum mit seiner humanistischen Haltung und seinem Blick auf existenzielle menschliche Themen. Weiter werden die körpertherapeutischen Ansätze SE (Levine 2010) und NARM[3] (Heller & LaPierre 2013, Heller & Kammer 2023) rege erforscht

3 Somatic Experiencing (SE) ist eine von Dr. Peter Levine entwickelte Methode zur Behandlung von Traumata. Das Neuroaffective Relational Model (NARM), oder Neuroaffektives Beziehungsmodell, wurde von Dr. Laurence Heller zur Behandlung komplexer Bindungstraumatisierungen entwickelt. Im Zentrum beider Methoden steht die Arbeit mit dem Körper beziehungsweise dem Nervensystem.

und erfreuen sich aufgrund ihrer hohen Wirksamkeit in der Praxis und unter Psychotherapeut*innen immer größerer Beliebtheit. Diese Ansätze sind zwar nicht unter den von der AGHTP formulierten humanistischen Methoden, sie sind in ihrer Grundausrichtung jedoch zutiefst humanistisch (Heller & Doerne 2024, S. 14). Wäre die akademische Psychologie ausgewogen in Bezug auf natur- und geisteswissenschaftliche Zugänge, fiele der Humanistischen Therapie dort weiterhin eine wichtige Rolle zu.

Auf der anderen Seite widerspricht der humanistische Habitus in gewisser Hinsicht dem modernen Zeitgeist von Systematisierung, Operationalisierung und Effizienzdenken. Vielen Tätigen stößt der Gedanke auf, ihre Art zu arbeiten für ein neues System umzukrempeln und entsprechend anzupassen. Unabhängigkeit und Eigenart sind wichtige humanistische Werte. Vielleicht sind der Weitblick, die Öffnung für die akademische und sozial-politische Wirklichkeit, die Bereitschaft, sich anzupassen, und der Blick für den Zeitgeist dabei etwas zu kurz gekommen. Das wäre eine wichtige Entwicklungsaufgabe für die Zukunft. Die Humanistische Therapie sollte weiterhin rege beforscht werden. Praxis und Forschung sollten immer Hand in Hand gehen.

Im Gegensatz zum Verschwinden der humanistischen Perspektive aus der universitären Landschaft und ihrem Ausschluss aus den Richtlinienverfahren gibt es ein riesiges Interesse an humanistischen Verfahren in der therapeutischen Ausbildung. Das liegt daran, dass viele Studierende spüren, dass die akademische Psychologie keine wirklich befriedigenden Antworten auf die wesentlichen Fragen des Menschseins liefert. Wir erfahren schließlich nur etwas über den Ausschnitt der menschlichen Psyche, der sich mit quantitativen Methoden abbilden lässt. Die Beschäftigung mit der gesamten Tiefe und Weite unseres Erfahrungs- und Erlebensschatzes bleibt aus. In ihrem Bemühen, frei von jeglicher Weltanschauung zu sein und sich ausschließlich auf das objektiv Messbare zu konzentrieren, wird die akademische Psychologie zutiefst reduktionistisch. Es bleibt die Sehnsucht nach Erfahrung, nach tiefem Verstehen, nach Wahrhaftigkeit, nach Begegnung und Bezogenheit, nach Lernen durch die Brille der eigenen Erfahrung und nicht nur durch Papierwissen. Das ist die ursprüngliche Motivation der meisten Psychologiestudierenden, die später therapeutisch arbeiten wollen. Die humanistische Perspektive ist erfahrungs- und nicht theoriebasiert. Dazu Rogers: »Erfahrung ist für mich die höchste Autorität« (Rogers 2012, S. 39).

> »[Es gibt für mich] keine Philosophie, keinen Glauben, kein Gefüge von Prinzipien [...], zu denen ich andere ermutigen oder von denen ich andere überzeugen könnte, sei es sie zu gewinnen oder aufrechtzuerhalten. Ich kann lediglich versuchen, nach meiner Interpretation der gegenwärtigen Bedeutung meiner Erfahrung zu leben, und versuchen, anderen die Erlaubnis und die Freiheit zu geben, ihre eigene innere Freiheit und somit ein je eigenes, sinnvolles Verständnis der je eigenen Erfahrung zu entwickeln.«
> *(ebd., S. 48)*

Nach dem sehr schulischen und verkopften Studium, in dem wir lernen, was richtig und was falsch sein soll, sehnen sich viele nach einem unkonventionellen und offenen

Raum. In dessen Zentrum stehen Begegnung, Selbsterforschung, Persönlichkeitswachstum und Stimmigkeit. Die Suchhaltung dient nicht dem Richtigen im Außen, sondern dem persönlich Stimmigen im Innern. Das ebnet den Weg, mit der eigenen menschlichen Tiefe und Ganzheit in Kontakt zu treten. Wir können erkennen, was wir als Menschen wegdrücken und noch nicht leben. Wir lernen, fühlenden, verletzlichen und verletzten Menschen als fühlende, verletzliche und verletzte Menschen entgegenzutreten. Wir werden keine Expert*innen, die erschöpfend das Gleiche predigen, sondern Begleiter, die den Raum für Selbsterforschung aufspannen. Wir vertrauen in die Fähigkeiten und inneren Möglichkeiten von Menschen – gerade auch denjenigen Menschen, die psychisch aus dem Gleichgewicht geraten sind. Wir überlassen ihnen Richtung und Geschwindigkeit, sofern der Kontakt stimmt.

Auf der anderen Seite sind viele Studierende orientierungslos, fühlen sich getrieben und erschöpft. Der Leistungsdruck im Studium ist enorm. Zunächst kommen die angepassten und besten Schüler*innen ins Psychologiestudium, büffeln dort fleißig und müssen dann Menschen gegenübersitzen, die sich selbst ausgelaugt und unter Druck fühlen. Wie sagt man da: Mach mal locker?

Viele spüren intuitiv, dass beim akademischen Blick auf den Menschen etwas Grundlegendes fehlt. Vielen stößt die strikte Unterscheidung in gesund und krank, die Reduktion auf Diagnosen und Symptome, das Fehlen einer gesellschaftskritischen Perspektive und ein mechanistisches manualisiertes Vorgehen auf. In meinem Studium in Hamburg hatte ich das Glück, mit Schulz von Thun noch einen der letzten lehrenden Humanisten kennengelernt zu haben. In Seminaren lasen wir Texte von Carl Rogers. Zusammen mit Dorothee Wienand-Kranz riefen wir eine Arbeitsgemeinschaft für Transpersonale Psychologie ins Leben, die auf großes Interesse stieß. Für viele war das wie eine kleine Offenbarung: Ach ja, das sind die Inhalte, deretwegen ich mich für das Studium und für das Studium des Menschen interessiert habe! Da kommt dann echte Neugierde auf, die Lust auf Erforschung des eigenen Innenraums macht. Intuitiv fühlen wir, was fehlt. Die offene Neugierde, die Achtung vor dem Anderssein, die Menschlichkeit, die Sicht auf psychische Störung als allgemein-menschliche Möglichkeit, die persönliche Selbstentfaltung und Selbsterforschung.

Es ist zu vermuten und zu hoffen, dass die quantitativ-empirische Vorherrschaft an Universitäten ein Trend ist und man sich irgendwann wieder den humanwissenschaftlichen Methoden öffnet. *Ich plädiere keinesfalls dafür, die Psychologie als Naturwissenschaft durch eine Psychologie als Humanwissenschaft zu ersetzen. Ich plädiere für Methoden- und Theorienvielfalt und einen lebendigen, kritischen und offenen Austausch.* Der Mensch mit seinem Erleben und seinen Beziehungen ist so komplex, dass wir uns immer von möglichst vielen Seiten und Perspektiven annähern müssen, um das, was uns ausmacht, annähernd erfassen zu können. Das halte ich für wissenschaftlich. Das ist ganz ähnlich wie in der Geschichte von sechs Blinden, die durch Ertasten sagen sollen, was ein Elefant ist. Einer beschreibt den Rüssel, einer die Beine, einer die Stoßzähne etc. Erst wenn wir alle Perspektiven zusammennehmen, kommen wir der Sache näher. Auch Maslow beklagt, dass wir dazu »neigen, in einer dichotomen und spalterischen Weise zu denken, anstatt hierarchisch und integrierend« (Maslow 2010, S. 14).

Yalom (Yalom 2010b, S. 24) drückt es so aus: »Kein Erklärungsansatz vermag alles zu erfassen, was Therapie beinhaltet. Da der Therapieprozess in seinem Kern unvorstellbar komplex ist, gibt es eine unüberschaubare Zahl von Möglichkeiten, ihn zu erleben.« An Universitäten ist das heute leider nicht spürbar. Dort wird immer mehr von dem produziert, was sich durchgesetzt hat. Ich hoffe, mit diesem Buch neugierig auf die humanistische Perspektive zu machen und ihren hohen Wert für unser therapeutisches Handeln und Denken zu verdeutlichen.

Meine Art, therapeutisch zu arbeiten und zu denken, beruht auf wissenschaftlichen Erkenntnissen. Die Arbeit geht aber weiter, wenn wir uns wirklich mit unserem Sosein dem Sosein eines anderen Menschen aussetzen: »Psychotherapie ist Wissenschaft und Kunst. Erkenntnisse, die aus wissenschaftlichen Untersuchungen gewonnen wurden, mögen sich auf die peripheren Aspekte psychotherapeutischer Praxis auswirken, doch die menschliche Begegnung im Zentrum der Therapie wird stets eine zutiefst subjektive, nicht quantifizierbare Erfahrung bleiben« (Yalom 2010b, S. 15). Wenn wir uns für den Prozess öffnen, ist es faszinierend, was in einer Person prägnant wird, wenn wir uns wirklich für das interessieren, was sich im Hier und Jetzt zeigt. Da sind wir dann wirklich wie Künstler, die etwas in der Person zum Vorschein bringen, was bis dahin im Verborgenen, ohne Worte und ohne Gestalt, in den Tiefen der Psyche wirkte.

Der Wert von Therapieverfahren für die Praxis wird heute anhand der Studienlage von RCTs beurteilt. Das vermittelt jedoch ein verzerrtes Bild: Dadurch lassen sich Verfahren wie die Verhaltenstherapie, bei denen es primär um die »Anwendung von Methoden« geht, besser abbilden. Bei den humanistischen Verfahren geht es jedoch um die »Entfaltung von Prinzipien« (Kriz 2018, S. 263). Die quantitative naturwissenschaftliche Forschung sollte ergänzt werden durch qualitative geisteswissenschaftliche Zugänge, um ein wissenschaftlich ausgewogenes und faires Bild zu erzeugen. Eine Fragestellung sollte nicht anhand der *Erforsch- und Publizierbarkeit* mit einer bestimmten Methodik ausgewählt werden, sondern anhand ihrer Relevanz. Es gibt eine große Kluft zwischen dem Interesse an Humanistischer Psychotherapie und ihrer akademischen und berufspolitischen Bedeutung in Deutschland.

# 5 Kritik an der Humanistischen Psychologie

Im Folgenden möchte ich auf mögliche Kritikpunkte an der Humanistischen Psychologie eingehen. Um ein ausgewogenes Bild zu ermöglichen, erfolgt meine Antwort unter Bezugnahme auf die Richtlinientherapien.

1. *Die Humanistische Psychologie ist mit ihrem Postulat der Selbstverwirklichung des Menschen elitär und klassistisch. Die Selbstverwirklichung in den Mittelpunkt der menschlichen Existenz zu stellen, kann nur Gültigkeit für Menschen in der westlichen Mittel- und Oberschicht haben. Außerdem ist dieses Denken auf individualistische Kulturen beschränkt.*
   Ich denke, an dieser Kritik ist etwas dran. Sie ist aber nicht auf die Humanistische Therapie beschränkt, sondern muss auf das Angebot von Psychotherapie im Allgemeinen ausgeweitet werden. Sich mit dem eigenen Verhalten und Erleben und den persönlichen Prägungen so auseinanderzusetzen, dass wir diese zum Guten hin verändern können, erfordert eine gewisse Basis an Sicherheit und Wohlstand im Leben. Die Idee von Psychotherapie ergibt in kollektiven Kulturen wenig Sinn, in denen der Mensch nicht unabhängig von der Gemeinschaft, in der er lebt, gedacht werden kann. Auf der anderen Seite sehen wir in verschiedensten Kulturen und auch bei Menschen, deren elementarste Bedürfnisse teilweise nicht befriedigt werden können, einen Drang zur Verwirklichung der wesensgemäßen Eigenart. Ein Großteil der Menschen, die sich in Therapie begeben, leiden nicht unter einem Mangel an Sicherheit oder materieller Ausstattung. Dennoch sind sie orientierungslos und entfremdet und erleben ihr Leben als leer, bedeutungs- oder sinnlos. Die humanistischen Methoden holen die Menschen mit diesem Erleben ab.
2. *Die Kernkonzepte sind zu wenig scharf definiert und zu allgemein.*
   Diese Kritik ist sicherlich ebenfalls zum Teil berechtigt. Eine gute wissenschaftliche Theorie zeichnet aus, dass sie falsifizierbar ist. Letztendlich bietet die Humanistische Psychologie, ähnlich wie die Psychoanalyse und der klassische Behaviorismus, eine Erzählung über den Menschen und seine Entwicklung. Alle Theorien basieren auf Grundannahmen und einem Menschenbild, welche den Hintergrund der angewandten Interventionen und Haltungen bilden. Diese Grundannahmen sind gesetzt und in ihrer Absolutheit nicht ohne Weiteres falsifizierbar oder messbar. Das ist die Kehrseite eines Ansatzes, der den Anspruch hat, ganzheitlich zu sein. Die Humanistische Psychologie liefert ein übergeordnetes Erklärungsprinzip (Kriz 2024) und Modelle, anhand derer die menschliche Entwicklung, psychische Erkran-

kungen und der Gesundungsprozess im Rahmen menschlicher Beziehungen verstanden werden können. Einzelne Interventionen, Prinzipien und Methoden hingegen sind gut untersucht und liegen in Form zahlreicher Studien vor, die auch 2018 von der AGHTP (Arbeitsgemeinschaft für Humanistische Psychotherapie) dem WBP (Wissenschaftlicher Beirat Psychotherapie) vorgelegt wurden. Die von Rogers definierten Beziehungsvariablen und deren Wirksamkeit für den Therapieerfolg zum Beispiel sind klar definiert und wissenschaftlich gut untersucht. Genauso ist die Vorstellung selbstorganisierender Prozesse in vielen Disziplinen bestätigt. Auch die Bedingungen für eine hilfreiche Lernumgebung sind gut untersucht. Dazu gehört auch der überragende Wert der therapeutischen Beziehung für eine gelingende Psychotherapie. Ansonsten liefert das Theoriegebäude der Humanistischen Therapie den Rahmen, innerhalb dessen sich der therapeutische Prozess entfalten kann. Die Gestalttherapie wiederum versteht sich als phänomenologischer Ansatz und verzichtet bewusst auf eine zu starke Konzeptualisierung, um sich ganz auf die Präsenz im Hier und Jetzt fokussieren zu können. Ihre Stärke liegt in der Anwendbarkeit und nicht in ihrer wissenschaftlichen Untersuchbarkeit.

3. *Das Gute im Menschen wird naiv überbetont und das Böse vernachlässigt.*
   Sicherlich wird das Gute im Menschen betont. Ohne einen positiven und optimistischen Blick auf die Veränderbarkeit des Menschen zum Guten hin ergibt Psychotherapie überhaupt keinen Sinn. Das Böse wird jedoch nicht verleugnet. Die ganzheitliche Erfahrung des Menschen steht im Vordergrund. Das Potenzial für gute und böse Handlungen ist in uns angelegt und die Erfahrung zeigt: Wenn eine bestimmte Art von Beziehung entsteht, in der wir uns tief gesehen und verstanden fühlen, neigen wir dazu, prosozialer und toleranter zu handeln – also die guten Seiten in uns zu nähren. Die ressourcenorientierten Ansätze und die sogenannte Positive Psychologie entstammen der humanistischen Perspektive. Ihr Erfolg zeigt, dass es nicht genügt, sich auf die Probleme von Menschen zu fokussieren, um ihnen zu helfen. Wir können damit sogar eine Problemtrance erzeugen, die schädlich und chronifizierend wirken kann. Für einen ganzheitlichen Blick müssen wir die bereits vorhandenen Ressourcen, Fähigkeiten und Stärken einbeziehen und ein ausgewogenes Verhältnis finden: Wir dürfen genauso wenig beim rein Positiven verharren, denn damit klammern wir eine Realität des Menschen aus und lassen ihn damit wiederum allein. Ein Mensch muss mit dem Bösen in sich in Kontakt bleiben und um seinen Schatten wissen, um die darin verbannten Gefühle, Gedanken und Fantasien nicht ausagieren zu müssen. Letztendlich geht es in der Humanistischen Therapie nicht darum, gut zu sein oder zu werden, sondern sich in seiner Ganzheit zu verstehen und anzunehmen. Menschen agieren dann automatisch prosozialer, also im weitesten Sinne »gut«. Dass der Mensch im Kern rein gut ist und nur Gutes will und tut, ist eine oberflächliche Lesart der Humanistischen Psychologie.
4. *Die gegenseitige Abhängigkeit und Verantwortung wird auf Kosten der individuellen Selbstverwirklichung vernachlässigt. Die Freiheiten des Menschen werden überbewertet.*
   Das mag auf den ersten Blick so erscheinen: Unabhängig von den gesellschaftlichen Verpflichtungen und Abhängigkeiten strebt eine Person von innen heraus nach

Selbstverwirklichung. Das funktioniert natürlich nicht. Innere Freiheit ist immer gepaart mit Verantwortung für andere. Die Humanistische Psychologie stellt diese gegenseitige Abhängigkeit deutlich heraus. Wird die Freiheit des Menschen nun überbewertet und werden seine sozialen Zwänge und biologischen Begrenzungen unterschätzt? Die Humanistische Psychologie ist in einer Zeit entstanden, in welcher der akademische Tenor der Psychologie davon ausgegangen ist, der Mensch sei entweder durch die Umwelt oder seine Biologie determiniert. Hier gerät die Idee von Psychotherapie jedoch in eine unauflösbare Zwickmühle: Ich kann nicht einerseits davon ausgehen, dass der Mensch unfrei ist, und andererseits seine grundlegende Veränderlichkeit und Wahlmöglichkeit als Grundlage für Psychotherapie betrachten. Die Idee des menschlichen Handlungsspielraums und seiner Freiheit war neu und sprach viele Menschen an, die ihr Leben selbst in die Hand nehmen wollten. Auch wenn unsere Freiheit bedingt ist, müssen wir den Menschen als selbstverantwortliches Wesen betrachten.

5. *Die Humanistische Therapie ist zu wenig diagnose- und störungsspezifisch und eignet sich daher zur Lebensberatung, nicht aber zur Behandlung von Menschen, die an psychischen Störungen leiden.*
   Menschen, die gerade in schwerster psychischer Not wie beispielsweise in suizidalen Krisen sind, brauchen aktive Anleitung und Führung, die ihnen Halt und Orientierung gibt. Auch im klinischen Setting müssen wir aktiver, direktiver und strukturierter arbeiten, um in der begrenzten Zeit der stationären Therapie Orientierung zu bieten. Das umzusetzen ist eine allgemeine klinische Kompetenz, die nicht an eine bestimmte Therapierichtung gebunden ist. Ich denke jedoch, dass gerade sehr vulnerable Menschen die Möglichkeit haben sollten, eine Therapie zu wählen, in der sie eine Beziehung angeboten bekommen, die nicht fordernd ist, in der sie nicht objektiviert werden und in der ein anderer Mensch sie wirklich zu verstehen versucht. Das haben diese Menschen schließlich bislang nicht erlebt, was zu einem enormen psychischen Leidensdruck führt. Gerade bei psychisch schwer kranken Menschen geschieht es leicht, dass wir eine starke Distanz aufbauen, indem wir sie vorschnell als Diagnoseträger oder schwere Fälle abstempeln. Genauso wie bei den anderen Richtlinienverfahren sollte die Humanistische Haltung gepaart sein mit einem profunden Wissen über allgemeine Störungsmodelle, Diagnosen und pragmatische Interventionen. Wir sollten nie ein therapeutisches Konzept über die realen Anforderungen eines Klienten stellen.
6. *Die Humanistische Psychotherapie mag für Menschen mit neurotischen Störungen geeignet sein, stößt jedoch bei der Behandlung von Menschen mit schweren strukturellen psychischen Störungen an ihre Grenzen.*
   Dies gilt für alle Richtlinienverfahren gleichermaßen. Verhaltenstherapeut*innen berichten, dass sie mit ihrer Methode bei Menschen mit schweren Beziehungsstörungen nicht weiterkommen. Aus diesem Grund lassen sie sich zum Beispiel in Schematherapie oder DBT weiterbilden. Das Gleiche gilt für die Psychoanalyse und Tiefenpsychologie: »Die klassische Psychoanalyse stößt bei der Behandlung von Menschen mit schweren psychischen strukturellen Störungen an ihre Grenzen«

(Rudolf 2013). Aus diesem Grund lassen sich Tiefenpsychologen und Analytiker zum Beispiel in der übertragungsfokussierten Psychotherapie (TfP) oder der mentalisierungsbasierten Psychotherapie ausbilden, die extra auf diese Klientel zugeschnitten sind. Genauso verhält es sich bei der Humanistischen Therapie. Auch hier brauchen Therapeut*innen explizites Wissen über die Behandlung von Menschen mit schweren Beziehungsstörungen, um in der Arbeit gesund zu bleiben, schwierige Gefühle einordnen und effektiv behandeln zu können.

7. *Die Humanistische Psychologie ist ideologisch aufgeladen und hat ein gewisses Sendungsbewusstsein: Sie zwingt ihr Menschenbild anderen auf.*
   Kein Therapeut ist objektiv; schließlich haben wir alle Jahre damit verbracht, einen bestimmten Blick auf den Menschen zu erlernen. Diesen Blick sollten wir in Therapien immer offenlegen. Nicht jeder muss mit einer bestimmten Therapieform geheilt werden. Aus diesem Grund gibt es verschiedene Wege, sich anzunähern. Den Vorwurf der Ideologie würde ich eher der akademisch gelehrten Psychologie machen: Nur dort wird der Schulenstreit so deutlich und unnachgiebig ausgetragen: »Konkurrierende« Verfahren werden ausgegrenzt oder ignoriert.
8. *Die Humanistische Psychologie beinhaltet eindeutig weltanschauliche Aspekte, diese gehören jedoch nicht in die Therapie. Sie überschreitet damit die Grenze der Psychotherapie, die sich primär auf die Heilung psychischer Störungen konzentrieren sollte.*
   Keine therapeutische Schule kommt ohne weltanschauliche Elemente aus. Der Mensch, sein Erleben und seine Beziehungen sind zu komplex, um vollständig von einer neutralen Perspektive erfasst zu werden. Jede therapeutische Richtung basiert auf einer Entwicklungs-, Störungs- und Heilungstheorie, die wiederum auf einem bestimmten – letztlich nicht vollständig wissenschaftlich überprüfbaren – Welt- und Menschenbild gründet. Dies ist unvermeidbar, da ohne ein ganzheitliches Verständnis des Menschen ein umfassender Ansatz unmöglich wäre. Die Schulen unterscheiden sich jedoch darin, wie stark ihr jeweiliges Welt- und Menschenbild in Theorie und Praxis eingebettet oder offengelegt wird.
   Die humanistische Psychologie legt ihr Menschenbild bewusst offen. Dadurch ermöglicht sie es Klient*innen, eine Richtung zu wählen, die zu ihrem eigenen Weltbild passt. Dieses Bemühen um Transparenz macht deutlich, welche weltanschaulichen Aspekte der Methodik zugrunde liegen, und dient zugleich der wissenschaftlichen Integrität.
   Psychotherapie hat klare Grenzen. Sie dient primär der Heilung psychischer Erkrankungen. Ziel ist es, Hindernisse zu beseitigen, die einem gesünderen Selbsterleben und angemesseneren Verhaltensweisen im Weg stehen. Es liegt nicht in der Aufgabe von Therapeut*innen, Klient*innen Selbstverwirklichungsziele zu setzen oder ihre Spiritualität zu fördern. Dennoch braucht es eine Vorstellung davon, in welche Richtung die Veränderung gehen soll. Gleichzeitig müssen wir uns bemühen, weltanschauliche Aspekte so weit wie möglich aus der therapeutischen Praxis herauszuhalten, um die Selbstbestimmung der Klient*innen zu wahren. Für die Praxis gilt das Gebot der Neutralität und Abstinenz – und zwar für alle therapeutischen Schulen.

Gerade die humanistische Therapie zeichnet sich dadurch aus, dass sie Klient*innen ihr eigenes Welt- und Menschenbild lässt. Sie konzentriert sich auf die Beziehung, bemüht sich, den inneren Bezugsrahmen der Klient*innen wirklich zu verstehen, und verzichtet weitgehend auf Deutungen und Interpretationen, die von einer spezifischen Vorstellung von Heilung ausgehen. Sie arbeitet am Konkreten, Offensichtlichen im Hier und Jetzt und orientiert sich an der Beziehung. Damit ist die Praxis der humanistischen Therapie tatsächlich weniger von weltanschaulichen Aspekten durchdrungen als andere Ansätze.

In der Verhaltenstherapie treten weltanschauliche Elemente oft durch die Rolle der Therapeut*innen als Expert*innen zutage, während sie in den psychodynamischen Verfahren in Deutungen und Konfrontationen sichtbar werden.

Zusammenfassend lässt sich sagen, dass die humanistische Therapie durch ihr Bemühen um Transparenz weltanschauliche Aspekte offenlegt. Dennoch ist sie in ihrer konkreten Praxis am wenigsten ideologisch geprägt. Humanistische Therapeut*innen arbeiten am Konkreten, aber auf der Grundlage einer ganzheitlichen Haltung. Dazu gehört auch die Überzeugung, dass psychische Störungen zu ihrer Heilung nicht unabhängig von wachstumsbezogenen Aspekten der Person – wie Ressourcen und Potenzialen – behandelt werden können.

9. *Der Fokus auf die Verwirklichung der inneren Fähigkeiten und Potenziale entspricht neokapitalistischem Selbstoptimierungsdenken und trägt eher zu einer Verstärkung als zur Entlastung des Leistungsdrucks bei.*

Das ist sicherlich eine Gefahr. Kulturgeschichtlich könnte man den starken Anklang der Humanistischen Psychologie in den USA Ende der 1950er-Jahre tatsächlich so deuten. Sehr vereinfacht ausgedrückt, könnte man folgendes Credo daraus ableiten: »Du kannst ungeachtet deiner sozialen Herkunft und Situation alles sein, du musst es nur wollen!« Wenn wir dieses Credo verkaufen, erzeugen wir einen enormen Erwartungsdruck, der langfristig Leid und Scham des suchenden Menschen verstärken kann. Es geht aber in der Humanistischen Therapie nicht um ein »höher, schneller, weiter«. In der Humanistischen Psychologie steht nicht das Positive, wie bei der Positiven Psychologie, im Vordergrund, sondern der Mensch. *Es geht um Wahrheit und Wahrhaftigkeit, nicht um Optimierung.* Der Weg dahin führt über die Besinnung nach Innen und Selbsterkenntnis, die auf Selbstgefühl beruht. Das kann sich ganz unspektakulär zeigen und ruhig anfühlen. Das Kriterium ist Stimmigkeit, nicht Erfolg, Ruhm oder Geld. Hier gibt es eine Unterscheidung zwischen der europäischen und amerikanischen Lesart Humanistischer Psychologie.

10. *Die Humanistische Therapie ist wissenschaftsfeindlich.*

Das stimmt – wie bereits gezeigt – nicht. Es gibt möglicherweise Humanistische Therapeut*innen, die wissenschaftlichem Denken eher skeptisch gegenüberstehen. Das ist bedauerlich. Die Therapie muss auf wissenschaftlichen Erkenntnissen fußen, darf aber nicht auf das wissenschaftlich Erkennbare begrenzt sein, sondern muss sich auf die vollständige Erfahrungswelt der Klient*innen beziehen. Mir ist wichtig zu erwähnen, dass Rogers als Humanistischer Psychologe die moderne Therapieprozessforschung begründet hat, Maslow ein hoch angesehener Wissenschaftler war, Kriz einer der wenigen Psychologen ist, der sich grundlegend mit Wissenschafts- und Erkenntnistheorie befasst und auch das Tausch-Ehepaar in Hamburg die wissenschaftliche Erforschung von Gesprächspsychotherapie vorangetrieben hat. Genau das Gegenteil dieser Kritik ist also der Fall.

Für mich bleibt es unverständlich und ungerechtfertigt, dass die Humanistische Therapie in Deutschland aus den Richtlinienverfahren ausgeklammert bleibt. Was die Hintergründe dafür sind, werde ich im folgenden Kapitel näher beschreiben.

# 6 Die berufspolitische Situation in Deutschland – Der Dolchstoß für den Außenseiter

Im Folgenden möchte ich in Bezug auf die Richtlinientherapien in Deutschland auf vier berufspolitische Kernaspekte eingehen und diese in Bezug auf die Humanistische Therapie näher erläutern. Dazu zählen:

1. Ist eine therapeutische Perspektive als ein eigenständiges und kohärentes Verfahren anerkannt und damit in seinem Wert für Theorie und Praxis bestätigt?
2. Ist ein Verfahren in der akademischen Lehre und in psychotherapeutischen Weiterbildungen vertreten?
3. Wird ein Verfahren durch Gutachten der entsprechenden Gremien (insbesondere des Gemeinsamen Bundesausschusses (G-BA) und des Wissenschaftlichen Beirats Psychotherapie (WBP)) wissenschaftlich anerkannt? Das bedeutet, dass es an Ausbildungsinstituten zur vertieften Weiterbildung empfohlen wird. (Ein Verfahren kann wissenschaftlich anerkannt sein und gleichzeitig von der öffentlichen Grundversorgung ausgeschlossen bleiben.)
4. Wird ein Verfahren auch sozialrechtlich anerkannt? Das bedeutet, dass Praktizierende dies über die Krankenkassen abrechnen können.

Ich gehe nicht chronologisch auf diese Punkte ein. Punkt 2 habe ich bereits im letzten Kapitel erörtert. Ich möchte die jüngeren Bemühungen der Arbeitsgemeinschaft für Humanistische Psychotherapie (AGHP) aufzeigen, die Humanistische Psychotherapie als eigenständiges und wissenschaftlich wirksames Verfahren anzuerkennen.

Ich hoffe, mit den theoretischen Schilderungen nicht zu langweilen. Ich halte diese Kontextualisierung für wesentlich, um die Rolle der Humanistischen Psychologie in Deutschland zu verstehen und in Hinblick auf aktuelle gesellschaftliche Entwicklungen zu diskutieren. Falls dich die berufspolitische Situation in Deutschland nicht interessiert oder nicht betrifft, kannst du dieses Kapitel gerne überspringen.

Hinter der Verteilung von Geldern stehen politische Entscheidungen und Interessen. Für mich ist es unglaublich, auf welche Art der Antrag des AGHTP auf Aufnahme der Humanistischen Therapie in die Richtlinienverfahren durch den WBP abgelehnt wurde. Dies betrifft nicht nur die ausbleibende Anerkennung als eigenständiges und einheitliches Verfahren, sondern auch die fehlende Bestätigung seiner wissenschaftlichen Evidenz. Wer diesen Prozess mitverfolgt, bekommt schnell den Eindruck, dass es hier nicht einfach um eine sachliche und ausgewogene wissenschaftliche Bewertung geht, sondern auch um einen eiskalten Machtkampf. Ich möchte über diesen Prozess informieren, sodass du dir als Leser*in dein eigenes Bild darüber machen kannst. Wird hier wirklich versucht, objektiv den Wert und die Wirksamkeit der Humanistischen Psychotherapie zu beurteilen?

Die Humanistische Psychotherapie wird in allen internationalen und nationalen Standardwerken zur Psychotherapie als dritte Kraft neben den psychodynamischen und verhaltenstherapeutischen Verfahren beschrieben. In neueren Werken kommt als vierte Strömung noch die Systemische Therapie dazu, welche 2019 nach jahrelangem Ringen schließlich als Richtlinienverfahren mit aufgenommen wurde. Dazu Kriz:

> »[...] ein Blick in die internationalen Fachdiskurse [...] wie in die deutschen Lehrbücher macht [deutlich], dass man fast durchgängig auf die Vierer-Einteilung in Psychodynamische, Verhaltenstherapeutische, Systemische und Humanistische Psychotherapie stößt, wenn man von [...] Verfahren spricht«
> *(Kriz 2011, S. 333)*

Die enorme Bedeutung der humanistischen Verfahren ist unbestritten: für unser Verständnis des Therapieprozesses, der therapeutischen Beziehung, der Weiterentwicklung therapeutischer Methoden, für den Wert von Achtsamkeit, die Betonung von Ressourcen und Selbstermächtigung der Klient*innen und der wissenschaftlichen Untersuchung von Psychotherapie. Das betone ich hier, weil sich das im jüngeren akademischen und sozialpolitischen Diskurs so nicht abbildet.

Bis zum Psychotherapeutengesetz von 1999 war der Begriff »Psychologischer Psychotherapeut« gesetzlich nicht geschützt. Ausschließlich Ärzte konnten Psychotherapie über die Krankenkassen abrechnen. Psycholog*innen konnten lediglich delegiert über Ärzte arbeiten. Eine Ausnahme bildete der sogenannte *TK-Stempel*. Als Vorreiter machte es die Techniker Krankenkasse in Form von Sonderverträgen möglich, dass Psychotherapeuten über das »Erstattungsverfahren« (Kriz 2018, S. 260) direkt mit der Kasse abrechnen konnten. Über den TK-Weg und die Kostenerstattungsverfahren konnten bis dahin auch Praktizierende der humanistischen Verfahren über die Krankenkasse abrechnen (Hartmann-Kottek & Kriz 2005). Bis dahin war die Therapielandschaft in Deutschland unübersichtlich und »heterogen« (Vogel 2000, S. 42). Es gab keine geregelten Ausbildungsvorgaben. Die Vertreter der jeweiligen Verfahren hatten in gewisser Hinsicht »ein selbstdefiniertes Monopol auf ihre Weiterbildung« (ebd.). Im Psychotherapeutengesetz von 1999 wurden nun drei Richtlinienverfahren gesetzt, um Ordnung in diese unübersichtliche Situation zu bringen. Man wollte »bundesweit gemeinsame Standards« (ebd., S. 42) und »einheitliche Ausbildungsbedingungen« (ebd., S. 44) schaffen. Die Auswahl der *gesetzten Verfahren* wurde nicht nach strengen wissenschaftlichen Kriterien getroffen, an denen heutige Anwärter gemessen werden. Da man die Versorgung auch nach der Umstellung sicherstellen musste, waren insbesondere die Verfahren von Bedeutung, die folgende Kriterien erfüllten (vgl. Vogel 2000):

- Sie müssen eine ausreichende Infrastruktur aufweisen, sodass zeitnah neue approbierte Therapeut*innen nachkommen können.
- Ihr Wert wird unmissverständlich über die Fachliteratur abgebildet.
- Eine eindeutige Evidenzbasierung liegt vor.
- Die Bedeutung für die psychotherapeutische Versorgung ist hoch.
- Es gibt eine starke Lobby, die es ermöglicht, die entsprechende Infrastruktur aufzubauen und Interessen in politischen Gremien zu vertreten.

Es brauchte also Verfahren, die bereits eine gute Infrastruktur in Form von bestehenden Ausbildungsinstituten und auch praktizierenden Therapeut*innen vorwiesen. Die längst überfällige Neuerung konnte nur umgesetzt und effizient koordiniert werden, wenn die bereits bestehenden Ressourcen auch gut genutzt wurden. Man musste weiterhin den »Sicherstellungsauftrag [...] gewährleisten« (Vogel 2000, S. 44). Entsprechend dem neu geschützten Berufsbild des psychologischen Psychotherapeuten mussten »einheitliche Ausbildungsbedingungen« (ebd., S. 44) vorgegeben werden. Noch etwas differenzierter (ebd., S. 45):

> »Nach § 8 Abs. 3 Ziffer 1 PsychThG müssen die Ausbildungen sich auf die Vermittlung eingehender Kenntnisse in wissenschaftlich anerkannten psychotherapeutischen Verfahren sowie auf die vertiefte Ausbildung in einem dieser Verfahren beziehen. Mit dem Gesetz wurden also keine Verfahren festgelegt, in denen die Ausbildung möglich sein soll, vielmehr wurde die sibyllinische Formulierung gewählt, dass die ›*Ausbildung nur in wissenschaftlich anerkannten Verfahren*‹ erfolgen sollte. Dabei galten die Verfahren, die zum Zeitpunkt des Gesetzes nach den Psychotherapierichtlinien akzeptiert waren, also Psychoanalyse, tiefenpsychologisch fundierte Psychotherapie und Verhaltenstherapie, zunächst cum grano salis als wissenschaftlich anerkannt.«

Bis dahin konnten Praktizierende gleichwertig ihre Ausbildungen in humanistischen Methoden absolvieren. Es gab Weiterbildungen in Gesprächspsychotherapie, Gestalttherapie und Psychodrama (ebd., S. 43). Die humanistischen Verfahren wurden jedoch im neuen Psychotherapeutengesetz ausgeschlossen. Die Institute mussten schließen. Oder sie bildeten schließlich andere Berufsgruppen wie Heilpraktiker*innen, Sozialarbeiter*innen oder Pädagog*innen aus. Nun könnte man den damaligen Praktizierenden vorwerfen, dass sie zu wenig engagiert und flexibel waren, ihr Verfahren vor dem Hintergrund der geänderten Bedingungen neu aufzustellen. Die Vertreter der tiefenpsychologischen Verfahren erkannten jedenfalls früh, dass sie eine neue einheitliche Sprache für ihre Therapien finden müssten, die den Kriterien der Psychotherapierichtlinie Rechnung trägt. In diesem Zuge wurden die zahlreichen Strömungen und Denkansätze bereits Anfang der 1990er-Jahre in Form der OPD auf einen gemeinsamen Nenner gebracht. Die Humanisten bekamen damals keinen Platz am Tisch. Für sie galt mit dem Psychotherapeutengesetz von 1999 ein »faktisches Berufsverbot« (Hartmann-Kottek & Kriz 2005, S. 115). Die Gesprächspsychotherapie als zentrales humanistisches Therapieverfahren wurde wissenschaftlich anerkannt und damit für die »vertiefte Ausbildung zum Psychotherapeuten empfohlen«. Erst nach dem Psychotherapeutengesetz von 1999 bildete sich der WBP, welcher sich aus »in Wissenschaft und Klinik ausgewiesenen, ehrenamtlich tätigen Fachexperinnen und -experten« der Bundespsychotherapeuten- und der Bundesärztekammer bildete (WBP 2018, S. 354). Dieser hatte nun die Aufgabe, Verfahren, die sich als Richtlinienverfahren bewerben, gutachterlich für die vertiefte Ausbildung zum Psychotherapeuten zu empfehlen: »Der WBP hat u. a. die Aufgabe der gutachterlichen Beratung von Behörden zur Frage der wissenschaftlichen Anerkennung von einzelnen psychotherapeutischen Verfahren nach 11 PsychThG und damit zusammenhängend auch der Beratung hinsichtlich der staatlichen Anerkennung von Ausbildungsstätten« (ebd.). Rein juristisch stellt die gutachterliche Empfehlung keinen »Verwaltungsakt« (Plantholz 2018, S. 363) dar, ist also selbst nicht gesetzgebend. Über die Umsetzung eines Gutachtens müssen die jeweiligen Kammern und Organe selbst entscheiden. Dennoch habe ein Gutachten des WBP eine »weitergehende Bedeutung [...] als sonstige [...] Gutachten« (ebd., S. 364). Der WBP sei »mit einer besonderen fachlichen Legitimation ausgestaltet« (ebd.). Wichtig ist auch, dass in diesem WBP kein einziger Vertreter saß, der in einer humanistischen Methode ausgewiesen ist (Kriz 2018, S. 260, Schweitzer 2018, S. 360). Schweitzer, nicht stimmberechtigtes Mitglied des WBP, plädierte für mehr »›Insider‹-Kompetenz im Prüfgremium« (2018, S. 361), um die Auswirkungen möglicher Interessenkonflikte zu minimieren. Die wissenschaftlichen Kriterien für die Empfehlung zur Aufnahme neuer Verfahren orientieren sich dabei im Kern an den Empirically Supported Treatments (ESTs), deren Vor- und Nachteile im vorigen Kapitel bereits ausführlich diskutiert wurden. »Diese Kriterien, die insgesamt sehr eng an den Kriterien der sogenannten ›evidence based medicine‹ ausgerichtet sind, verlangen einen Wirksamkeitsnachweis des jeweiligen Verfahrens bei mindestens fünf von zwölf definierten Krankheitsgruppen, oder bei vier der sogenannten ›klassischen‹ acht Psychotherapie-relevanten Krankheitsgruppen.« (Vogel 2006).

Kurz nach dem Psychotherapeutengesetz von 1999 ließ auch das Psychodrama als humanistisch orientiertes Verfahren die »wissenschaftliche Anerkennung« durch den WPB prüfen, allerdings ohne Erfolg (WBP 2018, S. 354; Heuft & Esser 2017, S. 1). Zu dieser Zeit behandelten Gesprächspsychotherapeuten in der Tradition von Carl Rogers bereits Tausende von Patient*innen erfolgreich.

Im Jahr 2008 bildete sich in Deutschland dann der AGHPT, mit dem Ziel, die Humanistische Psychotherapie als Richtlinienverfahren in Deutschland anerkennen zu lassen. Dazu Kriz: »Inzwischen ist es aber an der Zeit für die Humanistische Psychotherapie, den strukturellen Bedingungen Rechnung zu tragen und sich wie die anderen drei als einheitliches Verfahren zu definieren« (Kriz 2011, S. 333). Wie bereits erwähnt, war die Hürde für die Anerkennung zu diesem Zeitpunkt hoch, sodass es fast unmöglich war, überhaupt durch das Nadelöhr des WPB zu kommen. Noch unwahrscheinlicher war es dadurch, dass der WPB keine ausgewiesenen Experten in humanistischen Verfahren vorweisen konnte. Das Urteil basierte auf einem reinen Außenblick. Interessenkonflikte ließen sich nicht ausschließen. Mit Ausbildungsinstituten lässt sich viel Geld verdienen. Dieser Kuchen muss mit jedem neu zugelassenen Verfahren weiter aufgeteilt werden. Kriz (Kriz 2018b, S. 2) und Thielen (Thielen 2018, S. 3) stellen infrage, ob selbst die heutigen Richtlinienverfahren bei erneuter Prüfung den strengen Kriterien des WBP genügen könnten.

2012 stellte der AGHPT seinen Antrag auf wissenschaftliche Begutachtung. 1998 hätten »90 % aller universitären Fachvertreter« mit unterschiedlichstem therapeutischem Hintergrund dafür plädiert, die »Humanistische Psychotherapie – damals in Form der GPT – ins System der GKV aufzunehmen« (Kriz 2018, S. 261). Nach dessen wissenschaftlicher Anerkennung sprachen sich alle zwölf Landespsychotherapeutenkammern dafür aus, die »GPT ›unverzüglich‹ als Richtlinienpsychotherapie anzuerkennen« (ebd.). Diese Vorgeschichte ermutigte dazu, nun einen Schritt weiter zu gehen. Diesmal nicht nur für die GPT, sondern für die Humanistische Psychotherapie in ihrer ganzen Bandbreite. Dazu waren zwei Schritte notwendig: Zum einen mussten die Antragsteller begründen, warum es sich bei der Humanistischen Psychotherapie um ein einheitliches Verfahren handle. Zum anderen musste die wissenschaftliche Anerkennung erfolgen. Vorzuweisen war dies über die oben genannten Nachweise.

Die Arbeitsgemeinschaft fasste nun zehn humanistische Methoden zusammen und argumentierte, warum diese als Methoden eines übergeordneten humanistischen Verfahrens zu sehen sind. Dies ist der erste notwendige Schritt auf dem Weg zur Anerkennung als Verfahren. Der WBP hakte nach, ob es für die Arbeitsgemeinschaft in Betracht käme, einzelne Methoden zu streichen, sollte wegen dieser der Anerkennungsprozess scheitern (WBP 2018, S. 355). Der AGHTP pokerte hoch und antwortete, dass ausnahmslos alle Methoden Eingang finden sollten (ebd). »Eine in HPT ausgebildete Psychotherapeutin müsse uneingeschränkt über ein entsprechendes Wissen über alle zehn Ansätze verfügen und diese in der Praxis auch einsetzen können« (ebd.).

Das Gutachten des WPB wurde »nach fünfjährigen Beratungen« (Kriz 2018, S. 257) im Deutschen Ärzteblatt veröffentlicht (Heuft & Esser 2017). Dort wurde die Humanistische Psychotherapie als »übergeordnete Grundorientierung« (Munz 2018, S. 255) anerkannt, jedoch nicht als psychotherapeutisches Verfahren. Hauptargumente hierfür waren, dass es in der aktuellen Ausbildungsinfrastruktur keine Institution gibt, die alle genannten Methoden gleichzeitig unterrichtet (ebd.). Darüber hinaus würde unklar bleiben, wann im therapeutischen Prozess zwischen den einzelnen Methoden gewechselt werden würde (ebd.; WBP 2018, S. 355).

Diese Argumentation finde ich – sehr vorsichtig ausgedrückt – hochproblematisch. Die Institute mit ihrem Programm können sich erst entsprechend aufstellen, wenn die darin gelehrten Verfahren ebenfalls als Richtlinienverfahren anerkannt sind. Davor haben sie ja weder den Zulauf an Interessenten noch die Gelder, um dieses Programm aufzustellen. Das Ergebnis eines potenziellen positiven Ausgangs wird aber zur Bedingung einer Bewilligung gemacht. Das ist absurd. Auf der anderen Seite gibt es zum Beispiel in den psychodynamischen Verfahren etwa 21 verschiedene Methoden und im Rahmen der VT »über 50 Methoden/Techniken« (Kriz 2018, S. 263). Tiefenpsychologische Institute unterscheiden sich in ihren Curricula und in ihrer Ausrichtung deutlich, je nachdem, ob sie sich mehr an Freud, Adler, Jung, den Objektbeziehungstheorien, den mentalisierungsbasierten oder übertragungsfokussierten Verfahren oder der Selbstpsychologie orientieren. Das Gleiche gilt für die unendliche Anzahl verhaltenstherapeutischer Methoden, auch wenn diese vielleicht etwas einheitlicher vermittelt werden.

Im Gegensatz dazu sind die zehn Methoden, die zum humanistischen Verfahren gezählt werden, relativ übersichtlich.

In Bezug auf die theoretische und praktische Einheitlichkeit der Verfahren fragt Thielen (Thielen 2018, S. 3) kritisch, »was z. B. die Schematherapie, eine Kombination aus Elementen der Objektbeziehungstheorie, der Gestalttherapie, der Transaktionsanalyse, der Hypnotherapie u. a. mit der klassischen Verhaltenstherapie zu tun hat, obwohl sie als eine ihrer Methoden gilt.« Sie bedient sich Methoden der Imagination oder der Gestalttherapien, wie zum Beispiel der Stuhlarbeit. Ähnliches gilt für die Akzeptanz- und Commitmenttherapie (ACT). Sie bedient sich Methoden der Imagination sowie gestalttherapeutischer Ansätze wie etwa der Stuhlarbeit. Die Schematherapie nach Young, die Dialektisch-Behaviorale Therapie (DBT) nach Linehan und die ACT zählen nur in Deutschland zur KVT, weil die Logik der Richtlinienverfahren dies erzwingt. Anders könnten diese hochwirksamen Therapieformen nicht abgerechnet werden oder müssten selbst durch das Nadelöhr des WBP. In den USA zum Beispiel sind dies eigenständige Verfahren (Kriz 2011, S. 333).

An dieser Stelle möchte ich anmerken, dass ich es begrüße, wenn Verfahren gegenseitig voneinander Methoden und Interventionen übernehmen. Letztendlich steht im Vordergrund, was für die Klient*innen nützlich ist. Problematisch wird das dann, wenn andere Verfahren sich an den Methoden, Haltungen und Interventionen der Humanistischen Therapie, meist ohne Verweis auf die Quelle, bedienen, Letztere aber schließlich als unwissenschaftlich bzw. unwirksam abgestempelt und zurückgelassen wird.

Das zweite Argument der wenig definierten »differentiellen Indikationsstellung« (WBP 2018, S. 355) ist an sich richtig. Auf der anderen Seite trifft das genauso auf die anderen Richtlinienverfahren zu: Wann im therapeutischen Prozess wechsle ich zwischen Reizkonfrontation, Beziehungsklärungen, Achtsamkeitstechniken oder Entspannungsübungen hin und her? Das ist auch bei den anderen Verfahren nicht klar definiert (vgl. Kriz 2018, S. 263)! Der WBP zieht folgendes Fazit: »Jedoch weder die theoretischen Modelle zur Entstehung von psychischen Erkrankungen noch die Ausführungen über die Theorie der Veränderung und die daraus abgeleiteten Behandlungstechniken können im Sinne des Methodenpapiers als konsistent betrachtet werden. Algorithmen zur differentiellen Indikationsstellung für den Einsatz bestimmter Ansätze und Techniken sowie die Umsetzung eines die zehn beantragten psychotherapeutischen Ansätze integrierenden Curriculums in der Aus-, Fort- und Weiterbildung fehlen« (Heuft & Esser 2017, S. 8).

Mein persönlicher Eindruck beim Lesen des Gutachtens war folgender: Es sprechen einige Argumente dafür, die Humanistische Psychotherapie als Verfahren anzuerkennen. Nach den neu formulierten Kriterien des WBP sprechen auch Argumente dagegen – aber nicht stärker als bei den bisher zugelassenen Richtlinienverfahren! Das Fazit könnte im Anschluss an die Argumentation des WBP genauso gut anders lauten. Die Argumentation ist keinesfalls zwingend. Das Fazit wirkt auf mich willkürlich. Wäre das

Gesuch auf Anerkennung der Humanistischen Therapie als eigenständiges Verfahren nicht direkt abgelehnt worden, hätten die Vertreter der Humanistischen Psychotherapie zum Beispiel Zeit bekommen können, die fehlenden Studien nach dem Kriterienkatalog nachzureichen (Schweitzer 2018, S. 360).

Erst die Kriterien des WBP zementieren quasi die heutige Versorgungslandschaft und implizieren ein »Reinheitsgebot« (Kriz 2011, S. 336) der deutschen Psychotherapie, das letztendlich schädlich für die Qualität und Ausgewogenheit der Versorgung und für den vielfältigen wissenschaftlichen Austausch ist. Sie entspricht nicht der Behandlungsrealität, die sich mehr an dem orientiert, was wirkt, und nicht an der Reinheit einer Methode. Die Praxis ist einer integrativen Psychotherapie viel näher, als man vermuten würde, wenn man die akademischen und politischen Grabenkämpfe mitverfolgt.

Nun wurde im Gutachten des WBP weiter geprüft, ob die Kriterien für die wissenschaftliche Anerkennung dieser »therapeutischen Grundorientierung« gegeben sind. Der WBP definierte dazu das sog. »Schwellenkriterium« (Munz 2018, S. 254): »Für Psychotherapieverfahren zur Behandlung Erwachsener wird gefordert, dass die Wirksamkeit des Verfahrens mindestens für die Anwendungsbereiche affektive Störungen und Angststörungen sowie zusätzlich für mindestens einen der Anwendungsbereiche somatoforme Störungen, Abhängigkeit und Missbrauch oder Persönlichkeits- und Verhaltensstörungen oder für mindestens zwei der restlichen zehn Anwendungsbereiche durch empirische Studien belegt ist, die den festgelegten Mindeststandards genügen« (ebd.).

Zu diesem Zweck hat die AGHPT 481 Studien aufgelistet, von denen der WPB lediglich 27 als gültigen Wirksamkeitsnachweis anerkannte (WBP 2018, S. 356). Letztendlich fehlte eine, ja, genau eine von insgesamt über 300 eingereichten Studien aus dem Bereich der Angststörungen, um die Humanistische Psychotherapie als wissenschaftlich anerkannt zu empfehlen (Kriz 2018, S. 261, Schweitzer 2018, S. 260). In einer dieser abgelehnten Studien wurde die paradoxe Intervention für Angststörungen im Rahmen einer Verhaltenstherapie überprüft. Der Autor selbst bestätigte, diese Intervention sei von Viktor Frankl übernommen und mit ihm abgestimmt (Thielen 2018, S. 2). Dies erweckt den Eindruck, dass es schon lange nicht mehr um eine ausgewogene inhaltliche Auseinandersetzung ging und die Entscheidung schon vorher festzustehen schien. Sie wirkt »interessengeleitet« (Thielen 2018, S. 1). Kriz (Kriz 2018b, S. 1) fasst es so zusammen:

> »Diese somit hauchdünn erreichte Ablehnung wurde allerdings noch mit einer weiteren merkwürdigen Operation des WBP untermauert: Antragswidrig zerlegte er die Humanistische Psychotherapie in einzelne Ansätze. Dies nahm er als Grundlage dafür, dann die Fülle an Wirksamkeitsstudien ebenfalls zu zerlegen und jedem Ansatz getrennt zuzuordnen. So konnte der WBP selbst für die Gesprächspsychotherapie, die bereits seit 2002 vom WBP als ›wissenschaftlich anerkannt‹ gilt, behaupten, dass diese nicht die aktuellen WBP-Kriterien erfülle (wieder hätte hier eine einzige weitere nicht aberkannte Angststudie dieses ›Ergebnis‹ umgedreht).«

Wieder einmal wurde eine humanistische Intervention in ein anderes Verfahren importiert. Aus diesem Grunde ließ der WPB diese Studie nicht gelten. Das ist eine treffende Metapher für das Schicksal der Humanistischen Psychotherapie: Methoden und Prinzipien werden anderen Verfahren einverleibt, die dadurch eine Aufwertung erfahren. Der eigentliche Kontext wird dadurch nicht nur verfälscht, sondern auch entwertet. So wie in dieser Argumentation. Der WPB relativierte in einer Stellungnahme, dass ohnehin eine umfangreichere Studie mit Kontrollgruppe und Follow-up-Messung gefehlt habe (WBP 2018, S. 358). Soll heißen: Die Anerkennung dieser einen Studie hätte also ohnehin nichts geändert.

Ungefragt sah sich der WPB nun gezwungen, auch die wissenschaftlich bereits anerkannte Gesprächspsychotherapie noch einmal zu überprüfen. Im Jahre 2010 wurde ein neuer Kriterienkatalog für die Wissenschaftlichkeit der Richtlinienverfahren erstellt, der nun auch auf dieses Verfahren angewandt werden sollte (Plantholz 2018, S. 362). Dies sei laut Kriz (Kriz 2018, S. 261) »ohne Auftrag, antragswidrig und unter Verletzung der im eigenen Methodenpapier festgelegten Regeln« geschehen. Der Jurist Plantholz (Plantholz 2018, S. 364) hingegen hält dies für ein legitimes Vorgehen. Die bestehenden Richtlinienverfahren müssen sich allerdings zu keinem Zeitpunkt an den gleichen Kriterien messen. Sie sind quasi immun. Es wäre interessant zu untersuchen, wie die aktuellen Richtlinienverfahren abschneiden würden, wenn sie nach dem aktuellen Kriterienkatalog des WBP beurteilt würden. *Jedenfalls blieb der WBP nicht dabei, die Humanistische Psychotherapie weder als Verfahren noch als wissenschaftlich anerkannt zu empfehlen. Die wissenschaftliche Anerkennung der Gesprächspsychotherapie wurde im gleichen Zug rückgängig gemacht!* Ja, eine wissenschaftliche Anerkennung wurde rückgängig gemacht. Auf einmal gab es eine Vielzahl an erfahrenen Psychotherapeut*innen, die in Gesprächspsychotherapie ausgebildet wurden, die nun unsicher waren, ob sie rechtlich ihre Methode weiter praktizieren dürften (siehe Plantholz 2018)! Dazu Kriz (Kriz 2018, S. 258): »Das, was 2002 als Wirksamkeitsbelege vom WBP beurteilt wurde, hat sich somit nicht geändert. Das einzige, was sich geändert hat, sind die Kriterien, die eine kleine Gruppe Wissenschaftler zur Prüfung der wissenschaftlichen Anerkennung ausgearbeitet hat.«

Kriz (Kriz 2018b) sieht im Vorgehen des WBP ein klares strategisches Kalkül. Indem die Humanistische Therapie nicht als Verfahren anerkannt wurde, konnte jede Methode als eigenes Verfahren betrachtet werden. Dadurch mussten Nachweise für jede Methode in allen Anwendungsbereichen vorliegen, was die Hürde drastisch erhöhte!

Auf mich wirkt dieser Prozess wie ein Machtspiel unter dem Vorwand der Wissenschaftlichkeit. Das Kind wurde mit dem Bade ausgeschüttet. Ich finde es unethisch, ein Verfahren mit dieser Bedeutung auszuschließen. Einige Klient*innen suchen nach Humanistischen Therapien, weil sie zu ihrem Menschenbild oder zu ihren Themen passen. Sie suchen nach einen Raum, in dem existenzielle Themen Platz haben und in dem sie einem authentischen Therapeuten begegnen. *Der Ausschluss der humanistischen Verfahren schadet der Versorgungsvielfalt, dem lebendigen wissenschaftlichen Austausch und der Methodenvielfalt. Die Verlierer sind in erster Linie seelisch leidende Menschen, die im Besonderen von diesem Verfahren profitieren könnten.*

Hier wird gegen grundlegende Prinzipien der Allparteilichkeit, Ausgewogenheit, Fairness und Wissenschaft massiv verstoßen (Luderer 2018; Kriz 2018b). Das Ganze wirkt auf mich nicht wie ein differenzierter, ausgewogener wissenschaftlicher Austausch im Sinne der Wahrheit. Hier steht nicht der Nutzen für die potenziellen Klient*innen im Vordergrund. Es wird ein knallharter Machtkampf unter dem Deckmantel der Wissenschaftlichkeit geführt. Was die therapeutische Grundversorgung angeht, wird sich die Humanistische Psychotherapie in Deutschland davon so schnell nicht erholen. Auf der großen akademischen und politischen Bühne ist sie der Verlierer. Sie ging nicht nur in beiden Kategorien leer aus; die ungefragte und völlig überraschende Aberkennung der Gesprächspsychotherapie als wissenschaftlich gleicht in der Bildersprache der antiken Mythologie dem berühmten Dolchstoß. Diese politische Entscheidung sagt jedoch nichts über den Wert der Humanistischen Psychotherapie aus. Nach wie vor geben fast alle Therapeut*innen, die ich kenne, an, eine humanistische Grundhaltung zu vertreten und die therapeutische Beziehung nach humanistischen Kriterien zu gestalten. Nach wie vor gibt es zahlreiche Institute, die Gestalttherapie, das Psychodrama oder die Gesprächspsychotherapie vermitteln. Die stark boomenden körperorientierten Verfahren sind traditionell ein Teil der Humanistischen Therapie. Selbst der Mainstream der Richtlinienverfahren ist dabei, diese Perspektive in ihre Konzepte und Methoden aufzunehmen. Dennoch verliert die Tiefe der humanistischen Perspektive an Bedeutung für die klinische Praxis und droht in Vergessenheit zu geraten.

Andere Länder wie zum Beispiel Österreich oder die Schweiz haben sich eine größere Methodenvielfalt bewahrt (Kriz 2011, S. 333). Dort werden einzelne Ausbildungsinstitute akkreditiert, nicht die Verfahren an sich (ebd.). Das macht für mich persönlich Sinn. *Es ist schon bemerkenswert, dass ausgerechnet in Deutschland der Ansatz ausgegrenzt wird, der den Fokus nicht auf Technik, sondern auf die Beziehung legt.* Wir brauchen eine Grundorientierung, mit der wir uns dem Leid und Leben von uns Menschen zuwenden. Entscheidend für die Ausbildung von uns als Therapeut*innen sind Erfahrung, Supervision, die Bereitschaft, zu wachsen und zu lernen und uns über den Beruf verändern zu lassen. In der Praxis scheint mir der Trend in Richtung integrative Therapie zu gehen, in der sich die jeweiligen Praktiker nach dem richten, was wirkt. Diese Entwicklung wünsche ich mir. In Deutschland entsteht ein seltsames, mechanisches Bild: der Mythos der an sich wirksamen oder unwirksamen Verfahren bei abstrakten Störungsbildern (in denen der Therapeut als Person und der Mensch hinter dem Klienten ausgeblendet bleiben).

Über 40 Professoren und Professorinnen in Deutschland unterzeichneten einen offenen Brief, in dem das Vorgehen des WBP als »tendenziös und voller Mängel« (Kriz 2018b) kritisiert wurde (Luderer 2018). Das änderte nichts an der Entscheidung. Es zeigt jedoch die hohe Wertschätzung und Bedeutung der humanistischen Verfahren in Deutschland.

Ich persönlich finde, dass die endgültige Aufstellung der psychotherapeutischen Versorgung in Deutschland nicht Gegenstand einer so knappen Entscheidung einer so kleinen Gruppe von Menschen sein sollte.

Mit dem Psychotherapeutengesetzt von 1999 wurde versucht, Ordnung in eine unübersichtliche Therapie- und Ausbildungslandschaft in Deutschland zu bringen. Bis dahin konnten Therapeut*innen Kassenleistungen lediglich über das Delegationsverfahren abrechnen, was bedeutete, dass sie bei Ärzt*innen angestellt sein mussten. Nur Sonderverträge zum Beispiel mit der TK bildeten eine Ausnahme. Um die Versorgungsleistung sicherzustellen, wurden damals die Verfahren, welche bereits die beste Infrastruktur für die Ausbildungs- und Versorgungslandschaft bildeten, als Richtlinienverfahren übernommen: die VT, die TP und die Psychoanalyse. Die Gesprächspsychotherapie galt als wissenschaftlich anerkannt und wurde zur vertieften Weiterbildung an Ausbildungsstätten empfohlen. Sie wurde trotz großen akademischen Zuspruchs nicht sozialrechtlich anerkannt. 2012 stellte die AGHPT einen Antrag, die Humanistische Psychotherapie als Verfahren mit insgesamt 10 Methoden als Richtlinientherapie aufzunehmen. Nach einer fünfjährigen Prüfung durch den WBP wurde die Humanistische Psychotherapie erstens nicht als eigenständiges Verfahren, sondern lediglich als Grundorientierung eingestuft und zweitens als nicht wissenschaftlich anerkannt, da genau eine (!) Studie aus dem Bereich der Angststörungen fehlte. Da die Kriterien für die Aufnahme eines neuen Richtlinienverfahrens 2010 vom WBP noch einmal verschärft wurden, wurde im Zuge dieser Prüfung – ungefragt – noch einmal die Gesprächspsychotherapie auf ihre wissenschaftliche Evidenz hin überprüft. Der WBP kam zu dem Schluss, dass die Gesprächspsychotherapie den Evidenzkriterien nicht genüge, und entzog ihr die Empfehlung der wissenschaftlichen Anerkennung. Für Tausende Praktizierende der Gesprächspsychotherapie war nun unklar, ob sie ihre Tätigkeit weiter ausführen dürften.

# 7 Das Menschenbild der Humanistischen Psychologie und seine Auswirkungen auf unsere Beziehungen

> »Das Bild vom Menschen, das wir für wahr halten, wird selber ein Faktor unseres Lebens. Er entscheidet über die Weisen unseres Umgangs mit uns selbst und mit dem Mitmenschen, über Lebensbestimmung und Wahl der Aufgaben.«
>
> *(Jaspers 2012)*

Ein Menschenbild beinhaltet unsere expliziten und impliziten Annahmen über die Natur des Menschen. Es beeinflusst fundamental, auf welche Art und Weise wir in Beziehung zu uns selbst – unserem Erleben und auch psychischem Leid –, zu unseren Mitmenschen und der Welt treten. Menschen und Gruppen werden von bestimmten Menschenbildern geleitet. Auf dieser Grundlage können wir unser Erleben in dieser Welt sinnvoll einordnen und Handlungen aus einer Unzahl an Optionen auswählen. Ein Menschenbild ist nicht wahr oder unwahr. Es ist zunächst ein Narrativ, in das wir unser Erleben einweben, ihm Bedeutung und Sinn geben. Wir machen das unweigerlich. Häufig sind uns die Grundannahmen, aufgrund derer wir handeln und in Beziehung treten, nicht bewusst. Mit der Folge, dass wir unseren Blick auf die Welt für selbstverständlich halten, uns selbst nicht mehr hinterfragen und andere Perspektiven abwerten müssen.

Die Humanistische Psychologie bietet genauso wie die kognitive Verhaltenstherapie oder die psychodynamischen Ansätze einen bestimmten Blickwinkel auf den Menschen. Ihnen liegt ein bestimmtes Menschenbild zugrunde. Häufig bleibt dies implizit und damit unausgesprochen, was suggeriert, dass eine rein objektive Untersuchung der menschlichen Psyche und Beziehungen möglich sei. Jedoch ist keine Wissenschaft wertfrei. Fragestellungen entstehen aus einem bestimmten Weltbild heraus. Das gilt insbesondere für die Geistes- und Sozialwissenschaften. Dazu Maslow: »Wissenschaft beruht auf menschlichen Werten und ist selbst ein Wertesystem« (Maslow 2010, S. 32). Wir kommen nicht um die Tatsache herum, dass die Auswahl wissenschaftlicher Fragestellungen, und zum Teil auch Schlussfolgerungen, auf bestimmten Perspektiven beruhen. Die Humanistische Psychologie legt großen Wert darauf, sich mit den Grundlagen der Erkenntnisgewinnung auseinanderzusetzen. Sie ist wissenschaftsreflektiert. Aus diesem Grund legt sie ihr Narrativ und ihre Grundannahmen offen:

> »Die einzige Art und Weise jedoch, die wir kennen, um die Verfälschung unserer Wahrnehmung der Natur, der Gesellschaft oder unserer selbst durch menschliche Werte zu vermeiden ist, sich dieser Werte ständig und immer bewußt zu sein, ihren Einfluß auf die Wahrnehmung zu verstehen und mit Hilfe solchen Verstehens die notwendigen Korrekturen vorzunehmen.«
> *(ebd., S. 33)*

Mehr noch: »Ihr liegt nicht nur, wie jeder Richtung, ein bestimmtes Menschenbild zugrunde, sondern sie macht dieses Menschenbild gleichzeitig zum Gegenstand der Betrachtung« (Hartmann-Kottek & Kriz 2005, S. 113). Weil es sich in erster Linie um ein Narrativ handelt, bleibt für den Einzelnen eine Wahlfreiheit, ob er sich von dieser Perspektive leiten lassen möchte oder nicht. Die Frage, warum wir uns als Psychotherapeuten mit Menschenbildern auseinandersetzen sollten, beantwortet Petzold so:

> »Das Thema der Menschenbilder ist für jede Richtung der Psychotherapie und für alle, die in helfender, fördernder, beratender, pflegender Arbeit mit Menschen stehen, von zentraler Bedeutung, wirken doch die expliziten und impliziten Vorstellungen über den Menschen handlungsleitend bis hin in die konkreten behandlungs- und beratungsmethodischen Interventionen und kommen in der Beziehungsgestaltung zum Tragen. […] Das Thema der Menschenbilder ist deshalb für die Psychotherapie und angrenzende Orientierungen wie Körper- bzw. Leibtherapie, Soziotherapie, Beratung, Supervision usw. unverzichtbar, und jeder, der sich mit ihm zu befassen beginnt, kommt zu seinen ›persönlichen Wegen‹ des Nachdenkens, zur Geschichte seines Denkens über den Menschen.«
> *(Petzold 2015, S. 15)*

Die folgenden Begriffe werden häufig als Worthülsen behandelt. Entsprechend erfassen wir ihre ganze Bedeutung nicht. Ich möchte dich als Leser*in einladen, bei diesen Begriffen zu verweilen, sie zu dir sprechen zu lassen und wirklich auf dich wirken zu lassen: Welche Bedeutung haben diese Konzepte in deinem Leben, in deiner Lebensführung und Weltbeziehung? Welche Bedeutung haben sie darüber hinaus in deinen Beziehungen zu Klienten und Klientinnen? Ich habe das zentrale humanistische Narrativ in fünf Kategorien zusammengefasst:

1. **Der Mensch ist** (bedingt) frei, autonom und verantwortlich für sein Handeln.
2. **Der Mensch hat** einen ihm eigenen Wesenskern, ein ihm ureigenes Potenzial, eine Eigenart, die den Drang hat, sich von innen heraus nach außen hin zu entfalten.
3. **Der Mensch kann** zielorientiert, aktiv, intentional und werteorientiert handeln. Er ist nicht allein durch seine Vergangenheit, seine inneren Konflikte oder seine Biologie determiniert und darf nicht darauf reduziert werden.
4. **Der Mensch wird** bewegt durch eine natürliche Wachstumskraft, die die Fähigkeit zur Selbstorganisation und Selbstaktualisierung beinhaltet. Sie stellt Energie und Richtung für die Entfaltung der Eigenart und des eigenen Potenzials bereit.

5. **Der Mensch braucht** zu seiner Entfaltung unbedingte Wertschätzung seinem Sosein gegenüber, Beachtung, authentische und empathische soziale Verbindungen, die emotional bedeutsamen Kontakt und die ausreichende Befriedigung seiner Grundbedürfnisse ermöglichen.

Selbstverwirklichung ist kein Ziel, sondern ein Prozess, der den Menschen antreibt und bewegt. Diese Entwicklungskraft kommt nicht von außen, sondern aus unserem Inneren. Das ist ein großer Unterschied zur behavioristischen Perspektive:

> »Denn wenn wir annehmen, daß der gesunde Organismus [...] in den Grundbedürfnissen befriedigt und deshalb für die Selbstverwirklichung freigegeben ist, dann haben wir damit auch angenommen, daß dieser Organismus sich von innen aus durch inhärente Wachstumstendenzen entwickelt [...] und nicht von außerhalb [...] durch Umwelt-Determinismus.«
> *(Maslow 2010, S. 97)*

Als Bedürfnis schwingt Selbstverwirklichung immer mit, wird aber umso dringlicher, je stärker grundlegende biologische, sicherheits- und soziale Bedürfnisse erfüllt sind (vgl. Maslow 2010). Eine weitere Bedingung für den Prozess der Selbstverwirklichung ist Selbstkontakt, beruhend auf Selbstgefühl, und emotional bedeutsamer Kontakt zu anderen Menschen. Als Grundlage für befriedigenden menschlichen Kontakt brauche ich Beachtung, um zu lernen, selbst beachtenswert zu sein. Als Therapeut*in lasse ich diese Beachtung meinem Gegenüber ungeteilt zukommen. »Wenn nämlich die Person erfahren lernt, dass sie so, wie sie ist, willkommen, aufgenommen, angenommen, ernst genommen, wertgeschätzt und geachtet ist, dann kann sie auch lernen, sich selbst anzunehmen, ernst zu nehmen, wertzuschätzen und zu achten. Das ist aber in der Regel die Voraussetzung, dass sie den Ruf der Inneren Stimme wahrnehmen kann, die ihr sagt, worum es in ihrem Leben eigentlich geht« (Büntig 2013, S. 51). Wenn der Prozess der Potenzialentfaltung oder des inneren Wachstums ins Stocken gerät, kann eine Person psychisch erkranken. Zum einen blockiert – abstrakt gesprochen – psychische Energie (Jung 2007, S. 70), zum anderen unterdrückt eine Person mit Geistes-Kraft den Ausdruck ihrer Eigenart, was sie schwächt und ihre Lebendigkeit reduziert. Mit Lebendigkeit im Leben ist hier keine einseitig positive Vitalität gemeint, sondern ein aktives Einlassen auf unsere Erfahrungswelt, auf das Leben und seine Aufgaben. *Wenn wir den Kontakt zu unserem eigenen körperlichen, emotionalen und seelischen Innenleben verlieren, entfremden wir uns von uns selbst – wir verlieren uns. Unser Innenleben verarmt und wir halten uns an Vorstellungen darüber fest, wie wir sein sollten, anstatt zu fühlen, was wirklich da ist.* Können wir das, was ist, berühren? Können wir einen lebendigen Bezug zur Gegenwart finden? Aktiv sein muss nicht bedeuten, im Außen zu handeln. Wir sind aktiv, wenn wir präsent sind, ungeachtet davon, ob wir gestalten oder bewusst loslassen.

Carl Rogers übernimmt den Begriff Aktualisierungstendenz aus der Gestaltpsychologie Kurt Goldsteins und wendet ihn in seiner Entwicklungstheorie an. Demnach haben wir eine dem Organismus innewohnende Fähigkeit zur Selbstorganisation und -regulation. Diese Aktualisierungstendenz moderiert zwischen unserem Selbstbild und Selbsterleben. Unsere Vorstellungen über uns und die Welt haben die Tendenz, sich unseren ständig ändernden Empfindungen und Wahrnehmungen anzupassen. Der Mensch als System und Organismus bildet unter bestimmten unspezifischen Bedingungen ordnende Muster und Strukturen aus, die uns beim Wachstum und einer verbesserten Anpassung an unsere Umwelt helfen. Diese unspezifischen Umgebungsfaktoren werden in der Humanistischen Psychologie als bestimmte Qualitäten einer Beziehung ausformuliert.

Galuska bringt den ganzheitlichen Blick der humanistischen Perspektive auf den Punkt, wenn er die Psychotherapie in eine Krankheits- und eine Gesundheitszone einteilt (Galuska 1998, S. 56). Die Krankheitszone umfasst Symptome, Beschwerden, Defizite, Strukturschwächen, Traumata, Beziehungsstörungen, Diagnosen etc., wohingegen die Gesundheitszone die Bedingungen für Gesundheit, die vorhandenen Ressourcen, Sexualität als Quelle für Lebendigkeit und die Potenziale des Menschen beinhaltet. Diese beinhalten auch spirituelle Erfahrungen. In unserem klassischen Blick auf Psychotherapie fokussieren wir die Krankheitszone. Das entspricht ganz der Logik der Krankenkassen, die für Leistungen zur Behandlung von »krankheitswertigen Störungen« aufkommen. In dieser Logik gehören der Bereich der Gesundheit und des persönlichen Wachstums zur Lebenshilfe und nicht in den Bereich der von den Kassen finanzierten Therapie. In der humanistischen Perspektive gehören diese Aspekte jedoch zusammen. Demnach können wir psychisch erkranken, wenn unsere Wachstumskräfte und unser lebendiger Ausdruck für Liebe oder Kreativität blockiert sind. Ken Wilber drückt das bildhaft so aus: Wenn wir keinen Demian[4] haben, der uns an ein Ziel oder eine innere Aufgabe führt, das uns anzieht und zu uns spricht, dann werden wir von unseren Dämonen getrieben. Wir brauchen Ziele und eine Bestimmung, um uns auszurichten. Diese dürfen sich auch wandeln. Häufig ist es nicht nur schwer, den Raum für schwierige Gefühle wie Trauer, Ohnmacht, Verzweiflung und Ängste in uns zu halten und zu vergrößern. Häufig ist es viel schwerer, sich Raum für Lust, Liebe, bewusste Zuneigung und die eigene Kreativität zu schaffen und offen zu halten. Wie können wir hierfür einen Ausdruck finden? Wie können wir diese urmenschlichen Kräfte in Bewegung bringen? Wenn das nicht fließen darf, behindert das unseren Ausdruck und unsere Vitalität. Das wirkt sich negativ auf unsere psychische Gesundheit aus. Verhinderter Ausdruck führt zu innerem Druck, Spannung und Stress. »Viel Eindruck ohne Ausdruck führt zu Druck« (Büntig 2015). In der Traumatherapie werden diese beiden Pole ständig miteinander verbunden. Die positiven inneren Kräfte, Fähig-

4 In Hermann Hesses gleichnamigem Roman (1919/1974) ermutigte Max Demian den Protagonisten Sinclair, seine ihm eigene unkonventionelle Bestimmung zu finden.

keiten und Ressourcen werden hinzugezogen, wenn es wirklich schwierig wird. Sie gleichen die traumatischen, überforderten und stressigen Erfahrungen aus, in denen zwischen Ressourcen und der Besprechung von traumatischen Erfahrungen hin und her gependelt wird. So wird ein neues Gleichgewicht gefunden. Das Nervensystem kann sich neu sortieren. In dieser Logik ist es unmöglich und auch nicht zielführend, kranke und gesunde Anteile voneinander getrennt zu betrachten. Dazu bezieht sich Fiedler (Fiedler 2004, S. 4) auf Grawe (Grawe et al. 1994): »Eines ist sicher: Zumindest die Psychotherapie-Forschung spricht bereits seit vielen Jahren eine ressourcenaktivierende Sprache: Therapeuten, die von den bereits vorhandenen Möglichkeiten und Kompetenzen ihrer Patienten ausgehen und die es zudem verstehen, vorhandene Fähigkeiten gezielt anzureichern und zu erweitern, sind eindeutig erfolgreicher.« Dieser ressourcenorientierte Blick auf den Menschen stammt aus der Humanistischen Psychologie. Wie so oft wird dieser Blick von anderen Therapierichtungen aufgenommen, während die Humanistische Psychologie dafür kritisiert wird, sich zu wenig mit den Defiziten des Menschen auseinanderzusetzen. Mittlerweile erkennen auch die Krankenkassen, dass die reine Trennung in Gesundheits- und Krankheitszone nicht sinnvoll ist, indem immer mehr gesundheitsfördernde Maßnahmen finanziert werden. In der Psychotherapie gilt jedoch weiterhin das Credo: *ressourcenorientiert arbeiten und defizitorientiert dokumentieren*, was einem veralteten Bild von Krankheit und Gesundheit Rechnung trägt. Die Humanistische Therapie geht über Freuds übergeordnetes Therapieziel hinaus, aus neurotischem Leiden normales Leiden zu machen. Ihr Anliegen ist es, dabei zu unterstützen, die Hindernisse zu erkennen und, wenn möglich, zu beseitigen, die der Lebendigkeit und Selbstentfaltung im Wege stehen.

## Die Sache mit dem Gutsein …

Ich erspare dir als Leser*in, hier die Frage zu erörtern, ob der Mensch im Kern gut oder schlecht ist. Wenn wir die aktuellen Geschehnisse der Welt anschauen, sehen wir, dass der Mensch sowohl zu wundervollen als auch zu grauenhaften Taten befähigt ist. Ich bin überzeugt davon, dass Menschen neben ihrer Fähigkeit zu Nächstenliebe und einem grundlegenden Gemeinschaftssinn alle auch eine dunkle Gefühls- und Innenwelt haben. Dazu gehören mörderische Fantasien, Eifersucht, Missgunst, sexuelle Fantasien und Aggression. Wir sollten in den Therapien nicht der Versuchung erliegen, als ideale »gute Menschen« unsere Klient*innen zu »guten Menschen« zu machen. Licht und Schatten sind in jedem Menschen vereint. Oder wie Aleksandr Solzhenitsyn (zitiert in Kornfield 2000, S. 31) sagt: »[…] the line dividing good and evil cuts through the heart of every human being, and who among us is willing to destroy a piece of their own heart?« Frei nach Carl Jung geht es nicht darum, gut zu sein, sondern ganz zu sein. Wie viel Fürchterliches in der Welt ist im Namen des Guten geschehen? Das Schlimmste geschieht, wenn ich mich auf der Seite der Guten sehe und keinen Zweifel mehr kenne.

Wenn wir als Therapeut*innen mit unseren Schattenseiten in Kontakt sein können, verhelfen wir auch unseren Klient*innen dazu, ihre Schattenseiten bewusst wahrnehmen und annehmen zu können. Hier geht es noch nicht um Moral, sondern um eine Tatsache der menschlichen Bewusstseins- und Gefühlsinnenwelt. Im Volksmund heißt es: Böse Menschen tun das, wovon gute Menschen nur träumen. Wenn wir uns unserer eigenen Schattenseiten, sprich, unserer Ganzheit bewusst sind, müssen wir das Böse nicht ausagieren oder projizieren. Das entlastet von Handlungsdruck. Auch psychisch erkrankte Menschen agieren ihre unaushaltbaren Gefühle aus, damit sie weniger leiden und weil sie diese (noch) nicht in ihrem Bewusstsein halten können oder dürfen. Wir können dabei unterstützen, dass sich unsere Klient*innen mit ihrem ganzen Erleben annehmen und damit lernen, Wut, Aggression und Hass in sich zu halten, anstatt es ein- oder ausagieren zu müssen. Ist der Mensch deshalb im Kern gut oder böse? Ich glaube, diese Frage ist nicht sehr zielführend. Eine Hypothese möchte ich hier jedoch in den Raum stellen: Ich glaube fest daran, dass ein Mensch, der sich tief gesehen und wahrgenommen fühlt, der mit seinem innersten Wesenskern in Kontakt gekommen ist und einem anderen Menschen wirklich begegnet, keine Gewalt anstrebt. Bei grundlegender seelischer Verletzung, Traumatisierung, fehlender Beachtung und sich wiederholender Zurückweisung durch andere halte ich diese Gefahr für wesentlich höher. Ob wir das Gute oder das Schlechte in uns in Handlung umsetzen, hat also viel mit der Art von Beziehung und Gemeinschaft zu tun, die wir erleben oder nicht erleben können. In der Therapie vergrößern wir indem wir moralisch das Gute predigen das Leid nur. Das erzeugt Druck und damit einen inneren Widerstand. *Wahrheit heilt: Alles, was da ist, muss auch da sein dürfen* (Büntig 2015). Dann wird der Handlungsdruck weniger und wir können unsere Handlung in der Welt mehr nach einem stimmigen Selbstgefühl, gepaart mit unserer Verantwortung für andere, ausrichten.

Wenn wir unsere tiefe Verbundenheit mit anderen Menschen erkennen, handeln wir weniger verletzend – weil wir verstehen, dass wir uns damit letztlich selbst schaden. Wir haben die Möglichkeit, mit dem Bösen und Dunklen in Kontakt zu sein und dennoch gemäß unseren Werten und unserer Vernunft zu handeln. Dafür brauchen wir einen weiten inneren Raum und Affektkontrolle als wichtige Ich-Funktion. Dieser Raum kann in der Therapie geschaffen werden.

Dennoch stellt sich die Frage, welche Seite wir in der Therapie nähren. Wenn ich zum Beispiel mit Träumen arbeite, schlage ich innerlich Deutungslinien ein, die meine Klient*innen stärken und nicht schwächen. Auch Wolf Büntig (Büntig 2015) fragte stets bei Glaubenssätzen, Gefühlen oder Meinungen, die Menschen über sich haben: »Stärkt es dich oder schwächt es dich?« Ähnlich fragen Heller und Kammer (Heller & Kammer 2023, S. 264): »Bewirkt diese Emotion mehr In-Kontakt-Sein oder weniger?« Wenn ein Mensch sich gesehen, verstanden und beachtet fühlt, fühlt er sich selbst beachtenswert und achtet auch andere mehr. Er oder sie wird regelrecht schöner und weicher, das können wir in den Therapien sehen. Meine Haltung entspricht da ganz dem bekannten Satz von Nelson Mandela: »It never hurts to see the good in someone. They often act better, because of it.«

## Auswirkungen des humanistischen Menschenbildes auf ...

### ... die Rolle des Therapeuten

Wir Menschen sind nicht nur Teilnehmende in einem Leben, das ständig im Wandel begriffen ist. Wir selbst sind ein lebendiger Prozess. Wir werden durch selbstorganisierende Kräfte angetrieben, die auf Wachstum – oder in Gefahrensituationen auf Erhalt – ausgerichtet sind. Aus diesem Grund müssen wir Therapeut*innen keine Wachstumsziele oder Ressourcen erfinden. *Unsere Aufgabe ist es, einen authentischen, warmen und zugewandten Kontakt herzustellen, auf vorhandene Ressourcen hinzuweisen und gemeinsam die Hindernisse zu erkennen, die das Wachstum blockieren. »Der Therapeut kümmert sich nicht um die Bedürfnisbefriedigung des Klienten, sondern um die Bewusstmachung der Barrieren, die die Befriedigung jener Bedürfnisse verhindern« (Büntig 2015).* Wir spiegeln, wann sich jemand vom Kontakt abschneidet, ohne ihn zu mehr Kontakt zu drängen. Das geschieht mit wachsender Bewusstheit für das Kontaktgeschehen automatisch. *Der therapeutische Kontakt dient als »Facilitator« für den inneren Kontakt der Klient*innen. Wenn Selbstkontakt besteht, sind wir an unsere Lebenskraft angebunden.* Dann können wir gemeinsam lauschen, welche Fragen und Antworten aus dem Inneren entstehen. Aus diesem Grund müssen wir aufmerksam für Unterbrechungen des Kontaktflusses sein. In Verbindung mit uns, die auf Selbstgefühl basiert, können wir eine lebendige Beziehung zur Gegenwart eingehen.

*Als Therapeut*innen müssen wir nichts wissen.* Wir müssen uns mit unserer ganzen Präsenz für den Prozess öffnen. Dazu müssen wir bereit dazu sein, dem, was auftauchen möchte, zu begegnen. *Wenn echter Kontakt besteht, können die Wachstumskräfte wieder ins Fließen kommen.* Das, was offen im Herzen ist, wird offenbar. Es drängt sich geradezu auf: Was ist nicht betrauert und losgelassen? Welcher Schmerz ist nicht verheilt? Welche Kränkung ist nicht verdaut? Welche Enttäuschung darf nicht gespürt werden? Welche Hoffnung wurde noch nicht aufgegeben? Welche Tränen wurden noch nicht geweint? Welche Wut wurde weggedrückt? Welche Bedürfnisse sind verdrängt? Wir können uns gemeinsam dafür interessieren, was die Lebenskräfte blockiert. In Bezug auf das Verständnis von selbstorganisierenden Systemen steht die humanistische Perspektive den heutigen Systemwissenschaften sehr nahe. Das Pendant auf neurobiologischer Ebene ist die viel beschriebene Neuroplastizität unseres Gehirns. Auch die Systemische Therapie basiert auf den Grundlagen der Systemtheorie. Die humanistische Perspektive unterscheidet sich jedoch grundlegend von den Systemischen Therapien. Diese haben zwar einen ähnlichen Blick auf selbstorganisierende Prozesse. Das therapeutische Tun hat einen anderen Stellenwert, indem die Bedeutung des Therapeuten als Störer eines dysfunktionalen Systems, als Impulsgeber und Vorbereiter für einen Lösungsfokus betont wird.

Im Gegensatz dazu heben die humanistischen Verfahren die Bedeutung der Beziehung, des Lassens und des Vertrauens in den Prozess hervor. *Die Beziehung ist die Umgebungsvariable, die die selbstorganisierenden Wachstumskräfte antreibt.* Die humanistische Therapeutin zeichnet sich weniger durch das aus, was sie macht, als vielmehr durch das, was sie nicht macht. »Der Psychotherapeut ist nicht dazu da, Menschen zu verändern oder zu verbessern. Er ist dazu da, Menschen zu helfen, sich selbst zu achten und ihren eigenen Weg zu finden und zu gehen« (Büntig 2015). Das therapeutische Experiment, welches insbesondere in der Gestalttherapie und dem Psychodrama eingesetzt wird, dient weniger der Irritation eines rigiden Systems, als dem Prägnant- und Sichtbarmachen von etwas, was bereits da ist. Dadurch werden sowohl bereits vorhandene Ressourcen als auch Blockaden erkannt, die die Handlungsfähigkeit einschränken. Dahinter steht die Idee, dass wir nur Zugriff auf das bekommen können, was wir auch bewusst wahrnehmen, sprich: womit wir in Kontakt sein können.

Die Vorstellung von Psychotherapie als einem ausschließlich problemlösenden Verfahren ist bei vielen Themen nicht nur irreführend, sondern auch hinderlich. Die meisten Lebensthemen lassen sich nicht wie ein mathematisches Problem lösen: Traumatische Erfahrungen verschwinden nicht durch eine Traumatherapie, sie bleiben ein Teil der Lebensgeschichte. Genauso wenig lassen sich Trennungen und Verluste »lösen«. Ängste, Schmerz, Trauer, Verletzungen und Konflikte sind und bleiben Teil der existenziellen menschlichen Erfahrung.

In der Therapie geht es vielmehr darum, eine neue Beziehung zu diesen Erfahrungen herzustellen, anstatt sie aufzulösen. Wenn wir uns als reine Problemlöser präsentieren, schaffen wir ein Versprechen, das wir nicht einhalten können und das der grundlegenden menschlichen Erfahrung nicht gerecht wird.

Wir können als Therapeuten das Vertrauen darin entwickeln, dass die wichtigen Themen in den Vordergrund treten, wenn ein guter Kontakt besteht. Das ist gar nicht anders möglich. Sie drängen sich auf, wenn die Beziehung echt und sicher ist. Mit anderen Worten: Wir müssen nicht so viel Angst davor haben, dass nichts passiert, wenn wir nicht aktiv nach Zielen oder Lösungen suchen. *Heilung geschieht, wenn wir (los)lassen, nicht beim Machen.* Das nennt man Vertrauen in die Beziehung. Unsere Aufgabe ist es, immerfort im Blick zu haben, was die Qualität der Beziehung verbessert (vgl. Rogers 2012). Das höher aufgelöste Pendant zur Beziehung ist der Kontakt im Hier und Jetzt. Manche Menschen wurden seelisch früh und tief verletzt. Ihre Erfahrungen von Beziehungslosigkeit, Gewalt, Missachtung und Schmerz machen es schwierig, sich auf neue Beziehungen wirklich einlassen zu können. Ihr Kontaktverhalten ist eigen, ihre Botschaften kryptisch oder widersprüchlich. Mit diesen Menschen einen ausreichend guten Kontakt und eine Beziehung auf Augenhöhe zu erreichen, erfordert Erfahrung, Vertrauen, Beharrlichkeit und Geduld. Das sind menschliche Tugenden, die sich nicht durch eine gute Performance oder technisch geschickte Interventionen ersetzen lassen.

## ... die Rolle des Klienten

Die Aufgabe unserer Klient*innen in der Psychotherapie besteht nun darin, mit dem in Kontakt zu gehen, was sie gegenwärtig erleben und fühlen, bzw. mitzubekommen, wann sie sich vom Kontakt abschneiden. *Ihre primäre Aufgabe ist die Selbsterforschung und wir bieten eine Beziehung an, die diese fördert.* Natürlicherweise orientieren sie sich anfänglich stärker an uns. In ihrer Suche nach Orientierung versuchen sie herauszufinden, was von ihnen erwartet wird.

Der offene Raum kann überfordern. Therapie kann nur dann gelingen, wenn unsere Klient*innen im Laufe des Prozesses lernen, bei sich zu bleiben, und wir als Therapeut*innen bei uns bleiben. Für unsere Klient*innen kann es zunächst eine frustrierende Erfahrung sein, bei sich zu landen, nachdem sie in ihrer Not von außen auf Rettung oder Lösung ihrer Probleme gehofft haben. Im therapeutischen Raum werden sie eingeladen, ihre innersten Gefühle und Gedanken wahrzunehmen und mitzuteilen. Ihre Aufgabe ist es, ganz zu fühlen, ganz zu empfinden und sich dem Prozess des inneren Wandels anzuvertrauen. Dazu gehört auch, ihre Gedanken und Gefühle, die unsere Beziehung betreffen, zum Ausdruck bringen zu dürfen. Das muss am Anfang des gemeinsamen Prozesses noch nicht betont werden. Die Möglichkeit, die Beziehung zu hinterfragen, kann überfordern und verunsichernd sein, wenn die Beziehung noch nicht entsprechend gewachsen ist. Im Laufe des Prozesses würde ich jedoch unbedingt dazu einladen. Als Therapeut*innen müssen wir lernen, wie wir diese Beobachtungen und Mitteilungen für den Prozess nutzen können und sie nicht etwa rein persönlich nehmen. Unsere Klient*innen möchten die Therapie am Anfang richtig machen. Sie möchten uns gefallen. Unsere Aufgabe ist es, ihnen zu vermitteln, dass es um Stimmigkeit und Wahrhaftigkeit geht und dass wir wirklich an ihnen interessiert sind. Therapie ist der Raum, in dem sie über sich nachdenken können und fühlen dürfen. Es geht darum, was sie wirklich wollen und tief innerlich wissen. *Letztendlich ist Therapie immer Hilfe zur Selbsthilfe und soll unsere Klient*innen bei ihrer Selbstständigkeit und Selbstwirksamkeit unterstützen.* Das Dogma lautet: Alles, was ist, muss auch sein dürfen. Wir müssen unsere Klienten so auf sich zurückführen, dass sie mit ihrer Suchhaltung nicht bei uns oder im Außen sind, sondern bei sich (vgl. Dörner et al. 2007).

## ... die Beziehung

Die therapeutische Beziehung lässt sich auf zahlreichen Ebenen beschreiben: die Übertragungsbeziehung, die Arbeitsbeziehung, die Realbeziehung, die korrigierende Beziehung oder nachbeelternde Beziehung. Die Beziehung ist nicht nur als Arbeitsbeziehung eine wichtige Grundlage für lösungsorientiertes Arbeiten. In der Beziehung selbst zeigen sich die wichtigen zwischenmenschlichen Themen. Unsere Aufgabe ist es, die Nuancen der Beziehung wahrzunehmen: Wann sind wir in echtem Kontakt, wann fließt etwas, an welcher Stelle unterbricht der Kontakt, wie entzieht sich jemand?

Wir müssen lernen, wann und wie wir unsere Beobachtungen verbalisieren können; und zwar so, dass es annehmbar für unsere Klient*innen ist und sie bei der Selbsterforschung voranbringt! Ich spiegele meinem Klienten, wann er mit sich in Kontakt ist und wann er sich vom Kontakt abschneidet. Durch das geschärfte Gewahrsein des Kontaktgeschehens bekommt er Zugriff darauf, dieses selbst besser zu steuern. *In der Beziehung bin ich sowohl als Therapeut als auch als Mensch involviert.* Ich beeinflusse das Geschehen und verändere mich auch selbst stetig dadurch. Ich muss lernen, meine Gefühle so zum Ausdruck zu bringen, dass sie mein Gegenüber erreichen können und den therapeutischen Prozess fördern. Auch die therapeutische Beziehung ist zunächst eine zwischen zwei fehlbaren und verletzlichen Menschen. Als Therapeut darf ich nicht zu lange mit der mir zugeschriebenen Rolle des »Zauberers« oder Heilers »flirten« (Yalom 2010, S. 116). Die verändernde Kraft der Beziehung ist begrenzt, wenn ich mich als Helfer, Experte oder Heiler begreife. Ich kann und muss meinem Gegenüber als Menschen begegnen, wenn diese Beziehung wirklich heilsam sein soll.

## … Krankheit und Symptome

Psychisches und körperliches Leid wird als unvermeidbare Tatsache unseres menschlichen Lebens gesehen. Psychische Symptome sind keine überflüssigen Geschwüre, die wir unabhängig vom Gesamtorganismus – und ihrer möglichen Botschaft – betrachten und dann rausschneiden können. Sie sind Teil des jeweiligen Menschen und sprechen eine Sprache, deren Sinn wir gemeinsam erfassen können. Sie sind häufig ein missglückter oder ins Stocken geratener Lösungsversuch. Depressionen zum Beispiel zeigen nicht nur eine Sackgasse im Leben an, sie verweisen auch auf das ungelebte Leben – auf das, was in einem ist, aber bisher keinen Ausdruck gefunden hat. Auch wenn sie als passiv niederdrückend (lateinisch: de-pressere = runterdrücken) erlebt werden, sind sie ein aktiver Prozess: Mit psychischer Kraft drücken wir den Ausdruck unserer Eigenart weg. Dazu Büntig: »Depression ist die Tätigkeit der Selbstunterdrückung« (Büntig 2013, S. 20). Psychisches Leid ist universeller und unvermeidlicher Bestandteil unserer Existenz. Es wird verstärkt über Erfahrungen von Entfremdung und Kontaktlosigkeit. Dazu Eberwein: »Wir können verfestigtes psychisches Leid nach Petzold (Petzold 2004) verstehen als einen Zustand multipler Entfremdung, also als Ergebnis von biografisch entstandenen Brüchen in der Persönlichkeit, die zur Abspaltung von Anteilen des Selbst geführt haben« (Eberwein 2014, S. 31). Diese Brüche entstehen im frühen Bindungs- und Kontaktgeschehen mit unseren zentralen Bindungspersonen und durch Frustrierung zentraler Bedürfnisse.

Eine gesunde Gesellschaft sollte die Voraussetzungen dafür schaffen, dass die sozialen und biologischen Grundbedürfnisse ihrer Mitglieder befriedigt werden. Das ist häufig nicht der Fall. Hier reicht es nicht, eine rein individualistische Perspektive auf menschliches Leid einzunehmen. Aus diesem Grund ist eine gesellschaftskritische Perspektive ein wichtiges Anliegen für die Humanistische Psychologie. Psychische

Krisen können aber auch als Chance für einen Wandel verstanden werden: *»An Wendepunkten nehmen wir Abschied von der Person, die wir waren, und begrüßen die, die wir werden«* (Büntig 2013, S. 21).

> »Wann immer an Wendepunkten (in Entwicklungskrisen) gewohnte Ordnung erschüttert wird, wird gebundene Lebenskraft frei und ordnet sich neu zu verwandelnder Form. Wo immer hingegen wir diese Chance nicht wahrnehmen, vor dem Unbekannten zurückschrecken, uns vor der Verantwortung für das Neue drücken, zögern, den nächsten Schritt zu tun, und die Wandlung nicht vollziehen, da unterdrücken (deprimieren) wir die Person, die wir werden, zu Gunsten der Person, die wir waren. Die Überangepasstheit an die Normen des verwalteten Lebens in der Industriegesellschaft, in der wir dazu neigen, die Entwicklung wesensgemäßer Art zu unterdrücken, nenne ich ›normale Depression‹.«
> *(ebd., S. 19)*

## … das Tun und Lassen im therapeutischen Prozess

Später werde ich weiter herausarbeiten, warum der Kontakt im therapeutischen Prozess so zentral ist: Wenn kein Kontakt besteht, kann Therapie nicht wirksam sein: Dann fehlt die Verbindung zu den eigenen Wachstumskräften und damit der Kompass für die eigene Richtung. Der Kontakt kann fließen, wenn ich als Therapeut mit mir und gleichzeitig mit meiner Klientin in Verbindung bin und umgekehrt. Wenn diese Voraussetzung erfüllt ist, können wir als präsente Zeugen dabei zuschauen, wie sich das psychische System unserer Klient*innen neu und zum Guten sortiert. Wir müssen dann lernen, weniger zu machen und mehr zu lassen. Ansonsten stören wir den Prozess unserer Klient*innen. Ganz nach dem Motto: Don't push the river. It flows by itself. Heilung geschieht, wenn wir (los)lassen, nicht beim Machen. Das humanistische Narrativ beruht auf der Erfahrung, dass unsere Lebens- und Wachstumskräfte ständig in Bewegung und im Fluss sind. Dieser Fluss kann nicht versiegen – aber er kann durch Hindernisse gestaut werden. Wenn der Fluss nicht weiter fließen kann, verlieren wir an Lebendigkeit und Selbstgefühl. Irgendwann staut sich zu viel Energie, der Damm bricht und wir werden fortgerissen. Wenn wir nicht mit dem Wandel des Lebens mitgehen können, hat dies negative Auswirkungen auf die Psyche. Wir haben die Aufgabe, den Prozess der Selbsterforschung zu begleiten und die innere Entfaltung zu bezeugen. Hindernisse, die dabei auftreten, wie Abschneiden von Kontakt in Form von Abwehr, Projektionen, Spaltungen, Verleugnungen, Externalisierungen, Übererregung etc. müssen wir wahrnehmen und an geeigneter Stelle im Prozess benennen. Dann können wir ihre Funktionen verstehen und damit arbeiten. Wir müssen jedoch nicht beim Wachstum helfen. Die Humanistische Psychologie betont den Wandel, der sich innerlich und äußerlich ereignet, wenn es Zeit ist. Wir müssen als präsente Begleiter den Raum für das offen halten, was sich zeigen möchte. Weniger wichtig ist in der humanistischen Perspektive das Anleiten zu konkreten Veränderungen durch gewiefte Interventionen. Menschen verändern sich im Rahmen einer bestimmten Beziehung. Die paradoxe Theorie der Veränderung besagt, dass wir uns dann verändern, wenn wir Gefühle und Erfahrungen akzeptieren, gegen die wir zuvor angekämpft haben (Beisser 1998). Damit ist kein resignatives Hinnehmen gemeint, sondern ein aktives Wahrnehmen und Raumgeben. Ich werde später aufzeigen, warum die Kernaufgabe, auf den Kontakt zu achten, eine lebenslange Aufgabe ist und ein äußerst komplexer und vielschichtiger Prozess. Das merkst du vielleicht, wenn du versuchst, mit dir selbst in Kontakt zu sein: Wie oft fliehst du vor dir selbst, schaltest dein Selbst durch Stimulation, Ablenkung, Beruhigung etc. aus, um eben nicht zu fühlen? Das ist eine urmenschliche Möglichkeit. Wir werden schneller, wenn es innerlich schwieriger wird. Als Therapeut*innen können wir nicht helfen, wenn wir unreflektiert dieses schnelle Tempo aufnehmen und mitrennen. Wie heißt es so treffend: Was an Richtung fehlt, lässt sich durch Geschwindigkeit nicht wettmachen.

Wir kommen in unserem komplexen Welterleben nicht ohne ein übergeordnetes Narrativ aus. Jedes große Narrativ hat Annahmen, die sich wissenschaftlich nicht überprüfen lassen. Auch das Narrativ eines deterministischen und biologisch-materiellen Menschenbildes, in dem für die Vorstellung eines freien Willens kein Platz ist, eignet sich dazu, unseren Erfahrungen und Beziehungen eine sinnvolle Bedeutung zuzuschreiben. Es ist wissenschaftlich nicht weniger oder mehr wahr. Wissenschaftlich lassen sich Fragen nach dem freien Willen, ob der Mensch im Kern gut oder böse ist oder ob der Mensch eine Würde hat, nicht letztendlich beantworten. Für welches Narrativ würdest du dich entscheiden, wenn du wählen könntest? Welches Narrativ stärkt und erweitert deine Möglichkeiten? Welches schwächt dich? Eines ist sicher: Es hat enorme Auswirkungen, an welche Erzählung wir glauben. Unsere Art, mit der Welt, zu uns und zu unseren Mitmenschen in Beziehung zu treten, ist davon geprägt. Dazu eine kleine Anekdote:

Zwei befreundete Physiker (beide Nobelpreisträger) trafen sich im Haus des einen. Da sah der andere ein Hufeisen über der Tür seines Freundes und fragte verwundert: »Du bist doch Wissenschaftler und weißt, dass Hufeisen kein Glück bringen können. Du glaubst doch nicht an so einen Hokuspokus, oder?« Der andere entgegnete: »Ich weiß, dass Hufeisen an sich kein Glück bringen. Ich weiß aber auch, dass die Menschen, die daran glauben, glücklicher sind!«

Die Erzählungen, an die wir glauben, strukturieren unsere Wahrnehmung und haben einen deutlichen Einfluss darauf, wie wir die Welt sehen. Das lässt sich anhand zweier Wahrnehmungsphänomene beschreiben. Zum einen neigen wir Menschen zum Bestätigungsfehler. Das bedeutet, dass wir im Rahmen einer einmal geschaffenen Vorstellung über die Wirklichkeit aus einer Vielzahl von Eindrücken ständig Beweise für unsere Grundannahmen suchen und finden (vgl. Watzlawick 2022, S. 59 f.): »[...] der Irrtum [schuf] eine Wirklichkeit [...], in deren Rahmen jegliches Verhalten der Betreffenden weiterer Beweis« für eine bestimmte Grundannahme war. Mit diesen kleinen Ausschnitten aus unserem riesigen Erlebnisfluss bestätigen wir permanent unsere

Theorien und verfestigen so unsere Grundannahmen über die Welt. Auf der anderen Seite wirken sie als selbsterfüllende Prophezeiungen: Wenn ich davon überzeugt bin, dass ich durch meine Kindheitserfahrungen wesentlich in meinen Handlungen limitiert bin, werde ich auch weniger Energie in eine mögliche Änderung meiner Strategien oder Erlebens- oder Erfahrungsweisen investieren.

Bei den vorherrschenden Narrativen, also Erzählungen über die Welt, bedienen wir uns einer bestimmten Sprache. Selbst als Vertreter der Neurowissenschaften werden wir kaum sagen: »Meine Amygdala feuert«, wenn wir sagen möchten: »Ich habe Angst« oder »Ich bin unsicher« oder »Das verletzt mich«. Wir werden auch nicht sagen: »Opioide und Dopamine werden ausgeschüttet«, sondern: »Das tut meiner Seele gut« oder: »Ich mag dich«. Wir können mit einer materiellen und biologischen Sprache nicht die Komplexität unseres menschlichen Erlebens und Bewusstseins abbilden. Das gelingt selbst mit einer bild- und symbolhaften Sprache nicht. Unsere Theorien über Gesundheit, Krankheit und Therapie dürfen neurobiologischen Erkenntnissen nicht widersprechen. Wenn wir jedoch da mit unseren Fragen aufhören, wo das neurowissenschaftlich Erklärbare aufhört, dann bleibt unsere Welt ziemlich klein und unbeseelt.

## Das humanistische Menschenbild zusammengefasst in Thesen

1. Der Mensch hat einen Wesenskern, welcher unsere Fähigkeiten als Potenzial beinhaltet. Dieser hat die natürliche Tendenz, sich gemäß seiner Eigenart von innen heraus nach außen zu entfalten.
2. Die Entfaltung vollzieht sich »in Bewegung« (Büntig 2013, S. 36) im Spannungsfeld zwischen Welt- und Selbstbeziehung mit deren stetig wechselnden Anforderungen und ist ein lebenslanger Prozess.
3. Unsere wesensgemäße Eigenart ist weder durch die Vergangenheit noch durch unsere Biologie vollständig determiniert. Sie ist uns als Potenzial gegeben, wird als »Notwendigkeit und Auftrag« (Büntig 2015) erlebt und muss durch »Übung im Alltag« (ebd.) verwirklicht werden. »Selbstentfaltung bedeutet Arbeit« (Büntig 2013, S. 16): Sie braucht unsere aktive, intentionale und selbstverantwortliche Gestaltung.
4. Die Entfaltung der wesensgemäßen Eigenart zeigt sich anhand unserer wachsenden Fähigkeit, eine lebendige Beziehung zur Gegenwart, zu uns selbst und unseren Mitmenschen eingehen zu können. Wir erleben unser Selbstgefühl in Bezug zu unserem Selbstbild zunehmend kohärent. Wir werden gleichzeitig eigen-artiger und pro-sozialer.
5. Bedingungen für die fortwährende Entfaltung des Wesens sind ein ausreichend guter Kontakt nach innen und außen, der durch eine relative Befriedigung der

Grundbedürfnisse, relative Entspannung und emotional bedeutsame Beziehungen ermöglicht wird. Diese Beziehungen sind gekennzeichnet durch unbedingte positive Wertschätzung, Empathie und Kongruenz. Wir brauchen eine gewisse innere Beweglichkeit, um auf eine sich stetig verändernde Umwelt zu reagieren, und gleichzeitig einen guten Selbstkontakt, um uns dabei nicht zu verlieren. Wir müssen Verantwortung für unsere Gefühle und Handlungen übernehmen und stets bereit sein, dem Neuen zu begegnen.
6. Hindernisse für unsere Selbstentfaltung sind alle Arten von Entfremdung: zu uns selbst, unseren Mitmenschen und der Mitwelt. Diese Entfremdung geht mit einem Abschneiden von Kontakt einher. Vorangetrieben wird diese Entfremdung durch die Anpassung an unverarbeitete Traumata, starre Selbstbilder und durch Gesellschaften, die keine Voraussetzung für die Befriedigung der Grundbedürfnisse ihrer Teilnehmer*innen schaffen, sowie durch alle Arten von Stresserleben und Spannungen, mit denen wir unser Erleben, unsere Gefühle und Bedürfnisse wegdrücken.
7. Selbstentfaltung braucht Freiraum. Sobald wir versuchen, die Persönlichkeitsentwicklung technisch zu kontrollieren, zu standardisieren und zu beherrschen, entzieht sich uns das Wesentliche. Wir können die optimalen Umgebungsbedingungen für diese Entwicklung in Form bestimmter Beziehungsqualitäten bereitstellen, die Entwicklung aber nicht steuern.
8. Gerät dieser Entfaltungsprozess ins Stocken, staut sich die bereitgestellte Entwicklungsenergie. Wir entfremden uns von unserem Erleben und verlieren uns selbst. Psychische Symptome sind die Folge. Menschen verlieren den Kontakt zur eigenen Lebensenergie und erleben als Folge Beziehungslosigkeit, Entfremdung und ein resonanzarmes Welt- und Selbsterleben.
9. Krisen und Wendepunkte im Leben bieten die Chance, bisherige Sackgassen zu erkennen und neue Wege einzuschlagen. Wir werden durch sie auf das nicht gelebte Potenzial aufmerksam.

> Keine therapeutische Richtung ist rein objektiv. Therapierichtungen beruhen auf bestimmten Menschenbildern, deren Grundannahmen wir offenlegen können. Ein Menschenbild ist nicht an sich wahr oder unwahr: Es webt die Erfahrungen des Lebens in ein sinnvolles übergeordnetes Narrativ.

Die Humanistische Psychologie geht davon aus, dass der Mensch sein Leben in begrenztem Maße frei und selbstverantwortlich gestalten kann, wobei er zielorientiert handelt. Er ist nicht allein durch seine Biologie oder unbewussten Konflikte vorbestimmt. Er hat ihm innewohnende Wachstumskräfte, die jedoch ins Stocken geraten können, wenn er sich aufgrund verschiedener Entfremdungserfahrungen von seinem Selbstkontakt abschneidet. Um wieder an seine Wachstumskräfte angebunden zu werden, benötigt er eine bestimmte Art von zugewandter, wertschätzender und emphatischer Beziehung, die ihn wieder in Kontakt mit sich bringt.

# 8 Ein kritischer Blick auf die Gesellschaft – »Wir wähnen uns frei, während wir uns selbst ausbeuten«

»Going in circles

O you who is going in circles,
please stop.
What are you doing it for?
›I cannot *be* without going,
because I don't know where to go.
That's why I go in circles.‹«
*(Hanh 1996)*

»Der einzige Organismus in der Natur, der unbegrenzt wächst, ist der Krebs.«
*(Büntig 2013, S. 85)*

»Auf dem Grabstein des Kapitalismus wird einmal stehen: Zu viel war nicht genug!«
*(Volker Pispers)*

Die moderne psychologische Wissenschaft fokussiert sich auf quantitative Forschungsdesigns, die sich für die kausalen Auswirkungen einer Intervention A auf ein Veränderungskriterium B interessieren. Gefundene Ergebnisse lassen sich beliebig auf unterschiedlichste Systeme anwenden. Eine große Anzahl der cleversten Psycholog*innen betreiben keine Psychotherapie, sondern arbeiten im Silicon Valley für die großen Tech-Firmen. Sie beraten die Firmen äußerst geschickt und erfolgreich dahingehend, wie Apps gestaltet sein müssen, damit Menschen möglichst viel ihrer Lebenszeit damit verbringen. Hier geht es nicht um das gute Leben, sondern um Profit: Derjenige verdient am meisten, der es schafft, die knappe Ressource der menschlichen Aufmerksamkeit möglichst lange auf sich zu ziehen. Warum erwähne ich das? Die moderne akademische Psychologie übt in der Regel keine Systemkritik! Das gilt auch für die klinischen Psychologie. Psychotherapeut*innen werden geschult, die Ursachen von psychischen Leiden im Innern von Menschen zu suchen. Der Einfluss von Umgebungsfaktoren bleibt unterschätzt. Wer gesellschaftliche Umstände kritisiert und sich empört, steht schnell unter Verdacht, innerlich nicht aufgeräumt zu sein. Ein häufiger Fehler besteht darin, jede Aussage über etwas Äußeres zu einer Aussage über etwas Inneres zu machen: Angeprangerte Umstände werden dann schnell als projizierte, abgespaltene Aggression psychologisiert. *Gesellschaftskritik hat bei Psycholog*innen einen schlechten Ruf* – ganz anders als bei benachbarten Geisteswissenschaften wie der Soziologie, den Gender Studies, der Anthropologie oder den Kulturwissenschaften. Sollten wir uns um die Bedingungen der Gesellschaft kümmern oder um das Innenleben der Menschen, die in ihr leben? »Doch wo anfangen? Therapie der entfremdeten Menschen oder Veränderung der entfremdeten Bedingungen? Beides!« (Büntig 2013, S. 17)

Immerhin wird allgemein anerkannt, dass wir in einer stressigen und schnelllebigen Zeit leben. Wir stehen unter Leistungs- und Zeitdruck und sind herausgefordert, viele, oft gegensätzliche Rollen gleichzeitig miteinander in Einklang zu bringen und die Aufgaben zu bewältigen, die damit einhergehen. Das wird als alternativlose Tatsache gesehen, mit der wir einen Umgang finden müssen. Die psychologische Antwort darauf sind Stresstrainings aller Art. Stress spielt bei der Entstehung und Bewältigung aller psychischen und psychosomatischen Erkrankungen eine zentrale Rolle. Das ist unbestritten. Das Credo der psychologischen Stresstheorien lautet in Kurzform: Stress entsteht durch Bewertungsprozesse im Inneren einer Person und nicht im Außen! Demnach ist mein Stresserleben und die Überwindung desselben eine persönliche Angelegenheit. Die heutige Psychologie ist weitgehend *gesellschaftsblind*. Der größere Blick wird den Geisteswissenschaften überlassen, etwa der Soziologie, der Philosophie oder den Kulturwissenschaften, deren Erkenntnisse jedoch innerhalb der akademischen Psychologie hartnäckig unbeachtet bleiben. Sie passen nicht zum funktionalen und hippen Denken eines quantitativ-empirischen Forschungsparadigmas.

Psychologisches Wissen wird zu *Tools* verarbeitet, die sich für alle Kontexte nutzbar machen lassen. Die akademische Psychologie will sich mit Gesellschaftskritik zurückhalten, um nicht den Verdacht zu erwecken, ideologisch, rückständig, unmodern oder fortschrittskritisch zu sein. Sie will Wissen produzieren, das für alle Systeme gewinnbringend genutzt werden kann.

Die Humanistische Psychologie beschäftigt sich jedoch seit jeher mit den »seelischen Grundlagen« unserer Gesellschaft (vgl. Fromm 1987). Sie möchte nicht beim Einzelnen, seinen inneren Konflikten oder Konditionierungen stehen bleiben. Sie möchte die Gesamtzusammenhänge verstehen und so auch verändern können. Dazu Mühleisen:

> »Die Humanistische Psychologie [...] reflektierte früh auf menschliches Leid, das seine Gründe auch in den Bedingungen einer auf Leistung, Konkurrenz und Überlegenheit ausgerichteten Gesellschaft hat. Die Leiden von Menschen konfrontieren die aus dieser Psychologie hergeleitete Psychotherapie mit einer systembedingten Missachtung persönlicher Bedürfnisse, deren Befriedigung für ein gutes Leben notwendig ist. [...] Die Humanistische Psychotherapie setzt eben an dieser Stelle an, indem sie dem Menschen, so wie er von Anfang an ist

und wie er sich im Laufe seiner Geschichte entwickelt, das Potential zur Gestaltung eines für ihn guten Lebens zuspricht.«
*(Mühleisen 2013, S. 10)*

Im Folgenden möchte ich auf gesellschaftskritische Aspekte eingehen, die den Wert der humanistischen Perspektive in der heutigen Zeit verdeutlichen. Sie bietet mit ihrem Blick auf die Welt und den Menschen einen heilsamen Gegenpol zum Leistungsdenken in einem neoliberalen System. Ich beschreibe damit die Vorgänge in den westlichen, individualisierten Leistungsgesellschaften.

Die Humanistische Psychologie entwickelte sich in den 1960er-Jahren im Kontext einer Gesellschaftsform, die sich im Übergang von einer Disziplinar- (Foucault 1994) zur Leistungsgesellschaft (Han 2012, S. 19) befand. Das Ziel der Disziplinargesellschaft war es, angepasste und funktionierende Mitglieder hervorzubringen. Das Verhalten der Menschen wurde über Institutionen wie Schulen, Krankenhäuser, Fabriken oder Gefängnisse und Machtinstrumente wie Verbote, strikte Hierarchien, klare Normen und Überwachung kontrolliert (siehe Foucault 1994). Allein die Vorstellung einer möglichen Überwachung übt eine Disziplinierungsfunktion auf uns aus. Die Arbeitsleistung war extrinsisch motiviert. Sie wurde im Rahmen der Arbeitszeit erbracht, die vom Arbeitgeber vorgegeben war. Ziel war nicht Freiheit, sondern Disziplin und Anpassung. Mit wachsendem Wohlstand, den eine stärker werdende Wirtschaft und die zunehmende Globalisierung mit sich brachten, wollten sich die Menschen von diesen starren Strukturen befreien. Es entstanden soziale Befreiungsbewegungen, wie die 68er-Bewegung, die Flower-Power-Bewegung, die Bürgerrechtsbewegung in den USA und Proteste gegen Kriege, in denen Menschen sich gegen autoritäre, patriarchale, rassistische und unterdrückende Strukturen auflehnten.

*In der Postmoderne*[5] *haben wir die Leistungsmaxime verinnerlicht.* In der heutigen postmodernen Leistungsgesellschaft, die in der sogenannten westlichen Welt in der zweiten Hälfte des 20. Jahrhunderts entstand, genießen wir mehr Freiheitsgrade und ein stärkeres Gefühl der Selbstbestimmung. Der koreanisch-deutsche Philosoph und Kulturwissenschaftler Byung-Chul Han schaut skeptisch auf die neu gewonnenen Freiheiten, indem er diese im Kontext des individuellen Leistungspotenzials für die Ökonomie reflektiert. Das Leistungspotenzial habe der Mensch in der Disziplinargesellschaft nicht ausschöpfen können. Leistung habe er für einen Arbeitgeber erbracht. Damit war sie durch externe Anreize motiviert und begrenzt. Maximal leistungsfähig sind wir erst, wenn wir intrinsisch motiviert angetrieben sind. Wir haben das Gefühl, wir erbringen diese Leistung nicht für jemand anderen, sondern für uns selbst. Erst wenn Leistung mit dem Gefühl der Selbstbestimmung und Selbstverwirklichung einhergeht, können wir unbegrenzt *performen*. Sie wird ein Teil unserer Identität. Die

5 Natürlich gibt es in unserer Welt nicht nur eine Moderne, sondern viele. Wenn ich hier von der Moderne und ihren Prinzipien spreche, meine ich damit die Zielgruppe westlicher Psychotherapie. Der Einfachheit halber spreche ich hier von Moderne.

Motivation, an die absolute Leistungsgrenze zu gehen, war in den Disziplinargesellschaften begrenzt.

Im Übergang von der Disziplinar- zur Leistungsgesellschaft war die Leistungsbereitschaft des Menschen immer weniger an Gebote, Verbote und Arbeitszeiten geknüpft. Die Leistungsmaxime blieb erhalten, sie wurde jedoch verinnerlicht. Der Mensch leistet nun nicht mehr für jemanden im Außen, sondern für sich. Er ist »Unternehmer seiner selbst« (Han 2012, S. 19). Er definiert sich durch das Machen, die Performance, das Können und die Leistung. »An die Stelle von Verbot, Gebot oder Gesetz treten Projekt, Initiative und Motivation« (ebd., S. 20). »Der Ruf nach Motivation, Initiative und Projekt ist wirksamer für die Ausbeutung als Peitsche und Befehl« (Han 2015, S. 15). Ganz im Sinne der Wachstumslogik eines kapitalistischen Systems produziert er ständig Output, und zwar wesentlich effizienter als der Mensch in der Disziplinargesellschaft, der indirekt dazu gezwungen wurde: »Die Positivität des Könnens ist viel effizienter als die Negativität des Sollens« (Han 2012, S. 21). Damit konnte er den wachsenden Leistungsanforderungen des neoliberalen Systems gerecht werden, ohne sich dazu gezwungen zu fühlen. Heute ist der Mensch Unternehmer und Knecht zugleich, »der Ausbeutende ist gleichzeitig der Ausgebeutete« (ebd., S. 24).

Anders als Han sehe ich in diesem Prozess auch einen relativen Fortschritt: Er bringt mehr Freiheitsgrade, birgt aber auch mehr Potenzial für Konflikte und Krisen. Nach Han ist sich der moderne Mensch dieser Doppelbödigkeit nicht bewusst: »[…] dieser Unternehmer seiner selbst ist in Wirklichkeit nicht frei […], er [wähnt] sich in Freiheit […], während er sich selbst ausbeutet« (Han 2015, S. 16).

## Vom Unsinn der Wachstumslogik

Meiner Meinung nach ist Fromms (Fromm 1987) Analyse über die »seelischen Grundlagen unserer Gesellschaft« mittlerweile überholt. Es geht heute nicht mehr um Haben oder Sein, sondern um Machen oder Sein. Das postmoderne Individuum definiert sich durch die Performance und das Handeln. Der Machbarkeitswahn des Größenselbst wird über ein Versprechen angetrieben: besondere Erfahrungen und Begegnungen zu kreieren, die in uns tiefe Resonanz ermöglichen. In der Postmoderne ist dies bedeutsamer als materielle (Status-)Objekte. Anstelle des »Mein Haus, mein Boot, meine Frau«-Denkens tritt die *Insta-Story*, die berühren, inspirieren und begeistern soll. Das ist heute symbolisch stärker aufgeladen als der reine materielle Besitz. Natürlich möchte jede Story Aufmerksamkeit generieren, die sich finanziell auszahlt: Produkte können geschickt in der Story platziert werden. Wenn wir sie kaufen, springt ein Stück des vermittelten Lebensgefühls auf uns über. In der Postmoderne zieht das alte *»Der hat's geschafft«* durch das öffentliche Inszenieren mit Statussymbolen nicht mehr. Das Wachstum hat kein Ziel mehr. Etwas geschafft zu haben, würde bedeuten, sich auf etwas auszuruhen und dem Grip der Wachstumslogik entglitten zu sein. Das Rad darf nicht stillstehen: Stillstand ist Rückschritt! Das Wachstumsdiktum eines entfesselten Kapitalismus wird in die Logik des Persönlichkeitswachstums übernommen. Das Credo lautet: Du kannst alles werden! Erfinde dich ständig neu! Du kannst alles sein! Es gibt keine Grenzen! Arbeite härter! Genieße das Leben in vollen Zügen! Verpasse keinen Moment! Work hard, play hard! Dein Potenzial ist unbegrenzt! Hör nie auf zu wachsen! In der *Optimized-Self-Bewegung* werden alle Lebensäußerungen erfasst und getrackt. Das Ziel ist es nicht, das Optimum rauszuholen, sondern das Maximum!

Nichts spricht meiner Meinung nach gegen eine Optimierung hin zum guten Leben. Ständiges Wachstum ergibt jedoch keinen Sinn; es gleicht einer krebsartigen Wucherung ohne Funktion und Anbindung. Die Persönlichkeitsentwicklung geht nicht in einer linearen Kurve immer weiter nach oben. Entwicklung vollzieht sich »diskontinuierlich«, »in Sprüngen« und Brüchen (Büntig 2013, S. 20). Wir lassen uns vom Leben beeindrucken und drücken uns aus (ebd., S. 13). So kommen wir uns näher.

Ein fehlgeleiteter Wachstumsglaube lässt sich an der heutigen Fitnesskultur und der medialen Inszenierung des Körpers zeigen. Hier geht es längst nicht mehr um eine Optimierung der Fitness, des körperlichen Wohlgefühls, der körperlichen Beweglichkeit und Athletik. Ein ursprünglich sinnvolles Ziel – die Optimierung der körperlichen Gesundheit und Fitness – wurde von der wuchernden Wachstumslogik gekapert, welche die Körperbilder ins Groteske führt. In dieser Fitnesskultur stehen nicht mehr die Funktionalität eines gesunden und athletischen Körpers und Geistes im Vordergrund. Extreme Diäten und der Gebrauch von Doping, Steroiden oder Hormonen werden notwendig, um die eigene Körperform den medial inszenierten Vorbildern anzugleichen. Symbolisch transportiert werden der Eindruck von Potenz, Attraktivität, Leistungswille, Erfolg und Gesundheit. Ironischerweise stellt der Weg dahin eine akute gesundheitliche Bedrohung dar. Flexibilität, Geschwindigkeit und Fitness werden verringert, um das heroisch aufgeladene, aufgepumpte Körperbild zu erreichen.

Diese Widersprüchlichkeit zeigt, wie eine sinnvolle Optimierung schließlich dysfunktional wird, wenn sie von der entfesselten Wachstumslogik gekapert wird. Sie ist nicht länger auf ein sinnvolles Ziel hin ausgerichtet. Wachstum ist zum Selbstzweck geworden und löst die eigentlich sinnvolle Logik der Optimierung ab. Er ist ein abstraktes Ideal, welches völlig entkoppelt ist von den menschlichen Grundbedürfnissen. Optimale Voraussetzungen für ein gesundes Leben oder eine gesunde Gemeinschaft zu schaffen, ist längst nicht mehr das Ziel.

## Krankhafte Positivität

Die Moderne definiert sich durch pure Positivität. Mehr, schneller, weiter, schöner, makelloser: frei von Leid und Not! Alles Negative kann bekämpft und ausgemerzt werden. Krankheit, Tod, Leid, existenzielle Konflikte, Brüche und Schicksalsschläge, die eine unvermeidliche Tatsache jeder Existenz darstellen, werden an den Rand unserer

Gesellschaft und unseres Bewusstseins verdrängt. Wenn wir zu sehr in Kontakt mit dem *Negativen* kommen, bremst uns das in unserem Wachstumsglauben und unserer Leistungsbereitschaft aus. Wenn wir – wie in manchen Ländern – täglich damit konfrontiert wären, dass Menschen sterben, würden wir möglicherweise weniger Bereitschaft aufbringen, wichtige Beziehungen zu vernachlässigen und täglich etwas zu tun, was unserer Seele schadet. Alles kann für das eigene Wachstum genutzt werden. Die reine Positivität führt zum Credo: Du musst immer »können können«! (Han 2012, S. 24) Han beschreibt die Depression als einen »Infarkt der Seele« (ebd., S. 57). Sie ist die erschöpfte Antwort auf das Immer-können-Müssen. Eine Depression sei nicht die Folge eines »Ich möchte nicht mehr«, eines Abschließens mit einem einmal eingeschlagenen Weg, der für uns nicht mehr stimmt, sondern eines *Ich muss können, kann aber nicht mehr*: »Die Depression stellt zusammen mit dem Burn-out ein unrettbares Scheitern am Können, d. h. eine psychische Insolvenz, dar« (Han 2015, S. 17 f.). Die Pause, das Innehalten, das Besinnen, das Ruhen, um daraus schöpferische Kraft zu beziehen, fehlen ganz. Was bleibt, ist der Kollaps: das Hinüberretten in den Urlaub mit seinen Resonanzversprechen von tollen Begegnungen, Stränden, tollem Essen, glücklichen Gesichtern, außergewöhnlichen Erlebnissen, guter Laune, innerem Frieden, gutem Wetter, Nichts-tun-Müssen und Chillen. Das Leben findet woanders statt. Natürlich kann der Urlaub diese Versprechen niemals einhalten, weil er projektiv völlig überladen ist. Wir entspannen uns mehr beim entspannten Tun als beim kollabierten Nichtstun. In der Logik des Immer-können-Müssens bleibt nur der Burn-out als rettende Insel. Der Ausgebrannte hat so viel gegeben, dass nichts mehr geht. Der Geist ist ausgebrannt und ausgelaugt. Es wurde mehr Energie investiert, als in Form von Beachtung, sinnhaften Resultaten oder Anerkennung zurückkam. Im Burn-out darf er etwas ruhen. Als Arbeitsdiagnose beweist dieser Zustand, dass er nur deshalb nicht mehr gibt, weil er wirklich nicht mehr kann! Nicht, weil man nicht mehr so weitermachen möchte! Unser Körper lässt nicht zu, dass wir ewig so tun, als hätten wir keine Grenzen. Ständig über die Grenzen unserer körperlichen Leistungsfähigkeit zu gehen, ist eine Form der Gewalt, die wir Tag für Tag an uns selber ausüben.

Hier greift eine sadomasochistische Logik: Genug habe ich erst dann geleistet, wenn ich absolut erschöpft bin. Ich darf erst ruhen, wenn gar nichts mehr geht. Nach der Erholung muss ich mich wieder quälen. Das geht immer so weiter. Erst die Erschöpfung zeigt an, dass ich wirklich alles gegeben habe. Ich darf mich einen kleinen Moment darin ausruhen, darf mir eine kleine Depression *gönnen*, vielleicht einen Kuraufenthalt – bis das Spiel wieder von vorn beginnt. Ich steige wieder ins Hamsterrad ein. Nichts scheint schwerer, als die eigenen Grenzen und Bedürfnisse zu erkennen und zu kommunizieren – entgegen der scheinbaren Erfordernisse meiner Umwelt. Die persönliche Grenze wird überhört und missachtet, damit die Leistungsmaxime ungehindert wirken kann. Nur wenn ich leiste, bin ich wer! Nur wenn ich leiste, erfahre ich Beachtung. Anerkennung wird zur Existenzberechtigung (Büntig 2015). So lange, bis der gesunde Teil unseres Organismus sich mit psychischen oder körperlichen Symptomen bemerkbar macht, die uns zwingen, zu stoppen. Dann hören wir auf, ständig zu rennen.

Das alte humanistische Diktum des »Werde, der du bist« wird von der modernen Persönlichkeitspsychologie abgelöst. Auch hier bedeutet es: Nichts ist im Kern festgelegt, deshalb kannst du alles sein, du musst es nur wollen! Diese These wird in modernen populärwissenschaftlichen Bestsellern vertreten, wie zum Beispiel in Christina Berndts (Berndt 2019): »Individuation – Wie wir werden, wer wir sein wollen. Der Weg zu einem erfüllten Ich«. Als Titel wird hier der Begriff der Individuation gewählt, der von Jung geprägt wurde und genau das Gegenteil dieser These ausdrückt (siehe Kapitel 7).

Unsere Persönlichkeit wird zum Werkzeugkasten. Ich muss nur die optimalen Merkmale aktivieren und fördern und störende Merkmale umlernen. Das Repertoire wird nicht über das eigene Potenzial und die wesensgemäße Eigenart erkannt und begrenzt. Es muss nicht durch Selbstkenntnis, Selbstgefühl und Besinnung gefunden werden und im Wandel des Lebens entfaltet werden. Es ist unendlich und beliebig! Für alles, was im Außen gebraucht wird, kannst du eine innere Fähigkeit und Neigung finden und entwickeln, die darauf antworten kann. Was für ein praktisches Menschenbild für die Personalabteilung eines jeden Unternehmens! Durch die scheinbar unbegrenzten Möglichkeiten entsteht eine Beliebigkeit, die zu einer ständigen »neurotische Suchbewegung« (Strasser 2023, S. 10) im Außen führt.

Aus humanistischer Perspektive ist das Kriterium, um herauszufinden, was sich in uns entwickeln möchte, Stimmigkeit. Diese erfahren wir auf Grundlage von Selbstkontakt. Allzu häufig jedoch orientierten wir uns im Alltag an dem, was kurzfristig nützlich ist, an dem, was Gewinn und Wachstum verspricht. Wenn du nicht ständig gewinnst, wächst und dabei glücklich scheinst, hast du nicht genug an dir gearbeitet! Sei flexibel und erfinde dich ständig neu! Sonst verlierst du den Anschluss an die Erfolgskreise.

Wenn wir die Richtung verloren haben und es innerlich schwierig wird, neigen wir dazu, schneller zu werden. Wenn wir schneller werden, können wir nicht fühlen. Dazu müssen wir aufhören zu rennen, anhalten und innehalten. Wenn wir nicht fühlen, wissen wir nicht, was wir brauchen und was in uns gelebt werden möchte. Dazu müssten wir dem nie ruhenden Antrieb des immer »können müssen« (Han 2012, S. 24) einen »Schluss« entgegensetzen. Dazu Han (Han 2015, S. 33): »Nicht jeder Schluss ist Gewalt. Man schließt Frieden. Man schließt Freundschaft. […] Die Liebe ist ein absoluter Schluss […], weil sie […] die Preisgabe des Selbst voraussetzt«. In unserer ständigen Hyperaufmerksamkeit und -aktivität verlieren wir die Fähigkeit, innezuhalten, Pause zu machen und zu lauschen. Dazu Han (Han 2015, S. 73): »Die Augen schließen ist geradezu ein Sichtbarmachen des Schlusses. Die Wahrnehmung kann sich allein in einer kontemplativen Ruhe abschließen.« Nicht umsonst heißt es im Volksmund: Gut Ding will Weile haben. Wir brauchen die Fähigkeit und innere Erlaubnis, etwas abzuschließen, etwas zu begrenzen oder zu unterbrechen. Wenn wir die Augen schließen, unterbrechen wir unseren ständigen Blick nach außen, wir können innehalten und nachspüren. Wir finden zu uns zurück. Da fühlen wir, was für uns stimmt. Unabhängig davon, was im Außen von mir erwartet oder gebraucht wird. Dazu Han (ebd., S. 49): »Das depressivnarzisstische Subjekt ist zu keinem Schluss fähig. Ohne Schluss aber zerfließt und verschwimmt alles. So hat es kein stabiles Selbstbild, das ebenfalls eine Schlussform ist.« In der ständigen Öffnung nach außen verlieren wir uns selbst. Eine Beziehung zu uns und unserer Umwelt entsteht über den Rhythmus von Öffnung und Schließen.

## Die hyperaktive und hyperstimulierende Gesellschaft

Wenn wir die innere Richtung verloren haben, erhöhen wir die Geschwindigkeit. Wir leben in einer hyperaktiven und hyperstimulierenden Gesellschaft. Schwieriges muss nicht mehr gefühlt, durchlebt und überwunden werden. Auf jede Empfindung wartet ein Klick mit der angenehmen Lösung, die Klimaanlage, die sich genau auf die gewünschte Temperatur einstellen lässt, oder andere Annehmlichkeiten. Waren die Menschen zu Zeiten Freuds noch in den eigenen schwelenden Konflikten und Spannungen gefangen und im Ausdruck gehemmt, so können und möchten Menschen heute überhaupt keine Spannungen mehr halten (Marlock 2018, S. 4): »Viele der postmodernen Patienten schaffen es gar nicht mehr auf die Höhe eines inneren neurotischen Konfliktes, weil sie ihre innere Spannung nicht halten können oder wollen. Die meisten der symptomatischen Handlungen und Inszenierungen haben vor allem die Funktion, Spannungszustände regressiv loszuwerden.« Alle Widersprüche lassen sich scheinbar auflösen. Alles ist sofort erreichbar und verfügbar. Han (Han 2015, S. 53) zitiert dazu Hegel: »Etwas ist also lebendig, nur insofern es den Widerspruch in sich enthält, und zwar diese Kraft ist, den Widerspruch in sich zu fassen und auszuhalten.« Wenn die Möglichkeit, eigene Gefühle wahrzunehmen, zu nutzen und auszudrücken, verschwindet, verlieren wir auch unsere selbstregulativen Fähigkeiten. Dafür brauchen wir einen inneren Raum, in dem schwierige Gefühle und Zustände prozessiert werden können.

Wir verlieren außerdem die Fähigkeit zum Bedürfnisaufschub. Dafür müssen wir in der Lage sein, Spannungen, die durch offene Bedürfnisse entstehen, zu halten. Eine Fähigkeit, die wir dringend brauchen, um zu einem späteren Zeitpunkt tiefere Bedürfnisse befriedigen zu können. Die fehlende Regulation führt zu mehr Impulsivität und Unmittelbarkeit im Ausdruck. Die Energien und Spannungen, die wir nicht halten können, müssen in ihrer Intensität runtergedreht oder direkt ausagiert werden. Mittel dafür gibt es zahlreiche: Stimulation, Medienkonsum, Essen, Süchte, obsessives Denken und Arbeiten ...

Affektkontrolle ist ein zentrales Mittel, um unseren Werten und Zielen entsprechend handeln zu können. Sie ist die Grundlage für ein funktionierendes Miteinander, in dem viele Menschen in der Lage sein müssen, die unmittelbare Bedürfnisbefriedigung aufzuschieben, um Aufgaben und Rollen in einer Gemeinschaft übernehmen zu können. Innere Freiheit muss immer mit sozialer Verantwortung gepaart sein. Die extreme Form der ständigen Verfügbarkeit, der Überstimulation und der Regulation durch äußere Reize ist die Sucht. Mithilfe der Sucht muss ich nichts Unlustvolles mehr in mir halten. Im Suchtmodus komme ich gar nicht auf die Idee, dass in schwierigen inneren Zuständen eine Botschaft liegen könnte, die zu entschlüsseln wertvoll wäre und mir dienlich sein könnte. Alles Innere wird über etwas Äußeres reguliert und neutralisiert: Wenn ich müde bin, konsumiere ich einen *Upper*, wenn ich überdreht bin, brauche ich einen *Downer*. Menschen mit viel Substanzerfahrung wissen ganz genau, was sie wo in welcher Menge konsumieren müssen, damit eine bestimmte Qualität von Erleben erzeugt wird. Für jedes erwünschte Gefühl, für jede Stimmung gibt es das richtige Mittel (vgl. Winkler 2022). Die Kosten für Körper und Seele sind enorm: Durch den nicht vorhandenen Selbstkontakt fehlen Übung und Vertrauen darin, dass unser Organismus in der Lage ist, sich selbst zu regulieren. Mehr noch: In unseren negativen wie positiven Gefühlen verbirgt sich eine intelligente Mitteilung für uns: Sie verweisen auf offene Bedürfnisse, sie teilen uns mit, was uns nährt, was uns schadet und wo unsere Grenzen liegen. Diese Botschaften entgehen uns, wenn wir die entsprechenden Spannungen und Gefühle sofort beseitigen.

## Der andere: Die erotische Weltbeziehung als Gegenmittel zur Depression

In dieser richtungslosen Suchbewegung verlieren wir nicht nur uns selbst. Wir verlieren auch die Fähigkeit, unser Gegenüber in seiner Andersartigkeit, seiner Eigenart und Wesenhaftigkeit wahrzunehmen. Wir verlieren die Fähigkeit, das *Andere* außerhalb unserer selbst zu sehen. Nur wenn wir uns vom Anderen und Fremden berühren lassen, können wir wachsen und in Beziehung zum Wunder der Welt treten, die uns umgibt.

Wenn jeder »alles sein kann«, brauchen wir uns nicht für seine Eigenart zu interessieren. Dann hat der individuelle Wesenskern einer Person keinen Platz und keinen Wert. Die moderne Persönlichkeitspsychologie fördert einen funktionalen Blick auf den Menschen: Nützen seine Fähigkeiten mir und meinen Bedürfnissen oder eben nicht? Die Folge dieser ichzentrierten Sicht ist eine tiefe existenzielle Einsamkeit. Der andere hat uns nichts mehr zu sagen, er birgt kein Geheimnis mehr, das zu mir sprechen kann. Wenn ich nur auf das für mich Nützliche schaue, kann ich mein Gegenüber nicht in seinem Sosein wahrnehmen und genießen. Dafür müssten wir jeden Menschen als Mysterium begreifen. Der andere bleibt mir in letzter Konsequenz fremd und unverfügbar. Es klingt paradox: Ich kann mein Gegenüber dann lieben und sehen, wenn ich akzeptiert habe, dass ich es nie ganz verstehen werde. Erst dann spüren wir sein inneres Geheimnis und eine Schönheit, die aus ihm spricht. Der christliche Mystiker Thomas Merton spricht von der »secret beauty« (zitiert in Kornfield 2008, S. 22) in jedem Menschen. Um diese zu sehen und uns selbst davon anrühren zu lassen, müssen wir innehalten und lauschen. Wir müssen aufhören zu rennen: »Wer nach vorn drängt, grüßt seinen Nachbarn mit dem Ellbogen«, so ein polnisches Sprichwort. In diesem

Seinsmodus können wir einander begegnen, ohne stets danach Ausschau halten zu müssen, welchen Nutzen mein Gegenüber für mich haben könnte. Erst wenn wir das Andere als etwas anerkennen, das sich uns erst noch erschließen muss, können wir wirklich mit ihm in Berührung kommen. Wenn wir verlernt haben, das, was außerhalb unserer selbst ist, zu sehen, zu achten und zu verstehen, dann fristen wir unser Dasein in der »Hölle des Gleichen« (Han 2015, S. 12). Wir verarmen innerlich in der Welt unserer eigenen Spiegelungen.

Selbstgefühl speist der moderne Mensch aus seinen Spiegelungen. Ich suche das Gleiche, also das, was bereits in mir ist, im Anderen bestätigt. Darüber fühle ich mich in meinem Wert und Dasein validiert. Meine Identität bilde ich über das, was mit mir identisch ist. Ich finde mich im Gleichen und Vergleichen wieder. Damit bleibe ich ohne Gegenüber. Ich sehe nur Erweiterungen und Spiegelungen meines Selbst und keine *Anderen*. In unserer Gesellschaft suchen wir die Spiegelung im Gleichen; in sozialen Bubbles, die meine Meinungen, meine Haltungen, mein Welt- und Menschenbild widerspiegeln. Es bleibt nur Bestätigung, ohne Auseinandersetzung und Widerspruch. Bei Facebook gibt es nur den *Like*. Der hält uns bei der Sache. Das Immergleiche verschließt mich, es wickelt mich ein. Es verfestigt meine Einsamkeit. Es lähmt und isoliert mich und führt in die Depression. Das mir Fremde und *Andere* ist etwas, das ich mir erschließen muss. Dafür muss ich innehalten, lauschen und zuhören. Ich muss geltend machen, dass es außerhalb meiner selbst etwas Anderes und Größeres gibt. Dafür muss ich mich aus meiner Identität herausentwickeln und eine Öffnung finden. Ich muss dafür aus mir selbst heraustreten. Unsere Identität gibt Orientierung und relative Stabilität. Sie nimmt uns aber auch Flexibilität und die Fähigkeit, auf den Wandel des Lebens zu reagieren, wenn sie zu starr wird. Vom *Anderen* kann ich mich ansprechen und verändern lassen. Es kann etwas hinzufügen, was meinen Selbstraum erweitert. Wenn ich den inneren Raum dafür habe, kann ich mich davon bewegen lassen, neugierig sein, wohin es mich führt und wie es mich verändert. Das schafft einen Raum des Neuen und des Beweglichen in mir. Nach Han (Han 2015) ist diese Fähigkeit und Öffnung das Gegenmittel zur Depression.

Eine Weltbeziehung, die das »Andere und Fremde« einbezieht, ist damit zutiefst lebendig. Anders als die narzisstische Weltbeziehung, die nur das Gleiche und Ver-Gleiche sieht. Frei nach Han (Han 2015) können wir hier von einer *erotischen Weltbeziehung* sprechen. Erotisch ist das, was unsichtbar bleibt, das, was nie ganz verfügbar und begreifbar ist. Das ist keinesfalls auf sexuelle Vorgänge beschränkt. In der erotischen Weltbeziehung bleiben uns die Welt und unsere Mitmenschen als Wunder erhalten, die wir nie ganz verstehen und durchdringen können. Die Folge ist ein lebendiger Bezug zur Gegenwart und zum Gegenüber. Mein Gegenüber als Gefäß für meine Spiegelungen hat mir nichts zu sagen. Als Gegenpol zu dieser Beziehungsfähigkeit beschreibt Han die *pornographische Weltbeziehung* und die »Pornographisierung der Welt« (Han 2015, S. 40). In dieser ist alles entzaubert, jederzeit zugänglich, sichtbar und nackt: völlig transparent. So wie unsere Datenspur im Internet und die pornografische Darstellung der Sexualität, die in High Definition und Close-up-Aufnahmen ihre Entzauberung erfährt.

## Einsamkeit in einer narzisstischen Gesellschaft

Wir leben in einer narzisstischen Gesellschaft. Der Narzisst braucht die permanente Spiegelung, besonders zu sein, als »Daseinsbestätigung« (Büntig 2015). Wenn er nicht gespiegelt ist, weiß er nicht, dass er da ist. Darin liegt auch die Unfreiheit und Not des Narzissten. Er braucht den anderen, kommt aber über den eigenen Ich-Kosmos nicht hinaus. Der narzisstische Grundkonflikt ist tragisch: Beachtung ist das eigentliche Grundbedürfnis. Übersetzt heißt es: Schön, »dass du da bist« oder »Lass dich da sein, wie du bist, du hast hier einen Platz!« Durch Beachtung lernen wir letztendlich, beachtenswert zu sein. Dann können wir unsere Bedürfnisse, Gefühle und Grenzen ernst nehmen und auch andere achten. Bleibt dieses Grundbedürfnis in seiner Entwicklung unerfüllt, sucht das Kind im Außen nach Teilen seiner selbst, die Anerkennung erfahren. Für das Kind ist es existenziell bedrohlich, mit seinem Erleben nicht wahrgenommen oder nicht wiedererkannt zu werden: »Mein Sonnenschein, so bist du doch gar nicht. Ich erkenne dich gar nicht wieder!« Noch bedrohlicher ist es natürlich, wenn wir für unsere Gefühle oder unser Erleben entwertet, missachtet oder bestraft werden. Wenn also als Reaktion auf uns unser Sosein der Beziehungsabbruch folgt.

Wenn wir etwas leisten, erfahren wir eine verfälschte Version der Beachtung, die als »Du bist etwas ganz Besonderes« daherkommt. Hier lernen wir, dass unsere Beachtung an die Produkte unserer Leistungsfähigkeit gekoppelt ist und nicht an unser Sosein. Büntig (2015) adressiert dieses Selbstkonzept etwas provokant: »Du bist nichts Besonderes, aber einzigartig!«

Um psychisch zu überleben und die Bindung zu unseren Eltern zu sichern, beginnen wir allmählich mit der Spaltung zwischen unserem inneren Erleben und den Anteilen unserer selbst, die im Außen gebilligt werden. Aus dem Grundbedürfnis der Beachtung wird der Wunsch nach Anerkennung. Sie ist ein Suchtmittel (Büntig 2015), da sie nur Ersatzbefriedigung für das Grundbedürfnis nach Beachtung sein kann und es damit niemals gestillt wird. Es bleibt frustriert. Die Ersatzbefriedigung wirkt nur kurz und braucht immer größere Leistungsprodukte. Wenn es nicht dauerhaft mein Selbstwertgefühl stärkt, kann es noch nicht genug gewesen sein! Ein Teufelskreis, der irgendwann zusammenbrechen muss. Egal, wie großartig die erbrachte Leistung ist, es bleibt das Gefühl im Inneren bestehen, im Kern nicht beachtenswert zu sein. Das Selbstgefühl bleibt schwach und vom Außen abhängig. Es entsteht eine nicht auflösbare Pattsituation. Das Gefühl meiner Daseinsberechtigung erhalte ich über die Spiegelung idealisierter Selbstbilder und nicht über den Ausdruck dessen, was ich im Wesentlichen bin. Ich muss im Außen ständige Spiegelung erfahren, um mich zu vergewissern, dass ich noch da bin. Zurück bleibt ein dissoziierter Körper, dessen Botschaften unbeachtet und ungenutzt bleiben. Zurück bleibt ein abgekapseltes Selbst, das sich nicht entfalten kann. Es verarmt, weil es nur sich selbst sehen kann. Der Kampf um völlige Unabhängigkeit im Außen wird ein Spiegel dieser fundamentalen Beziehungslosigkeit. *Um offen und lebendig zu bleiben, müssen wir den Anderen sehen können.* Er darf jedoch weder gesehen werden noch mich vollständig erkennen: Das starre Selbstbild, an das ich mich klammere, wäre dadurch gefährdet. Das Selbst vereinsamt und wird leer. Ohne Berührbarkeit, ohne inneren Raum für Wachstum und Lebendigkeit. Es bleibt in einer Zwickmühle gefangen: Es möchte gesehen werden, darf aber nicht erkannt werden. Im Innern bleibt ja das Gefühl, mit dem eigenen Sosein nicht zu genügen. Die fehlende Erfahrung einer emotional-feinfühlige Spiegelung führt dazu, dass wir uns mit unserem authentischen Erleben nicht okay fühlen. *Während wir versuchen, uns im Außen zu finden, verlieren wir uns. Kein Verlust ist schwerwiegender.* Ohne Verbindung nach innen ist keine Verbindung nach außen möglich: Das aufgeblähte Leistungsselbst muss irgendwann in sich zusammenfallen. Was bleibt, ist ein Ich, welches sich im Kern nicht gesehen und nicht geliebt fühlt. *Mit der meist depressiv erlebten »Dekompensation« geht die riesige Chance einher, ein Selbstgefühl zu entwickeln, das sich am eigenen inneren Erleben orientiert.*

## Die Überbetonung des Rationalen als Nährboden für Ängste: »lost in thought!«

Der Geist wird in einer Welt überbetont, die von männlichen Prinzipien der Logik geprägt wird. Im Geist leben wir in einer virtuellen Realität. Gefüttert wird die ständige Gedankenenergie durch unintegrierte Ängste, Gefühle von Mangel, Leere, tief frustrierte Bedürfnisse, Ohnmacht und Unsicherheiten. Wenn wir dafür keinen Raum lassen, ziehen wir die körperliche Energie ins *Kontrollzentrum* des Körpers: den Geist. Dort äußert sie sich dann in permanentem und quälendem Gedankenkreisen. Die diffuse, allgegenwärtige Angst ist eine Folge der Körper-Geist-Trennung. Sie paart sich mit dem Stress, den das kapitalistische System mit seiner Konkurrenzlogik erzeugt: Wir werden aus den Erfolgskreisen ausgeschlossen und stehen als Verlierer da, wenn wir uns nicht ständig anstrengen, über unsere Grenzen gehen und ackern. Nicht innehalten. Weiterrennen. Stillstand ist Rückschritt!

Durch die Kluft zwischen idealisiertem Selbstbild und unserem eigentlichen Erleben fühlen wir uns entfremdet. Dieser Zustand bildet den perfekten Nährboden für Ängste, Spannungen und Unsicherheiten. Wir verlieren den Kompass für das eigene Leben, wenn wir den Bezug zu unserem verkörperten Selbst verlieren.

»Angst ist die Kluft zwischen dem *Jetzt* und dem *Später*« (Perls 2008, S. 11). Ängste sind im wahrsten Sinne des Wortes eine *Geisteskrankheit.* Sie sind immer zukunftsgerichtet, während depressive Erkrankungen sich eher auf die Vergangenheit beziehen. Anders als die Furcht, die einen evolutionären Vorteil darstellt und sich auf spezifische Objekte richtet. Ängste gedeihen, wenn wir uns im fantasierten Gedankenraum der Zukunft mit seinen unendlichen Möglichkeiten verlieren. Das, was sein wird, lässt sich nicht sicher vorhersagen und auch nicht kontrollieren. Wer weiß schon, was heute passieren wird? Ganz zu schweigen davon, was in sechs Monaten oder einem Jahr sein wird. *Wenn wir keine Anbindung an unser wahrhaftiges Erleben haben, verlieren wir innere Sicherheit und unseren inneren Kompass. Wenn wir unsicherer und ängstlicher werden, ziehen wir uns in den Kopf zurück.* Mithilfe unserer Gedanken können wir Abstand schaffen und Überblick gewinnen. Das schafft zunächst Sicherheit. Dennoch müssen wir unsere Ohnmacht als menschliche Tatsache umarmen, dass wir die wirklich prägenden Ereignisse im Leben nicht kontrollieren können. Eine letztendliche Sicherheit gibt es nicht. *In unserem Kopf können wir höchstens die Illusion von Kontrolle aufrechterhalten.*

Ein Zenmeister antwortete mal auf die Frage, was das größte Problem der modernen Zeit sei: »Lost in thoughts!« Im Schnitt gehen uns täglich 50 000 bis 90 000 Gedanken durch den Kopf, von denen etwa 95 % Wiederholungen des Vortages sind. Keine besonders effektive Bilanz! Gedanken sind immer nur ein Abbild der Wirklichkeit, die wir zu beschreiben und zu erfassen versuchen. Sie bleiben die Landkarte, mit deren Hilfe wir uns orientieren können. Gedanken können Handlungen vorbereiten, wir können jedoch nichts in Gedanken lösen. Sie sind ein Instrument. Daher lohnt es sich, in den Therapien eine »weise Beziehung zu Gedanken« (Kornfield 2022) zu entwickeln. Wir Menschen können mit drei unterschiedlichen Ebenen in Kontakt sein: erstens mit unserer Umwelt, zweitens mit unserem Selbsterleben und drittens mit unserer Fantasie. Unsere Fantasie beinhaltet all die Vorstellungen, Befürchtungen, Vorurteile und Arbeitsmodelle, mit denen wir uns in der Welt bewegen. Meistens sind wir nicht in Kontakt mit unserem Gegenüber oder uns selbst, sondern mit unseren Fantasien. Jack Kornfield (Kornfield 2008, S. 416) zitiert in diesem Sinne den Schriftsteller Mark Twain: »Mein Leben war voller bedauerlicher Missgeschicke – von denen die meisten nie passiert sind.« Das geschieht, wenn wir zu viel mit unserer Fantasie in Kontakt sind, die keinen Boden hat. Wenn wir auf dieser Ebene bleiben, können wir keinen lebendigen Bezug zur Gegenwart entwickeln. Dafür brauchen wir die Bereitschaft, uns von dem, was wir innerlich empfinden, fühlen und sehen, erreichen und verändern zu lassen. Wenn wir in unseren Gedanken gefangen bleiben, können wir als Menschen nicht wachsen. Wir benutzen unsere Eindrücke, um unsere Gedanken zu bestätigen, anstatt wirklich zu erleben und zu fühlen. Das sollten wir in einer Gesellschaft, die das Mentale überbetont, wieder erlernen.

## Der Versuch, die Welt verfügbar zu machen, und seine Folgen

Der deutsche Soziologe Hartmut Rosa beschreibt so treffend das vergebliche Bemühen der Moderne, die Welt verfügbar zu machen: sie zu beherrschen, zu erklären und zu kontrollieren. Das Ich, das ohne Selbstkontakt rastlos ist, muss beherrschen, um nicht von der eigenen Leere, Beschränktheit und Ohnmacht überwältigt zu werden.

Rosa beschreibt, dass es letztendlich die Momente der Resonanz sind, die uns verändern, die zu uns sprechen, die uns verwandeln und uns als Menschen prägen: Das kann der erste Schnee sein, das Versinken in der Betrachtung eines Berges, eine Begegnung, der erste Kuss, ein Musikstück, eine tiefe Weisheit, ein Buch, Erfahrungen in der Meditation, Flow-Erleben oder etwas ganz anderes. Was aber Resonanz in uns auslöst, lässt sich weder vorhersagen noch kontrollieren. Letztendlich sind es genau diese Momente, die wir in der Psychotherapie erzeugen möchten. Wir können lediglich die Voraussetzungen schaffen und den Raum dafür bereiten. Selbst dann können wir nie sagen, ob und wann sich Resonanzmomente ergeben werden. Das entzieht sich unserer Kontrolle. Das kann nicht in Manualen festgelegt werden.

Rosa geht noch weiter. Resonanzmomente lassen sich nicht nur nicht planen, sie werden sogar unwahrscheinlicher, je mehr wir sie erzwingen wollen (Rosa 2023, S. 130)! Während wir versuchen, die Welt zu kontrollieren und zu beherrschen, erhöhen wir ständig unsere innere und äußere Geschwindigkeit. In Experimenten konnte man zeigen, dass sich das Gehtempo von Menschen in Fußgängerzonen über die Jahre stetig weiter erhöht.

In der Logik des Verfügbarmachens werden alle Aufgaben in unserem Leben zu »Aggressionspunkten« (ebd., S. 11): To-do-Listen müssen abgearbeitet, Fristen eingehalten, Prüfungen bewältigt, Termine abgehakt werden. Wir stehen unter Druck. Das gilt für Berufliches ebenso wie für Verabredungen mit Freunden, Familientreffen, die Urlaubsplanung oder Freizeittermine.

Die Seins- und Resonanzmomente, die uns in einen tiefen Kontakt bringen, entziehen sich. Muße ist ein aussterbender Wert. Das dazugehörige Sprichwort hat an Gültigkeit verloren: »Eile mit Weile.«

## Leistungszwang als allgegenwärtige Form von Gewalt

Der ständige Leistungszwang, die vielen einzuhaltenden Termine und Fristen stellen die allgegenwärtige Form von Gewalt in unserer Gesellschaft dar. Vielleicht klingt das für dich etwas übertrieben. Deutlich können wir das an unseren Kindern beobachten: Allzu häufig müssen wir sie aus der Versenkung herausreißen, damit Eltern, Erziehungs- oder Bezugspersonen die Termintaktung einhalten können. Wir unterbrechen ständig unsere eigenen inneren Rhythmen – und die unserer Kinder. Irgendwann spüren wir den Widerstand dagegen nicht mehr. Wir funktionieren. Der Preis ist die Trennung von unserer inneren Verbindung. Kinder protestieren noch unter Tränen und Wut, wenn sie aus einer Tätigkeit herausgeholt werden, in die sie versunken waren. Wir Erwachsenen haben diese Unterbrechungen längst als Tatsache ohne Alternative verinnerlicht. Auch unsere Kinder identifizieren sich irgendwann mit dem Aggressor des Leistungs- und Zeitdrucks und werden diesen Druck genauso weitergeben wie wir ihn heute an sie.

Die ständige Erhöhung unserer Geschwindigkeit ist begrenzt durch unsere körperliche und geistige Leistungsfähigkeit. Auch die muss erhöht werden, um von ihr nicht ausgebremst zu werden: Das ist möglich über Neuro-Enhancement. In Deutschland steigt der Konsum von Amphetaminen unter Studierenden seit 2011 rasant an (Linhardt 2018, S. 8): »Statistiken zufolge nimmt in den USA bereits jeder vierte Student das verschreibungspflichtige Medikament zu sich (ebd.). Es folgt eine Dynamik, die sich im folgenden Bild beschreiben lässt: Alle Zuschauer saßen einmal im voll besetzten Stadion und hatten einen guten Blick auf das Spielfeld. Irgendwann stand eine Person auf, um sich einen Vorteil zu verschaffen: Sie hatte nun einen besseren Blick auf das Spielfeld. Die Zuschauer dahinter sahen jedoch schlechter als zuvor. Nach und nach standen daraufhin alle auf, um noch etwas vom Spiel mitzubekommen. Letzten Endes sah keiner mehr als zuvor im Sitzen, doch alle verbrauchten nun mehr Energie und Kraft für das gleiche Ergebnis.

Als Resultat des Drucks und der ständig erhöhten Geschwindigkeit stehen Menschen unter Dauerstress. Ihr Körper bleibt im Überlebensmodus, in einem Alarmzustand gefangen. Entspannung und Ruhe werden unmöglich. Dieser Zustand verändert auch unseren Bezug zu anderen Menschen: Wir können sie nicht mehr in ihrem Sosein erleben und genießen. Wir bekommen einen Tunnelblick, in dem Menschen nur noch als Objekte und in ihrer Funktion gesehen werden. Die Begegnung mit dem anderen geht verloren. Stress und Menschlichkeit sind Gegensätze. Stress macht Menschlichkeit zunichte und befördert projektive Mechanismen wie Spaltungen und Objektivierungen.

## Der humanistische Raum als Gegenpol zum reinen Effizienzdenken

Auch der moderne Therapieraum wird immer stärker von einer Agenda der Effizienz bestimmt: Dazu muss er im Vorhinein durchstrukturiert werden. Nur so lassen sich Effekte und Outcome optimal abbilden. Der humanistische Therapieraum versteht sich als nonkonform, prozessorientiert und nondirektiv. Er richtet sich an der Beziehung im Hier und Jetzt aus. Maßgeblich für mein therapeutisches Handeln ist meine Präsenz, meine Spontanität und Intuition. Ich lasse mich ganz auf mein Gegenüber ein. *Mich leiten die Fragen: Wer bist du? Was treibt dich an? Wieso leidest du? Wo stehst du dir selbst im Weg? Die Einladung ist folgende: Spüre nach! Finde deine innere Stimme als Kompass für das, was du brauchst! Erkenne deine inneren Fähigkeiten der Bewältigung und beginne, darauf zu vertrauen! Nimm Tempo raus, halte inne! Sei neugierig auf das, was hochkommt, und halte die damit einhergehenden Gefühle aus, ich unterstütze dich dabei. Dann wird dein innerer Raum wieder weiter.* Vielen macht diese Einladung Angst. Viele wissen nicht mehr um die Verlässlichkeit und den Wert ihrer inneren Stimme. Diese wurde schließlich jahrelang überhört. Wer bin ich außerhalb von Rollen und Funktionen, die ich im Leben ausfülle?

Bevor wir in einen therapeutischen Prozess mit einem Menschen einsteigen, können wir noch nicht wissen, wie dieser ausgeht. Dann wäre es nicht der offene Prozess unseres Gegenübers, sondern unserer. Sepp Herberger, der deutsche Fußballtrainer vom »Wunder von Bern«, sagte: »Die Leute gehen zum Fußball, weil sie nicht wissen, wie es ausgeht.« Ganz ähnlich verhält sich dies in der Psychotherapie. Wenn wir vorher schon wüssten, wo der Weg hingeht, müssten wir den Prozess gar nicht beginnen. Dann lassen wir uns nicht wirklich auf die Eigenart, den inneren Bezugsrahmen, die ureigene Welt unseres Gegenübers ein.

Der humanistische Raum ist kein Ratgeber dafür, wie man die Überholspur des Lebens erreicht oder auf ihr bleibt. Er bietet keine Psychotricks, Fix-it-Versprechen, schnelle Antworten oder Lösungen. Er lädt zum Sein ein, zur Begegnung, zur Entschleunigung. Als therapeutische Begleiter*innen begegnen wir dem Menschen, der sich verloren hat. Wir unterstützen dabei, das, was im Herzen offen ist, zu fühlen, zu leben oder zu betrauern. Wir begleiten den Prozess. Es geht nicht darum, was richtig oder falsch ist. Im Zentrum steht die Frage, wer mein Gegenüber in seiner wesensgemäßen Eigenart ist, was die andere Person will, was sie nährt, was ihr schadet, was für sie stimmig ist. Das können wir zusammen herausfinden.

Das zentrale Mittel dafür ist Kontakt. Dieser unterstützt dabei, die Unsicherheiten auszuhalten, die während dieser Öffnung entstehen. Die Klientin wird durch eine Therapeutin, die mit sich in Verbindung ist, zum Selbstkontakt ermutigt. Die Richtung für die Therapie wird nicht vom Therapeuten vorgegeben. *Das funktioniert deshalb, weil die eigenen Wachstums- und Selbstaktualisierungskräfte in Bewegung kommen, wenn ein echter, nährender Kontakt da ist.* Ob der daraus resultierende Wandel die Leistungsbereitschaft im Beruf steigert, lässt sich nicht vorhersehen. In der Regel werden Menschen kreativer, lebendiger, schöpferischer, produktiver und prosozialer, wenn sie beginnen, ihr Leben auf eine für sie stimmige Art und Weise zu leben.

Die Richtung dieser Veränderung können wir Begleiter*innen nicht vorzeichnen. Das bleibt zu einem gewissen Maße unverfügbar. Wir begleiten diesen Prozess. Wir unterstützen dabei, dass ein Mensch mehr seines Erlebens zu sich nehmen darf. Er wird lebendiger: im Durchfühlen von Freude, Verbundenheit und Leichtigkeit, aber auch beim Erleben von Traurigkeit, Unsicherheit, Wut und Ängsten. Wir vertrauen darin, dass die selbstorganisierenden inneren Kräfte den Menschen dahin führen, wo es für ihn gut ist: Wir vertrauen in die Beziehung.

Insgesamt genießt der moderne und postmoderne Mensch viel mehr Freiheitsgrade und Wahlmöglichkeiten als der Mensch in vergangenen Gesellschaften. Das birgt aber auch ein größeres Konfliktpotenzial. Wenn ich mehr wählen kann, lastet auch eine größere Verantwortung auf meinen Schultern. Wir können überfordert und orientierungslos vor einer Vielzahl offener Türen stehen bleiben, ohne durch eine hindurchzugehen. Der Erwartungsdruck, etwas aus unserem Leben zu machen, steigt ungemein. Unsere Freiheitsgrade bieten einen Nährboden für die allgegenwärtigen Neurosen. Häufig sind sie Ausdruck einer inneren und äußeren Suchbewegung ohne Kompass und Richtung. *Um mit diesen Freiheiten umgehen zu können, brauchen wir eine Verankerung in uns selbst. Eine Verbindung, die auf Selbstgefühl beruht.* Ein Vertrauen in unsere Fähigkeiten und in unseren Weg. Unsere Wahlfreiheiten verleihen uns Würde. Sie stehen uns zu. Moshé Feldenkrais drückt es so aus:

»Wenn du nur eine Wahl hast, bist du wie ein Stein. Wenn du zwei Möglichkeiten hast, bist du wie ein Lichtschalter. Ab drei Wahlmöglichkeiten beginnst du, Mensch zu sein.«

Durch die von uns getroffene Wahl können wir immer mehr herausfinden, was zu uns passt und was uns entspricht. Unsere Handlungsoptionen müssen in erster Linie uns Menschen dienen und nicht einem entfesselten Wirtschaftssystem, das all unsere Ressourcen auffressen kann, wenn wir den Kontakt zu uns selbst verlieren.

Die akademische Psychologie hält sich in der Regel mit Systemkritik zurück: ihre wissenschaftlichen Erkenntnisse können so als Tools für beliebige Zwecke nutzbar gemacht werden. Die Humanistische Psychologie setzt sich kritisch mit den Grundlagen und Normen der Gesellschaft auseinander, in der wir leben. Die humanistischen Qualitäten von Bezogenheit, Begegnung, Nonkonformität, Ganzheit, verkörpertem Selbstkontakt und offener Neugierde sind ein dringend gebrauchter Gegenpol zu einer Gesellschaft, die geprägt ist von krankhafter Positivität, Leistungsdruck, Schnelligkeit, Hyperstimulation, einer Überbetonung des Mentalen, Kontrollsucht und narzisstischer Spiegelung. In der Moderne wird versucht, alle Lebensäußerungen zu optimieren und zu kontrollieren. Alles soll »verfügbar« (Rosa 2023) gemacht werden. In der Psychotherapie möchten wir die Voraussetzungen für Resonanzmomente schaffen, die eine transformative Kraft haben. Wir können mit der Art unseres Beziehungsangebots die Wahrscheinlichkeit dafür erhöhen. Wir erzeugen einen gegenteiligen Effekt, wenn wir versuchen, Therapieprozesse zu stark zu kontrollieren: Je stärker wir den Therapieraum mit einer Agenda von evidenzbasierten Methoden durchstrukturieren und authentische Resonanzmomente zu erzwingen versuchen, desto geringer wird die Wahrscheinlichkeit, dass diese sich spontan ereignen.

# 9 Individuation: Über die Persönlichkeitsentwicklung und ihre Hürden

> »The Path is not from here to there but from there to here.«
> *(Jack Kornfield)*

Die Vorstellung einer inneren Wachstumskraft, die zur sich selbst organisierenden Entfaltung unserer wesensgemäßen Eigenart drängt, ist das zentrale Merkmal der Humanistischen Psychologie. Der wesenhafte Kern ist jedem Menschen als Potenzial gegeben. Dazu Büntig (Büntig 2013, S. 16):

> »Selbstentfaltung ist ein lebenslanger Prozess des Wandels, in der Auseinandersetzung mit der Welt, von der wir abhängig und ein Teil sind. Wir gestalten auf unserem Lebensweg das im Keim schlummernde Wesen zur persönlichen Form. Wir lassen uns immer wieder neu von der Welt beeindrucken, sammeln und verdauen unsere Eindrücke, drücken die dabei auftauchenden Gefühle und Gedanken aus und finden, formen und erkennen so unser Selbst. Dieser Individuationsprozess ist ein ständiges Vergehen und Neuwerden. Jeder neue Wachstumsschritt stellt das Gewordene in Frage. Neue, differenzierte Bedürfnisse werden wach und bedrohen die Sicherheit des Gewohnten.«

Das Leben ist ein offener Prozess und ständig in Bewegung. In unseren Beziehungen bewegen wir uns ständig auf andere Menschen zu oder weg. Unsere innere Bedürfnislage, unsere Empfindungen und Gefühle verändern sich fortwährend. Im Außen sind wir immer wieder mit neuen Aufgaben und Lebensumständen konfrontiert. Solange unsere Grundbedürfnisse ausreichend erfüllt sind, haben wir genügend inneren Raum, um auf die uns gestellten Aufgaben im Außen zu reagieren. Was passiert jedoch, wenn unsere Grundbedürfnisse früh in unserer Entwicklung frustriert werden? Dazu Wolf Büntig (Büntig 2013, S. 36):

> »Wenn unsere Bedürfnisse in der frühen Kindheit nicht angemessen befriedigt und die entsprechenden Emotionen durch drohende Vernichtung, Vernachlässigung, Überforderung, Manipulation, Verführung, Unterdrückung, Missachtung, Verkennung und so weiter beantwortet werden, dann lernt das

> Kind zunächst den emotionalen Ausdruck, bald jedoch die Wahrnehmung des Bedürfnisses und schließlich gar den Bedürfnisimpuls selbst durch Anspannung der entsprechenden Muskulatur zu unterdrücken. Die Abwehrmechanismen sind also mit Muskelkraft geleistete Arbeit.«

Je mehr wir uns anspannen und halten müssen, desto weniger können wir uns dem inneren Lebensfluss und den äußeren Lebensaufgaben anvertrauen. Die Gründe dafür sind zahlreich. Wir können nicht loslassen, wenn wir uns nicht sicher genug fühlen, wenn Beachtung fehlt oder wenn wir keine Möglichkeit haben, unsere Grundbedürfnisse zu befriedigen. Wir halten uns. Innerlich in Form von Spannung, mit deren Hilfe wir unsere Bedürfnisse und Gefühle weniger spüren. Wenn wir im Innern keinen Halt finden, halten wir uns äußerlich an Selbstbildern fest. Und zwar umso stärker, je weniger unsere Identität auf einem verkörperten Selbstgefühl beruht. Wir halten uns, indem wir uns für etwas halten (Büntig 2015). Dadurch können wir die Illusion von Kontrolle aufrechterhalten: Wir fühlen uns sicherer. Unsere Lebensenergie und unsere inneren Wachstumsprozesse geraten jedoch ins Stocken. Wir leben dann nicht mehr in Kontakt mit unserer unmittelbaren Erfahrung, mit der lebendigen Innen- und Außenwelt. Wir nehmen nur den Ausschnitt unserer Erfahrungen wahr, mit denen wir unsere Gedanken bestätigen. Wir leben dann in einer starren, virtuellen Wirklichkeit.

**Was passiert, wenn wir an unsere inneren Wachstumskräfte angebunden sind?** Sind unsere Grundbedürfnisse nach Nahrung, Bindung, Sicherheit, Beachtung und Zugehörigkeit ausreichend erfüllt, neigen wir ganz natürlich dazu, unsere Identität von starren Selbstbildern zu lösen und zu erweitern. Unsere Lebensenergie ist weniger an die Aufrechterhaltung von Selbstbildern gebunden, und wir kommen sprichwörtlich wieder ins Fließen. Dann wirken die inneren Wachstumskräfte in uns: Unsere Wahrnehmung und unser Bewusstsein öffnen sich, sodass wir die Welt, unsere Mitmenschen und uns selbst vollständiger und in ihrer Veränderlichkeit wahrnehmen können. Mit der Erweiterung unserer Identität und Wahrnehmung handeln wir automatisch prosozialer: »Individualismus ist ein absichtliches Hervorheben und Betonen der vermeintlichen Eigenart im Gegensatz zu kollektiven Rücksichten und Verpflichtungen. Individuation aber bedeutet gerade eine bessere und völligere Erfüllung der kollektiven Bestimmungen des Menschen, indem eine genügende Berücksichtigung der Eigenart des Individuums eine bessere soziale Leistung erhoffen läßt, als wenn die Eigenart vernachlässigt oder gar unterdrückt wird« (Jung 2007, S. 59). Die Fähigkeit, uns in andere hineinzuversetzen, wächst. Die Bereitschaft, andere zu verletzen, sinkt, weil wir in tiefer Verbindung mit ihnen spüren, wie wir uns dadurch selbst verletzen. Der Mensch wird nicht nur durch Kräfte von außen geformt. Er besitzt Kräfte im Innern, die seine Entwicklung vorantreiben – wie ein Samen, aus dem sich unter bestimmten Bedingungen die in ihr angelegte Pflanze entwickelt.

**Was ist mit dieser Kraft gemeint?** Diese Kräfte werden als Potenzial, Lebens- oder Wachstumskräfte, Selbstaktualisierungstendenz oder Lebensenergie beschrieben.

> »Ob man dies eine Tendenz zur Entfaltung, einen Drang zur Selbstaktualisierung, oder eine sich vorwärtsentwickelnde Gerichtetheit nennt, es handelt sich um die Haupttriebfeder des Lebens und ist letztendlich die Tendenz, von der die ganze Psychotherapie abhängt. Es ist der Drang, der sich in allem organischen und menschlichen Leben zeigt: sich auszuweiten, auszudehnen, zu entwickeln, autonom zu werden, zu reifen; die Tendenz, alle Fähigkeiten des Organismus in dem Maße auszudrücken und zu aktivieren, in dem solche Aktivierung den Organismus sich entfalten läßt oder das Selbst steigert. Diese Tendenz kann tief unter Schichten von verkrusteten psychischen Abwehrmechanismen begraben sein; sie kann hinter kunstvollen Fassaden, die ihre Existenz leugnen, versteckt sein; aber es ist meine Überzeugung, daß sie in jedem Einzelnen existiert und nur auf die richtigen Bedingungen wartet, um sich freizusetzen und auszudrücken.«
> *(Rogers 2012, S. 49)*

Unsere körperlichen Prozesse werden ständig durch selbstorganisierende und -regulierende Vorgänge in einem Gleichgewicht gehalten. Bis zu einem bestimmten Alter wachsen wir tatsächlich: Mit unserer Körpergröße wächst auch die Anzahl unserer Neuronenverbindungen im Nervensystem: Dies erlaubt uns einen vielschichtigen und selbstreflexiven Zugang zur Welt. Wir sind mit einer Lebensenergie ausgestattet, die es uns ermöglicht, zu wachsen und etwas nach außen hin zu entfalten, was in unserem Innern angelegt ist. Die Lebensenergie drängt uns dazu. Es gibt einen »Drang zur Selbstverwirklichung« (Jung 2007, S. 70), der – wenn er stagniert – zu einer großen »Enge« (ebd.) des Bewusstseins führt und damit zu »aufgestauter« Energie.

Wenn wir geschehen lassen, wachsen wir automatisch. Loslassen ist ein aktiver Prozess. Wir können erst dann loslassen, wenn wir die Fähigkeit entwickeln, mit inneren Spannungen und Unsicherheiten umzugehen. Um zu wachsen, um unseren Wesenskern zu entfalten, müssen wir uns immer wieder von Altem verabschieden, das Neue empfangen und in Zeiten des Wandels Unsicherheit aushalten. Dieser Prozess führt zu größerer Beziehungs- und Liebesfähigkeit. Häufig wollen wir dieses Wachstum nicht. Es bedroht immer wieder unsere lieb gewordenen Gewissheiten – die Bilder und Vorstellungen, die wir über uns, unsere Mitmenschen und die Welt haben. *Wachstum erschüttert die Scheinsicherheit, an die wir uns festklammern. Wachstum findet außerhalb der Komfortzone des Bekannten statt. Deshalb haben wir allerlei Widerstände gegen diese inneren Kräfte entwickelt.* Mit fatalen Folgen für unsere seelische Gesundheit.

**Wir haben die natürliche Tendenz der Selbsterhaltung und Bedürfnisbefriedigung.** Dies ist für unser Überleben wichtig und uns als Instinkt angeboren. Alles im Organismus ist auf Wachstum ausgerichtet. Wenn unsere Grundbedürfnisse in unserer frühkindlichen Entwicklung nicht befriedigt werden, können unsere inneren Wachstumskräfte ins Stocken geraten. Die Energie des Organismus wird dann zunächst darauf verwendet, das frustrierte Bedürfnis zu erfüllen. Wenn unsere Bedürfnisse ausreichend gestillt sind, sind wir nicht einfach zufrieden und leben genügsam vor uns hin. Ein

Wachstumsbedürfnis wirkt weiter in uns, welches Maslow als Bedürfnis nach Selbstverwirklichung beschrieben hat (Maslow 2010). Von den antiken Philosophen wurde bereits das Bedürfnis zur Entfaltung unserer Fähigkeiten und Talente benannt.

**Was ist Selbstverwirklichung?** Wir können uns diesem Begriff auf zwei Arten nähern. Einmal meint er die Verwirklichung meines Selbst im Hier und Jetzt. Ich bin im Hier und Jetzt verwirklicht, wenn ich zur Gesamtheit meines Erlebens lebendig in Beziehung treten und in stimmiger Art und Weise darauf antworten kann. Stimmig bedeutet, dass meine innere Wirklichkeit mit der Wahrheit einer Situation übereinstimmt: Ich beziehe meine Selbstkenntnis aus meinem Selbstgefühl und kann aufgrund dieses Selbstgefühls und meiner Werte handeln. In diesem Sinne schreibt Jack Kornfield: »The path is not from here to there, but from there to here!« Selbstverwirklichung findet nicht im Außen statt, sondern im Innern. Sie lässt sich in jedem Moment verwirklichen, indem ich in intimen Kontakt mit meinem Erleben trete.

Selbstverwirklichung meint im weiteren Sinne, dass wir Menschen weiter zu innerem Wachstum angetrieben sind, wenn alle grundlegenden biologischen und sozialen Bedürfnisse befriedigt sind. Dann wird ein Drang spürbar, unsere wesensgemäße Eigenart zu entfalten, unsere eigenen Talente, Fähigkeiten und Potenziale zu entdecken und in die Welt zu tragen. Wir wachsen über unser personales Ich hinaus. Unsere Wahrnehmung ist nicht mehr allein durch unsere Bedürfnisbefriedigung strukturiert. Unser Bewusstsein öffnet sich. Unser Identifikationsrahmen weitet sich: Zunächst identifizieren wir uns mit unseren eigenen Selbstbildern und Erfahrungen. Mit wachsendem Bewusstsein für die gegenseitige Abhängigkeit von allem, erweitert sich der Kreis der Menschen, mit denen wir uns verbunden fühlen. »Es führt uns über unsere Identität – über die Person, für die wir uns halten – hinaus zu einem umfassenderen Gefühl des Ganzseins« (Heller & Kammer 2023, S. 12). In manchen Momenten transzendieren wir unsere Identifikationen ganz und sind nur noch reines Bewusstsein. Diese Entwicklung vollzieht sich nicht im Sinne eines entfesselten Wachstums, sondern in der Logik einer Entfaltung der eigenen Wesenhaftigkeit. Ich nehme meine innere Stimme ernst und entdecke immer mehr, wer ich bin, was ich will, was für mich stimmt, was mich glücklich macht und was nicht. Selbstverwirklichung bedeutet für jeden etwas anderes. Im Fokus steht die einzigartige Eigenart und nicht die Normalität. Dennoch lässt sie sich in der Regel an folgenden Kriterien erkennen: einem Gefühl von mehr Autonomie und Wahlfreiheit, größerer Beziehungs- und Liebesfähigkeit, mehr Selbstachtung, wachsender innerer Organisation, mehr Lebendigkeit, wachsender Regulationsfähigkeit und einem weiteren inneren (Resonanz- und Bewusstseins-) Raum. Dieser zeigt sich in der wachsenden Haltekraft für Freudvolles und Schwieriges.

Diese Wachstumskraft führt nicht zu mehr ICH und damit zu mehr Isolation oder Beziehungslosigkeit. Sie betont nicht das Trennende, nicht die Individualität. Sie führt zu wachsender Eigenart und gleichzeitig zu mehr Verbundenheit und letztendlich Gemeinschaftssinn. Sie überwindet das Ich. Wenn ich in Übereinstimmung mit meiner wesensgemäßen Eigenart handle, bin ich in Verbindung mit mir und der Welt. Ich spüre, dass ich letztendlich mit allem untrennbar verbunden bin. Dieses Gefühl ist keine Auflösung in einen entgrenzten, symbiotischen Bewusstseinszustand. Es setzt die Trennungen und Ausdifferenzierungen, die im Rahmen der Identitätsentwicklung notwendig sind, voraus und kann diese auf einer tieferen Ebene transzendieren. Das bedeutet, dass Selbstverwirklichung die trennende Ebene der Identität und Rationalität einschließt und darüber hinausgeht. Sie ist keine narzisstische Selbstbespiegelung, sondern Ergebnis einer neugierigen Prozessoffenheit. Um zu hören, was meine innere Stimme mir mitteilt – in meinem Leid und in meiner Freude – muss ich mich besinnen, innehalten und tief lauschen. In diesem schöpferischen Prozess schaue ich nicht angestrengt, was ich will, sondern ich bin offen dafür, *was mich will* (Büntig 2015), was zu mir spricht, was mir etwas zu sagen hat. Diesen Prozess kann ich nicht willkürlich steuern und kontrollieren. Dazu Carl Gustav Jung:

> »Jeder schöpferische Mensch weiß, dass Unwillkürlichkeit die wesentliche Eigenschaft des schöpferischen Gedankens ist. Weil das Unbewußte nicht bloß reaktive Spiegelung, sondern selbstständige, produktive Tätigkeit ist, so ist sein Erfahrungsgebiet eine eigene Welt, eine eigene Realität, von der wir aussagen können, daß sie auf uns wirke, wie wir auf sie wirken, dasselbe, was wir vom Erfahrungsgebiet der äußeren Welt aussagen.«
> *(Jung 2007, S. 70)*

Wirklich reich kann nur derjenige sein, der über einen resonanzreichen und weiten Innenraum verfügt. Wir weiten unseren Innenraum, indem wir uns dem zuwenden, was in ihm liegt. Das betrifft sowohl das Offensichtliche als auch das Weggedrückte. Denn jede Erfahrung, jeder Reiz ist im Außen nur dann von Bedeutung, wenn mein Inneres dadurch ins Schwingen geraten kann. Jedes materielle Gut, sei er noch so kostspielig, hat keinen Wert, wenn ich es nicht mit Bedeutung besetze und es keine Resonanz in meinem Inneren erzeugt. Das Gleiche gilt für unsere Beziehungen. Ohne Bezogenheit nach innen erleben wir weder Verbundenheit noch Intimität oder wirkliche Befriedigung durch Kontakt. Dazu Perls (Perls 2008, S. 156): »Nun, die Idee des *Aufwachens* und Wirklichwerdens bedeutet, mit dem zu existieren, was wir haben, dem wirklichen vollen Potential, einem reichen Leben, tiefen Erfahrungen, Freude, Wut – wirklich sein und keine *wandelnden Leichen*.« Oder anders ausgedrückt, können wir das Leben so berühren, wie es sich uns wirklich zeigt? Natürlich brauchen wir materielle Sicherheiten. Im Sinne der Selbstverwirklichung sollten wir uns mehr von dem leiten lassen, was den Spirit nährt, und nicht nur von materiellen Gütern.

**Abb. 1:** Hinderliche Bedingungen für Selbstverwirklichung. Der Selbstentfaltungsprozess kann unter folgenden Bedingungen gestört werden und umschlagen in einen Selbsterhaltungsprozess, bei dem Abwehr- und Schutzstrategien dominieren: beim Fehlen emotional bedeutsamer und fein spiegelnder Beziehungen, durch emotionale Wunden, Entwicklungstraumata und tief frustrierte Bedürfnisse, durch ein starres Selbstbild; Wegdrücken der Eigenart, um Zugehörigkeit zu sichern; rigide Abwehrstrukturen; Angst vor Neuem/Wandel; Ich-Schwäche; Überbetonung des Rationalen.

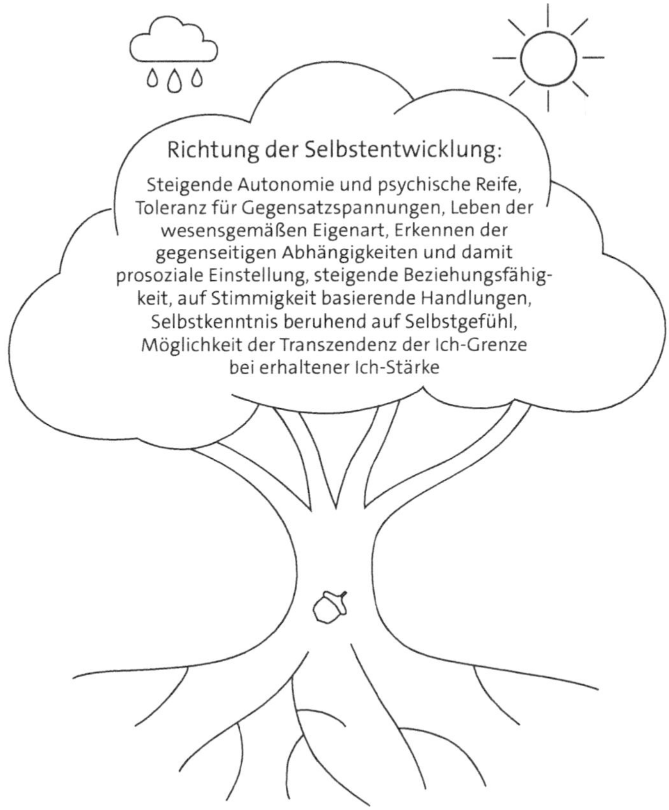


**Abb. 2:** Im Menschen ist ein Potenzial angelegt, das sich unter bestimmten günstigen Bedingungen von innen heraus entfaltet; so wie die Eichel zur Eiche heranwächst. Hilfreiche Bedingungen für die Selbstverwirklichung: eine bestimmte Qualität von Beziehung, Gemeinschaft und Kontakt (unbedingte Wertschätzung, Kongruenz, Empathie, Authentizität und Klarheit hinsichtlich Grenzen, Teil einer Gemeinschaft sein, ausreichende Befriedigung der Grundbedürfnisse).

**Wie kann ich den Individuationsprozess in der Therapie fördern?** Als Therapeut kann ich diesen Prozess unterstützen, sollte ein Klient in eine Sackgasse geraten sein. Schon die Suche nach einer Therapie ist eine Öffnung. Um dabei zu unterstützen, dass meine Klient*innen wieder mit den inneren Wachstumskräften in Verbindung kommen, darf ich keine Angst vor dem haben, was sich in den Therapien in den Vordergrund drängen möchte. Mit der Art der von mir angebotenen Beziehung kreiere ich eine Umgebung, die Wachstumsprozesse anregt: Ich höre zu und heiße das willkommen, was auftaucht. Ich unterstütze mit Kontakt und meiner Bereitschaft, dazubleiben. Ich beziehe mich mit meinem Sosein auf das Sosein meines Gegenübers und schaue dadurch wirklich auf den Kern dieses Menschen. Während ich in Kontakt mit mir bin, lade ich mein Gegenüber dazu ein, einen tieferen Kontakt zu sich herzustellen. Gleichzeitig schaffe ich eine Wahrnehmung für das Kontaktgeschehen: Wann ist jemand in Kontakt, wann schneidet sich jemand vom Kontakt ab? Das ist die Voraussetzung dafür, dass der Prozess in Bewegung bleibt. Nach außen hin kann das völlig unspektakulär aussehen und sich innerlich ganz ruhig anfühlen. Im Buddhismus wird diese Qualität als »leere Weite« beschrieben. Wir erleben dies als Stimmigkeit, Präsenz und Kontakt. In der Verbindung können wir selbst schreckliche Dinge gut aushalten. Die Intensität speist sich aus der Präsenz, mit der wir da sind, und nicht aus der Heftigkeit des Ausdrucks. Das unterscheidet eine prozessorientierte Psychotherapie von in erster Linie erlebnisfokussierten oder emotionsaktivierenden Psychotherapien.

**Woran erkenne ich einen sich selbstverwirklichenden Menschen?** Die Fähigkeit zur Anpassung an sich wandelnde Lebensumstände und sich verändernde Lebensaufgaben steigt. Das bedeutet nicht, dass ich angepasster bin. Ich bin besser in der Lage, mich auf veränderte Umgebungen einzustellen, da mein Identitätskorsett nicht mehr so starr ist. Ich kann mit Widrigkeiten und Hindernissen im Leben besser umgehen. Ich kann den Wandel des Lebens annehmen und meine Segel neu setzen, wenn der Wind aus einer anderen Richtung weht. Eine Entwicklung zum Guten bedeutet nicht, naiv darauf zu vertrauen, dass alles gut wird. So ist das Leben nicht. Das Leben beinhaltet Krankheit, Tod, Verlust, Unfälle und Schmerz. Für alle Menschen. Früher oder später. Zum Guten bedeutet: Das innere Vertrauen, mit diesen Ereignissen umgehen zu können, steigt. Heller und Kammer (Heller & Kammer 2023, S. 181) bezeichnen dies als »verkörpertes Gefühl der eigenen Handlungsmacht«. Trauer, Verzweiflung und Verlust bekommen einen Raum. Ich kann meine existenzielle Unsicherheit und Unwissenheit anerkennen: Ich kann nicht mit Sicherheit wissen, was wahr ist, ich kann auch nicht wissen, was morgen sein wird. Diese existenzielle Ohnmacht, das Fehlen endgültiger Antworten, halte ich aus, indem ich auf die Wachstumsprozesse vertraue, die durch eine förderliche Beziehung und Atmosphäre angestoßen werden. Dieses Vertrauen bildet das Gegengewicht zur Ohnmacht, die in Kontakt mit existenziellen Themen entstehen kann. Mit wachsendem Selbstgefühl steigt die Achtung vor meinen Grenzen. Ich bin in Kontakt mit meinem Erleben und Gefühlen. Diese nutze ich für meine bedeutsamen Beziehungen. Ich handle aber nicht affektgeleitet, sondern im Einklang mit meinen Werten, Zielen und meinem innersten Wissen. Die Fähigkeit zur Affektkontrolle ist ein entscheidendes Instrument auf dem Individuationsweg. Ich begreife mich als Teil einer Weltgemeinschaft. Ich entdecke mein Potenzial und möchte etwas davon zurück in die Welt tragen, unabhängig davon, wie groß die Reichweite davon sein mag.

**Selbstverwirklichung ist kein zu erreichendes Ziel, sondern ein dynamischer Prozess, der nie zu einem Ende kommt.** »Wir reifen in Sprüngen, diskontinuierlich, mit Unterbrechungen. Auf Zeiten von Ruhe und Sicherheit folgen Momente der Erschütterung. Die meisten von uns haben jedoch gelernt, die Unsicherheit zu scheuen, die in diesem rhythmischen Reifen liegt« (Büntig 2013, S. 20). Entsprechend der neoliberalen Logik denken wir heute bei einem sich selbst verwirklichenden Menschen an einen finanziell erfolgreichen, performativen, vitalen und aktiven Menschen. Das kann, muss aber nicht sein. Ein solcher Mensch kann nach außen erfolgreich scheinen, während er sich innerlich einsam, leer und unberührt fühlt. Er kann gesellschaftlichen Erfolg haben, ohne dass sein Handeln und seine Selbstkenntnis auf seinem wesensgemäßen Selbstgefühl beruhen. Einen sich selbst verwirklichenden Menschen erkennt man nicht an Erfolg oder Außenwirkung, sondern daran, dass er mit sich selbst in stimmiger Art und Weise in Verbindung ist. Sein Wirken in der Welt passt zu seinem Selbstgefühl und seiner Eigenart.

Auf unserem Weg der Individuation wechseln sich Phasen der Sicherheit mit Zeiten von Herausforderungen, Unsicherheit und Erschütterung ab. Die größten Herausforderungen, die das Leben an uns stellt, können uns entweder entmutigen und brechen oder uns dazu auffordern, die Frage, wer wir wirklich im Innern sind, radikaler zu stellen. Jede Krise bietet eine Chance für Wachstum. Für den sich selbst verwirklichenden Menschen gibt es keine schlechten oder guten Geschehnisse, die ihm widerfahren, sondern Herausforderungen, die das Leben an ihn stellt. »Wendepunkte sind Phasen in unserem Leben, in denen aus dem Alten das Neue geboren wird, in denen wir gewordene Form verlieren, um neue Gestalt zu finden, in denen wir das Bekannte in Frage stellen und uns öffnen für das Unbekannte, für das, was wir noch nicht kennen, und für das, was wir noch nicht gekannt haben. An Wendepunkten geben wir den Halt auf, den wir am Gewordenen hatten, um dem zu begegnen, was werden will. An Wendepunkten nehmen wir Abschied von der Person, die wir waren, und begrüßen die, die wir werden« (Büntig 2013, S. 21).

Wir dürfen Selbstverwirklichung nicht mit der Verwirklichung eines Selbstbildes verwechseln. Sie bedarf keiner narzisstischen Inszenierung. »Viele Leute opfern ihr Leben, um ein Bild dessen, wie sie sein sollen, zu verwirklichen, anstatt sich selbst zu verwirklichen. Dieser Unterschied zwischen Selbstverwirklichung und Verwirklichung des Selbstbildes ist sehr wichtig« (Perls 2008, S. 28). Warum dieser Weg in eine Sackgasse führt, habe ich bereits aufgezeigt. Wir vereinsamen in der inneren Beziehungslosigkeit. Ich brauche die Spiegelung als Beweis dafür, dass ich existiere. Ich wähne mich frei, während ich mich auf diesem Wege völlige Abhängigkeit begebe. Das Dilemma ist folgendes: Ich werde nicht beachtet für das, was ich meinem Wesen nach bin, sondern für das, was ich meine, darstellen zu müssen, um gesehen zu werden. Der

Weg der *Verwirklichung des Selbstbildes* macht einsam, innerlich leer und abhängig. Der andere, der mich belebt, berührt und für mich letztendlich unerreichbar bleibt, verschwindet. Wenn meine Welt nur aus Spiegelungen meiner selbst besteht, wird sie leer, bedeutungslos und bleibt ohne Geheimnis, Wunder und Tiefe. Die Selbstverwirklichung führt zu mehr Verbundenheit, authentischen Beziehungen und dem Wunsch, etwas zu geben. Die Eigenart des anderen darf sein, ohne dass sie für mich bedrohlich wird. Ich darf mein Leben leben und in Verbindung sein, ohne mich den Erwartungen meiner Mitmenschen auszuliefern. Dazu Perls: »Be who you are and say what you feel because those who mind don't matter, and those who matter don't mind.«

Charlotte Bühler (Bühler 1962, S. 117 f.) weist darauf hin, dass nicht alle Menschen auf finanziellen und materiellen Erfolg aus sind und häufig auch nicht die Entfaltung der eigenen Autonomie im Sinn haben. Sie stellt damit Maslows These infrage, dass jeder Mensch ein Bedürfnis nach Selbstverwirklichung habe, sofern grundlegende Bedürfnisse ausreichend befriedigt sind. Ich bin der Meinung, dass auch ein Mensch, der sein eigenes »kleines und unaufgeregtes Leben« lebt, durchaus selbstverwirklicht sein kann. Entscheidend ist für mich die Frage, ob das Selbstgefühl und die Lebensentscheidungen der Person auf Stimmigkeit beruhen und sie mit ihrer wesensgemäßen Eigenart in Kontakt ist. Kann sich jemand innerlich lebendig fühlen und zu sich und seinem Leben in der Tiefe Ja sagen? Das kann im Kleinen und völlig unspektakulär geschehen. Die Intensität, mit der wir das Leben berühren, speist sich nicht aus Lautstärke, Effekt, Ruhm und Erfolg, sondern aus Präsenz, Beziehung und Intimität. Entscheidender für die Selbstverwirklichung ist das Selbstgefühl und nicht das, was wir von außen sehen. Ganz im Gegenteil wirkt eine starke Außenwirkung häufig der inneren Selbstverwirklichung entgegen. So zitiert Erich Fromm (Fromm 1987) als Opener zu seinem Buch »Haben oder Sein« Karl Marx: »Je weniger du *bist*, je weniger du dein Leben äußerst, um so mehr *hast* du, um so größer ist dein entäußertes Leben.«

Das große Selbst aber können wir nie begreifen, es erschließt uns nie ganz, weil es alles beinhaltet. Schon die Begrenztheit unserer Wahrnehmungskapazität zwingt uns zur radikalen Reduktion unserer Sinneseindrücke. »Intellektuell ist das Selbst nichts als ein psychologischer Begriff, eine Konstruktion, welche eine uns unerkennbare Wesenheit ausdrücken soll, die wir als solche nicht erfassen können, denn sie übersteigt unser Fassungsvermögen, wie schon aus ihrer Definition hervorgeht. Sie könnte ebensowohl als ›der Gott in uns‹ bezeichnet werden« (Jung 2007, S. 122).

Der sich selbstverwirklichende Mensch hält eine Verbindung zum Mystischen im Leben, welches er im Gegenüber und im Sein allgemein ahnt. Dafür gibt es viele Bezeichnungen, die alle auf dieses große Geheimnis weisen. »Mit der Empfindung des Selbst als etwas Irrationalem, undefinierbar Seiendem, dem das Ich nicht entgegensteht und nicht unterworfen ist, sondern anhängt, und um welches es gewissermaßen rotiert, wie die Erde um die Sonne, ist das Ziel der Individuation erreicht« (ebd., S. 124).

## Das wahre (authentische) und das falsche (adaptive) Selbst

Der Begriff wahres Selbst ist aufgeladen und hochstilisiert. Er klingt nach Schatzsuche: Als müssten wir das wahre Selbst mit viel Aufwand suchen und entschlüsseln. Als wäre es wie ein Schatz irgendwo tief vergraben. Wenn ich diesen Schatz dann fände, zum Beispiel durch die Leitung eines Gurus, teure Selbsterfahrungsseminare, die richtige Therapeutin oder den jahrelangen Rückzug in eine Höhle, dann würde ich wahres Glück finden! Dann wären mir für den Rest meines Lebens Freiheit, Anerkennung und Liebe gewiss. So oder so ähnlich lautet das Versprechen.

Die Konzepte des »wahren« und »falschen« Selbst stammen vom englischen Psychoanalytiker Donald Winnicott (1965, S. 140 ff). Das wahre und das falsche Selbst können wir nirgendwo real sehen. Es sind Metaphern, die verschiedenen Erlebensqualitäten zu beschreiben versuchen. Zum Verständnis des wahren Selbst gibt es zwei grundlegende Zugänge: Zum einen meint unser wahres Selbst etwas sehr Unmittelbares und Unaufgeregtes: Wir sind im Hier und Jetzt in Kontakt mit unserem inneren Erleben und können auf dieser Grundlage handeln. Heller und Kammer sprechen auch vom »authentischen Selbst« (Heller & Kammer 2023, S. 84). Sehr einfach können wir uns dem über die Vorstellung eines falschen Selbst annähern, die den meisten sofort einleuchtet: Das falsche Selbst beinhaltet all die Selbstbilder, Ziele, Werte, Handlungen und Gedanken, von denen ich meine, dass sie von außen Belohnung und Zuspruch erhalten. Sie wurzeln jedoch nicht in meinem Selbstgefühl, das meinem inneren Wesen nahe ist. Es beschreibt meine Fassade oder eine Rolle, die ich spiele. Wenn ich aus meinem falschen Selbst heraus handle, erfahre ich an der Oberfläche Anerkennung, im Inneren bleibt jedoch ein Gefühl der Beziehungslosigkeit und Einsamkeit zurück. Wenn ich etwas darstelle, das ich eigentlich nicht bin, werde ich mich nicht gesehen fühlen – selbst wenn ich dafür Anerkennung bekomme. Mehr noch: meine tiefe innere Überzeugung für das, was ich wirklich bin und erlebe, nicht liebenswert zu sein, wird dadurch noch bestätigt. Mein Selbstwertgefühl bleibt unberührt, ganz gleich, wie viel Anerkennung ich durch die Äußerungen meines falschen Selbst erhalte. Ich sage etwas, was ich nicht denke, ich gebe vor, etwas zu empfinden, was ich nicht empfinde, ich mache etwas, was für mich eigentlich nicht stimmig ist. Manche Menschen tragen das falsche Selbst wie ein schlecht passendes Kostüm. Sie hoffen, dass das Kostüm den anderen gefällt, und sind bemüht, alles Echte darunter zu verstecken. Die Motivation dafür ist der tiefe Wunsch, anerkannt und geliebt zu werden und sich so die Zugehörigkeit zu einer Gruppe zu sichern.

Natürlich spüren wir, wenn jemand nicht authentisch ist. Man könnte denken: *Er ist nicht er selbst! Er lebt nicht sein Leben! Er versucht, jemand anderes zu sein, als er ist.* Diese Diskrepanz zwischen dem falschen Selbst und dem wahren Selbst wird als Irritation erlebt. Es erzeugt eine gewisse Distanz und ein spürbares Misstrauen. *Wer bist du eigentlich?*, könnte die innere Reaktion lauten. Manchmal reagieren wir mit innerer Ungeduld darauf; als wollte etwas in uns den anderen schütteln und sagen: Du musst nicht spielen! Das ist so tragisch, weil Menschen, die aus ihrem falschen Selbst heraus handeln, genau die Reaktionen erzeugen, die sie ja unbedingt zu verhindern suchen.

Die Person, die sich mit dem falschen Selbst identifiziert, möchte keine Distanz schaffen oder gar Irritation auslösen. Sie möchte Anerkennung, Liebe und Zugehörigkeit erfahren. Die Identifikation mit dem falschen Selbst beruht auf einer tiefen seelischen Wunde, mit dem Sosein keine Beachtung und Liebe erfahren zu haben. Die Person hat die Grundüberzeugung, ihr wahrhaftiges Erleben verstecken zu müssen. Dieser Glaube ist lange gereist und durch fehlende feinfühlige Spiegelung und mangelnde Beachtung genährt worden. Dahinter steht die schmerzhafte Erfahrung, mit unserem einzigartigen Erleben und unseren Interessen nicht wahrgenommen, beachtet und gesehen zu werden. Wir entwickeln ein »falsches Selbst«, wenn es eine große Diskrepanz gegeben hat zwischen dem, wer wir wirklich waren, und dem, wie unsere Bezugspersonen uns gesehen haben. Das falsche Selbst ist eine Folge multipler Entfremdungen und begünstigt weitere Entfremdungen. Ein Teufelskreis. Wenn wir keine Beachtung erfahren, hören wir auf, uns spontan in Beziehungen zu äußern. Wir schneiden uns vom Kontakt zu uns selbst und zu anderen ab. Wir entwickeln aus dem Kopf heraus Strategien, um das zu bekommen, was wir brauchen.

Das falsche Selbst ist jedoch auch eine intelligente und kreative Anpassungsleistung, die unbedingt gewürdigt werden muss. Aus diesem Grund sprechen Heller und Kammer hier von einem »adaptiven Selbst« (ebd., S. 84). Niemand ist »falsch«, der aus dem verstellten Selbst heraus handelt. Dies dient als Überlebenshilfe und »Überlebensstruktur« (ebd., S. 109): Man wurde missachtet oder missverstanden für das, was man ist. Es ist immer noch besser, ein wenig Anerkennung von außen für etwas zu erhalten, was man nicht ist, als gar keine. »Eine Ersatzbefriedigung ist immer noch besser als gar keine Befriedigung« (Dörner et al. 2007, S. 261).

Wir sind abhängig von unserer Zugehörigkeit zu Gruppen. Wir haben möglicherweise gelernt, auf Grundlage unseres falschen Selbst zu handeln und unser verkörpertes Selbstgefühl dabei wegzudrücken. Doch das authentische Selbst verschwindet nicht. Die emotionale Lüge eines falschen Selbst kostet Kraft und kann nur über einen begrenzten Zeitraum hinweg aufrechterhalten werden. Der psychische Einbruch, die erste psychische Krise, bietet die Chance, eine Verbindung zum wahren Selbst herzustellen – etwa indem wir in der Therapie Erkenntnissen fördern, die auf einem tiefen Selbstgefühl beruhen.

> »Es scheint, daß der Einzelne allmählich, schmerzhaft, das erforscht, was hinter den Masken liegt, die er der Welt anbietet, und sogar das, was sich hinter den Masken befindet, mit denen er sich selbst betrogen hat. Er erfährt intensiv und oft sehr lebendig die verschiedenen Bestandteile seines Selbst, die in ihm verborgen waren. Er entwickelt sich somit zunehmend zu sich selbst – nicht zur Fassade einer Konformität mit anderen, nicht zu einer zynischen Ablehnung allen Fühlens, nicht zur Front einer intellektuellen Rationalität, sondern zu einem Lebendigen, Fühlenden, Fluktuierenden – kurz, er wird Mensch.«
> *(Rogers 2012, S. 121)*

Dieser Prozess ist häufig sehr langsam, manchmal mühselig und kleinschrittig: Wir geben einer Person die Chance, sich bei ihrer Neuentdeckung selbst mitzunehmen.

Jung beschreibt eine weitere Variante eines angepassten Selbst: die Persona. Die Persona ist der öffentliche Teil unserer Persönlichkeit, unsere soziale Fassade oder Maske. Sie ermöglicht es uns, gesellschaftliche Rollen zu übernehmen und sozial vorhersagbar zu handeln, was grundlegend für unser gesellschaftliches Zusammenleben ist. Die Persona kann sich sowohl aus Anteilen unseres authentischen als auch unseres falschen Selbst zusammensetzen. Entscheidend ist, ob wir uns bewusst darüber sind, welche Rolle wir gerade einnehmen. Mein wahres Selbst kann völlig hinter einer sozialen oder beruflichen Rolle verschwinden. Es ist aber auch möglich, eine soziale Rolle zu erfüllen und gleichzeitig in Kontakt mit meinem inneren Erleben zu sein. Mit unserem wahren Selbst in Verbindung zu sein bedeutet nicht, dass wir ständig unsere Gefühle ausagieren und unsere Bedürfnisse unmittelbar befriedigen müssen. Hier wären wir in einem regressiven, unreifen und ichzentrierten Zustand gefangen. Die Unfähigkeit, Bedürfnisse und Affekte aufzuschieben, führt zur Unfreiheit, da sie uns vollständig von unseren körperlichen und emotionalen Impulsen und Trieben abhängig machen würde. Mit unserem authentischen Selbst in Verbindung zu sein bedeutet, mit unserem gegenwärtigen Erleben in Kontakt zu sein und gleichzeitig entsprechend unserer Werte, Ziele und sozialen Aufgaben handeln zu können. Dafür brauchen wir die Fähigkeit zu Selbstregulation, Affektkontrolle und Bedürfnisaufschub. Eine gesunde Affektkontrolle beschreibt Wolf Büntig (Büntig 2015) so: Zu viel Affektkontrolle hast du, wenn dir jemand auf den Fuß steht und du sofort ›Entschuldigung‹ rufst. Zu wenig Affektkontrolle hast du, wenn dir jemand auf dem Fuß steht und du sofort gegen sein Schienbein trittst. Das genau richtige Maß an Affektkontrolle hast du, wenn dir jemand auf dem Fuß steht, du ihn bittest, das zu unterlassen, und er dennoch drauf stehen bleibt und du dann gegen sein Schienbein trittst.

Das wahre Selbst beinhaltet all mein gegenwärtiges Erleben. In Kontakt mit meinem Selbst kann ich dem mit Neugierde und bezogener Offenheit begegnen: Was empfinde und denke ich, was nehme ich mit meinen Sinnen wahr? Zu oft begegnen wir der Welt allein durch unsere Gedanken, ganz ohne Selbstgefühl. Wir bewerten, ordnen ein, vergleichen, wollen etwas oder lehnen etwas ab. Der Gründer der Gestalttherapie, Fritz Perls, hat die Rolle einseitiger Kopflastigkeit bei der Entstehung von Neurosen betont. Er lädt dazu ein, die Gesamtheit der gegenwärtigen Erfahrungen wahrzunehmen und als Orientierung für das Leben zu nutzen. Sein Leitspruch dazu ist: »Kommt aus dem Kopf zu Sinnen« (Perls 2008, S. 77)! Durch die therapeutische Begegnung, in der wir selbst den Kontakt nach innen halten, laden wir unsere Klient*innen ebenfalls dazu ein, den Kontakt zu sich zu vertiefen. *Wenn ich mein Selbstgefühl im Lauf meiner Entwicklung verloren habe, kann ich dieses durch eine bestimmte Art von Beziehung wiedererlangen.* »In der Sicherheit, die eine Beziehung zu einem Klientenzentrierten Therapeuten gewährt, beim Fehlen jeglicher wirklichen oder angedeuteten Bedrohung für das Selbst, kann es sich der Klient erlauben, verschiedene Aspekte seiner Sinnesorgane und seine Physis zu erfassen, ohne sie verzerren zu müssen, damit sie dem vorherrschenden Begriff des Selbst entsprechen. Viele Aspekte stehen im größten Widerspruch zum Selbstbild, aber man kann es ihnen in dieser sicheren Beziehung erlauben, unverzerrt ins Bewusstsein zu treten« (Rogers 2012, S. 87). Selbstkontakt entsteht, wenn ich ein Gegenüber habe, von dem ich spüre, dass es sich wirklich für mich interessiert und selbst authentisch ist in dem, was es sagt (Rogers 2012). Dadurch entsteht ein Raum, der auch mich einlädt, nachzuspüren, innezuhalten, mein eigenes Erleben zugewandt und wertfrei zu erkunden und dies als intelligente Mitteilungen an mich zu lesen.

> »Sich-selbst-Sein heißt das Muster, die zugrundeliegende Ordnung, finden, das in dem sich unaufhaltsam ändernden Fluß der Erfahrung existiert. Statt den Versuch zu machen, ihre Erfahrung als Maske festzuhalten oder sie zu einer Form oder Struktur umzugestalten, die sie nicht ist, heißt Sich-selbst-Sein die Einheit und Harmonie entdecken, die in ihren eigenen realen Empfindungen und Reaktionen existiert. Das heißt, daß das wirkliche Selbst etwas ist, das sich in den eigenen Erfahrungen bequem entdecken läßt; es ist nichts dem Selbst Oktroyiertes.«
> *(Rogers 2012, S. 120 f.)*

Als transpersonale Auslegung bedeutet das wahre Selbst noch etwas anderes. Es bildet den Hintergrund unseres Ichs. Das Ich identifiziert sich mit einem kleinen Teil seiner Erfahrungen. Wir sagen dann: Dieses *bin ich* und jene Erfahrung *bin ich nicht*. Der Hintergrund dieser Identifikationen beinhaltet alle bewussten, unbewussten, transgenerationalen und kollektiven Erfahrungen. Unsere unbewussten Erfahrungen übersteigen nach Jung unsere persönlichen Erfahrungen. Sie sind erweitert um kollektive Themen der Menschheitsgeschichte, die er Archetypen nennt. Unser Selbst kann nie ganz verwirklicht werden, sondern nur als Ahnung von etwas Tieferem und Größerem in uns wirken.

Unser Selbst beinhaltet also die Gesamtheit des Seins und wird verwirklicht im gegenwärtigen Kontakt zu unserem unmittelbaren inneren Erleben. Das Selbst kann nicht außerhalb von uns gefunden werden. Sobald wir uns auf die Suche machen, gehen wir davon aus, dass es irgendwo anders sein müsste. Das Selbst ist in dem Moment verwirklicht, in dem wir mit unseren gegenwärtigen Erfahrungen in Kontakt sind und in stimmiger Art und Weise auf diese reagieren:

> »... es übersteigt unser Vorstellungsvermögen, uns klarzumachen, was wir als Selbst sind, denn zu dieser Operation müßte der Teil das Ganze begreifen können. Es besteht auch keine Hoffnung, daß wir je auch nur eine annähernde Bewusstheit des Selbst erreichen ... Und so wird das Selbst stets eine uns übergeordnete Größe bleiben.«
> *(Jung 2007, S. 63)*

**Die Diskrepanz zwischen Selbst und Selbstbild.** Unser Selbstkonzept oder Selbstbild umfasst Bilder und Vorstellungen von uns selbst. Es sind Konzepte, keine unmittelbaren Erlebnisinhalte. Diese Bilder passen häufig nicht zu dem, was wir im Hier und Jetzt erleben. Wenn ich mich als mutig, stets potent, sicher und erfolgreich definiere, dann bekomme ich ein Problem, wenn ich in einer Lebensphase verstärkt Nervosität, Ängste, Geborgenheitswünsche und Unsicherheiten erlebe. Im engen Raum meiner Identität hat dieses Erleben keinen Platz, was schwerwiegende Folgen für mein Selbstgefühl und meine Beziehungen haben kann. Ich beginne dann immer mehr von dem, was ich erlebe, zu verstecken. Das tue ich, indem ich meine Erregung durch Muskelspannung halte. Ich werde weniger lebendig, muss mich innerlich und äußerlich zurückziehen. Identität bedeutet übersetzt *mit sich selbst identisch sein*. Wenn mein Selbstbild und mein Selbst nicht zusammenpassen, entsteht eine Reibung, die Rogers (Rogers 2012) als Inkongruenz bezeichnet. Was mache ich mit dem, was ich in mir erlebe, das aber nicht in das Korsett meiner Selbstidentität passt? Wie gehe ich mit diesem oft bedrohlich wirkenden inneren Widerspruch um? Ich habe zwei Möglichkeiten, mit einer solchen Inkongruenz umzugehen: Erstens kann ich einfach so tun, als wäre sie nicht da. Ich drücke sie weg: mit Muskelkraft. Ich halte den Atem an, drücke die Kiefer aufeinander, ziehe die Schultern hoch, kneife die Pobacken zusammen oder mache mein Zwerchfell hart. Zweitens kann ich mein Selbstbild so erweitern, dass dieses Erleben darin Platz hat. Die folgende Abb. 3 stellt diese Vorgänge schematisch dar:

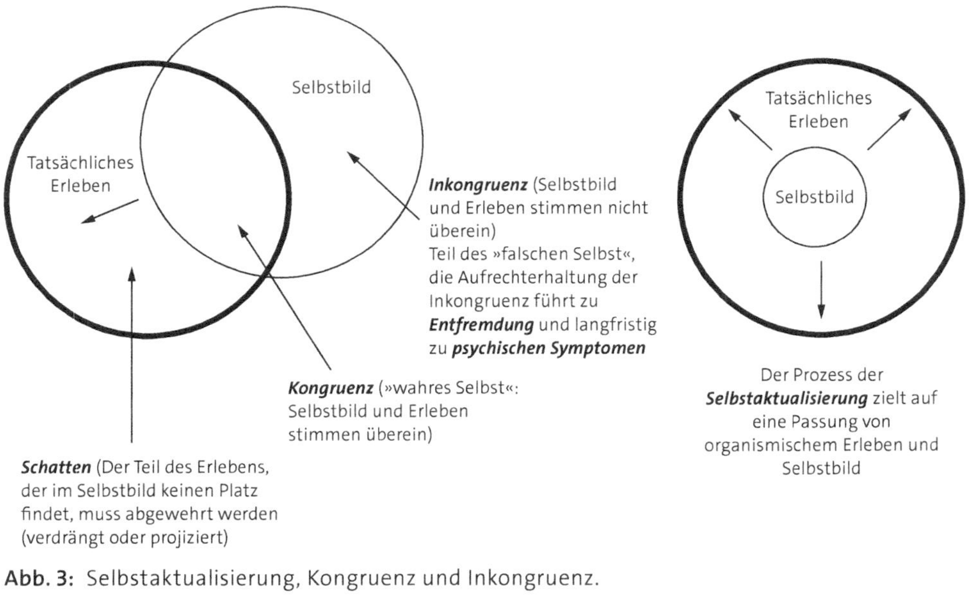


**Abb. 3:** Selbstaktualisierung, Kongruenz und Inkongruenz.

**Die Erweiterung unseres Selbstbildes braucht bewusste innere Arbeit.** Dieser Prozess ist nicht unproblematisch und nur möglich, wenn wir bewusste innere Arbeit leisten: Im Zuge dessen entsteht ein größerer innerer Raum, der es uns ermöglicht, einen lebendigen Bezug zur Gegenwart zu erleben. Die Erweiterung unseres Selbstbildes ist jedoch auch schmerzhaft und hat ihren Preis. In einem größeren Raum kann sich unser kleines Ich unsicher und verloren fühlen. Unsere Identität und unser vergangenes Ich werden dadurch infrage gestellt. Wenn ich neu entdecke, dass ich heute meine Zuneigung zu anderen ausdrücken darf, ohne von anderen beschämt oder zurückgestoßen zu werden, muss ich mein Verhalten der letzten Jahre neu bewerten, in denen ich stets nach dieser Überzeugung gelebt – oder vielmehr *nicht gelebt* – habe. Vielleicht war diese Überzeugung falsch und ich habe verpasst, sie in einer neuen Lebenssituation zu hinterfragen? Habe ich Lebenszeit verschwendet, wenn mir nun klar wird, dass ich anders hätte handeln können? Diese Erkenntnis kann erschütternd sein. *»Wirkliche innere Arbeit bedroht unsere Identität«* (Heller & Kammer 2023, S. 108). Und sie erfordert Mut! Denn wir verändern unseren Bezug zur Welt und müssen uns der schmerzhaften Erkenntnis stellen, dass unsere bisherige Art zu leben und zu lieben uns selbst und möglicherweise auch andere verletzt hat – und dass wir hinter unserem Potenzial zurückgeblieben sind. Das ist ein Grund, warum wir so starr an unseren Überzeugungen festhalten, selbst wenn sie uns schon lange nicht mehr dienlich sind. Das inkongruente Erleben können wir durch den Prozess der Verdrängung oder durch eine gewisse Externalisierung abwehren: Wir projizieren es nach außen oder agieren es aus. Wenn wir unserem Selbstbild nach friedliche, stets in uns selbst ruhende Menschen sind, aber innerlich Aggression erleben, dann müssen wir anderen die erlebte Aggression zuschreiben. Oder wir agieren diese aggressive Energie in unseren Handlungen aus, indem wir andere zum Beispiel pedantisch kontrollieren, überwachen, bewerten oder verbessern. Der andere spürt unser Verhalten als Aggression, wir könnten aber weiterhin so tun, als gehöre das nicht zu uns. Wir müssten keine Verantwortung für unsere Empfindungen übernehmen. *So oder so führt die Unterdrückung der spontanen Eigenart, also des authentischen Erlebens, zu zahlreichen Problemen, von denen das unmittelbarste der Verlust von Kontakt ist.* Wir müssen den Kontakt nach innen abschneiden, um den Teil unseres Erlebens wegzudrücken, der nicht zu den Bildern passt, die wir nach außen hin darstellen möchten. Es darf nicht ständig durch unser eigentliches Erleben infrage gestellt werden. Wenn wir dauerhaft unsere Eigenart mit Geistes-Kraft unterdrücken, können Symptome und psychische Störungen daraus erwachsen. Aus diesem Grund genügt es nicht, Symptome einfach zu beseitigen. Wir müssen zuhören und gemeinsam mit unseren Klient*innen die Bedeutung und oft intelligenten Mitteilungen ihrer Symptome verstehen.

Das wahre, authentische Selbst drückt sich über Stimmigkeit aus. Das falsche, adaptive Selbst sucht im Außen nach dem, was vermeintlich richtig oder falsch ist, Zuspruch und Bestätigung verspricht.

Der Fokus auf das Richtige im Außen stellt den Kern der Untreue an uns selbst dar (Büntig 2015) und verstärkt die Kontaktlosigkeit, die so viel dumpfes Leid verursacht. Sie äußert sich in einer ständigen inneren Spannung im Hintergrund, in einer nervösen, haltlosen neurotischen Suchbewegung. Wenn wir uns darüber nicht bewusst sind, müssen wir uns ständig innerlich beruhigen und regulieren. Das machen wir unbewusst über ständige Stimulation oder Ablenkung: Wir öffnen den Kühlschrank, wir greifen zum Handy, stimulieren unsere Sinne und betäuben unser Selbstgefühl. Dann müssen wir nicht hinhören. Dann erhalten wir auch keine Antworten, die es uns möglicherweise schwer machen, immer so weiterzumachen wie bisher. Unsere innere Stimme äußert sich so: Was stimmt für mich? Was nährt und nützt? Was zehrt und schadet? Was bedroht mich? (Büntig 2015). Von welchen Ängsten spüre ich, dass ich sie überwinden muss? Und bei welchen Ängsten erkenne ich, dass sie realistische Grenzen und Gefahren sinnvoll aufzeigen? Als Therapeut*innen ist es unsere Aufgabe, unseren Klient*innen dabei zu helfen, das Vertrauen in dieses innere Wissen, in die Weisheit der inneren Stimme zurückzuerlangen. Der sich selbst verwirklichende Mensch entwickelt ein »wachsendes Vertrauen in den eigenen Organismus« (Rogers 2012, S. 189). Diesen Prozess können wir als Therapeut*innen oder Berater*innen stören, indem wir vorschnell als Experten Lösungen und Handlungsanweisungen anbieten. Damit schwächen wir das Vertrauen unserer Klient*innen in sich selbst und ihre innere Stimme.

## Das menschliche Potenzial

Ein weiterer zentraler Begriff der humanistischen Perspektive ist der des Potenzials. Er verweist nicht auf ein Leistungs- oder Erfolgspotenzial im Sinne einer neoliberalen Wachstumslogik. Es geht hier nicht um das Credo: Es gibt keine Limits! Du kannst alles sein! Gib nie auf, kämpfe weiter! Du musst es nur wollen und hart daran arbeiten! *Unser Potenzial folgt einer Entfaltungslogik.* Wir entfalten unsere Eigenart im Hier und Jetzt, indem wir auf unser Gefühl der Stimmigkeit hören und in Kontakt sind mit unserem unmittelbaren Erlebensfluss. Aus diesem Grund bedeutet Potenzial für jeden etwas anderes. Es kann im Sinne der antiken Philosophie die Verwirklichung unserer Fähigkeiten und Talente sein. Es kann aber auch schlicht ein authentischer Ausdruck dessen sein, was wir sind. Die Bewegung dazu kommt nicht von außen, sondern aus uns selbst. Sie wird jedoch im Außen erkannt. Dazu Wolf Büntig: »Unser Potenzial ist als Inbild gegeben, wird im Vorbild als wertvoll erkannt – wird als Bedürfnis, Notwendigkeit und Auftrag erlebt und als Übung im Alltag verwirklicht.«

Wir spüren intuitiv, ob etwas *zu uns spricht,* ob etwas für uns *stimmt.* Wir müssen uns nicht angestrengt Ziele stecken und nach unserem Potenzial suchen. Hier setzt die humanistische Haltung der Leistungs- und Veränderungslogik eine andere Perspektive entgegen: Indem wir loslassen und ruhig werden, können wir aufmerksam dafür sein, was uns möchte. Dann lauschen wir, was zu uns spricht, was in uns Resonanz erzeugt. Das ist keine Macherlogik, sondern eine Haltung, die dazu einlädt, loszulassen und im Vertrauen zu lauschen. Um also unser Potenzial zu entfalten, brauchen wir eine gewisse Offenheit unserem Lebensentwurf gegenüber. Wir können offen und still sein, um zu hören, was zu uns spricht, was uns ruft. Vor dem Hintergrund unserer finanziellen Verpflichtungen und der Verantwortung zum Beispiel einer Familie gegenüber ist das oft schwierig. Wir müssen diese Räume der Muße und des Loslassens aktiv schaffen. Selbstverwirklichung bedeutet, auf einen Ruf zu hören, dem zu folgen, und ihn auch wieder ziehen zu lassen, wenn es Zeit ist. Es lässt sich mit Hermann Hesse (Hesse 1974) so ausdrücken:

»Ja, man muß seinen Traum finden, dann wird der Weg leicht. Aber es gibt keinen immerwährenden Traum, jeden löst ein neuer ab, und keinen darf man festhalten wollen.«

Mit Potenzial ist auch gemeint, dass alle Menschen die Fähigkeiten zur Lösung ihrer individuellen Probleme in sich tragen. Sie brauchen kein geheimes Expertenwissen von außen, das ihnen den Weg zeigt. Genau diese Außenorientierung ist ja dafür verantwortlich, dass so viele sich verlieren. *In der Humanistischen Psychotherapie versuchen wir einen Raum zu schaffen, in dem wir unsere Klient*innen ermächtigen, die Antworten selbst zu finden.* Wir enthalten nicht etwas vor, um sie zu frustrieren. Das ist kein methodischer Kniff. Wir geben die Antworten nicht, weil wir die wirklich relevanten Antworten für das individuelle Leben unserer Klient*innen nicht haben. Wir haben nur die Fragen! Wir bieten Raum, Interesse und eine authentische Beziehung an. Wenn wir unseren Klient*innen zu viel vorgeben, können wir sie schwächen. Wir stehlen ihnen den inneren Prozess. Der hat sein eigenes Tempo. Emotionale Prozesse sind so viel langsamer als rein kognitive Erkenntnisse. Therapie ist dann erfolgreich, wenn wir unsere Klient*innen in ihrer Fähigkeit und ihrem Vertrauen stärken, mit den Aufgaben umgehen zu können, die das Leben an sie stellt. Ziel ist es, dass sie uns nicht mehr brauchen. Wir helfen dabei, den Schatz zu sehen und zu nutzen, auf dem sie bereits sitzen!

**Werde eigen-artig!** Es ist doch interessant, dass in der deutschen Sprache das Wort *eigenartig* negativ konnotiert ist. Das mag an dunklen Kapiteln unserer Geschichte liegen, in der jegliche Eigenart zugunsten des Gleichen ausgetrieben wurde. Dass sich das in unserer Sprache so deutlich abbildet, bekommt vor diesem Hintergrund einen unguten Beigeschmack. Eigen-tum hingegen gilt als wünschens- und erstrebenswert. Wir wollen das Eigene als Besitz haben und nicht als Ausdruck unserer Wesensart. *In der humanistischen Perspektive möchten wir nicht zu einem Normalsein ermutigen, sondern zur Entfaltung und zum Ausdruck der Eigenart.* Ich unterstütze meine Klient*innen nicht dabei, normal zu werden, sondern eigen-artiger! Ich ermutige sie, ihre eigene Art zu entdecken und zu leben. *Werde eigen-artig!*, könnte das Diktum heißen. Wer kann für jemanden festlegen, was richtig, falsch oder normal ist? Was wäre damit gewonnen? Wir können nur helfen, den Kontakt nach innen wiederherzustellen und auf die innere Stimme, die innere Stimmigkeit zu hören und zu vertrauen.

**Individuation hört nicht mit Eintritt ins Erwachsenenalter auf!** Die Individuation, also der Prozess der Selbstwerdung und der Entfaltung der wesensgemäßen Eigenart, beschreibt einen lebenslangen Prozess. Der Begriff wurde geprägt durch Carl Gustav Jung:

»Individuation bedeutet: zum Einzelwesen werden, und, insofern wir unter Individualität unsere innerste, letzte und unvergleichbare Einzigartigkeit verstehen, zum eigenen Selbst werden. Man könnte ›Individuation‹ [...] auch als ›Verselbstung‹ oder als ›Selbstverwirklichung‹ übersetzen.«
*(Jung 2007, S. 59)*

In der allgemeinen Vorstellung der heutigen Psychotherapie herrscht ein weitverbreitetes Vorurteil und Missverständnis mit teilweise schwerwiegenden Folgen für die Therapie und die Gesellschaft: Wir versuchen, die aktuellen Probleme und Symptome auf der Bühne der Kindheit zu verstehen und zu verändern (vgl. Marlock 2018, S. 1). Das impliziert die Vorstellung, dass unsere Individuation mit Ende der Kindheit abgeschlossen sei. Alle danach auftretenden Krisen, Hindernisse und Herausforderungen wären kein Abbild realer Herausforderungen des Lebenswegs. Das Leben bietet jedoch fortwährend schwer auszuhaltende Widersprüchlichkeiten, zu bewältigende Herausforderungen und Aufgaben, Krisen, Konflikte und die Konfrontation mit existenziellen Themen wie Leid, Krankheit, Verlust, Isolation und Tod. Das Leben ist nicht nur voller Positivität, vital, lebendig, leicht, und voller Erfolg. Es ist so viel mehr und stellt uns hin und wieder Aufgaben, die uns alles abverlangen und manchmal an und über unsere Grenzen treiben. Das muss nicht immer daran liegen, dass in unserer Kindheit etwas schiefgegangen ist. Der Feuilletonist Ijoma Mangold drückt es so aus:

»[Menschen] glauben, wenn sie das Trauma benannt und gebannt haben, melde sich auch das ursprüngliche, unversehrte Ich zurück. Doch Leben heißt immer Versehren, und man sollte sich keinesfalls zu wichtig nehmen: Sowie der Mensch die Augen aufschlägt und ein Stück Welt in sein Inneres lässt, ist sein Ich schon kein unversehrtes mehr.«
*(Mangold 2023, S. 329)*

Wir können nicht viel verändern, wenn wir uns in den Therapien ausschließlich auf der Bühne der Kindheit aufhalten. Diese weitverbreitete Vorstellung passt für mich gut in die neoliberale Logik: Wenn ich das Versprechen nach Erfolg, Schönheit, Potenz, Anerkennung und materiellem Reichtum nicht einlösen konnte, so muss das Ursachen haben. Anstatt dieses Versprechen zu hinterfragen, suche ich Gründe dafür, warum ich dieses nicht leben kann. So bleibe ich in der Logik des Systems. Es braucht Schuldige, um genau so weitermachen zu können. Das sind dann meistens die Eltern. Ich sollte jedoch nicht bei der Anklage meiner Eltern stehen bleiben. So kann ich nicht reifen. Diese Denkweise stärkt nicht den Betroffenen, sie schwächt ihn zusätzlich, weil es die Verbindung zu seinen Wurzeln oft einseitig schwächt.

Ich möchte nicht falsch verstanden werden: Natürlich gibt es Missbrauch, Vernachlässigung, Gewalt, narzisstischen Missbrauch und schreckliche Dinge, die Menschen in ihrer Entwicklung widerfahren. Es braucht einen Raum dafür, das verarbeiten zu können. Diese Erfahrungen müssen gewürdigt, gesehen und verstanden werden. Es braucht ein Gegenüber, der das bezeugt, anerkennt und die Gefühle, die damit einhergehen, aushält. *Genau so war es.* Alles, was gewesen ist, muss auch gewesen sein dürfen (Büntig 2015). Aber wir dürfen nicht dauerhaft an der Vergangenheit festhalten. Das schwächt den Menschen in der Welt mit ihren Aufgaben und Herausforderungen. Irgendwann müssen wir loslassen, um uns dem Leben zuzuwenden. Wir müssen sowohl mit dem, was wir bekommen haben, als auch mit dem, was uns verwehrt geblieben ist, unseren eigenen Weg gehen. Natürlich sollten wir dafür unsere Prägungen und Verletzungen kennen. Aber nicht, um gemäß unserer Schutzstrategien genau so weiterzumachen wie bisher, sondern um diese hinter uns lassen zu können.

Therapeutische Ansätze unterscheiden sich darin, ob sie gezielt mit der traumatischen Situation arbeiten oder mit den noch heute sichtbaren Anpassungen an vergangene Beziehungstraumata. Modernere körperorientierte Therapieansätze wie NARM (vgl. Heller & Kammer 2023) oder SE verzichten auf explizite Traumakonfrontation, die auf die Vergangenheit ausgerichtet bleibt. Wir sollten die Auswirkungen unserer Prägungen im Hier und Jetzt verstehen. Doch um frei zu sein, müssen wir die Vergangenheit irgendwann loslassen, um nicht ewig an sie gebunden zu bleiben. Vielleicht können wir irgendwann folgende Haltung einnehmen: So wie es war, war es und es hat wehgetan. Nun lasse ich es gewesen sein und gehe meinen eigenen Weg. Ich versuche das, was ich nicht bekommen habe, von anderen zu bekommen oder mir selbst zu geben (Büntig 2015). Natürlich ist das immer noch die zweitbeste Lösung. Die beste wäre gewesen, das zu bekommen, was wir gebraucht hätten. Aber das ist vorbei. Ein Festhalten daran hat keinen Sinn. Wenn ich das tue, kann ich mich in meinem jetzigen Leben nicht entwickeln. Andere werden dieses Loch nicht füllen können. Es gibt Verletzungen, die nicht – zumindest nicht ohne Narbengewebe – heilbar sind. Wir müssen lernen, mit diesen Wunden und Verletzungen zu leben. Wir können verstehen, was sie mit unserem Selbstgefühl in der Welt gemacht haben und immer noch machen, und dieses anerkennen und betrauern. Wenn wir dies nicht tun, werden wir versuchen, anderen ein Leben lang die Rolle von Papa oder Mama aufzuerlegen und von ihnen das zu fordern, was uns gefehlt hat. Das macht einsam. Andere wollen diese Rollen nicht dauerhaft übernehmen. Sie können es auch nicht. Sie können das, was fehlt, nicht ersetzen. Das gehört in die Kindheit und diese ist vorbei.

## Die Widersprüchlichkeiten des Lebens lassen sich nicht auflösen

Aus der humanistischen Perspektive ist Individuation ein lebenslanger Prozess. Das Leben selbst ist ein Prozess, in dem wir immer wieder neuen Aufgaben, Hindernissen und Herausforderungen gegenüberstehen. Um damit umzugehen, müssen wir immer wieder ein dynamisches Gleichgewicht finden. Nur so können wir mit den Widersprüchlichkeiten des Lebens umgehen.

> »Man tut wohl besser daran, sich zu vergegenwärtigen, daß jenes tragische Gegensatzspiel zwischen innen und außen [...] im Grunde genommen der Energetismus des Lebensprozesses ist, jene Gegensatzspannung, die der Selbstregulierung unerläßlich ist. So verschieden in Erscheinung und Vorsatz diese gegensätzlichen Mächte auch sind, im Grunde genommen bedeuten und wollen sie das Leben des Individuums; sie schwanken um dieses als Mitte der Waage.«
> *(Jung 2007, S. 82)*

So haben wir beispielsweise gleichzeitig das Bedürfnis nach Autonomie und Freiheit sowie nach Nähe, Bindung und Verschmelzung. Die existenziellen Widersprüchlichkeiten des Lebens lassen sich weder durch Analysieren der unglücklichen Kindheit noch durch Achtsamkeit auflösen. Sie lassen sich gar nicht auflösen. Wir können lediglich einen Raum in uns schaffen, in dem wir ihnen einen Platz geben können. Dort können wir sie als Bewegungen, die einander ergänzen, in uns halten. Vielleicht lernen wir diese Spannung gar zu schätzen, die zwischen gegensätzlichen Polen fließt. Sie liefert unsere Lebensenergie. Genauso wie die Energie einer Batterie zwischen Plus- und Minuspol fließt. Manchmal findet sich das Gleichgewicht dazwischen wie von selbst, manchmal fühlt es sich an wie ein Kampf. Das Leben braucht ein gesundes Gleichgewicht aus Spannung und Entspannung, aus Kontraktion und Expansion. Das müssen wir anerkennen. Dann kann das Leben leichter werden. Häufig ist nicht das Leben an sich schwierig, sondern unser beständiger Widerstand dagegen (Büntig 2015). Dieser zeigt sich in unseren Vorstellungen, die von dem abweichen, was wir erleben. Bei dem Versuch, einen dieser Pole abzuschneiden, schneiden wir auch einen Teil von uns ab. Diese Bemühung führt zu nichts. Letztendlich geht es darum, dass wir zu uns als Mensch in der Welt einen Bezug finden, der uns ein ausreichend gutes Leben ermöglicht. Dazu müssen wir die mit Positivität aufgeladene Vorstellung loslassen, stets potent, symptomfrei, leistungsbereit, frei von Leid und Kampf auf der Überholspur des Lebens an den anderen vorbeizurasen. *Psychische Symptome weisen darauf hin, dass wir uns selbst verloren haben und so nicht weitermachen können. Das dürfen wir nicht ignorieren. Sie sind keine zufälligen Konditionierungen, die umzulernen sind. Sie sind auch keine Feinde, die wir bekämpfen müssen. Sie sind verkörperte, intelligente Botschaften unseres Organismus. Sie lösen sich auf, wenn sie gehört werden und wir unseren Lebenswandel entsprechend umstellen, nicht, wenn wir sie ignorieren.*

Häufig geht es bei Lebenskrisen um eine Überforderung, mit existierenden Beziehungen und Herausforderungen in der Welt umzugehen. Die Überforderung entsteht aufgrund der Kluft zwischen unseren Vorstellungen und Erfahrungen. Daraus resultierende psychische Symptome sind nicht nur Spiegel von Kindheitserlebnissen, unerfüllten Bedürfnissen oder Traumata: Das Leben geht als lebendiger Prozess nach der Kindheit weiter. Die Bühne der Therapie ist das Hier und Jetzt. Darin ist alles enthalten, was wir brauchen, um zu verstehen, was mit unserem Gegenüber los ist. Wir schaffen ein Bewusstsein für die *kindlichen* Anpassungen an diese Erlebnisse, die im Hier und Jetzt wirken. Wir helfen dabei, erwachsene und reifere Strategien im Umgang mit schwierigen Situationen zu finden. Wir müssen lernen, genau hinzuschauen, genau zu beobachten und zuzuhören. Dazu müssen wir echten Kontakt anbieten und darauf achten, wann dieser Kontakt abbricht. Wir können uns gemeinsam dafür interessieren, wie jemand Kontakt gestaltet, und dadurch einiges über die Verletzungen und Prägungen eines Menschen erfahren.

## Individuation und selbstorganisierende Prozesse

Individuation geschieht auch im Kleinen im Hier und Jetzt. In den Therapien können wir staunend selbstorganisierende Prozesse beobachten. Wir sehen, wie sich blockierte Gefühle wandeln und ihre Bedeutung offenbar wird, wenn wir freundlich, offen und wertfrei mit ihnen in Kontakt treten! Wir sehen, wie gebundene Energie in unserem Gegenüber in Form von Wärme oder innerer Weite frei wird, wenn ein Thema prägnant wird. Die Symbolsprache, die hinter körperlichen Symptomen steht, wird sichtbar. Individuation geschieht ständig als offener Prozess im Hier und Jetzt. Ständig treten in unserem inneren Erlebnisfluss Bedürfnisse in den Vordergrund, suchen nach Erfüllung, bis sie wieder in den Hintergrund treten und neue Bedürfnisse in den Vordergrund kommen. Wenn aber grundlegende Bedürfnisse unerfüllt oder zu früh frustriert wurden, bleiben sie im Hintergrund offen und aktiv. Jack Kornfield spricht vom »unfinished business of the heart«. Wenn zu viele Bedürfnisse, Konflikte oder unerledigte Aufgaben offen sind, kommen wir aus dem Gleichgewicht und funktionieren nicht mehr gut. Der Prozess gerät ins Stocken. Uns wird vermittelt: Etwas Grundlegendes ist in Schieflage geraten und braucht Beachtung, ehe es weitergeht! So kann dieser offene Individuationsprozess, der auf Wachstum ausgerichtet ist, ins Stocken geraten. *Die tiefere Botschaft überhören wir, wenn wir nun versuchen, die Symptome zu beseitigen, damit wir genauso weitermachen können wie bisher. In der Therapie kann gemeinsam verstanden werden, was unerledigt geblieben ist und nun Aufmerksamkeit braucht.* Wir können beobachten, wie unsere Klient*innen uns in einer Rolle sehen möchten, die ihre früh frustrierten Bedürfnisse vielleicht doch noch erfüllen könnte.

## Die humanistische Perspektive als Narrativ

Um Missverständnissen vorzubeugen, möchte ich noch einmal hervorheben: Selbst, Selbstverwirklichung oder Potenzial sind keine objektiven Gegebenheiten in der Welt. Sie sind Metaphern und Konzepte, eine mögliche Perspektive, mit der wir die Welt und unsere Beziehungen betrachten können und anhand derer wir unser Erleben in ein sinnvolles Narrativ einweben können. So können wir uns in einer komplexen inneren und äußeren Welt orientieren. Diese Konzepte sind wissenschaftlich weder verifizierbar noch falsifizierbar. Sie sind ein Erklärungsprinzip (Kriz 2024). Niemand muss sie nutzen, aber ich glaube, sie deuten auf etwas sehr Tiefes und Wichtiges hin. Sie bieten uns eine Orientierung in einer Zeit, in der immer mehr Menschen sich selbst verlieren und nicht verstehen, was da passiert. *Nichts ist schwerwiegender als Selbstverlust. Unser Selbst ist das Gefäß, durch das wir die Welt und unsere Mitmenschen berühren und uns berühren lassen. Davon hängt die Qualität unserer Beziehungen ab. Darauf basiert unser verkörpertes Gefühl für Recht und Unrecht. Das ist die Grundlage für unser Mitgefühl. Wenn wir uns selbst verlieren, verlieren wir alles.* Die humanistische Perspektive ist ein Narrativ, das uns erlaubt, auf sinnvolle Weise mit uns und unseren Mitmenschen in Verbindung zu treten. Es fördert das Vertrauen, mit den uns gestellten Lebensaufgaben umzugehen. Es ermutigt uns, unser Potenzial zu erkennen und die Früchte davon in die Welt zu tragen. Entdecke deine Eigenart und Einzigartigkeit! Erkenne, dass du mit allen anderen Menschen und der Welt untrennbar verbunden bist!

Wie bei jeder großen Erzählung kann sie nur dann produktiv sein, wenn sie auch andere Perspektiven und Narrative gelten lässt. Sie ist nicht absolut. Was am meisten Leid in der Welt erzeugt, ist absolute Sicherheit: die unverrückbare Sicherheit, dass eine Perspektive unhinterfragt richtig ist und auf alle zutrifft. Demnach müssen ja alle, die sich an etwas anderem orientieren oder an etwas anderes glauben, falschliegen. Eine Perspektive darf keine Ideologie sein, damit sie ihre produktive Wirkung entfalten kann.

## Hürden der Entwicklung

Ich stimme Yalom (Yalom 2010) zu, wenn er sagt, es sei nicht unsere Aufgabe, unseren Klient*innen bei der Selbstverwirklichung zu helfen. Wir müssen ihnen weder ihr Potenzial noch den Weg zeigen, der vor ihnen liegt. Wie die passive Formulierung nahelegt, *geschieht* Selbstverwirklichung, und zwar durch innere, sich selbst organisierende Wachstumsprozesse. Diese brauchen günstige Umgebungsbedingungen, die wir in Gestalt unseres Beziehungsangebots schaffen können. Ähnlich müssen wir Kindern nicht die Neugierde am Lernen und Erfahren beibringen, denn die ist naturgemäß bereits in ihnen angelegt. Wir können das bereits Vorhandene fördern und sie bei ihrer Entwicklung begleiten. Wir können jedoch auch viel kaputt machen, wenn wir zu wissen glauben, was unsere Kinder tun und sein sollten. Unsere Aufgabe während des therapeutischen Prozesses ist es, gemeinsam die Hindernisse für den natürlichen inneren Wachstumsprozess zu erkennen und so für unsere Klient*innen optimale Voraussetzungen dafür zu schaffen, dass sie diese überwinden können. Dazu Yalom: Es ist

> »meine Aufgabe, Hindernisse zu beseitigen, die den Weg meines Patienten blockieren. Mir oblag nicht alles; ich musste den Patienten nicht zu dem Wunsch

> inspirieren zu wachsen, und auch nicht zur Neugier, zum Wollen, zu Lebensfreude, Fürsorglichkeit, Loyalität oder irgendeiner anderen der tausend Eigenschaften, die uns erst wahrhaft menschlich machen. Nein, ich musste die Hindernisse identifizieren und aus dem Weg räumen. Der Rest würde, angetrieben von den Selbstverwirklichungskräften des Patienten, automatisch folgen.«
> *(Yalom 2010, S. 15)*

Aus diesem Grund vertreten Heller und Kammer die Haltung, aus verhaltensbezogenen Zielen einen Explorations- oder Hindernisfokus zu machen: »Wir vertreten dabei die Haltung, dass die gewünschte Veränderung in dem Moment, wo jemand lernt, eine neue Beziehung zu den erlebten Hindernissen welcher Art auch immer herzustellen, tendenziell dazu führt, dass sie organisch ganz von selbst zustande kommt« (Heller & Kammer 2023, S. 130). Hindernisse können zum Beispiel sein:

**Ein starres Selbstbild/Charakter.** Jemand, der sich starr auf bestimmte Wesenszüge festlegt, darf nicht die Gesamtheit seines inneren Erlebnisstroms bewusst erfahren. Er verdrängt viele Erlebnisinhalte, was zur Folge hat, dass der Kontakt nach innen geschwächt wird. Um weniger zu fühlen, können wir den Atem anhalten oder unsere Muskulatur anspannen. So können wir aufkommende Gefühle, Empfindungen und Bedürfnisimpulse wegdrücken. Perls differenziert dies, indem er schreibt: »Wir können ein Bedürfnis nicht verdrängen. Wir haben nur bestimmte Äußerungsweisen dieser Bedürfnisse verdrängt. Wir haben die eine Seite abgeblockt, und dann kommt die Selbstentäußerung anderswo heraus, in unseren Bewegungen, in unserer Haltung und vor allem in unserer Stimme« (Perls 2008, S. 61). Das Selbstgefühl als Gesamtheit unseres Erlebens wird durch Selbstbilder ersetzt. Selbstbilder sind starr, unser Selbstgefühl fließt. Wenn wir starr an ihnen festhalten, unterbrechen wir den inneren Lebensfluss. Unsere innere Wachstumsbewegung blockiert, wenn wir nicht mit dem Wandel des Lebens mitgehen können. Dazu müssen wir innerlich beweglich bleiben und unsere innere Bewegung mitbekommen. Der therapeutische Veränderungsprozess kommt in Gang, wenn wir beginnen, neugierig dafür zu sein, warum das Festhalten an einem starren Selbstbild so wichtig ist. Wir fragen, wie sich der Mensch wieder für seine Wahrnehmung, seine Empfindungen und Gefühle öffnen kann. Oder anders gesagt, wie er wieder Bewegung in den »gehaltenen« Körper bringen kann. Dazu Büntig:

> »... der Mensch entwickelt sich wie alle Lebewesen in Bewegung. Wir bewegen uns in Beziehung zu Objekten (Aggression), und zwar – nach Karen Horney – auf sie zu, von ihnen weg oder gegen sie; wir nehmen innere Bewegung wahr (Empfindung), geben ihr Bedeutung (Gefühl) und äußern sie (Emotion). Wer nun viel hält, bewegt sich entsprechend wenig, spürt, lernt und fühlt wenig und entwickelt wenig Selbstgefühl. Je weniger Selbstgefühl ein Mensch entfaltet, umso mehr lernt er, auf ein abstraktes Selbstbild [...] zu bauen, für dessen Bestätigung er auf andere Menschen angewiesen bleibt.«
> *(Büntig 2013, S. 37)*

Büntig betont die Bedeutung unserer inneren Haltemuskulatur für unsere psychischen Überlebens-, Bewältigungs- und Abwehrprozesse. An unseren körperlichen Haltemustern erkennen wir unmittelbar die Kosten für das Aufrechterhalten von Selbstbildern: Wofür hältst du dich und wie hältst du dich dafür?

**Wegdrücken unserer Eigenart und Normopathie.** Wenn wir unsere Eigenart wegdrücken, verlieren wir auch unser Selbstgefühl. Unser Selbstgefühl und der Kontakt zu unserem gesamten Erleben ist jedoch der Treibstoff für unsere Individuation. Nur wenn wir mit unseren inneren Bewegungen, unseren Empfindungen und Bedürfnissen in Verbindung sind, können wir sie nutzen. Drücken wir sie weg, stockt der Prozess. Durch Therapie oder andere heilsame Begegnungen können wir wieder »Selbstkenntnis basierend auf Selbstgefühl« (Büntig 2013, S. 17) entwickeln und so den gestockten Individuationsprozess wieder ins Fließen bringen. Das geht mit mehr Freiheit und Lebendigkeit, aber auch mit mehr Unsicherheit einher. Das erfordert Mut und die Bereitschaft, sich neuen Gewissheiten zu stellen, die unsere lieb gewonnenen Gewohnheiten gefährden können. Dazu Wolf Büntig (ebd., S. 83):

> »Acht Würden unterscheiden unseres Wissens den Menschen wesentlich vom Tier: Der aufrechte Gang, die bildermachende Sprache, das Weinen, das Lachen, die Wissbegier, das Staunen, die bewusste Lust und die Selbstbewusstheit. Dem entsprechen bei uns acht Erziehungsprinzipien: ›Lass dich nicht gehen!‹, ›Halt' den Mund!‹, ›Hör' auf zu heulen!‹, ›Lach' nicht so blöd!‹, ›Frag nicht so viel!‹, ›Mach den Mund zu, sonst siehst du so dumm aus!‹, ›Pfui, schäm dich!‹ und ›Was glaubst du eigentlich, wer du bist?‹ Fazit: ›Sei kein Mensch – sei normal!‹«

Wenn wir die Erfahrung machen, mit unserer Eigenart keine Beachtung zu erhalten, dann beginnen wir, unsere wesensgemäße Eigenart wegzudrücken. Aus dem tiefen Bedürfnis, die Bindung zu unseren Eltern zu sichern, passen wir uns an: Wir beginnen, jemanden darzustellen, der einen Platz erhält. »Erziehung zur Normalität mindert die Fähigkeit zur wesensgemäßen Entfaltung des menschlichen Potentials zur Person [...]. So dem Wesen entfremdet werden wir bestenfalls eine Persönlichkeit, das heißt jemand, der etwas darstellt« (ebd.).

Die Orientierung am »Normalen« führt uns davon weg, unsere Eigenart zu leben. Wir entfremden uns von uns selbst, wenn wir den Blick zu sehr nach außen richten. Haben wir in unserer Kindheit gelernt, unsere Eigenart zu verstecken, können wir sie in der Therapie neu entdecken und wieder zu uns nehmen.

**Offene Bedürfnisse und biografische Wunden.** Wenn Grundbedürfnisse in der Kindheit ausreichend erfüllt wurden, geschieht deren Erfüllung im späteren Leben meist unproblematisch und beiläufig. Ständig treten alte Bedürfnisse in den Hintergrund und neue in den Vordergrund. Wir nehmen uns intuitiv, was wir brauchen, und lernen, die Befriedigung von Bedürfnissen aufzuschieben, wenn dies für die sozialen Beziehungen und Aufgaben wichtig ist. Wenn unsere Grundbedürfnisse jedoch nicht erfüllt wurden, haben wir häufig skurrile Methoden erlernt, das zu bekommen, was wir brauchen. Was in unser Bewusstsein drängt, wird gesteuert von einer sich ständig verändernden Bedürfnislage (Büntig 2015). Bedürfnisse melden sich und verschwinden wieder, wenn sie ausreichend erfüllt sind. Sind sie jedoch massiv frustriert worden, bleiben Bedürfnisse als *offene Gestalt* im Hintergrund bestehen. Sie fordern Energie und Aufmerksamkeit. Sie strukturieren die Wahrnehmung, organisieren die Persönlichkeit des Menschen (Maslow 2010, S. 88) und beeinflussen wesentlich »nicht nur seine gegenwärtige Weltanschauung und Philosophie, sondern auch seine Philosophie der Zukunft und sein Wertesystem« (ebd., S. 66). Offene Bedürfnisse strukturieren unsere Wahrnehmung oder Beziehungsstile so, dass alles auf die Erfüllung dieser Bedürfnisse ausgerichtet wird. Das kann unsere Lebensführung und die Qualität unserer Beziehungen stark beeinträchtigen. In der Therapie müssen wir achtsam dafür sein, welche Bedürfnisse bei unserem Gegenüber unstillbar scheinen. Wir sollten unsere Energie nicht zu lange für den Versuch aufwenden, sie zu erfüllen. Wir können es nicht. Denn sie entstammen einem »kindlichen Bewusstsein« (Heller & Kammer 2023, S. 86) und sind Anpassung an eine »versagende Umwelt« (ebd.). Häufig beginnt mit der Bewusstwerdung unerfüllter, tief frustrierter Bedürfnisse ein Trauerprozess. Auch dadurch erfahren diese keine Erfüllung. Es wird aber weniger vergebliche Energie dafür verschwendet, nahe Bezugspersonen *zu Mama und Papa* zu machen. Dahinter stand die unbewusste Hoffnung, dass doch noch jemand die unerfüllten kindlichen Bedürfnisse erfüllen könnte. Wir verhelfen in der Therapie dazu, Beziehungen zu sich und Mitmenschen aus einem reiferen, »erwachsenen Bewusstsein« heraus zu führen. Auf dem Weg dahin helfen wir dabei, mitzubekommen, wann sich jemand in einem »kindlichen« Bewusstseinszustand befindet.

Eine andere Bewältigungsstrategie, mit tief frustrierten Bedürfnissen umzugehen, ist, jeden »Bedürfnisimpuls selbst durch Anspannung der entsprechenden Muskulatur zu unterdrücken« (Büntig 2013, S. 76). In der Therapie kann ein Raum geschaffen werden, in dem gemeinsam verstanden werden kann, welche Bedürfnisse weggedrückt und welche unstillbar scheinen. Wenn wir die Bedingungen würdigen können, in denen dieses notwendig war, können sich Menschen diese Bedürfnisse allmählich wieder zugestehen. Diese Anpassungsleistungen sind »ehrlich erworben« (Büntig 2015). Im Versuch, unsere Verletzungen und seelischen Wunden zu heilen, fühlen wir uns zu Menschen hingezogen, mit denen wir diese Verletzungen wiederholt erfahren. Zu Beginn einer Beziehung sehen wir den anderen nicht, wie er oder sie ist: mit seinen Makeln, Beschränkungen und Schwächen. Wir sehen ein Idealbild. Wenn dieses Bild durch erste Verletzungen und Enttäuschungen zu bröckeln beginnt, stehen wir vor einer Entscheidung: Entweder versuchen wir, den anderen so zu verbessern oder zu verändern, sodass er unseren Vorstellungen entsprechen mag. Wir wenden uns nicht unserer inneren Verletzung zu, sondern versuchen, aus unserem Gegenüber den Menschen zu machen, durch den wir uns erhöht, stabilisiert, bestätigt oder geschützt fühlen. Kurz gesagt: zu einem Menschen, von dem wir keine weiteren Verletzungen zu erwarten haben und der unsere offenen kindlichen Bedürfnisse stets erfüllt. Dieser Versuch ist natürlich vergeblich. Niemand lässt sich gerne funktionalisieren. Diese klare Rollenzuschreibung macht jede echte Beziehung unmöglich. Der andere wird hier zum narzisstischen Teilobjekt, das eine bestimmte innerseelische Funktion übernehmen soll.

Das Gegenüber wird nicht in seiner Veränderbarkeit und Andersartigkeit wahrgenommen, sondern als Erweiterung unseres Selbst. Auf der anderen Seite können wir eine authentische Beziehung auf Augenhöhe nur dann führen, wenn wir mit unserer eigenen Verletzlichkeit in Kontakt sind. Der britische Künstler Sir Peter Ustinov sagte dazu treffend: »Wir bewundern Menschen wegen ihrer Stärken, lieben sie aber wegen ihrer Schwächen.« Nur in der Öffnung zum anderen ist Beziehung möglich. Verletzungen können wir nicht ausschließen. Wir wissen nie genau, wie der andere das verarbeitet, was wir sagen. Wir sind unvollkommen und häufig kommt das, was wir kommunizieren, ganz anders an, als wir beabsichtigen. Wenn wir sichergehen wollen, nicht verletzt zu werden, müssen wir uns von allen Beziehungen isolieren. Dadurch werden wir einsam, innerlich leer und leblos. Wenn wir den anderen nur durch die Brille unserer Projektionen sehen, können wir uns in dieser Beziehung nicht entwickeln. Eine Entwicklung wird über das Außen angestoßen und im Innern weitergeführt. Dazu müssen wir einen Schritt zurücktreten und unser Gegenüber als Geschenk sehen, das unsere eigenen offenen Wunden ans Licht bringt. Dort können sie Heilung erfahren, wenn wir sie als unsere eigenen, weitgereisten Wunden begreifen. Wir können uns ihnen stellen – dann haben wir die Möglichkeit zu wachsen. Der Wachstumsprozess stockt, wenn wir versuchen, unsere Mitmenschen zu dem zu machen, was wir für unsere Bedürfnisbefriedigung brauchen.

**Rigide Abwehrstrukturen und dysfunktionale Bewältigungsstrategien als Folge multipler Entwicklungstraumata.** Ein fester Charakter mit seinen Abwehrstrukturen und rigiden Bewältigungs- oder Überlebensstrategien behindert die Selbstverwirklichung. Bereits früh in ihrer Entwicklung lernen Menschen, sich an eine Umwelt anzupassen, die nicht angemessen auf ihre Bedürfnisse reagiert, indem sie ihre unmittelbaren Gefühle unterdrücken und nicht zeigen. Wir haben gelernt, Traurigkeit wegzudrücken, Ärger zu schlucken, unsere Zuneigung zu verbergen und unser Staunen zu verstecken: Unsere Aufgabe als Therapeut*innen ist es, unser Gegenüber mit seiner wesensgemäßen Eigenart in Kontakt zu bringen und ihn zum Ausdruck der Eigenart zu ermutigen:

»Denn zunächst müssen die Verspannungen überwunden werden, mit deren Hilfe wir einst unerträgliche Eindrücke, unbefriedigte Bedürfnisse und unerwünschten Ausdruck verdrängen und damit unser Wesen verstellen lernten. Diese Spannungen sind die Verkörperung unserer Geschichte und bestimmen durch Haltung und Verhalten unseren Charakter« (Büntig 2013, S. 16).

Wenn wir in unserer Entwicklung keine Beachtung für das erfahren, was wir sind, hören wir auf, uns unmittelbar zu zeigen. Wir beginnen, Strategien zu entwickeln, um das zu bekommen, was wir brauchen. Diese Strategien können zahlreich sein: manipulieren, schmeicheln, Schuldgefühle machen, emotional unter Druck setzen, verheimlichen, lügen, sich unterwerfen, andere unterwerfen und kontrollieren, Gewalt ausüben, sich besonders anstrengen, Leistung erbringen etc. Diese Strategien sind intelligente Anpassungen an eine frustrierende und traumatisierende Umwelt. Wir beginnen zunächst, unsere Motive für unser Verhalten zu verdecken – aus Angst, dass wir sonst nicht bekommen, was wir brauchen –, und verlieren später dann selbst den Bezug dazu. Jede Beziehungsstrategie hat Kosten: Zum einen verliert die Beziehung an Spontanität und Echtheit. Das wirkt sich auf das Gefühl der Verbundenheit und Geborgenheit aus. Zum anderen sind einige Beziehungsstrategien nicht bindungskompatibel: Wenn ich dazu neige, andere aus Selbstschutz zu entwerten, zu dominieren und zu kontrollieren, oder aber mich selbst kleinmache oder unterwerfe, um keine Ablehnung zu erfahren, zerbrechen Beziehungen irgendwann daran. Als Menschen sind wir jedoch nicht allein unterwegs. Wir brauchen unsere Mitmenschen und emotional bedeutsame Bindungen auf dem Weg. Diese Anpassungsleistung war in unserer Kindheit überlebenswichtig und wird, wenn wir daran festhalten, in unseren erwachsenen Beziehungen zum Verhängnis. Wir dürfen die Macht des Traumas und der daraus folgenden Anpassungen nie unterschätzen.

**Entwicklung macht auch Angst – Angst vor Neuem.** Jede – auch noch so notwendige – Entwicklung macht Angst. Lernen geschieht immer an der Grenze von Wissen und Nichtwissen. Denn wir stehen mit einem Bein im Alten, Bekannten und mit den anderen im Neuen, Unbekannten. Dazu Büntig (Büntig 2013, S. 21 f.):

»Wendepunkte sind Phasen in unserem Leben, in denen aus Altem das Neue geboren wird, in denen wir gewordene Form verlieren, um neue Gestalt zu finden, in denen wir das Bekannte in Frage stellen und uns öffnen für das Unbekannte, für das, was wir noch nicht kennen, und für das, was wir noch nicht gekannt haben. An Wendepunkten geben wir den Halt auf, den wir am Gewordenen hatten, um dem zu begegnen, was werden will. An Wendepunkten nehmen wir Abschied von der Person, die wir waren, und begrüßen die, die wir werden.«

Unser Gehirn sendet bei anstehenden Veränderungen trügerische Signale: Beim alten Bekannten, und sei es noch so dysfunktional oder schädlich für uns, schüttet unser Gehirn Opioide aus. Alte Muster werden liebgewonnen, einfach, weil sie bekannt und vertraut sind: »Wir [finden] Gefühle von Sicherheit und Geborgenheit, aber auch Gefühle von Enge, Langeweile und Überdruss« (ebd., S. 22). Wir müssen bei unseren Klient*innen Vertrauen in ihre innere Stimme wecken, die genau spürt, welcher Weg stimmig ist, und dass es sich lohnt, die Angst des Neuen auszuhalten. Denn das Neue macht zwar Angst, führt aber auch zu mehr innerer Freiheit und Stimmigkeit: »In der Phase der Fremdheit kennen wir Gefühle von Orientierungslosigkeit, Nichtwissen, Hilflosigkeit, aber auch Spielraum, Freiheit, Offenheit« (ebd., S. 22). Jeder Mensch hat eine gesunde Seite, die das erkennen kann. Unabhängig davon, wie sehr er aus dem Gleichgewicht geraten ist. Als Therapeut*innen können wir dabei behilflich sein, einen Raum zu schaffen, in dem diese Stimme wieder gehört und ernst genommen werden kann.

Überbetonung des Rationalen. Unsere Ratio ist das, was uns von anderen Lebewesen unterscheidet. Sie hat unglaubliche Errungenschaften und Erkenntnisse ermöglicht. Sie ermöglicht es uns, in einer demokratischen sozialen Marktwirtschaft zu leben, die uns Wohlstand gebracht hat. »Rationalität ist die einzige Struktur, die andere Strukturen zu tolerieren vermag« (Wilber 2006, S. 254). In unserer Psyche hat die Ratio auch noch eine andere Funktion: Wir ziehen uns in den Kopf und die Gedankenwelt zurück, wenn es uns zu unsicher wird. Mithilfe unserer Gedanken versuchen wir, einen Überblick zu gewinnen, uns vom unmittelbaren Geschehen zu distanzieren und Kontrolle zurückzugewinnen. Wenn wir uns zu sehr in den Kopf zurückziehen, verlieren wir leicht die Verbindung zu unserem Körper. Wir verlieren das Spürbewusstsein. Unser Körper mit seinen Gefühlen und Empfindungen ist jedoch der Ort, aus dem unsere tiefste Intuition, unser Gefühl für Stimmigkeit und für Recht und Unrecht entstammt. Das Denken an sich folgt einer anderen Logik: Es ist linear, abstrakt, verallgemeinernd und lösungsorientiert. Es schließt Widersprüchliches aus. Wenn wir zu sehr im Kopf sind, verlieren wir den Kontakt zu unserer inneren Stimme, zu unserem Organismus und den Kontakt zu unserem inneren Lebensfluss. Um diesen Kontakt wiederherzustellen, müssen wir nicht das Rationale ablehnen, wie es manche emotionsfokussierte Ansätze oder die Ideen der New-Age-Bewegung nahelegen. So wird häufig argumentiert, dass therapeutische Prozesse nicht allzu sehr durchdacht werden sollten. Ich denke, es ist immer von Wert, gemeinsam zu verstehen und einzuordnen, was geschehen ist. Das muss nicht unmittelbar während des emotionalen Prozesses geschehen. Es sollte aber besprochen und reflektiert werden. Therapie sollte zwischen Erleben und Prozessreflexion pendeln, um die volle Wirksamkeit zu entfalten. Wir müssen die Ratio als Instrument der Erkenntnis auf diesem Weg begreifen und nicht als Selbstzweck. Wir müssen verstehen, ob uns gewonnene Erkenntnisse und Überzeugungen stärken oder schwächen; ob sie zur mehr »In-Kontakt-Sein« oder weniger »In-Kontakt-Sein« führen (Heller & Kammer 2023, S. 264). Unsere Ratio kann uns helfen, das gute Leben vorzubereiten, das wir dann in Handlung umsetzen. Wir können uns fragen, ob sie diesen Zweck erfüllt oder aber der Abwehr dient, frei nach dem Motto: Wer will, findet Wege, wer nicht will, findet Gründe. Unser Verstand benötigt die Verbindung von Spürbewusstsein und Selbstgefühl, um wirklich fruchtbar zu sein.

**Ich-Schwäche.** Ich erweitere hier die humanistische Perspektive um einen tiefenpsychologischen Aspekt. Bei den psychodynamischen Verfahren stehen die häufig unbewussten innerseelischen Konflikte des Menschen im Vordergrund, die therapeutisch vor dem Hintergrund eines psychodynamischen Beziehungsverständnisses sicht- und verstehbar werden. Sie entstehen typischerweise in bestimmten Entwicklungsphasen. Aus den unterschiedlichsten Gründen lernen manche Menschen grundlegende Fähigkeiten nicht: sich selbst zu beruhigen, befriedigende Bindungen zu erleben und aufrechtzuerhalten, eigene Gefühle erkennen und mitteilen zu können oder die eigenen Affekte wahrnehmen, halten und regulieren zu können. Diese Schwierigkeiten werden in der Tiefenpsychologie Ich-Schwäche genannt. Die Ich-Fähigkeiten bilden die Struktur der Psyche. Rudolf (Rudolf 2013) bedient hier folgendes Bild: Die Struktur unserer Psyche gleicht einer Bühne, auf der die Konflikte des Lebens stattfinden. Ist die Bühne löchrig oder marode, kann das Stück darauf nicht reibungslos aufgeführt werden. Es muss immer wieder unterbrochen werden. Oder anders gesprochen: Der Individuationsprozess mit seinen wechselnden Aufgaben und Hindernissen gerät ins Stocken. Letztendlich bekommen nur Fragmente davon ihren Auftritt. Bei Menschen mit Ich-Schwäche können wir einen Fokus darauf legen, diese grundlegenden Fähigkeiten wieder zu erlernen. Hier müssen wir viel mehr Zeit und Geduld in die Entwicklung von Selbstgefühl und In-Kontakt-Sein investieren. Der feinfühlig-spiegelnde, nicht fordernde, aber klare und menschliche Kontakt spielt hier eine große Rolle. Diese Arbeit ist sehr nah an den unmittelbaren körperlichen Vorgängen, braucht Zeit, Geduld und unsere zugewandte Beziehung: Die selbstorganisierenden Kräfte können wirken, wenn der Selbstkontakt zum Körpererleben wieder möglich ist. So kann die Person auch in der Therapie allmählich nachreifen und Selbstregulations- und Beziehungsfähigkeiten, basierend auf Selbstgefühl, erlangen. Je nach Schwere der Ich-Schwäche müssen wir realistische Ziele setzen, um uns und unsere Klient*innen nicht zu überfordern.

**Gestaute Individuationsenergie.** Wie bereits erwähnt können wir psychisch krank werden, wenn die Wachstumskräfte in ihrer Entfaltung gebremst werden. Ursache dafür können viele der bereits genannten Gründe sein: Es gibt einen »Drang zur Selbstverwirklichung« (Jung 2007, S. 70), der durch angehaltene Individuation zu einer großen »Enge« (ebd.) des Bewusstseins führt und damit zu »aufgestauter« Energie. Jedoch führen nicht nur Leid, Brüche, seelischer Schmerz und Verletzungen dazu, uns von unserem Lebensfluss abzuschneiden, mit der Folge, dass wir uns von anderen und von uns selbst wegbewegen. Oft ist es genauso schwierig für uns, eine innerlich gespürte Hinbewegung zuzulassen: So halten wir unsere Liebe oder Zuneigung zurück, zum Beispiel aus Sorge, dass wir den so entstehenden Erwartungen nicht entsprechen könnten. Das gilt auch, wenn wir unsere Kreativität unterdrücken und deren Ausdruck verhindern. Das kann psychisch krank machen. *Wir sollten nicht unterschätzen, welches Leid entstehen kann, wenn eine Hinbewegung unterbrochen wird.* Psychische und psychosomatische Symptome können anzeigen, dass der Individuationsprozess stockt. Wir können verstehen, welche inneren Bewegungen, also Empfindungen, Bedürfnisse und Gefühle, weggedrückt, verleugnet und abgespalten wurden. Die abgespaltenen, projizierten und verdrängten Anteile des eigenen Selbst verweisen auf das ungelebte Leben! Ziel der Individuation ist Ganzheit. Sie ist keine moralische Größe. Sie bezeichnet ein Selbstgefühl, das alle Bewegungen halten und in stimmiger Art und Weise auf sie antworten kann. Wenn wir geistig und als Menschen wachsen, wächst unser Gefühl der Verbundenheit. Wir handeln automatisch sozialer.

## Das Ende der Reise – gibt es die selbstverwirklichte Person?

Selbstverwirklichung ist ein dynamischer Prozess, der von unseren inneren Wachstumskräften vorangetrieben wird. Leben geschieht in Bewegung: in der Wahrnehmung einer Empfindung, im Ausdruck einer Emotion, in der Wahrnehmung eines

Bedürfnisses, in der Bewegung zu einem anderen Menschen hin oder von ihm weg. »Wir lassen uns immer wieder neu von der Welt beeindrucken, sammeln und verdauen unsere Eindrücke, drücken die dabei auftauchenden Gefühle und Gedanken aus und finden, formen und erkennen so unser Selbst« (Büntig 2013, S. 16). Um diese Bewegungen geschehen lassen zu können, brauchen wir einen weiten inneren Raum, der durch Gewahrsein, Selbstkenntnis, Beachtung und befriedigte Grundbedürfnisse geschaffen wird. Das Leben bewegt uns in Richtung Wachstum, psychischer Reife und in Richtung der Entfaltung unserer wesensgemäßen Eigenart, die als Potenzial angelegt ist. Unterbrochen wird diese Bewegung, wenn wir anhalten: Wenn wir trotz des Drangs zu Wachstum stehen bleiben. In unserer Erziehung zur Normalität lernen wir, den Ausdruck unserer Eigenart und unsere Bedürfnisimpulse wegzudrücken: Wir spannen uns an, drücken die Pobacken zusammen, schnüren die Kehle zu, beißen die Zähne aufeinander oder strecken die Knie durch. Oder wir halten den Atem an, um weniger fühlen zu müssen. *Durch die zugewandte Beziehung zu einem Gegenüber, das mit seinen inneren Bewegungen in Verbindung ist, kann dieser Prozess wieder in Gang gebracht werden.* Dazu müssen wir wieder mit uns in Kontakt kommen, unsere frühen Prägungen verstehen und Neues wagen. Oder wir geraten durch Krisen an Wendepunkte, in denen wir uns ganz neu fragen müssen: Wer sind wir eigentlich in der Tiefe? Wie können wir wieder in einen sinnvollen, lebendigen Bezug zum Leben treten?

Was geschieht eigentlich am Ende der Reise? Gibt es eine Person, die sich selbst verwirklicht hat?

Das Selbst lässt sich nie gänzlich verwirklichen. Eine Person, die auf dem Weg voranschreitet, erkennt man laut Rogers so:

> »Ich habe versucht, meine Sicht der charakterisierenden Merkmale eines Menschen darzulegen, der diesen Entwicklungsprozess durchlaufen hat: ein Mensch, der gegenüber allen Elementen seines organischen Erlebens offener ist, der Vertrauen zum eigenen Organismus als einem empfänglichen Instrument entwickelt, der Bewertungen aus sich heraus vornimmt, ein Mensch, der lernt, sein Leben als fließenden, fortwährenden Prozeß zu sehen, in dem er ständig neue Aspekte seines Wesens im Strom seiner Erfahrung entdeckt. Das scheinen einige der Elemente zu sein, die bei der Entwicklung zum Menschen eine Rolle spielen.«
> *(Rogers 2012, S. 129)*

Der sich selbst verwirklichende Mensch ist also jemand, der in Bewegung bleibt und in lebendigem Kontakt mit seinem inneren authentischen Erleben ist. Genau wie beim Gehen müssen wir genügend Offenheit, Flexibilität und Stabilität zulassen, um ohne zu stocken oder zu straucheln weiterzuschreiten. Dann kann das Leben leicht werden, ohne dass wir vor seinem Leid und seiner Tiefe zurückschrecken.

Eine Person, deren Selbstbild und Kommunikation zu ihrem tatsächlichen gegenwärtigen Erleben passen, ist kongruent oder authentisch. Die Reise hört hier nicht auf. Authentizität ist kein Ziel, sondern eine Voraussetzung. Sie bildet die Grundlage und den Motor dafür, dass eine Person sich in Richtung Selbstverwirklichung weiterbewegt. Die Realisierung des eigenen Potenzials wird nun als »Notwendigkeit und Auftrag« (Büntig 2015) erlebt. Die kongruente Person wird durch eine schöpferische und produktive Kraft bewegt. Ihre Ziele werden nicht kognitiv aus dem Kopf heraus definiert, sondern durch das, wovon die Person angesprochen wird, durch das, was zu ihr spricht. Hier zählt weniger, was eine Person möchte, sondern, was sie anruft. Diese Bewegungsrichtung lässt sich in Anlehnung an Ken Wilber (Wilber 2006, S. 95 ff.) durch folgende Merkmale charakterisieren: »Der Richtungscharakter besteht nach übereinstimmenden Aussagen in zunehmender Differenzierung, Vielgestaltigkeit, Komplexität und Organisation.« Anders ausgedrückt wird der Identifikationsraum einer Person größer, sie identifiziert sich nicht mehr nur mit ihrer Gruppe, sondern mit allen Menschen oder Lebewesen. Der Bewusstseinsraum wird größer und dadurch wird eine größere Komplexität und Differenzierung von Erleben, Selbstbild und Handlungen ermöglicht.

Konkret äußert sich dies in einer wachsenden Autonomie, Reife, innerer Organisation, Bewusstheit, Regulations- und Handlungsfähigkeit. Dies ermöglicht einer Person, mit ihrer wesensgemäßen Eigenart in Verbindung zu bleiben und entsprechend zu leben. Gleichzeitig wird die kongruente Person bezogener und prosozialer, da sie mit wachsender Bewusstheit das Universale des Menschseins in sich spürt und sich nicht weiter als getrenntes Individuum erleben kann. Das hat eine verbindende Kraft.

Individuation bezeichnet den Lebensweg eines Menschen in Richtung zunehmender Selbstentfaltung. Wir haben eine Kraft in uns, die uns zur Selbstverwirklichung drängt. Psychische Symptome können darauf hinweisen, dass dieser Prozess ins Stocken geraten ist und eine Person nicht mehr mit ihrem authentischen Selbst in Kontakt ist. Seelische Probleme können wir therapeutisch nicht auf der Bühne der Kindheit lösen, sondern wir benötigen eine Achtung für die Herausforderungen, vor die Menschen ein Leben lang gestellt werden. Die Widersprüche des Lebens lassen sich nicht durch Therapie oder Achtsamkeitspraxis auflösen. Wir können lediglich den inneren Raum dafür weiten, diese Spannungen in uns halten zu lernen. Dann erleben wir diese Widerspruchsspannung als Lebendigkeit. In der Therapie ist es nicht unsere Aufgabe, Selbstverwirklichungsziele zu finden. Unsere Aufgabe ist es, die Hindernisse zu identifizieren, die den Selbstentfaltungsprozess blockieren. Hindernisse können sein: ein starres Selbstbild, Nomopathie, offene Bedürfnisse, biografische Wunden und Traumata, rigide Abwehrstrukturen, Angst vor Neuem und Ich-Schwäche. Eine sich selbst verwirklichende Person erkennt man an zunehmender psychischer Reife, Autonomie und allgemein wachsender Beziehungs- und Liebesfähigkeit.

**Abb. 4:** Der Individuationsprozess als Flusslauf.
1: Die Quelle/der Ursprung: Unsere frühen Erfahrungen prägen uns in Hinblick auf unser Urvertrauen in die Welt und das Gefühl, als Mensch gewollt und angenommen zu sein.
2: Wendungen: Jede Entwicklung verläuft diskontinuierlich und in Sprüngen. Manchmal gehen wir ein paar Schritte zurück, der Fluss fließt jedoch weiter Richtung Meer. Mit Veränderungen lassen wir das Alte, Vertraute hinter uns, was mit Unsicherheit einhergeht. Gleichzeitig begrüßen wir mit Neugierde und neuer Energie das Neue.
3: Der Individuationsprozess kann ins Stocken geraten, wenn unser Erleben und Selbstkonzept so sehr auseinanderklaffen, dass wir unsere Verbindung nach innen kappen müssen. Wir können dann nicht mehr spontan auf die Anforderungen des Lebens reagieren. Unser Selbstkonzept und unsere Identität sind zu starr, um unsere Empfindungen und Gefühle als intelligente Mitteilungen an uns nutzen zu können. Die aufgestaute Energie äußert sich in Form von psychischen oder psychosomatischen Symptomen.
4: Krisen und Brüche, Krankheit, Tod, Leid und Verlust sind unvermeidlich und gehören zum Leben dazu. Sie weiten unsere Lebensperspektive, öffnen uns und laden uns ein, unsere Vorstellungen vom Leben zu weiten und uns mit Menschen zu verbinden, die ähnliche Erfahrungen machen.
5: Traumatische Erfahrungen führen dazu, dass wir uns in unserem Erleben gefangen fühlen und in immer wieder gleiche, belastende Erlebnisqualitäten abdriften.
6: Unser Individuationsprozess entwickelt sich in Richtung psychische Reife, Autonomie, Stärkung des Gefühls der Verbundenheit, Raum für Leid und Freude, Beziehungsfähigkeit, Leben der wesensgemäßen Eigenart bei gleichzeitigem Bedürfnis, etwas zurückzugeben, Entwicklung unserer wesensnahen Fähigkeiten und Talente und Stimmigkeit.

# 10 Die Praxis der Humanistischen Psychotherapie

*Das Reflektieren darf das Erzählen ablösen –*
*und irgendwann das Spüren das Reflektieren.*

Wenn sich die humanistischen Prinzipien entfalten, entsteht ein ganz eigener Raum. Seine Atmosphäre lädt dazu ein, präsent, offen und neugierig zu sein. Ich erinnere mich gut daran, als ich das erste Mal in meinem humanistischen Institut mit den anderen Teilnehmer*innen im Kreis saß. Ich kam von der Universität, in der ich lernte, was *richtig* ist. Es gab ein klares Curriculum in den Seminaren, an dem wir uns als Studierende ausrichteten, ganz unabhängig von unserer eigenen inneren Verfassung. Das zu erlernende Wissen kam von den Dozierenden, aus wissenschaftlichen Büchern oder Papers. Das basierte nicht auf Selbstkenntnis oder Selbstgefühl, sondern auf objektivierbaren Fakten, welche von Autoritäten im jeweiligen Wissensgebiet formuliert wurden. Die Atmosphäre, die mir in meinem humanistischen Institut begegnete, war ganz anders: Alle saßen im Kreis – nicht an Tischen. Wir waren eine kleine Gemeinschaft. Jeder war Teil davon, das war in dieser Anordnung sichtbar. In der Mitte befanden sich ein Stein, Blumen und eine Kerze[6]. Manche saßen auf dem Boden, andere lagen auf Kissen oder saßen auf Stühlen. Hier durfte und sollte jeder für sich selbst Sorge tragen. Lernen sollte in einer angenehmen Atmosphäre stattfinden. Für mich war es neu, dass man lernen konnte und sich dabei wohlfühlen durfte. Wenn jemand sich an etwas störte, war es auch an ihm, dies auszusprechen. Ganz nach der Leitregel der Themenzentrierten Interaktion: Störungen haben – beziehungsweise nehmen sich – Vorrang. Die Stimmung war freundlich, offen und wertfrei. Die Aufmerksamkeit lag im Gegenwärtigen. Der mögliche Themenraum war offen. Mich erstaunte, wie schnell Teilnehmer*innen sich mit tiefen und verletzlichen Themen zeigen konnten.

Unser Leiter nahm diese Themen interessiert und neugierig auf und führte in eine Selbsterkundung, die alle Ebenen der Wahrnehmungen beinhaltete. Wer arbeitete, wurde angeleitet, bei sich zu bleiben, nachzuspüren und sich zu erforschen. Die Selbsterforschung ist oft ambivalent: Neben der Neugierde und dem Wunsch, mit dem in

6 Als Erinnerung an die Weisheit: »Gott schläft im Stein, atmet in der Pflanze, träumt im Tier, und erwacht im Menschen« (Herkunft unklar, wahrscheinlich von Rabindranath Tagore).

Kontakt zu treten, was da in einem gehalten ist, gibt es auch Unsicherheiten und manchmal Ängste, sich zu zeigen. Diese Ambivalenz unterstützte der Leiter mit Präsenz und Kontakt. Es wirkte, als würde jemand etwas in der Person einladen, herauszukommen. Der Raum war klar, geschützt, experimentierfreudig und konfliktfreudig. Im Gegensatz zur Uni spielte der Körper eine große Rolle und wurde samt Gewahrsein für Atmung und Empfindungen ständig in den Prozess miteinbezogen. Die Prozesse gingen tief und irgendwie fühlte sich das sehr stimmig und normal an, obwohl das so außeralltäglich war.

Ich sehe aber auch, dass dieser offene und unkonventionelle »Freiraum« (Eberwein & Thielen 2014, S. 36) für Selbsterfahrungsneulinge überfordernd sein und auch bedrohlich wirken kann. Genauso wie für mich damals. Aber meine Neugierde und mein Interesse überwogen. Mein Bauchgefühl sagte mir, dass ich vertrauen kann und dass auch ich mich mit dem öffnen kann, was mich innerlich beschäftigte. Der Raum strahlte genügend Sicherheit aus, dass ich mich eingeladen fühlte, mich meinen Themen etwas scheu, aber neugierig zuzuwenden. Gerade aufgrund seiner Offenheit und Tiefe bietet er für psychisch ausreichend stabile Menschen ein größeres Potenzial als Räume, welche durch eine klare Agenda vorstrukturiert und dadurch begrenzt sind. Wolf Büntig betonte, »die Arbeit darf tiefgehen und Freude machen!« Genauso fühlte es sich dort an. Die Arbeit hatte etwas Spielerisches. Wolf Büntig selbst hatte keine Probleme, einen einmal eingeschlagenen Weg wieder zu verlassen und eigene Hypothesen fallen zu lassen, wenn sie keinen Anklang fanden. Ob eine Frage ins Schwarze treffe oder eine Intervention wirke, erkenne man unmittelbar an den körperlichen Reaktionen des Gegenübers. Er sagte, er gelte als sehr treffsicher. Auf die Frage, wie er das schaffe, antwortete er: »Wer häufig schießt, trifft auch häufig.« Dieses spielerische Verständnis von Therapie begleitet mich bis heute und hält mich in den Therapien wach und frisch. Wir sollten uns keinen Druck machen, mit dem Weg, den wir mit unseren Klient*innen einschlagen, immer richtigliegen zu müssen. Wir dürfen Fehler machen, dürfen benennen, wenn wir auf dem Holzweg waren, und können dann fortfahren. Der Treibstoff für die Therapie ist die gemeinsame Neugierde am Prozess. Dazu Wolf Büntig (Büntig 2015): »Es gibt keine langweiligen Patienten, nur fehlendes Interesse.« In der Therapie werden wir Fehler machen und wir dürfen offen damit umgehen. *Ein spielerischer Umgang mit der Beziehung und den eigenen Begrenztheiten ist ein wichtiges Kennzeichen der humanistischen therapeutischen Arbeit.*

Ich möchte nun systematischer auf die spezifischen Kriterien eingehen, die für den humanistischen Raum charakteristisch sind. Den Hintergrund für diese Regeln bilden die Überlegungen zur Individuation: Der Mensch wird als selbstverantwortliches, selbstregulatives und auf Wachstum ausgerichtetes Wesen gesehen. Das Leben ist ständig in Bewegung und wird von uns erfahren: »Wir nehmen die damit verbundene innere Bewegung wahr als Empfindung, geben ihr Bedeutung als Gefühl und äußern sie als Emotion« (Büntig 2013, S. 76). Durch eine zu groß gewordene Kluft zwischen Selbstbild und Erleben kann die Individuation ins Stocken geraten. Hier drücken wir den Ausdruck unserer Eigenart weg und halten uns mithilfe körperlicher Anspannung. »Wer nun viel hält, bewegt sich entsprechend wenig, lernt wenig, fühlt wenig, äußert wenig und entwickelt wenig Selbstgefühl. Je weniger Selbstgefühl ein Mensch entfaltet, umso mehr lernt er, auf ein abstraktes Selbstbild, auch Image genannt, zu bauen, für dessen Bestätigung er auf andere Menschen angewiesen bleibt« (ebd.). Weggedrückte Themen müssen sicht- und spürbar werden, sodass Menschen wieder an ihr Potenzial, ihre Lebensenergie und Wachstumskräfte angebunden werden. Der Weg dahin führt über menschlichen Kontakt, Neugierde und Selbsterforschung.

»Humanistische Psychotherapie ist eine gemeinsame, kooperative, kreative Suchbewegung, in der es darum geht, das psychische Leid [...] des Patienten zu lindern, indem psychische Wachstumsprozesse angeregt und gefördert werden« (Eberwein & Thielen 2014, S. 36). Menschlicher Kontakt ist das Gegengift zu Verdrängung, Abwehr und Isolation. Die inneren Entwicklungskräfte werden angestoßen durch eine bestimmte Qualität von Beziehung.

Die Beziehung, die wir anbieten, ist einerseits Selbstzweck: Wir begegnen dem anderen in seinem Sosein aus unserem Sosein heraus. Andererseits zielen alle unsere Interventionen darauf ab, den verkörperten Selbstkontakt unserer Klient*innen zu stärken. *Therapie ist ein Prozess der Selbsterforschung, der durch einen authentischen Kontakt vorangetrieben wird.*

In diesem Kapitel möchte ich zunächst möglichst praxisnah in die sechs Hauptpfeiler der Humanistischen Psychotherapie einführen. Dazu zähle ich:

1. Ein Anliegen formulieren
2. Zuhören
3. Explorieren
4. Konkretisieren
5. Spiegeln
   - der Emotionen
   - des Körpers
   - des Kontaktgeschehens
   - der bereits vorhandenen Ressourcen
6. Experimentieren

Anschließend gehe ich auf übergeordnete Prinzipien ein, die als innere Haltung unser therapeutisches Wirken beeinflussen. Dazu gehören:

- Nondirektivität
- Der Umgang mit Unsicherheit
- Die Rolle der Annahme für Veränderung
- Verlangsamung
- Integration / Rücknahme der Projektion
- Der Blick auf Verantwortung
- Der therapeutische Prozess

Ich hoffe, damit eine gute Orientierung dafür geben zu können, worauf du dich im Rahmen einer humanistischen Grundhaltung in der Therapie fokussieren kannst.

Noch bevor irgendeine therapeutische Haltung oder Technik wirken kann, sind unsere Klient*innen mit unserer eigenen Energie konfrontiert. Sie fühlen sich durch unser Sosein eingeladen, bestimmte Themen offen zu erforschen, oder auch nicht. Aus diesem Grund ist unsere innere Arbeit so zentral: Nur die Themen, die wir selbst in uns bewegt haben, können wir auch mit unseren Klient*innen bewegen. Das ist spürbar für unsere Klient*innen, ganz unabhängig davon, welche therapeutische Strategie wir einschlagen. Sie spüren, ob wir wirklich neugierig und offen sind. Als Therapeut*innen achten wir nicht nur auf den zwischenmenschlichen Kontakt zu unseren Klient*innen. Wir sind auch mit unserem Erleben präsent. Unsere Präsenz beruht auf Selbstgefühl. Unsere Empfindungen, Gedanken, Gefühle und Fantasien sind unser wichtigstes Instrument für die Therapie. Wir begegnen dem therapeutischen Prozess mit achtsamer, freundlicher und wertfreier Gegenwärtigkeit. Durch dieses Kontaktangebot können weggedrückte Gefühle und Selbstanteile einen zweiten Versuch starten, sich zu zeigen. Mit unserer Präsenz schaffen wir einen Raum, der sie einlädt, gesehen und berührt zu werden. Das ist Grundlage für deren Integration. Meine Präsenz kann ich nicht als Technik anwenden. Sie ist Resultat meiner inneren Arbeit. Sie ist Ergebnis meiner Bemühungen, authentisch, neugierig, offen und bewusst zu sein. Die Basis der folgenden »Techniken« der humanistischen Psychotherapie bildet unser Beziehungsangebot, das – wie von Rogers vorgeschlagen – auf den Haltungen Empathie, Kongruenz und unbedingter positiver Wertschätzung beruht.

## Die sechs Pfeiler der Humanistischen Psychotherapie

1. **Ein Anliegen formulieren**
   Klient*innen kommen mit einem bestimmten Anliegen zu uns in die Therapie. Dieses Anliegen herauszuarbeiten und immer wieder zu überprüfen ist so wichtig, damit wir uns im Therapieprozess nicht verlieren und nicht erschöpfend auf ein Ziel hinarbeiten, das möglicherweise gar nicht dem Anliegen unserer Klient*innen entspricht. Das Anliegen unserer Klient*innen kann, darf und wird sich über die Zeit ändern. Dies geschieht in Abhängigkeit vom Vertrauen, das in der therapeutischen Beziehung gewachsen ist. In der Humanistischen Therapie halten wir uns mit handlungs- und verhaltensbezogenen Therapiezielen zurück. Es hat einen guten Grund, warum jemand ein bestimmtes Verhaltensziel eben nicht realisieren kann. Wenn wir uns auf Verhaltensziele einigen, passiert es leicht, dass diejenigen Anteile im Klienten, die dieses Verhalten sabotieren, stärker werden. Als Therapeut*innen verausgaben wir uns so leicht und arbeiten gegen den Widerstand unserer Klient*innen. Genau wie bei NARM (Heller & Kammer 2023, S. 130) vorgeschlagen, machen wir aus Handlungszielen einen Explorations- oder Hindernisfokus. Wir schauen uns also die dahinter liegenden Gefühle gemeinsam an oder versuchen zu verstehen, was unsere Klient*innen daran hindert, ein bestimmtes

Verhalten zu realisieren. Wir tragen damit der humanistischen Vorstellung Rechnung, dass wir Klient*innen nicht zu einem bestimmten Verhalten oder Ziel führen müssen, sondern gemeinsam die Hindernisse herausarbeiten, die dem im Weg stehen. Dann wird die Kraft freigesetzt, die benötigt wird, um dorthin zu gelangen. Beispielsweise kommt ein Klient mit folgendem Anliegen in die Therapie: »Ich möchte freundlicher zu meinem Frau sein. Ich gehe nicht gut mit ihr um und habe Sorge, dass sie mich verlässt.« Anstatt Verhaltensstrategien zu erarbeiten, die ein freundliches Verhalten etablieren, würden wir den Fokus auf die Hindernisse legen, die dem gewünschten Verhalten entgegenstehen: »Was hindert Sie daran, freundlich zu ihrer Partnerin zu sein?« Hier stoßen wir wahrscheinlich auf verschiedene schwierige Gefühle wie Ärger, Scham, vielleicht Schuld oder eigene unverarbeitete Bindungsthemen. Wir können daraus einen Explorationsfokus machen, indem wir folgendes Anliegen daraus ableiten: »Wollen wir uns dieses Gefühl einmal genauer anschauen?« Wenn Klient*innen die Gefühle besser verstehen, die dem gewünschten Ziel im Wege stehen, wird der Weg frei, dieses Verhalten umzusetzen, oder auch nicht. Zumindest wird aus einer Einbahnstraße eine mögliche Wahl.

Wie eröffnen wir den therapeutischen Raum? Zunächst müssen wir den Raum in uns öffnen: Sind wir wirklich bereit, zuzuhören, unsere eigenen Ideen und Deutungen zunächst beiseitezulegen? Lassen wir uns wirklich auf den Menschen, der uns gegenübersitzt, ein, oder glauben wir, ihn oder sie bereits zu kennen? Können wir unsere Ideen und Vorstellungen über den anderen fallen lassen und sind wir bereit, unserem Gegenüber in seiner für uns zunächst fremden Eigenart zu begegnen? Diese Art von Zuwendung ist ein kleiner Ego-Tod: Wir versuchen, unser Gegenüber wirklich zu sehen, anstatt unsere Vorstellungen über sie oder ihn bestätigt bekommen zu müssen.
Wir können in jeder Stunde mit verschiedenen Fragen zur Selbstexploration einladen:

- Was ist Ihre Intention für heute?
- Was ist Ihr Anliegen für heute?
- Was beschäftigt Sie?
- Was bewegt Sie?
- »Was würden Sie von unserer Zeit miteinander heute gern mitnehmen?« (Heller & Kammer 2023, S. 126)
- »Was wäre für Sie das optimale Ergebnis unserer Arbeit miteinander?« (ebd.)
- Wenn wir vor dem Gespräch schon eine starke Erregung wahrnehmen, können wir auch einfach sagen: »Lassen Sie sich erst mal ankommen. Ich bin ganz Ohr.«

Auf die Frage »Wie geht es Ihnen?« verzichte ich eher, da sich manche Menschen dadurch zu einer Alltagskommunikation eingeladen fühlen.
Das Gespräch kann eine große Wirkung entfachen, wenn wir uns zurücklehnen, präsent sind und wirklich zuhören. Daran müssen wir uns immer wieder erinnern, da mit größer werdender Erfahrung auch die Hypothesenbildung im Hinterkopf

schneller und automatischer abläuft. Zunächst geht es darum, den Raum zu öffnen und Erkenntnis, basierend auf Körper- und Selbstgefühl, zu ermöglichen. Sehr einfach und zugleich wirksam ist die Technik »der rote Teppich«. Wenn Klient*innen auf ein emotionales Thema stoßen, können wir sagen: »Mögen Sie mehr darüber erzählen?«. Diese simple Einladung öffnet den Raum. Diese Einladung hat bereits einen großen Effekt, wenn wir wirklich interessiert sind.

2. **Zuhören**
   Für viele ist dieser Punkt so trivial, dass sie sich gar nicht mehr damit befassen. Dabei ist wirkliches Zuhören die Grundlage unserer Arbeit. Wir versuchen, dem anderen wirklich in seinem Sosein zu begegnen, wir versuchen wirklich, seinen »inneren Bezugsrahmen« zu verstehen. Dazu müssen wir lernen, uns zurückzulehnen und zurückzuhalten. Wir bleiben dazu mit uns und unserem Erleben in Kontakt und sind gleichzeitig in Kontakt mit der Person, die uns etwas über sich mitteilt. Wir spüren, ob uns jemand wirklich zuhört, oder insgeheim mit einer eigenen Agenda beschäftigt ist, also mehr mit sich selbst. Spürst du wirklich ein Interesse, eine Neugierde, wenn du als Therapeut deiner Klientin gegenübersitzt? Einen guten Zuhörer erkennt man daran, was er *nicht* tut:
   - Er interpretiert nicht.
   - Er analysiert nicht.
   - Er lenkt das Gespräch nicht in eine andere Richtung.

   Stattdessen fokussiert er sich auf Folgendes:
   - Er signalisiert, dass er versteht, was du sagst (durch Mimik, Gestik der Zuwendung, durch Paraphrasieren und Zusammenfassen des Gesagten).
   - Er lässt sich von dir berühren.
   - Er lässt dir Raum, mehr zu erforschen.
   - Er ist wirklich neugierig und interessiert.

   Diese Art von Zuhören fördert die Selbsterforschung und den Selbstkontakt ungemein. Als Faustregel sollten wir so lange »nur« zuhören, solange Selbstkontakt besteht und unser präsentes Zuhören die Selbsterforschung vorantreibt. Gerade erfahrene Therapeut*innen müssen sich zurückhalten, ihr umfangreiches Wissen und Verständnis von Psychodynamik erst einmal zurückzustellen und einfach nur da sein. Therapeut*innen fällt es häufig schwer, nur zuzuhören.
   Das sehe ich immer wieder, wenn ich das in Ausbildungsinstituten mit angehenden Therapeut*innen übe: Viele merken gar nicht mehr, wann sie interpretieren, deuten und das Gespräch in Richtung ihrer eigenen Hypothesen lenken. Ich höre nicht selten: »Aber ich muss doch irgendwas machen! Ich muss doch etwas anbieten! Ich kann das doch nicht einfach laufen lassen!« Doch! Gerade, wenn diese Intervention dabei hilft, jemanden in Kontakt mit sich zu bringen, sollten wir auf gar keinen Fall dabei unterbrechen! Hier hilft der humanistische Blick auf Selbstkontakt: Wenn wir wirklich in Kontakt sind, wirken die Selbstheilungs- und Wachstumskräfte! Dann wird ein tieferes Wissen *angezapft*. Da dürfen wir nicht stören.

3. **Explorieren**
   Eine weitere Säule der humanistischen Gesprächsführung bilden explorierende Fragen, welche die Selbsterforschung vorantreiben. Wir stellen dabei keine Fragen, von denen wir selbst die Antwort bereits zu wissen glauben. Wir stellen keine Fragen, damit Klient*innen selbst auf die Antworten kommen, von denen wir meinen, dass sie darauf kommen sollten. Wir sollten nie vorschnell glauben, dass wir bereits verstehen, worum es eigentlich geht. Auch die spontan geäußerten subjektiven »Krankheitstheorien« sollten wir nicht einfach übernehmen. Wir bleiben neugierig, offen und fragend. Und zwar in jeder Stunde neu. Wir überlassen unseren Klient*innen den Prozess. Wenn wir fragen: »Wie fühlt sich das für Sie an?« »Was geht in Ihnen vor, wenn Sie das aussprechen?« »Wozu ist das gut?« »Wofür machen Sie das?« »Was hindert Sie daran, x zu tun?« Wir explorieren insbesondere in Hinblick auf die folgenden vier Ebenen: die Gefühle, den Körper, das Kontaktgeschehen und die bereits vorhandenen Ressourcen.
   - Ich sehe, Sie bewegt das sehr. Was bewegt Sie, während Sie mir das erzählen?
   - Was fühlen Sie gerade?
   - Sollen wir uns dieses Gefühl mal näher anschauen? Wäre das für Sie okay?
   - Der Körper hört zu, während wir sprechen. Was nehmen Sie körperlich wahr? Es geht nicht darum, das zu verändern, sondern darum, das wahrzunehmen.
   - Wie erleben Sie den Kontakt zu sich, während Sie das erzählen?
   - Was ist dann, wenn Sie das aussprechen?

   Wir haben nicht die Antworten, sondern nur die Fragen.
4. **Konkretisieren**
   Um das übergeordnete Ziel zu erreichen, den verkörperten Selbstkontakt unserer Klient*innen zu stärken, müssen wir an konkreten Phänomenen arbeiten. Wenn unsere Klient*innen generalisierend, allgemein und abstrakt von etwas sprechen, sind sie noch sehr im Kopf. Sie bestätigen ihre Ideen von etwas, anstatt wirklich mit den dazugehörigen Gefühlen in Kontakt zu kommen. Wir sollten immer konkretisieren, wenn wir die Verbindung zu unserem Gegenüber und zum Inhalt des Gesagten nicht mehr spüren. Das ist ein wichtiges Kriterium dafür, dass auch unsere Klient*innen nicht mehr in Kontakt mit sich sind. Das Gespräch kann so keine transformative Wirkung entfalten. Wir können immer wieder fragen: »Was meinen Sie damit?« »Ich habe das noch nicht genau verstanden! Mir ist es wirklich wichtig, zu verstehen, worum es Ihnen geht!« »Können Sie eine konkrete Situation benennen, in der Sie das gefühlt haben?« »Was meinen Sie damit, wenn Sie sagen, Sie fühlen sich depressiv? Das bedeutet ja für jeden etwas anderes.«
   Erfahrene Klient*innen wissen, dass es gut ankommt, wenn sie von ihren Gefühlen sprechen. Häufig fällt des Satz: »Ich habe das Gefühl, dass …« Das, was folgt, ist jedoch kein Gefühl, sondern ein Gedanke. Wir helfen dabei, Gefühle zu unterscheiden und diese genau und konkret zu benennen. So können wir dafür sorgen, dass unsere Klient*innen wirklich in Kontakt mit sich kommen und nicht nur über etwas gesprochen wird.

Wenn Klient*Innen kurz davor sind, mit tiefer liegenden und schwierigen Gefühlen in Kontakt zu kommen, sagen sie häufig: »Ich weiß es nicht.« Ich übernehme hier die etwas spielerisch-provokante Intervention eines Supervisors (Gustl Marlock), der in diesem Falle augenzwinkernd sagt: »Ich habe nur ein Dogma: Irgendwas weiß man immer.« Es ist erstaunlich: Wenn wir so dranbleiben, kommen wir wirklich daran, was unsere Klient*innen bereits wissen. Sie wollen nur nicht immer mit diesem Wissen in Kontakt kommen, weil es Konsequenzen für sie hat, die sie möglicherweise noch nicht bereit sind zu leben.

5. **Spiegeln**
   - der Emotionen
   - des Körpers
   - des Kontaktgeschehens
   - der bereits vorhandenen Ressourcen

Worauf legen wir den Fokus im therapeutischen Gespräch? Wir gehen davon aus, dass Klient*innen die zentralen Fähigkeiten haben, um mit ihren Problemen und Schwierigkeiten umzugehen. Ihre Selbstheilungskräfte können jedoch nicht wirken, da sie sich aus Schutz vor ungelösten und überwältigenden Gefühlen von ihrem Selbstkontakt abgeschnitten haben. Wir spiegeln unsere Klient*innen in Hinblick auf das, was sich spontan im Hier und Jetzt des therapeutischen Gesprächs zeigt. Wir gehen weder in die Vergangenheit noch in die Zukunft. Indem wir ein Bewusstsein für die Ebenen der Emotionen, des Körpers, des Kontaktgeschehens und der bereits vorhandenen Ressourcen schaffen, unterstützen wir unsere Klient*innen dabei, wieder in Kontakt mit sich zu kommen, die dabei aufkommenden Gefühle bewusst wahrzunehmen und in sich halten zu lernen.
Wir versuchen, unsere Klient*innen von einem anfänglichen kopflastigen Erzählen in einen Spürkontakt mit sich zu bringen. Dazu spiegeln wir die Gefühle, die dazugehörigen körperlichen Regungen und das Kontaktgeschehen möglichst konkret.

- Ist etwas Trauriges da?
- Ich sehe, dass Ihnen dabei die Tränen kommen.
- Das macht sie ärgerlich?!
- Sie ziehen die Schultern hoch, während Sie das sagen.
- Sie runzeln die Stirn.
- Sie wirken nachdenklich.
- Sie spannen sich an.
- Jetzt atmen Sie gerade tief durch.
- Ist Ihnen bewusst, dass Sie den Atem anhalten, während Sie das erzählen?
- Gerade noch hatte ich den Eindruck, dass Sie mit sich in Kontakt sind, während Sie sich mitgeteilt haben. Nun habe ich den Eindruck, sie reden über etwas.
- Sie gehen gerade aus dem Kontakt mit Ihrem Erleben.

Klient*innen, die Hilfe aufsuchen, fühlen sich häufig psychisch stark belastet, innerlich erstarrt, hilflos und handlungsunfähig. Aus diesem Grund ist es so zentral, dass wir sie durch unsere Begleitung in ihrer Handlungsfähigkeit stärken. Dazu müssen wir erst mal gar keine neuen Ressourcen erschließen. Wir können sehr aufmerksam für die bereits vorhandenen Fähigkeiten sein. Diese spiegeln wir im Gespräch, wann immer sie uns auffallen. Dazu setzen wir eine Brille auf, die unsere Klient*Innen in ihren Fähigkeiten sieht und spiegelt, auch wenn sie selbst diese überhaupt nicht als Kompetenzen wahrnehmen würden. Für viele ist es äußerst schwierig, sich selbst in einem positiven Licht zu sehen. Dabei können wir unterstützen. Wir nehmen einen ressourcenstärkenden Blick ein. Wenn ein Klient erzählt, dass er nur aus diesem Tief herauskam, weil sein Freund ihm so gute Ratschläge gegeben hat, gibt er die Kraft der Besserung an seinen Freund weiter. Wir können dann spiegeln: »Schauen Sie, in Ihnen ist das Wissen darüber vorhanden, wen Sie in einer solch schwierigen Lage kontaktieren können. Sie haben es geschafft, sich trotz Ihrer schambehafteten Gefühle mitzuteilen. Diese Fähigkeit ist in Ihnen.« Wir erfinden nichts, wir beschönigen auch nicht, sondern spiegeln unserem Klient*innen das eigene aktive Zutun zur Besserung und ermöglichen ihm so, ein Stück weit Kontrolle und Selbstwirksamkeit zu erleben. Dazu gehört auch ein potenzialorientierter Blick. Wenn jemand erzählt, wie fürsorglich, interessiert und selbstbewusst ein Freund ist, und dass er selbst so nie sein kann, können wir folgende Perspektive einnehmen: »Man erkennt im anderen nur das, was man selbst als Potenzial in sich hat. Sonst würde man es überhaupt nicht als etwas Erstrebenswertes im Außen erkennen.« Wir helfen unseren Klient*innen, von einem Außenblick zu sich selbst zu kommen und bereits vorhandene Fähigkeiten und Potenziale in sich zu erkennen. So unterstützen wir sie dabei, aus der großen Abhängigkeit von anderen und auch zu uns herauszutreten und sich selbst mehr zuzutrauen. Dabei geht es nicht darum, das Schwierige herunterzuspielen. Es geht darum, das Positive und bereits Vorhandene mit in den Prozess reinzunehmen.

6. **Experimentieren**
In den Humanistischen Therapien hat das therapeutische Experiment einen wichtigen Stellenwert. Wir ermöglichen durch das Rollenspiel, Tanz und Bewegung, die aufstellende Arbeit mit inneren Anteilen oder körperlichen Symptomen neue Erfahrungen. Das Hauptziel liegt darin, abgespaltene und projizierte Ich-Anteile oder Gefühle wieder zurückzunehmen, und zwar über das Spiel und das Experiment. Wir integrieren diese Anteile, indem wir wieder zu ihnen werden. Dazu Fritz Perls (Perls 2008, S. 129): »Ich lasse den Patienten all diese Teile spielen, denn nur durch echtes Spielen kannst du zur vollen Identifikation gelangen, und diese Identifikation ist das Gegenmittel gegen Entfremdung. Entfremdung bedeutet ›Das bin nicht ich, das ist etwas anderes, etwas Fremdes, etwas, das nicht zu mir gehört.‹« Das kann sehr tief gehen und heilsam sein.
Sehr wirksam ist in der Einzelarbeit die Stuhlarbeit. Ich kann Klient*innen dazu einladen, einen bestimmten, als konflikthaft erlebten Anteil, ein Gefühl oder ein körperliches Symptom auf einen Stuhl zu setzen. Ich leite dann zu einem Dialog mit anderen Anteilen an. Mit dieser einfachen Methode lassen sich tiefgreifende innere Konflikte sehr prägnant machen. Die Methode ist wirksam, sollte aber spar-

sam eingesetzt werden, damit der prozesshafte Charakter der Therapie nicht verloren geht. Die Energie für die Therapie sollte schließlich von unseren Klient*innen kommen und wir sollten keine Erwartungshaltung kreieren, dass wir jedes Mal etwas aus der »Zauberkiste« ziehen. Wir bekommen dann nicht mit, was sich bei unserem Gegenüber zeigen möchte, wenn es stiller wird.

Um in diese Methode einzuführen, möchte ich hier darstellen, wie man mit körperlichen Symptomen arbeiten kann, um deren psychische Botschaft zu erforschen. Hier ist Vorsicht geboten, dass wir körperlichen Symptomen nicht vorschnell eine rein psychosomatische Bedeutung zuschreiben. Darum geht es hier nicht. Wir müssen im Vorhinein die Erlaubnis und den Auftrag einholen, dieses Symptom gemeinsam näher zu erforschen. Den möglichen Ablauf habe ich im Folgenden schematisch dargestellt. Wir sollten generell jederzeit bereit sein, unser Vorgehen dem Prozess anzupassen. Es ist erstaunlich: Oft kommt bei der Erforschung etwas ganz anderes heraus, als wir oder unsere Klient*innen erwartet haben. Da diese Experimente so viel auslösen, sollten wir sie nur durchführen, wenn wir wirklich in der Lage sind, daraus resultierende tiefgreifende Gefühle aushalten und begleiten zu können. Bitte achte genau darauf, ob diese Art der aufdeckenden Arbeit für deine Klient*innen zu diesem Zeitpunkt hilfreich ist. Besonders bei traumatisierten Klient*innen können die ausgelösten Gefühle überfordernd oder überwältigend wirken, wenn sie noch nicht ausreichend Selbstregulation erlernt haben. Die folgenden Ausführungen sollen einen Einblick in die Arbeit geben, sind jedoch nicht als Handlungsanweisung gedacht.

Ich leite das Experiment folgendermaßen ein: »Sollen wir uns dieses körperliche Symptom mal gemeinsam genauer anschauen? Sind Sie offen für ein kleines Experiment?« Wenn unsere Klient*innen bejahen, können wir zunächst erklären, worum es geht. Ich würde den Ablauf im Vorhinein genau beschreiben, damit unsere Klient*innen durch ein für sie undurchsichtiges Vorgehen keinen Kontrollverlust erleben. »Ich werde im Folgenden einen Stuhl aufstellen, der für Ihr körperliches Symptom steht. Im Laufe des Prozesses werde ich Sie bitten, das Symptom symbolisch auf diesen Stuhl zu setzen und schließlich selbst auf diesem Stuhl Platz zu nehmen und sich vorzustellen, ganz dieses Symptom zu werden. Wir können uns so gemeinsam dafür interessieren, was das Symptom Ihnen mitteilen möchte. Sind Sie dafür bereit?« Wenn unsere Klient*innen bejahen, interessieren wir uns erst mal für das Symptom. Üblicherweise versuchen wir, den Kontakt zu schwierigen oder schmerzhaften körperlichen Symptomen abzuschneiden. Durch einen kleinen Trick unterstütze ich die Klient*innen dabei, in tieferen Kontakt mit dem Symptom zu gehen. Dabei geht es nicht in erster Linie um die Beantwortung der Fragen, sondern darum, dass diese dabei helfen, in neugierigen Kontakt mit diesem Symptom zu bleiben.

Das folgende Vorgehen ist aus den körperorientierten Therapien gut bekannt. Dazu frage ich verschiedene Eigenschaften ab: »Zunächst möchte ich Sie bitten, das Symptom wahrzunehmen und etwas dabei zu bleiben. Was nehmen Sie wahr?« Wenn es ein schmerzhaftes Symptom ist, könnten wir fragen: »Ist es eher eine statische, pulsierende oder stechende Empfindung?« »Auf einer Skala von 0 bis 10, wie stark ist der Schmerz?« Dann fahren wir mit folgenden möglichen Fragen fort: »Wenn das Symptom eine Farbe hätte, welche wäre das? Welche Temperatur hätte es? Wie schwer wäre es? Wie wäre die Oberfläche beschaffen? Welche Konsistenz hätte die Empfindung? Hätte sie einen Geruch? Verändert sie sich oder bleibt sie statisch? Aus welchem Material wäre sie?« Hier können wir kreativ werden. Wir können auch fragen: »Wenn dieses Symptom eine Gestalt oder ein Aussehen hätte, wie würde es aussehen?«

Anschließend bitten wir darum, dieses Symptom symbolisch auf einen anderen Stuhl zu setzen. Wir bitten auch darum, den Stuhl so im Raum zu positionieren, dass es sich stimmig anfühlt. Zunächst fragen wir weiter: »Wie fühlt sich das an, sich vorzustellen, dass das Symptom dort auf dem Stuhl ist?« Nicht selten fehlt Klient*innen etwas, sie fühlen eine mitfühlende Zuwendung zu einem Symptom oder Teil von ihnen, den sie davor noch loswerden wollten.

Wir fahren fort: »Nun bitte ich Sie, sich auf den Stuhl zu setzen und sich vorzustellen, ganz dieses Symptom zu werden.« Häufig fällt das etwas schwer, wir sagen aber, dass es ausreicht, sich das, so gut es geht, vorzustellen. Dann sprechen wir mit dem Symptom. Vorher hole ich mir die Erlaubnis ein, ob ich den Anteil duzen darf. Ich interessiere mich dann: »Wie geht es dir? Seit wann gibt es dich? Wie geht es dir mit (Name des Klienten)? Was brauchst du von (Name des Klienten)? Seit wann gibt es dich? Was, denkst du, ist deine Funktion für (Name des Klienten)?«

Wir werden spüren, dass uns eine ganz andere Energie von diesem Stuhl entgegenkommt. Vielleicht eine sehr starke, kräftige, mächtige, forsche oder aggressive Energie. Vielleicht aber auch etwas sehr Feines, Zerbrechliches, Schützenswertes und Mitfühlendes. Oft verkörpert diese Energie den nicht gelebten Schatten der Person oder den unterdrückten kindlichen, verletzlichen und bedürftigen Anteil. Anschließend fragen wir: »Was brauchst du von (Name des Klienten)? Was würdest du dir von (Name des Klienten) wünschen?« Ich beende das Gespräch mit dem Symptom: »Ich freue mich sehr, dich kennengelernt zu haben« und lade noch einmal zu einem Wechsel der Stühle ein, indem ich den Klienten bitte, noch einmal den Platz zu tauschen. »Wie fühlen Sie sich mit dem, was Sie gehört haben? Wie löst das in Ihnen aus? Was brauchen Sie von dem Anteil? Was würden Sie sich wünschen?« Diese letzten Worte sind meist sehr versöhnlich. Es ist berührend, diesen Prozess zu verfolgen und zu erleben, welche Intelligenz in einem Symptom steckt und wie das Symptom sich anschließend oft auflöst. Das geschah nicht in Abhängigkeit unseres Fachwissens oder unserer Handlungsempfehlungen, wie unsere Klientin mit dem Symptom umgehen sollte. Das Wissen war im Symptom bereits enthalten. Um da ranzukommen, mussten wir unsere Klienten lediglich in einen vertieften und zugewandten Kontakt damit bringen. So kommen wir an die tiefere Intelligenz des Organismus.

Dieses spielerische Vorgehen können wir auch mit antreibenden, kritischen oder kindlichen inneren Anteilen vorschlagen. Es ist immer sehr ergiebig und verstärkt den Kontakt. Das Vertrauen in das bereits vorhandene Wissen wird gestärkt.

Wenn wir Experimente anbieten, sollten wir nie die Chance verpassen, im Nachhinein zu reflektieren, was unsere Klient*innen dabei erlebt haben und wie sie das Erlebte verstehen. Eine tiefgreifende emotionale Erfahrung kann verpuffen, wenn sie nicht verstanden und eingeordnet wird. Dafür sollten wir genügend Zeit aufwenden. Wir müssen den neu gemachten Erfahrungen ein Zuhause bieten! *Therapie sollte immer zwischen Erleben und Reflektieren über den Prozess pendeln.*

Therapieformen unterscheiden sich deutlich im Hinblick auf therapeutische Experimente: In den eher prozesshaften tiefenpsychologischen Verfahren wird auf Experimente verzichtet. Das wird in der Regel damit begründet, dass man nicht abschätzen könne, wie sehr dieses aktive Vorgehen die Übertragungsbeziehung beeinflussen könnte. Das weiß man natürlich bei keiner therapeutischen Handlung. In Selbsterfahrungsseminaren wird häufig ein starker Fokus auf therapeutische Experimente gelegt. Schnell werden effektreich starke Gefühle ausgelöst. Die anschließende Reflexion und kognitive Einsortierung kommen jedoch oft zu kurz. Häufig mit der Begründung, dass unser Organismus diese Erfahrung automatisch und unbewusst einordnen und integrieren würde – und dass wir diesen Prozess mit unserer bewussten Reflexion stören würden.

Ich glaube, dass ein anschließendes gemeinsames Einordnen des Erlebten immer sinnvoll ist. Um die Integration des Erlebten zu fördern, sollten wir dies anschließend gemeinsam verstehen und reflektieren.

Im Folgenden möchte ich die allgemeineren Kriterien auflisten, die für den *humanistischen Therapieraum* charakteristisch sind und als Haltung unser Beziehungsangebot prägen. Dazu zählen:

1. Nondirektivität und der Umgang mit Abwehr
2. Die Rolle des Kontaktes
3. Verlangsamung
4. Sicherheit in der Unsicherheit
5. Die Rolle von Annahme für Veränderung
6. Awareness und Präsenz
7. Integration / Rücknahme der Projektion
8. Umgang mit Unwissenheit / Loslassen von Kontrolle
9. Der therapeutische Prozess

1. **Nondirektivität und der Umgang mit Abwehr**

Nondirektivität bedeutet, dass unsere Klient*innen über Geschwindigkeit und Richtung der Therapie bestimmen. Als Therapeut*innen nehmen wir eine begleitende und zurückhaltende Haltung ein, was unsere Deutungen, Ideen und Interpretation betrifft. Wir laden unsere Klient*innen ein, mit sich in Kontakt zu bleiben, während sie sich erforschen. Wir lassen ihnen ihr Tempo, was die inneren emotionalen und verstehenden Prozesse betrifft. *Nondirektivität bedeutet jedoch keinesfalls, dass wir beliebig und passiv den Prozess begleiten. Sie kann nur unter der Bedingung ihr therapeutisches Potenzial entfalten, dass der Klient bei sich und der*

*Therapeut bei sich ist und ein echter kongruenter Kontakt entsteht.* Dieser Kontakt führt in einen gemeinsamen Spür- und Explorationsmodus, der wesentlich langsamer ist als der rationale Reflexionsmodus. Wir brauchen Geduld und Präsenz und müssen den Prozess immer wieder verlangsamen, um ihn zu vertiefen. Entstehende Pausen können eine Qualität von Weite und Stimmigkeit haben. Wenn wir diese Pausen nicht aushalten und unsere Klient*innen zu schnell wieder aus dem Spürkontakt in den Erzählmodus zurückholen, begehen wir eine Art »emotionalen Diebstahl«. Wir unterbrechen den Prozess der inneren Sortierung.

Was passiert jedoch, wenn dieser Spürkontakt nicht möglich ist und unser Gegenüber uns und sich selbst auf Distanz hält? Hier müssen wir die zurückgelehnte Haltung verlassen und das Handwerkszeug mitbringen, wie wir mit einer starken Kontaktabwehr umgehen können. Wenn unsere Klient*innen unreflektiert aus ihrem Schutzmodus heraus agieren, so sind weder Veränderung noch neue Erkenntnisse möglich. Unsere Nondirektivität würde in die Karten der Abwehr spielen. Wir lassen unsere Klient*innen ihre Abwehr, und zwar in Abhängigkeit zur jeweiligen psychischen Vulnerabilität – d.h. in dem Maße, in dem ihr oft fragiles System sie braucht, um nicht zusammenzubrechen. Wir können die Abwehr nicht überwinden oder brechen. Das zu versuchen, würde unsere Klient*innen psychisch bedrohen. Wir können die Abwehr erkennen und an geeigneter Stelle ansprechen. Und zwar so, dass unsere Klient*innen unsere fürsorgliche Absicht darin erkennen können. Dazu brauchen wir keine komplizierten und kunstfertigen Deutungen. Wir können sagen, was wir sehen und wahrnehmen: »Ich habe das Gefühl, über dieses Thema sprechen Sie nicht gerne.« »Sie werden sehr wortkarg.« »Ich habe den Eindruck, ich muss Ihnen gerade jedes Wort aus der Nase ziehen.« »Ist Ihnen bewusst, dass Sie das Thema gewechselt haben?« »Was geht gerade in Ihnen vor?« »Ich merke, dass ich den Impuls habe, nicht näher auf dieses Thema einzugehen.« »Was erleben Sie gerade?« Diese Art der Benennung wird in der Gestalttherapie »stating what is« genannt. Es geht nicht darum, zu einer Lösung oder passenden Deutung zu kommen, sondern das prägnant zu machen, was bereits sichtbar ist. Wir arbeiten hier ganz nah am Offensichtlichen, nah an der Oberfläche des Kontaktgeschehens. Wenn es prägnant wird, kann es nicht länger weggedrückt werden und das innere System muss sich neu sortieren. Dabei geht es nicht darum, dass es nicht okay ist, sich vom Kontakt abzuschneiden. Wir spiegeln das Kontaktgeschehen und stärken so unsere Klient*innen in ihrer Fähigkeit, dies selbst zu steuern. Sie haben aus guten Gründen Schutzmechanismen entwickelt. Diese schützen sie davor, mit oft brüchigen, abgespaltenen oder fragmentierten Selbstanteilen in Kontakt zu kommen. Wenn wir spüren, dass der Widerstand, dies in den Therapien zu besprechen, sehr stark ist, können wir dieses Muster auch benennen: »Ich habe den Eindruck, dass Sie ausweichen, wenn es innerlich brüchig und schwierig wird. Therapie würde auch bedeuten, dass wir uns dem nähern können. Was davon erreicht Sie und wie kommt das bei Ihnen an?«

Wir können nondirektiv und gleichzeitig sehr aktiv, engagiert und interessiert sein. Wir können zu Experimenten einladen oder auch mal Handlungsideen einstreuen, ohne über Richtung und Geschwindigkeit des Prozesses zu bestimmen. Aus Studien wissen wir, dass passive und angespannte Therapeut*innen am ineffektivsten wahrgenommen werden (Ackerman & Hilsenroth 2001). *Nondirektivität bedeutet nicht, dass wir unsere Energie, unsere Neugierde und unsere gesunde Aggression aus dem therapeutischen Prozess abziehen. Die nehmen wir mit.* Wir besetzen damit jedoch weder den Raum, noch kontrollieren wir die Richtung der Therapie.

2. **Die Rolle des Kontaktes**
Der Qualität des zwischenmenschlichen Kontakts spielt eine entscheidende Rolle, damit die Prinzipien der Humanistischen Therapie ihre volle Wirkung entfalten können. Ohne Kontakt ist jede Therapie zunächst wirkungslos. Möglicherweise kann sie lindernd oder containend sein, ihr fehlt aber das Potenzial für einen tiefgreifenden inneren Wandel. Psychotherapie sollte eine transformative Kraft haben. Die Humanistische Psychotherapie ist zwar nondirektiv, was Richtung und Geschwindigkeit angeht. Der Therapeut kann jedoch sehr eigen, lebendig, aktiv und konfrontativ sein. Dies gilt insbesondere in Bezug auf die explorativen Fragen und das Vorschlagen von Experimenten. Entscheidend ist, dass wir uns keine Deutungshoheit anmaßen. Wir suchen nach einem Modus, der es ermöglicht, dass unser Gegenüber eine neue Erfahrung macht oder mit etwas in Kontakt kommt, was zwar da ist, aber weggedrückt wird. Gerade in der Gestalttherapie achten Therapeut*innen sehr genau auf den Kontaktfluss und spiegeln Klient*innen jede Kontaktvermeidung. Diese kann sich ganz unterschiedlich äußern.
   - viel reden, ohne innezuhalten
   - ausweichen oder etwas übergehen
   - verleugnen
   - widersprüchliche Aussagen

Eine starke Abwehr führt bei uns zu wenig innerer Beteiligung; manchmal zu Langeweile, Unberührtheit, Unsicherheit, Misstrauen, Ärger oder Unruhe. Wir fühlen uns kontrolliert, wirkungslos, manipuliert, eingeschüchtert, entwertet oder auf Distanz gehalten. *Im Allgemeinen werden wir innerlich und äußerlich schneller, je schwieriger es emotional wird.* Wir spüren, wenn jemand nicht von sich, sondern über etwas spricht. Über-legen bedeutet, dass wir etwas drüber-legen (Büntig 2015). Überlegen ohne Selbstkontakt führt zu keiner inneren Wandlung. *Idealerweise kommen wir im Laufe des therapeutischen Prozesses gemeinsam vom Reden zum Reflektieren und dann zum Spüren.*
Für den Kontakt ist wichtig, dass wir als Therapeut*innen einen offenen und fühlenden Selbstbezug haben. Wir sind uns unserer Empfindungen, Gedanken und Wahrnehmungen bewusst. Wir sind ausreichend reguliert. Viele Klient*innen sind innerlich angespannt, getrieben und dysreguliert. Das betrifft nicht nur ihre Psyche und ihren Bezug zu sich selbst, sondern auch ihr Nervensystem. Über uns, als ruhiges und zugewandtes Gegenüber, können sie sich zunächst co-regulieren. Im Sinne einer emotionalen Nachreifung erleben sie ein stabiles, emotional verfügbares Gegenüber. Die anfängliche Co-Regulation führt nach und nach zu einer besse-

ren Selbstregulation. Das ist ganz ähnlich wie bei der Mutter-Kind-Beziehung. Ziel der Therapie sollte sein, dass unsere Klient*innen uns irgendwann nicht mehr brauchen: Sie haben die Beziehungserfahrung so verinnerlicht, dass sie als innere beruhigende, unterstützende und klärende Instanz in ihnen weiterwirkt.

3. **Verlangsamung**
   Um eine Verbindung zwischen dem zu stärken, was unsere Klient*innen sagen und spüren, müssen wir den Prozess verlangsamen. Wenn über etwas ohne körperliche Anbindung gesprochen wird, hat dies nur eine sehr begrenzte Wirkung. Dann können die Erfahrungen und Erkenntnisse nicht integriert werden. Dazu müssen wir den Prozess aktiv verlangsamen, zum Nachdenken und gleichzeitig zum Nachfühlen einladen. Über ein gestärktes Gewahrsein ist es möglich, Herz, Gefühl und Kopf wieder zusammenzubringen. Wir schaffen einen Raum, in dem nicht nur das gesprochene Wort einen Wert hat, sondern auch die Gefühle und die körperlichen Empfindungen. Um die organismische Selbstregulation zu fördern, brauchen wir alle Kanäle der Wahrnehmung. Nur so können wir in Kontakt mit den tiefer liegenden und nicht verarbeiteten emotionalen Schichten kommen. Auch bei der Verlangsamung nimmt der Therapeut eine aktive Rolle ein.
   Wie fördern wir das Spürbewusstsein? Wenn unser Gegenüber sehr schnell ist, sollten wir immer wieder einlenken. In diesem schnellen Modus kann höchstens Druck abgeladen werden; eine innere Veränderung ist dadurch nicht möglich. Wir können sagen: »Ich höre Ihnen zu und frage mich, was Sie gerade fühlen, während Sie das erzählen.« »Ich lade Sie ein, einmal innezuhalten und zu bemerken, welche Empfindungen Sie haben, während Sie das erzählen. Was fällt Ihnen auf?« Wenn wir spüren, dass wir selbst aus dem Kontakt aussteigen, weil wir bei dem hohen Tempo nicht mehr mitkommen, können wir sagen: »Ich sorge mich, dass Sie sich im Gespräch mit mir verausgaben.« Oder wir können selektiv offen mitteilen: »Ich spüre, dass ich bei dem inneren Tempo kaum hinterherkomme. Mir ist es jedoch wichtig, bei Ihnen zu bleiben. Ich möchte Sie einladen, etwas langsamer zu machen.« Oder: »In diesem schnellen Modus kann keine innere Änderung geschehen. Dazu brauchen wir Ruhe und Kontakt nach innen.« Oder: »Ich merke, dass ich mich wenig mit Ihnen verbunden fühle, während Sie diese so wichtigen Erlebnisse teilen. Kennen Sie dieses Gefühl? Haben Sie so eine Rückmeldung schon einmal erhalten?« Manchmal kommt dann die Sorge auf, dass nicht alle Themen besprochen werden können, wenn die Geschwindigkeit gedrosselt wird. Ich sage dann: *»Wissen Sie, in der Therapie kommen wir schneller voran, wenn wir langsamer machen.* Wir haben Zeit.«
4. **Sicherheit in der Unsicherheit**
   Alle Klient*innen haben eine gewisse Ambivalenz in Bezug auf ihre Therapie. Sie möchten zwar nicht mehr so weitermachen oder fühlen wie bisher, sehen aber noch keine neuen Möglichkeiten im Umgang mit sich, ihren Verhaltensmustern, Schwierigkeiten und Gefühlen. Das macht Angst. *Die Aufnahme einer Therapie markiert immer einen Wendepunkt im Leben. Man macht sich auf ins Neue und Unbekannte.* Sowohl im Außen als auch innerlich. Jeder Wandel schafft neue Möglichkei-

ten und Sichtweisen, befreit uns vom Gewohnten und Altbekannten. Alles Neue macht aber auch Angst. Dazu Wolf Büntig: »Wendepunkte sind Phasen in unserem Leben, in denen aus dem Alten das Neue geboren wird, in denen wir gewordene Form verlieren, um neue Gestalt zu finden, in denen wir das Bekannte in Frage stellen und uns öffnen für das Unbekannte, für das, was wir noch nicht kennen, und für das, was wir noch nicht gekannt haben ... In dieser Phase der Fremdheit kennen wir Gefühle von Orientierungslosigkeit, Nichtwissen, Hilflosigkeit, aber auch Spielraum, Freiheit, Offenheit« (Büntig 2013, S. 21 f.). Um dieser Unsicherheit entgegenzuwirken, schaffen wir einen Raum, der Sicherheit gibt. Unser Gegenüber muss sich vollständig von uns angenommen fühlen. Er oder sie muss das Gefühl haben, dass wir ihn oder sie im Kern bedingungslos wertschätzen. Diese Grundlage bietet die Sicherheit, die wir brauchen, um uns im Prozess dem Neuen, noch nicht Bekannten, zu öffnen. Aus der neurophysiologischen Traumaforschung wissen wir, wie wichtig ein ruhiger, authentischer und klarer Kontakt ist. Er wirkt co-regulierend. Wir erkennen dies daran, dass Klient*innen häufig überrascht sind, wie ruhig sie über ein sehr belastendes Thema reden konnten, sofern ein guter Kontakt besteht. Unsere Fantasie, die nicht durch den zwischenmenschlichen Kontakt geerdet wird, stellt den idealen Nährboden für katastrophale Szenarien dar. Das Tempo muss angenehm sein und wir können immer wieder zum Langsamermachen einladen, wenn wir merken, dass unsere Klient*innen sich verausgaben oder anspannen. Dazu müssen wir lernen zu lesen, wenn unsere Klient*innen überfordert sind und ihr Nervensystem überlastet ist. Anzeichen dafür sind zum Beispiel Übelkeit, Schwindel, Dissoziationen, Anspannung, angehaltener Atem oder ein innerer Rückzug aus dem Kontakt. Dann können wir benennen, dass wir vielleicht zu schnell sind: »Machen Sie langsam. Spüren Sie den Bodenkontakt zu Ihren Füßen und den Kontakt Ihres Körpers zum Stuhl. Schauen Sie sich im Raum um, orientieren Sie sich, wo Sie sind. Nehmen Sie ein paar tiefe Atemzüge. Was brauchen Sie, um gerade gut da sein zu können?« Auch wenn es erst mal nicht intuitiv klingt: Sicherheit wird dadurch geschaffen, dass wir wirklich um Kontakt bemüht sind, auch wenn unsere Klient*innen diesen ständig zu vermeiden suchen. Das heißt, wir sprechen die Momente an, in denen unsere Klient*innen nicht in Kontakt sind. Obwohl dies zu schwierigen Gefühlen führen kann, berührt dies das Grundbedürfnis jeder Person, Beachtung und echten Kontakt zu erfahren. Wir drücken damit unser ehrliches Interesse an der Person aus. Wir werben darum, eine echte Verbindung aufzubauen und begnügen uns nicht mit Verstehen bei halbem Tiefgang. Unser Kontaktangebot und unsere unbedingte positive Wertschätzung geben Sicherheit. Dazu muss das Setting klar sein. Grenzen werden geschützt, Frequenz und Dauer der Stunde sind klar definiert.

5. **Die Rolle der Annahme für Veränderung**
Die Humanistische Therapie betont den Wert des Wandels im Gegensatz zur Veränderung. Wenn wir versuchen, uns zu verändern, arbeiten wir top-down, aus dem Kopf heraus, gegen unsere konditionierten Muster an. Wenn wir keine bewusste Kraftanstrengung mehr aufbringen, fallen wir in unsere alten Muster zurück. Die

Ergebnisse dieser Veränderung sind von kurzer Dauer. Entsprechend der humanistischen Perspektive wandeln wir uns innerlich, wenn wir etwas tief in uns erkannt haben und damit in freundlichem, annehmendem Kontakt bleiben. Erst auf dieser Grundlage verankern wir das Erkannte durch »Übung im Alltag« (Büntig 2015). Intuitiv würde man denken, dass alles so bleibt, wie es immer ist, wenn wir es annehmen. Mit Annahme ist jedoch kein resignatives Akzeptieren des Status quo gemeint, sondern ein innerliches Zustimmen, dass alles so sein darf, wie es sich im gegenwärtigen Moment zeigt: »Alles, was da ist, muss auch da sein dürfen. Alles, was gewesen ist, muss auch gewesen sein dürfen« (Büntig 2015). Das hat mit einer tiefen Anerkennung dessen, was ist und was war, zu tun. *Wir brauchen dazu die Fähigkeit, das Leben, wie es sich im gegenwärtigen Moment zeigt, zu berühren.* Die paradoxe Theorie der Veränderung, die auf einen Schüler Fritz Perls' – Arnold Beisser – zurückgeht, geht davon aus, dass wir uns wandeln, wenn wir das annehmen, wogegen wir bisher angekämpft haben. »Veränderung geschieht, wenn jemand wird, was er ist, nicht wenn er versucht, etwas zu werden, das er nicht ist« (Beisser 1998). Annehmen bedeutet nicht, dass wir etwas gutheißen. Es bedeutet, dass das Leben sein darf, wie es uns im gegenwärtigen Augenblick widerfährt. Widerstand und Kampf schaffen Enge, Druck und erzeugen wiederum Widerstand. Dahinter steht die Beobachtung, dass jeder bewusste Veränderungswunsch einen Teil in uns weckt, der diese Veränderung blockiert. In der Gestalttherapie wird der bewusste Part, der sich verändern möchte, *Topdog* genannt. Der blockierende Part ist der innere Schweinehund, der *Underdog*. Ein nachhaltiger innerer Wandel ist erst dann möglich, wenn Topdog und Underdog an einem Strang ziehen und nicht gegeneinander ankämpfen. Dazu Perls: »Du überwindest nie etwas, indem du ihm widerstehst. Du kannst etwas nur überwinden, wenn du tiefer in es hineingehst. Wenn du trotzig bist, sei noch trotziger. Wenn du eine Schau abziehst, mach noch mehr Schau. Was es auch ist, wenn du tief genug in es hineingehst, dann verschwindet es; es wird dir dann zu eigen werden« (Perls 2008, S. 222). Annahme schafft Raum. In diesem Raum können bisher unintegrierte Gefühle, Gedanken und Empfindungen verdaut und bewegt werden. Unser Widerstand dagegen blockiert nicht länger unseren Lebensfluss. Nicht das Leben an sich ist schwer, sondern unser ständiger Widerstand dagegen (vgl. Büntig 2015). »Jeder Widerstand ist von Übel« (Perls 2008, S. 222). Der Fokus der Therapie besteht darin, loslassen zu lernen und nicht gegen unsere Erfahrungen anzukämpfen. Wir dürfen unsere Gefühle und Gedanken wahrnehmen, unsere Unzulänglichkeiten und Schattenseiten. Aber wir identifizieren uns nicht mit unseren Gedanken. Wir sind nicht unsere Gefühle. Wir verstehen sie als Ausdruck unserer Prägungen oder als intelligente Mitteilungen unseres Organismus an uns. Dann können wir sie nutzen. Wenn wir unsicher waren, ob ein eingeschlagener Weg wirklich richtig ist, fragte Wolf Büntig immer: »Stärkt es oder schwächt es?«

Wenn wir unsere bisher weggedrückten Gefühle, Gedanken und Bedürfnisse wahrnehmen und ihnen Raum geben, können sie sich wandeln. Sie bestimmen dann nicht mehr unbewusst unsere Wahrnehmung, Beziehungen und Lebensäußerungen. Meist sind die Probleme unserer Klient*innen nicht Resultat schwieriger Gefühle, sondern des Widerstands dagegen. *Verdrängung ist ein psychischer Kraftakt und verbraucht Energie. Diese Energie geht auf Kosten von Kontakt und Präsenz (Büntig 2015). Dadurch erfahren wir im Leben, in uns und unseren Beziehungen weniger Lebendigkeit und Tiefe.*

6. **Awareness/Präsenz**
   Zu Beginn des Kapitels habe ich bereits hervorgehoben, warum unsere Präsenz als Einladung für den Selbsterforschungsprozess so zentral ist. Hier möchte ich konkret darauf eingehen, was die eigene Präsenz unterstützen kann.
   **Was hilft mir, als Therapeut präsent zu sein?** *Jeder Therapeut verbringt Jahre damit, eine bestimmte Perspektive auf den Menschen zu erlernen. Wir sind nicht objektiv.* In den Gesprächen versuche ich, mich von einer Agenda zu befreien. Ich kenne im Vorhinein den Verlauf des Gesprächs nicht. Ich muss die Lösung nicht wissen. Die dadurch entstehende Unsicherheit kann ich durch ein tiefes Vertrauen in den Prozess aushalten. Es ist nicht meine Aufgabe zu wissen, wo die Reise hingeht. Meine Aufgabe ist es, offen und interessiert zu bleiben und dabei zu helfen, mein Gegenüber in Kontakt mit dem zu bringen, was da ist. Ich versuche, wirklich zuzuhören und mein Gegenüber zu sehen, wie es ist. Dazu verzichte ich weitgehend auf Deutungen oder Interpretationen. Wir arbeiten mit Neugierde am Konkreten, Unmittelbaren, an dem, was sich an der Oberfläche der Kommunikation im Hier und Jetzt zeigt. Hier gilt das bekannte Motto: »Think global, act local.«
   **Was kann ich tun, wenn ich nicht präsent sein kann?** Eigene ungelöste Themen, Konflikte, Ängste oder allgemein Stresserleben mindern meine Präsenz. Wenn ich als Therapeut*in deutlich angespannt bin, muss ich das wahrnehmen und mich um meine Spannung kümmern. Ich möchte so schwingungsfähig sein, dass ich spontan und intuitiv handeln kann. Dann bin ich an meine Kompetenz, Intuition und Kraft angebunden. Was brauchst du, um Halt und Sicherheit zu spüren? Du kannst die Stunde mit ein paar bewussten Atemzügen beginnen. Vielleicht nimmst du die Spannung deines Gegenübers auf? Wie könnt ihr gemeinsam in einen regulierteren Zustand kommen? Oft lösen die folgenden Themen in uns Spannungen aus: Druck, das Gefühl, geprüft zu werden, Übernahme von zu viel Verantwortung, Leistungsdruck, Ohnmacht, Sorge, gute Ratschläge geben zu müssen, Hilflosigkeit, Überforderung oder Ärger. Diese Themen können wir in der Supervision oder Selbsterfahrung bewegen. Für mich persönlich spielt die Selbstfürsorge eine große Rolle: Wie viele Klient*innen sehe ich am Tag? Schaffe ich es, die Stunden pünktlich zu beenden? Wie viel Zeit benötige ich zwischen den Stunden? Ich habe die Erfahrung gemacht, dass ich nach den ersten zwei Gesprächen eine 5 Minuten längere Pause brauche. Wie geht es mir gerade in meinem Privatleben? Wie kann ich die Stunde heute so begleiten, dass es zu meinem Energieniveau passt? Manchmal reicht es, einfach abzuwarten und meinen Körper und meine eigene Präsenz wahrzunehmen. Wenn ich in den Gesprächen müde werde, kann ich mich dafür interessieren, wo ich meine Kraft verliere. Für mich ist es wichtig, meine Tage so zu planen, dass ich sie auch bewältigen kann, wenn ich nicht voll in meiner Kraft bin. Die

Selbstfürsorge ist ein lebenslanger Lernprozess. Wir sollten nicht nur achtsam mit den Bedürfnissen und Grenzen unserer Klient*innen umgehen, sondern als gutes Vorbild vorangehen und unsere eigenen Grenzen und Bedürfnisse achten.

7. **Integration/Rücknahme der Projektion**
Wie bereits erwähnt, muss ich als Therapeut*in weder die Richtung der Entwicklung aufzeigen noch das Potenzial meiner Klient*innen herausarbeiten. Das ist alles da. Unsere Hauptaufgabe besteht darin, die Hindernisse zu verstehen, die den Selbstwerdungsprozess blockieren (Yalom 2010, S. 15). Häufig sind das weggedrückte Gefühle, Fantasien, Empfindungen oder Selbstanteile. Verdrängte aggressive oder unangepasste Erlebnisinhalte sind nicht einfach weg. Sie zeigen sich in Projektionen und körperlichen Haltemustern. Ein innerer Spürprozess gerät ins Stocken, wenn wir uns durch allerlei unerlaubte Empfindungen, Gedanken und Gefühle bedroht fühlen oder wenn wir starr an Selbstbildern festhalten. Alles Unerhörte drücken wir mit Muskelspannung weg. Die Kontaktintensität wird geschwächt. Als Therapeut*innen müssen wir unseren Klient*innen dabei unterstützen, Projektionen zu erkennen und zurückzunehmen. Wenn unsere Klient*innen in ihren Projektionen, Klagen und Beschwerden über die *Welt da draußen* stecken bleiben, können sie sich nicht entwickeln. Sie bleiben in sich gefangen. Sie müssen Verantwortung für ihre Gefühle, Empfindungen und Handlungen übernehmen, um sich entwickeln zu können. Nur so können sie das Leben aktiv gestalten, statt nur zu reagieren.
In den Therapien würde ich nicht zu lange damit warten, Klient*innen auf ihre weggedrückten Selbstanteile anzusprechen. Wenn wir zum Beispiel wahrnehmen, dass die eigene Aggression verleugnet wird, können wir benennen: »Da haben Sie einen aggressiven Anteil.« Wir vermitteln damit, dass wir dies sehen können, ohne den Kontakt abbrechen zu müssen. Dieser Selbstanteil wird verleugnet, da seine Äußerung mit schmerzhaften Trennungserfahrungen verbunden war. Wenn die Bindung unsicher wird, versuchen unsere Klient*innen, sich nach außen hin anzupassen. Als Therapeut*innen vermitteln wir, dass wir die Klient*innen mit ihrer aggressiven Seite annehmen. Wir interessieren uns dafür, werten aber nicht. Nicht integrierte Selbstanteile können auf verschiedenen Wegen integriert werden:
   - Durch Traumarbeit: Träume passieren im inneren Bewusstseinsraum einer Person. Alle Stimmungen, Atmosphären und Vorgänge entstammen dem Innenraum der Person. Jung zum Beispiel betrachtete alle Vorgänge und Personen in einem Traum als Selbstanteile der Person.
   - Durch Stuhlarbeit: Diese Methode kommt aus der Gestalttherapie und wurde unter anderem durch die Schematherapie adaptiert. In dieser Arbeit werden innere Anteile – wie im Abschnitt »Experimentieren« geschildert – auf einen Stuhl gesetzt. Die Klient*innen haben die Aufgabe, ganz zu diesem Anteil zu werden. Sie können diese so wieder zu sich nehmen. Diese Arbeiten sind sehr lebendig, tief emotional und erkenntnisreich.
   - Durch achtsame Körperarbeit: Durch die achtsame Arbeit mit körperlichen Empfindungen und Symptomen können abgespaltene Selbstanteile und Gefühle

sichtbar gemacht werden. Klient*innen lernen zunehmend, die Energie der schwierigen Emotionen in sich zu halten. Mehr dazu im Abschnitt »Der Körper«.
- Durch Erkenntnis: Indem wir ein Bewusstsein für das Kontaktverhalten unserer Klient*innen schaffen, lernen sie, dies selbst zu steuern.
- Durch korrigierende Beziehungserfahrungen: Der authentische, kongruente und wertschätzende Kontakt des Therapeuten stellt eine korrigierende Beziehungserfahrung dar. Klient*innen spüren, dass sie Gefühle und Seiten von sich zeigen können, die für sie vorher unannehmbar schienen.
- Durch Experimente: In gestalttherapeutischen Gruppen werden Teilnehmer*innen angeleitet, ihre abgespaltenen Selbstanteile spielerisch auszuagieren. Eine Person, die auf keinen Fall kontrollierend wirken möchte, wird beispielsweise dazu aufgefordert, spielerisch andere in der Runde zu kontrollieren. Anschließend kann diese sehr konfrontative Erfahrung gemeinsam erforscht werden.

Die Arbeit mit abgespaltenen Selbstanteilen geht häufig tief, ist schmerzhaft, aber auch freudvoll und lebendig. Klient*innen sind stark energetisiert, wenn die in einem abgespaltenen Selbstanteil gebundene Lebensenergie wieder frei wird. In den Therapien geht es um die Erfahrung der Ganzheit. *Ein spielerischer und humorvoller Umgang mit unserem Schatten kann große Energie entfachen, während gut sein zu wollen uns energetisch schwächt.* Die Identifikation mit einer Rolle oder dem rein Guten limitiert unsere Identität und unser Selbsterleben. Wir sind dann nur mit einem Teil unseres Selbst verbunden. Die Energieversorgung zu unseren unbewussten und Schatten-Seiten ist gekappt. Wie Jung bereits entdeckte, haben diese eine zutiefst schöpferische und kreative Kraft. Dazu wollen wir wieder eine Verbindung ermöglichen.

8. **Umgang mit Unwissenheit und Loslassen von Kontrolle**
Als Humanistischer Psychotherapeut muss ich lernen, Kontrolle über den Prozess abzugeben. Ich halte aus, nicht zu wissen, was sich als Nächstes zeigen möchte. Ich bleibe präsent und offen für das, was kommt. Die Lösungsintelligenz kommt nicht von mir als Experte, sondern aus dem Prozess selbst. Dazu muss ich eine große Toleranz für Unsicherheit mitbringen. Um diese Unsicherheit auszuhalten, benötigen wir ein Gegengewicht: Wir brauchen ein tiefes Vertrauen in die inneren Wachstumskräfte unserer Klient*innen, die unter dem Vorzeichen einer heilsamen Beziehung aktiv werden. Wenn wir damit verbunden sind, können wir loslassen und uns dem Prozess anvertrauen. Als Therapeut*in weiß ich erst mal gar nichts. Ich muss auch gar nichts wissen. Ich muss neugierig sein und Impasses aushalten können. Ich muss verstehen, dass Unsicherheiten, Ängste und Zweifel im Übergang zu etwas Neuem unerlässlich sind. Um diese Übergänge begleiten zu können und *dableiben* zu können, müssen wir in uns gefestigt sein. Nur so können wir offen, zugewandt und voller Vertrauen den Prozess begleiten. Nur so können wir präsent bleiben, wenn es schwierig wird und Hindernisse auftreten. Wir brauchen Vertrauen in den Prozess und in die Kraft der Beziehung, um Unsicherheiten aushalten zu können und dem Prozess seine eigene Richtung zu überlassen.

9. **Verantwortung**
   In der Therapie stärken wir nicht nur die vorhandenen Fähigkeiten, Ressourcen und Kompetenzen. Wir stützen nicht nur die *Player* eines bestehenden Systems. Therapie bedeutet auch, dass unsere Klient*innen sich mit ihren eigenen passiven, schambesetzten, verletzten und brüchigeren Selbstanteilen auseinandersetzen. Nur so ist ein innerer Wandel möglich. Sowohl wir als Begleiter*innen als auch unsere Klient*innen haben Verantwortung. Wir Therapeut*innen müssen Verantwortung für das Setting der Therapie übernehmen. Wir arbeiten nach ethischen Prinzipien, achten die Selbstbestimmung und Grenzen unserer Klient*innen und übernehmen Verantwortung für unsere Grenzen. Sosehr wir unseren Klient*innen auch helfen möchten, können wir dies nur in dem Maße tun, in dem unsere Klient*innen bereit sind, sich ihren Themen zu stellen. Dafür müssen sie Initiative und Verantwortung übernehmen. Nicht für das, was ihnen zugestoßen ist, jedoch für das, wie sie heute damit umgehen. Keine Therapie läuft ohne Engagement für sich und für das Leben (Ottmar Kolbe 2020). Dazu Fritz Perls: »Mit Sicherheit sind Verantwortung für sein Leben übernehmen und reich sein an Erfahrungen und Fähigkeiten ein und dasselbe. ... begreiflich zu machen, wieviel ihr gewinnt, wenn ihr Verantwortung übernehmt für jedes Gefühl, jede Bewegung, die ihr macht, jeden Gedanken, den ihr habt – und die Verantwortung für jeden anderen abschüttelt« (Perls 2008, S. 72).
   Dieser Prozess beginnt mit der Hilfesuche. Wir dürfen unsere Unterstützung nicht aufdrängen, ohne dass ein Anliegen formuliert wurde. Wolf Büntig (Büntig 2015) drückt diese Haltung so aus: »Jemand, der Hilfe sucht, muss zu dem gehen, der Hilfe gibt, sonst entmündigt der, der Hilfe gibt, den, der Hilfe sucht.« Die Grenze zwischen einem Hilfsangebot und Bevormundung ist sehr dünn. Wenn ein Betroffener sich nicht helfen lassen möchte, bleiben alle ohnmächtig, da kann man nichts machen. Die Autonomieentwicklung hat in der humanistischen Individuationstheorie einen großen Stellenwert. Der Mensch strebt nach relativer Autonomie. Mit ihr wachsen Selbstachtung und Handlungsmöglichkeiten. Als Therapeut*in muss ich der Versuchung widerstehen, die Löcher meiner Klient*innen zu füllen oder als Experte die richtigen Lösungen parat zu haben. Damit schwäche ich meine Klient*innen in ihrer Potenz, Vertrauen in ihre eigenen Problemlösefähigkeiten zu entwickeln. Bei einem Klienten habe ich mich hinter der Rolle eines kompetenten Experten verschanzt. Ich habe mich durch das unbewusste Rollenangebot, aber auch die im Raum stehende Drohung von pauschaler Entwertung dazu verführen lassen. Später, als sich die Idealisierungsbeziehung immer weiter auflöste und wir in einen echteren Kontakt miteinander kamen, meldete er mir zurück, dass es wichtig für ihn gewesen wäre, wenn ich häufiger an manchen Stellen gesagt hätte, dass ich die Antwort nicht weiß. Das langfristige Ziel der Therapie ist schließlich, dass unsere Klient*innen diese nicht mehr brauchen – da ihr Vertrauen in ihre eigenen Problemlösefähigkeiten gestärkt wurde.
   Anfänglich sind die wenigsten dazu bereit, die volle Verantwortung für ihr Erleben zu übernehmen. Zunächst müssen sich unsere Klient*innen in ihrem Leid und

ihrer Verletzlichkeit gesehen fühlen, bevor es möglich ist, sich den eigenen Anteilen daran zuzuwenden. Wir können diesen Prozess nicht ohne Weiteres beschleunigen. Unsere Klient*innen müssen ihrerseits Verantwortung für sich übernehmen, dass wir in der Therapie unbefangen und wirksam arbeiten können:

- Sie sind verantwortlich für Änderungen im Außen
- Sie müssen sich während der Therapie klar für das Leben entscheiden. Wenn sie sich eine Tür für Suizid offen halten, kann die Therapie nicht gelingen und wir können nicht unbefangen arbeiten.
- Sie müssen Verantwortung dafür übernehmen, sich außerhalb der Therapie regulieren zu können.
- Sie müssen Verantwortung für ihre Gefühle, Bedürfnisse und Grenzen übernehmen.

Nur wenn diese Bedingungen erfüllt sind, können wir frei und wirksam auf Augenhöhe arbeiten. Nur so können wir die Selbstachtung und Selbstständigkeit unserer Klient*innen fördern. Wir dürfen nicht mit der Vorstellung eines idealen Menschen flirten, der ihnen alle Bedürfnisse von den Augen abliest und diese stets zu erfüllen versucht. Langfristig schwächen wir unsere Klient*innen, wenn wir in dieser Beziehungskonstellation bleiben. Eine richtige Ich-Du-Beziehung ist so nicht möglich.

**Wie können wir konkret mit Verantwortung arbeiten, d. h. die Handlungsfähigkeit stärken?** Zunächst müssen wir die Therapievoraussetzungen klären. Bei sehr anklagenden Klient*innen, die in ihren Projektionen gefangen sind, müssen wir irgendwann behutsam zu der Frage kommen, was die eigenen Anteile am Geschehen sein könnten, seien diese auch noch so gering. Die anderen Menschen können wir schließlich nicht ändern. Diese Konfrontation kann erst dann auf fruchtbaren Boden stoßen, wenn sich Klient*innen ausreichend in ihrer Not und in ihrem Leid von uns wahrgenommen fühlen. Wir können sagen, dass Therapie mehr ist als Druck abzulassen. Es geht darum, dass sie über sich selbst nachdenken und sich erforschen. Das kann mühsam und schwierig sein und ist doch der einzige Weg der persönlichen Veränderung.

Heller und Kammer (Heller & Kammer 2023) weisen darauf hin, dass das Wort Verantwortung häufig mit Schuld und Pflicht assoziiert wird. Es löst bei einigen Klient*innen Scham aus, da es sie mit dem Gefühl ihrer eigenen Unfähigkeit in Verbindung bringt. Sie hören dies als »Schuldzuweisung« (ebd., S. 184). Die Autoren sprechen von Handlungsfähigkeit bzw. Agency. Letzteres meint für sie die innere Überzeugung, etwas bewirken zu können, nicht die Handlung an sich. Agency bezeichnet also einen inneren Zustand, er beschreibt eine selbstwirksame und achtsame Beziehung zu sich selbst und keine Handlung im Außen (Heller & Kammer 2023). Bereits vorhandenen Fähigkeiten und Ressourcen spiegle ich – wie im Kapitel »Spiegeln« beschrieben – als Begleitung feinfühlig, um das Vertrauen in die bereits vorhandene Handlungsfähigkeit und Wirkkraft zu stärken. Dies ist Voraussetzung für tiefgreifende therapeutische Veränderungen.

Als Therapeut*innen müssen wir unbedingt auf die Sprache unserer Klient*innen achten. Wolf Büntig (Büntig 2015) betonte, wie stark sich eigene Kontrollüberzeugungen in unserer Sprache niederschlagen. Die depressive Sprache zum Beispiel ist passiv, generalisierend, negativ und delegiert Verantwortung:

- Ich fühle mich nicht schlecht.
- Ich fühle mich normal.
- Ich fühle mich niedergeschlagen.
- Die hat mich völlig zerstört.
- Der hat mir meinen kürzlich aufgebauten Selbstwert wieder eingerissen.
- Ich fühle mich depressiv.
- Du verwirrst mich.
- Sie haben mir nach dem letzten Gespräch den Boden unter den Füßen weggerissen.
- Meine Freundin hat mir das ganze Wochenende damit kaputt gemacht.

Diese depressive Sprachform können wir spiegeln. Wenn jemand sagt, »Ich fühle mich nicht schlecht«, bleibt es uns überlassen, zu raten, wie sich jemand fühlen könnte. Wolf Büntig würde hier fragen: »Was ist denn anwesend, wenn schlecht abwesend ist?« Wir können auch Vorschläge machen: »Fühlen Sie sich leicht, entspannt oder freudig?« Bei generalisierenden Fragen sollten wir immer konkretisieren: »Wie fühlt sich das genau an? Wie erleben Sie das?« Depressivität ist kein Gefühl. Bei passiven Ausdrücken wie »Der hat mir den Boden unter den Füßen weggerissen« oder »Meine Freundin hat mir das ganze Wochenende kaputt gemacht« können wir etwas provokativ den aktiven Teil hervorheben, der dies zulässt: »Warum lassen Sie sich das Wochenende kaputt machen?« Oder wir spiegeln das Gesagte, indem wir den aktiven Part einbeziehen: »Sie haben sich den Boden unter den Füßen wegreißen lassen. Wie hat die Person das geschafft? Was in Ihrer Beziehung ist so, dass Sie dieser Person so viel Macht über sich geben?«
Das Gleiche gilt für Zielformulierungen. Wenn jemand als Ziel vorgibt: »Ich möchte mich nicht mehr depressiv fühlen«, bleibt es an uns, zu raten, wie sich jemand fühlen möchte. Das ist wie in der Politik: Solange jemand gegen etwas ist, bleibt er außerhalb der Handlungsverantwortung.
Genauso können wir unseren Klient*innen dazu verhelfen, aus passiven Formulierungen aktive Aussagen in Ich-Form zu machen:
»Mir ist unwohl. Ich fühle mich überfordert. – Ich brauche etwas Rückzug.«
»Du bist mir zu viel. – Ich brauche eine Pause.«
»Die ganze Situation wird gerade vernebelt. – Mir ist es zu viel. Ich brauche mehr Sicherheit.«
Wenn Klient*innen äußern, »Bei mir ändert sich nichts«, würde Wolf Büntig darauf antworten: *»Es ändert sich nicht – nur du kannst etwas anders machen.«* Er betont die Verantwortung des Einzelnen, aber auch seine Kraft, etwas zu verändern.
Heller und Kammer (Heller & Kammer 2023) schlagen vor, zusätzlich darauf zu achten, dass Klient*innen aus Substantiven Verben machen. Damit ermöglichen wir

unseren Klient*innen, einen Zustand nicht als übermächtig und unverändert zu erleben, sondern den eigenen Anteil an diesem Gefühl in den Vordergrund zu stellen. Hier ein paar Beispiele:
»Ich fühle Scham. – Ich schäme mich.«
»Das ist meine Depression. – Ich trauere.«
»Ich spüre mein Trauma – Ich fürchte mich/Ich spanne mich an/Ich ziehe mich aus dem Kontakt zurück.«
Als Therapeut*innen können wir unseren Klient*innen die innere Arbeit nicht abnehmen. Wir können jedoch zu einem stärkeren verkörperten Gewahrsein verhelfen. Wenn diese Fähigkeit steigt, entwickeln sich die Klient*innen automatisch in Richtung von mehr Kontakt und Reife. Ihr Vertrauen darin, dass sie selbst etwas an den übermächtigen und häufig undifferenzierten belastenden Gefühls- und Körperzuständen ändern können, steigt. Sie bekommen ein Gefühl wachsender Kontrolle.

10. **Der therapeutische Prozess**
Die therapeutische Beziehung soll unseren Klient*innen maximal dabei behilflich sein, sich zu erforschen und zu entfalten. Die Vertiefung in den Prozess ist daran zu erkennen, dass Klient*innen anfangen, sich von der Orientierung am Expertentum des Therapeuten zu lösen, und sich mehr an ihrer eigenen Erfahrung orientieren. Wenn beide kongruent sind, halten sie sich bei sich selbst auf und nicht beim jeweils anderen. *Gleichzeitig erkennen wir ein Fortschreiten des Prozesses daran, dass Klient*innen mehr Verantwortung für sich selbst übernehmen und eigenes Verhalten reflektieren können.* Während des Prozesses kann das Erzählen irgendwann vom Reflektieren abgelöst werden und schließlich das Reflektieren vom Spüren. Noch genauer können wir die mögliche Entwicklungsrichtung der Therapie anhand folgender Schritte nachzeichnen:
Klagen → Erzählen → Reflektieren → Explorieren → Spüren → Gewahrsein
Der Prozess wird ein gemeinsames achtsames Explorieren dessen, was da ist. Er führt zu einem stärkeren Gefühl von Verantwortung, Autonomie und Handlungsfähigkeit. Als Therapeut*in stelle ich meine Präsenz und mein zugewandtes Interesse am Gegenüber zur Verfügung. Ich beziehe mich von meinem Sosein auf das wesenhafte Sosein meines Gegenübers. Wenn diese Art von Kontakt besteht, sind die Antworten vorhanden im präsenten Erspüren des gegenwärtigen Erlebens. Diese Art der Beziehung führt zu einer automatischen Vertiefung.
Der Prozess pendelt zwischen Kontraktion und Expansion. Der Kontakt fließt, dann stoßen wir wieder auf Traumaknoten, auf Episoden im Prozess in denen neu aufkeimende Gefühle oder Gedanken abgewehrt und aus dem Kontakt ferngehalten werden sollen. Wir pendeln also zwischen Inhalt und Prozess, zwischen zurückgelehntem Zuhören und aktivem Ansprechen dessen, was sich im Gespräch zeigt.

Wenn zwei Menschen einander begegnen und mindestens ein Mensch in kongruenter Verbindung mit sich, emphatisch und wertschätzend ist, ereignet sich eine Vertiefung der Aufmerksamkeit in Richtung Wesenskern. Dieser Prozess findet im Kleinen in jedem Gespräch, aber auch im Großen im gesamten therapeutischen Prozess statt. Im

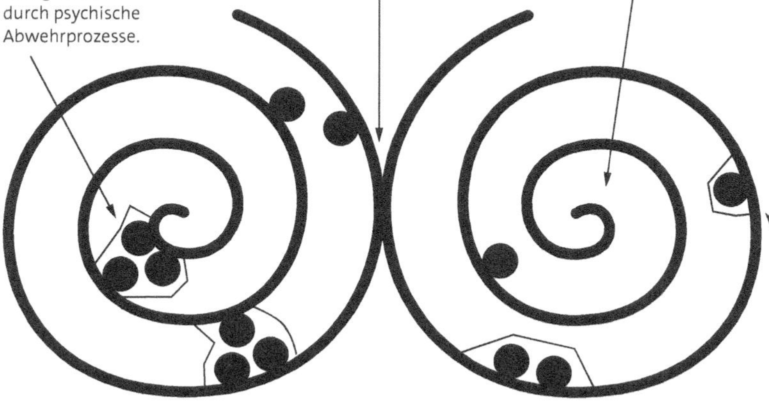


**Abb. 5:** Traumaknoten und Kontakt.

Kontakt mit unserem Wesenskern fühlen wir uns sicher, neugierig, offen und verbunden. Auf dem Weg dahin begegnen wir allen möglichen Ängsten und Traumaknoten, die auf Verletzungen im Kontaktgeschehen hinweisen und die wir in den Therapien anschauen, verstehen und durcharbeiten können.

Das letzte Ziel des therapeutischen Prozesses ist es, dass unsere Klient*innen uns nicht mehr brauchen. Wir haben sie begleitet und so sehr in ihrem Vertrauen in die eigenen Fähigkeiten im Umgang mit Schwierigem und Schönem im Leben gestärkt, dass sie ohne uns weiterziehen. Natürlich bleibt das Leben ein offener Prozess und wir Menschen auch. Viele Themen bleiben Lebensthemen, mit denen unsere Klient*innen irgendwann so umgehen können, dass sie ihnen weniger schaden. Manchmal ziehen sie rückblickend einen hohen Gewinn daraus: Mit dem Erkennen unserer eigenen Verletzlichkeit und Begrenztheit bekommen wir einen vertieften Zugang zum Leben und zu anderen Menschen.

## Zentrale therapeutische Haltungen

- Ich begegne dem Klienten/der Klientin mit dem Geist des Nichtwissens und mit einer Neugierde, was im Hier und Jetzt da ist.
- Der Klient/Die Klientin ist Experte für sich; als Therapeutin bin ich Experte dafür, wie ich einen weiten Raum gestalte, wie ich Emotionen da sein lasse, und für ein (wertfreies) Klima, das Selbsterforschung und Offenheit ermöglicht.

- Der Klient/Die Klientin gibt Richtung, Tiefe und Geschwindigkeit der Therapie vor.
- Ich verzichte weitgehend auf Interpretationen, Deutungen, Ratschläge, Handlungsanweisungen etc.; ich befähige den Klienten/die Klientin in ihrer eigenen Lösungskompetenz und nutze die Ressourcen und Fähigkeiten, die bereits da sind.
- Ich vertraue darauf, dass die Wachstumskräfte meiner Klientin gefördert werden, wenn ich sie dabei unterstütze, mit sich in Kontakt zu kommen und akkumulierten Stress und Spannungen loszulassen.
- Ich vertraue in die Kraft der Beziehung.
- Dieses Vertrauen vermittelt Sicherheit und Hoffnung (neben der Beziehung einer der wichtigsten Wirkfaktoren in der Psychotherapie) und stärkt das Gefühl der eigenen Handlungsfähigkeit.
- Ich habe eine Achtung vor dem Lebensweg (dem So-geworden-Sein), den Bewältigungsstrategien und der Einzigartigkeit des Klienten.
- Ich befähige meine Klienten, Verantwortung für ihr Leben und ihre Gefühle zu übernehmen.
- Ich befähige meine Klienten, in einen stimmigen Kontakt mit sich selbst zu kommen.
- Ich orientierte mich in erster Linie an meinen Klienten und nicht in erster Linie an Theorien.
- Ich habe die Verantwortung und Aufgabe, eine von Wärme, Offenheit, Klarheit und Bezogenheit geprägte Beziehung herzustellen, in welcher der Klient mit sich in Kontakt kommen kann.
- Als Therapeut darf ich mich zurücklehnen (»Gras wächst nicht schneller, wenn man daran zieht«); ich muss nicht alles wissen, ich muss den Weg nicht kennen.
- Ich darf ich selbst sein; unsicher, humorvoll, eigenartig ... Ich bin authentisch und kongruent.

Therapie ist ein Prozess der Selbsterforschung. Meine Interventionen zielen darauf ab, diesen Prozess zu fördern und meine Klient*innen in Kontakt mit ihrem Erleben zu bringen. Ich halte mich mit Theorien, Hypothesen, Interpretation, Deutungen und Handlungsanweisungen zurück. Ich besetze den Prozess nicht mit meiner vorstrukturierten Agenda, sondern vertraue auf die Wachstumskräfte, die aktualisiert werden, wenn echter Kontakt besteht. Ich arbeite nah am Kontakt im Hier und Jetzt und beziehe mich auf das Sicht- und Spürbare. Meine natürliche Neugierde ist die Grundlage der therapeutischen Arbeit. Die Praxis der Humanistischen Therapie umfasst sechs grundlegende Prinzipien: ein Anliegen formulieren, Zuhören, Explorieren, Konkretisieren, Spiegeln (der Emotionen, des Körpers, des Kontaktgeschehens und der vorhandenen Ressourcen) und Experimentieren.

## Über die therapeutische Beziehung und Kontakt

> »Die Therapie sollte sich nie an der Theorie, sondern an der Beziehung ausrichten.«
> *(Yalom 2010, S. 10)*

> »Am Charakter kennen, im Wesen erkennen wir einander.«
> *(Büntig 2015, S. 79)*

> »Die spontane Bewegung in uns allen zielt auf Kontakt. Gleich, wie zurückgezogen und isoliert wir sein mögen und ungeachtet der Schwere des Traumas, das wir erlebt haben, gibt es – gerade so, wie eine Pflanze sich spontan auf die Sonne zubewegt – in jedem von uns auf der tiefsten Ebene einen Impuls in Richtung Verbundenheit.«
> *(Heller & LaPierre 2013)*

Stell dir vor, dich beschäftigt etwas. Ein Geheimnis, ein Konflikt, Ängste oder ein konflikthafter Wunsch. Das Thema ist für dich schambehaftet. Du fühlst dich mit diesem Thema verletzlich. Was passiert nun, wenn du einen Freund oder eine Freundin triffst, bei der du dich sicher fühlst? Eine Person, die ruhig, präsent und nicht wertend ist? Das innere Thema wird sich automatisch durch den Kontakt eingeladen fühlen, an die Oberfläche zu kommen. Das, was in uns offen ist, strebt danach, berührt zu werden. Das ist die Bedingung dafür, dass es sich wieder schließen kann. Diese Schließung erfolgt, indem wir etwas erkennen, annehmen, durchleben oder in Handlung umsetzen. Der warme, ruhige und einladende Kontakt wirkt wie ein Katalysator für die inneren Prozesse. Das kann völlig unabhängig von deinem Vorsatz geschehen, ob du etwas wirklich ansprechen wolltest. Etwas in dir weiß, dass jetzt der Raum dafür da ist. Und etwas in dir nimmt sich diesen Raum. Jeder kennt dieses Phänomen. Aus diesem Grund müssen wir unseren Klient*innen nicht sagen, woran sie arbeiten müssen und was sie verändern müssen. Unsere Hauptaufgabe besteht darin, einen freundlichen, warmen, klaren und wertfreien Kontakt anzubieten. Mehr müssen wir erst mal nicht tun. Etwas in unserem Gegenüber merkt, wenn der Kontakt so unterstützend ist, dass er die Ängste aufwiegt, die mit der Öffnung einhergehen. Wenn der Raum einladend ist und ein guter Kontakt besteht, beginnen die inneren selbstorganisierenden Wachstumsprozesse zu arbeiten. Das ist wie Magie.

In diesem Kapitel möchte ich die Aspekte der therapeutischen Beziehung herausarbeiten, die mir vor dem Hintergrund der humanistischen Perspektive zentral erscheinen. Zu diesem Zweck zeige ich auch, wie sich der Blick auf die therapeutische Beziehung seit Beginn der modernen Psychotherapie verändert hat.

Allgemein wird die therapeutische Beziehung als wichtigste Grundlage für die therapeutische Arbeit gesehen. Als wären die therapeutische Beziehung und der therapeutische Prozess voneinander getrennt. Oft hört man, dass man erst einmal Beziehungsarbeit leisten möchte, bevor man die *schwierigen Themen* anspricht oder konfrontiert. Meiner Meinung nach ist diese Trennung weder notwendig noch sinnvoll. Die Beziehung wird vertieft, indem ich authentisch das anspreche und erforsche, was im Raum ist. Dazu Rogers: »Wenn ich eine gewisse Art von Beziehung herstellen kann, dann wird der andere die Fähigkeit in sich selbst entdecken, diese Beziehung zu seiner Entfaltung zu nutzen, und Veränderung und persönliche Entwicklung finden statt« (Rogers 2012, S. 47). Wenn ich bestimmte Themen ausspare, bestätige ich damit die Annahme des Klienten, dass dieses Thema tatsächlich bedrohlich ist. Carl Rogers ist durch seine jahrelange Erfahrung als Therapeut zu dem Schluss gekommen, den Hauptfokus seiner Therapien darauf zu legen, wie er die Qualität der jeweiligen Beziehung stets verbessern kann. Diese Schlussfolgerung resultiert aus der Erfahrung, dass der therapeutische Prozess vorangetrieben wird, wenn die Beziehung gut und echt ist.

> »Die Änderung, die in mir stattgefunden hat, läßt sich recht kurz beschreiben, indem ich sage, daß ich in den ersten Berufsjahren die Frage gestellt habe: Wie kann ich diesen Menschen behandeln oder heilen oder verändern? Heute würde ich die Frage so stellen: Wie kann ich eine Beziehung herstellen, die dieser Mensch zu seiner eigenen Persönlichkeitsentfaltung benutzen kann?«
> *(ebd., S. 46)*

Ich versuche also, einen Raum zu schaffen, in dem mein Gegenüber sich erkennen, erforschen und entfalten kann.

**Eine Beziehung kann auch »zu gut« sein.** Paradoxerweise kann eine *gute* Beziehung auch hinderlich für den Therapieprozess sein. Immer dann, wenn man es *gut* miteinander hat und dies auf gegenseitigen Nettigkeiten, Freundlichkeit und oberflächlicher Wertschätzung beruht. Potenziell schwierige und konflikthafte Themen bleiben ausgespart. Die Therapie findet in einem aggressionsfreien Raum statt. Das therapeutische Potenzial bleibt begrenzt. Aus diesem Grund fühlen sich emotional instabile Klient*innen mit Therapeut*innen sicherer, die zwar klar und verlässlich sind, aber weniger emphatisch mitfließen. Für sie bietet eine klare, eher fürsorglich konfrontierende Person mehr Sicherheit als eine, die durch empathisches Mitschwingen zu viel an Nähe erzeugt und sich damit paradoxerweise der Beziehung und ihren möglichen Konflikten entzieht. Die Angst vor Selbstverlust durch zu viel Nähe kann zu stark werden. Durch eine oberflächliche Freundlichkeit können sich Klient*innen manipuliert fühlen, den gefühlten Erwartungen der Therapeutin zu entsprechen und sie nicht zu enttäuschen. Dazu müssen sie sich ein Stück weit von ihrem authentischen Erleben entfernen. Freundlichkeit darf nicht auf Kosten von Authentizität gehen.

**Der Wert des Kontaktgeschehens als unmittelbarer Spiegel der Beziehung.** Carl Rogers hat sich mit der Beziehung als übergeordnetes Konstrukt beschäftigt und dem unmittelbaren Kontaktgeschehen weniger Beachtung geschenkt. Kontakt lässt sich als Momentaufnahme der jeweiligen Beziehung beschreiben. Im gegenwärtigen Kontakt sind alle Informationen enthalten, die wir über die Beziehungsgestaltung unserer Klienten*innen brauchen. Fritz Perls hat den Fokus der Gestalttherapie auf das Kontaktgeschehen im Hier und Jetzt gelegt. Für ihn sind der unmittelbare Kontakt und das Bewusstsein seiner Abwesenheit die zentralen therapeutischen Mittel. Jede Abwesenheit von Kontakt wird bemerkt und angesprochen. So wird eine Wahrnehmung für das Kontaktverhalten der Klient*innen geschaffen. Sie selbst bekommen so Zugriff auf oft hochautomatisch und unbewusst ablaufende Vorgänge: Wann befinde ich mich in Kontakt, wann schneide ich mich davon ab? Auch wenn dies ein sehr aktives Verhalten des Therapeuten erfordert, ist die Gestalttherapie im Kern immer noch nondirektiv. Sie gibt weder Inhalte noch Richtung der Therapie vor. Viele Gestalttherapeut*Innen arbeiten konfrontativ, weil sie sich auf das beziehen, was unmittelbar an der Oberfläche des Kontaktes sichtbar ist:

> »[...] die Einfachheit des Gestaltansatzes liegt darin, dass wir dem Offensichtlichen, der äußersten Oberfläche unsere Aufmerksamkeit zuwenden [...] Ein guter Therapeut hört nicht auf den Inhalt [...], sondern auf den Klang, die Musik, das Zögern [...]. Die wirkliche Kommunikation ist jenseits der Sprache [...] Also, hört nicht auf die Worte, hört einfach auf das, was die Stimme euch sagt, beachtet, was die Bewegungen sagen, was euch die Haltung sagt, was euch die Erscheinung vermittelt.«
> *(Perls 2008, S. 61)*

Das tiefenpsychologische Abwehrkonzept wird in der Gestalttherapie von den Kontaktfunktionen abgelöst. Diese möchte ich hier kurz skizzieren. Das Verständnis dieser Kontaktfunktionen empfinde ich als äußerst hilfreich für die Therapien:

- **Introjektion:** Ich übernehme fremde, oft entwertende Beziehungsbotschaften und mache sie zu inneren Glaubenssätzen. Ich löse dies auf, indem ich beginne, die Prägung dieser inneren Botschaften zu verstehen. Es ist möglich, sich von diesen Gedanken zu distanzieren. Ich spucke das, was ich unzerkaut geschluckt habe, wieder raus.
- **Projektion:** Ich projiziere zu mir gehörige Gefühle oder Eigenschaften, die ich aber nicht als mir zugehörig erfahren darf, auf andere: »Du bist immer so aggressiv.« Die Projektion wird aufgelöst, indem ich diese Gefühle und Eigenschaften (im therapeutischen Spiel und Experiment) als zu mir gehörig anerkennen und erleben darf.
- **Konfluenz:** Die Grenzen von Ich und Du verschwimmen im Kontakt durch symbiotische Nähe. Aufgelöst wird die Konfluenz über die Wiederherstellung einer Grenze in der Interaktion. Zunächst einmal muss erkannt werden, dass Ich und Du unterschiedlich sind und wir verschiedene Vorstellungen, Wünsche und Bedürfnisse mitbringen. Wenn ich diese Trennung im Kontakt nicht erleben kann, können wir fragen: Wer ist das gerade, ich oder der andere?
- **Retroflexion**: Ich nehme einen Kommunikationsimpuls nach innen, der eigentlich auf mein Gegenüber gerichtet war. Statt meinem Gegenüber eine Grenze oder meine Aggression zu zeigen, richte ich die Aggression auf mich. Ich entwerte mich,

schäme mich, quäle mich mit Schuldgefühlen oder Vorwürfen. Ich löse dies auf, indem ich das Gefühl oder den Impuls auf das entsprechende Gegenüber gerichtet ausdrücke.
- **Deflexion:** Ich verhindere Kontakt, indem ich ablenke, den Kontakt vermeide oder den Fokus auf etwas anderes lenke. Es entsteht ein *nebulöser Halbkontakt*. Ich löse die Deflexion auf, indem ich diese anspreche und ein Bewusstsein dafür schaffe.

Als Therapeut*innen versuchen wir also nicht ausschließlich, Sicherheit über eine zugewandte und freundliche Beziehung zu schaffen. Wir achten auch auf das unmittelbare Kontaktgeschehen im Hier und Jetzt. Wo weicht unser Gegenüber aus? Wo schweift unser Gegenüber ab? Wo schweifen wir selbst ab oder verlieren die Verbindung zu unserem Gegenüber? Wo bildet sich in uns ein widersprüchliches Gefühl zu dem ab, was unser Gegenüber uns erzählt? Wo schneidet sich jemand vom Kontakt zu sich oder zu uns ab? Wir achten also nicht nur auf die Worte, sondern gleichwertig auf die Mimik, das Nonverbale, unsere eigenen Gefühlsregungen, Empfindungen und Fantasien. *Im Vordergrund steht für uns die Verbindung zu unseren Klient*innen. Wenn diese verloren geht, sprechen wir dies aus fürsorglicher Position an. Und zwar nicht, um angestrengt eine permanente Verbindung aufrechtzuerhalten, sondern um eine Wahrnehmung für die Kontaktgestaltung zu schaffen. Das schafft die Voraussetzungen dafür, dass unsere Klient*innen selbst wieder besser steuern können, wann sie in die Verbindung gehen möchten und wann sie sich wieder zurückziehen.* Anfänglich kann dieser Fokus irritieren. Gleichzeitig fühlen sich unsere Klient*innen entlastet und gesehen. Wir finden gemeinsam Worte für eine Erfahrung, die sie wiederholt machen, aber noch nicht verstehen. Um die Wahrnehmung für das Kontaktgeschehen zu verbessern, können wir zunächst beschreiben, was wir bemerken:

»Kann es sein, dass das Thema für Sie unangenehm ist?«

»Ich habe das Gefühl, Sie weichen dem Thema aus.«

»Ich höre Ihnen zu und frage mich, wie es Ihnen eigentlich gerade geht.«

»Ich merke, dass Sie gerade ganz viel Druck haben, und sehe Ihre Not dahinter. Ich sorge mich jedoch, dass Sie sich verausgaben, wenn Sie so schnell und viel reden.«

»Ist Ihnen bewusst, dass Sie Ihre Hand zu Fäusten ballen, während Sie das erzählen?«

»Ist Ihnen bewusst, dass Sie den Atem anhalten, während Sie das sagen?«

Wir halten uns mit Deutungen und Interpretationen zurück. Wir benennen, was wir im Hier und Jetzt erleben, sehen und wahrnehmen. Wir zeigen auf das, was sich in der gegenwärtigen Begegnung zeigt. In der Gestalttherapie wird diese Intervention »stating what is« genannt. *Wenn die Verbindung zum authentischen Selbst noch nicht möglich ist, können wir eine Verbindung zu den Schutzschichten aufbauen.* Wir lassen sie da sein. Es geht nicht darum, sie zu durchbrechen oder auszuschalten. Wir haben eine große Achtung für die Leistung des Selbstschutzes und der Abwehr. Sie ist eine kreative Anpassungsleistung und Überlebenshilfe eines früheren schutzbedürftigen Ich. Wir können uns gemeinsam dafür interessieren. In dieser Verbindung – auch zu den psychischen Schutzfunktionen – können die selbstorganisierenden Wachstumskräfte aktiviert werden. Unser Gegenüber fühlt sich gesehen und an seiner Grenze geachtet und erfährt gleichzeitig etwas über sich, was ihm bis dahin unbewusst geblieben ist. Der Drang zu mehr Ganzheit kann wirken.

Unser Ziel ist es, immer wieder in Kontakt mit dem gegenwärtigen Leben zu kommen, und zwar mit allen Sinnen. So können die unverarbeiteten und unverdauten Themen sichtbar und verarbeitet werden. Erst wenn diese sichtbar sind, bekommen wir einen Zugriff darauf. Der hochauflösende Blick auf die therapeutische Beziehung durch die Lupe des Kontaktes ist ein so wertvoller Beitrag der Gestalttherapie. Diese ergänzt sich wunderbar mit der Personenzentrierten Psychotherapie. Letztere hat die Gesamtheit des Prozesses und der Beziehung im Blick, Erstere die spezifischen Eigenarten des Kontaktes im Hier und Jetzt.

Die therapeutische Arbeit mit Fokus auf das Kontaktgeschehen ist sowohl für Therapeut*innen als auch für Klient*innen intensiv. Wir wollen genau die Dosis an Kontakt anbieten, die unser Gegenüber aushalten kann, ohne den Kontakt zu sich nach innen zu verlieren. Wir wollen das Kontaktsystem mit unserem Beziehungsangebot nicht überfordern: Wir müssen »im Hinterkopf [behalten], wie viel an Kontakt Klienten aushalten, bevor ihre Organisation gestört wird, und wie viel Expansion geschehen kann, bevor wieder eine Kontraktion einsetzt« (Heller & LaPierre 2013, S. 289). Unser Kontaktangebot wirkt wie ein Katalysator und wie eine Einladung, den Kontakt nach innen herzustellen und zu halten. Unser Ziel ist weder vollkommene Öffnung noch, ohne Unterbrechung in Kontakt zu sein. »Wir wissen, dass Momenten der Expansion und des Kontaktes meist eine Welle der Kontraktion und des Nicht-Kontakts folgt« (Heller & Kammer 2023, S. 230). Es geht darum, den Rhythmus von Öffnen und Schließen im Kontakt mitzubekommen und bewusst steuern zu können.

Diese präsente, kontaktintensive Art der therapeutischen Arbeit erfordert von uns Therapeut*innen Selbstkenntnis und unsere Bereitschaft, uns stetig mit unseren eigenen Themen auseinanderzusetzen. Wir selbst müssen mit uns in Kontakt sein, unsere inneren Themen und unsere bevorzugten Abwehrstrategien kennen. Es muss uns ausreichend gut gehen und wir müssen an unsere eigene konstruktive Aggression angebunden sein.

**Der Respekt vor dem Anderssein meines Gegenübers als Grundlage für Begegnung.** Im Rahmen dieses Beziehungsverständnisses respektiere ich die Person, der ich begegne, als den anderen. Unabhängig davon, wie gut ich sie zu kennen glaube, wird sie mir immer ein Stück fremd bleiben. Selbst, wenn ich glaube, sie zu verstehen, und sie sich von mir verstanden fühlt, kann ich sie doch nie völlig erkennen. Ich werde nie genau wissen, wie es ist, er oder sie zu sein. Ich werde nie genau wissen, wie mein Gegenüber sich die Welt erschließt. Der andere bleibt mir in seiner Eigenart und Andersartigkeit immer auch ein Stück weit unverfügbar. Das Wissen darum ist Grundlage für eine lebendige Beziehung. Diese Haltung fördert meinen Respekt vor meinem Gegenüber. Respekt kommt von re-spectare, also immer wieder neu schauen: Wer sitzt mir da gegenüber? Was erzählst und zeigst du von dir? Wer bist du? Was habe ich noch nicht genau verstanden? Was glaube ich, verstanden zu haben, tue es aber in der Tiefe nicht wirklich? Ich muss mir eingestehen können, etwas nicht zu verstehen. Ich muss mir erlauben, nicht *wissen* zu müssen. Ich kann offen, fragend und zugewandt meiner Wahrnehmung folgen: Ich habe das noch nicht ganz verstanden! Bis sich mir irgendwann mehr erschließt. Eine trennende Grenze wird immer bestehen bleiben. Das sollte sie auch, da Kontakt nur an meiner Grenze zur Grenze eines anderen entstehen kann. Wenn diese Grenze verschwimmt, bin ich für mein Gegenüber »durch zu viel Nähe [...] unerreichbar« geworden und ich muss mich und ihn wieder auf »Distanz [...] boxen« (Dörner et al. 2007, S. 262 f.).

Als Therapeut*innen sollten wir auf unsere eigenen Verschmelzungsbedürfnisse und Aggressionshemmungen achten. Ich sollte für meinen Klient*innen klar als Gegenüber erkenn- und spürbar bleiben. Ich lasse den anderen nicht lange in dem Glauben, ich sei ein für ihn idealer Mensch. Das Menschliche in mir – in Form meiner Begrenzungen – darf sichtbar sein. Perls betonte den Wert einer gesunden Ich-Grenze für den Kontakt. Nur wo ich eine klare Grenze habe und dich in deiner Grenze spüre, ist Berührung möglich. Das Wort *ein-frieden* kommt aus dem Altdeutschen und bedeutet, eine Grenze zu ziehen, um so den Frieden (nach innen) wahren zu können.

Dieses Fremde und undurchdringbar Bleibende im anderen ist etwas Wundervolles. Es hält die Beziehung frisch. Es erlaubt mir, mich immer wieder neu und mit offenem Geist auf die Beziehung einzulassen. Ich öffne mich dafür, mich durch das verändern und berühren zu lassen, was mir unverfügbar bleibt. Ich frage dann innerlich: Wer bist du? Was bewegt dich? Welches Potenzial ist in dir erkennbar? Was hindert dich daran, das ernst zu nehmen, da hinzuschauen und das zu leben? Wo zeigst du dich? Wo trennst du dich von dir und mir ab?

*Beziehung entsteht erst durch das Anerkennen unserer Andersartigkeit.* Sie entsteht nicht durch das Erkennen des Gleichen im anderen oder das Ver-Gleichen. Hier kann ich mich lediglich in meinem Gegenüber spiegeln. Ich sehe dann Teile von mir und nicht den anderen. In dieser Begegnung ist wenig Bewegung möglich. Es kann kein eigener Raum entstehen, in dem etwas fließt und in dem etwas erkannt werden kann. In einer Begegnung, die den anderen als den Fremden anerkennt, ist ein innerer Wandel beider Menschen möglich. Im Beziehungsraum von Ich und Du entsteht die Beziehung als etwas Drittes. Sie hat eine ganz eigene, lebendige Kraft. Sie ermöglicht Erkenntnisse, die mehr als die Summe der Erfahrungen und des Wissens dieser zwei Personen abbilden. Beziehungen sind nicht dann normal, wenn sie widerspruchsfrei und reibungslos sind. Dazu Dörner (Dörner et al. 2007, S. 263): »Beziehungen sind für Sie erst dann ›normal‹, wenn Sie selbst in der Zustimmung des Anderen auch noch seinen Widerstand gegen Sie spüren und dies gemeinsam akzeptieren können. Zur Normalisierung einer Beziehung gehört es, dass Sie – wie schmerzlich auch immer – den Widerstand des Anderen zu provozieren haben (im Bild: den Anderen und sich selbst auf Distanz zu boxen haben).«

**Die therapeutische Beziehung im Laufe der Zeit – der Wert der Konzepte Übertragung und Gegenübertragung**

Freud machte die folgenreiche Beobachtung, dass manche Gefühle, die seine Patient*innen ihm gegenüber entwickelten, gar nicht ihm als reale Person galten, sondern Menschen aus ihrer Vergangenheit.

Die Patient*innen übertrugen also Bedürfnisse, Sehnsüchte, Ängste, Enttäuschungen und Wut aus früheren Beziehungen auf den Analytiker. In der Regel stammen diese Gefühle aus den wichtigsten Beziehungen, nämlich zum ersten Mann im Leben und zur ersten Frau im Leben, also zu Vater und Mutter. Freud hat das damals als »Irrtum in der Zeit« (Körner 2018, S. 51) beschrieben. »Die auftretenden Gefühle, Wünsche und Fantasien beziehen sich also in Wirklichkeit nicht auf die aktuelle Situation und die reale Bezugsperson, sondern gelten früheren Personen« (Freud (1942), GW V, S. 279; s. auch Mentzos 2008, S. 268). Zunächst sah er in der Übertragung einen Störfaktor für den psychoanalytischen Prozess, weil er merkte: »Das, was hier aufkommt, das gilt gar nicht mir. Wie kann ich diesen Störfaktor beseitigen?« Erst später erkannte er den hohen Wert dieser Übertragungsgefühle. Durch sie können der Therapeut oder die Therapeutin die alten unverarbeiteten Emotionen in der Gegenwart erleben und mit der Patientin verstehen und durcharbeiten. Durch diese Wiederholung war ein Zugriff darauf möglich und damit eine Verarbeitung.

In den Anfängen der Psychoanalyse wurde aus dieser Beobachtung ein Behandlungsparadigma. Der Therapeut wurde wie ein Medium genutzt. Er sollte in der Therapie eine »weiße Leinwand« (Doering 2016, S. 40) sein. Starke Gefühle, die bei ihm auftauchen, sollte er in den Griff bekommen, damit sie die Therapie nicht stören. Er sollte als Mensch weder sicht- noch spürbar sein. Seine Gefühle sollte er nicht zeigen. So konnte man sichergehen, dass alle Emotionen, Wünsche, Erwartungen, Sehnsüchte, Befürchtungen und Fantasien, die die Patient*innen in Bezug auf den Therapeuten hatten, lediglich Spiegel ihres eigenen Innenlebens waren. Sie konnten ja keine Reaktion auf die Person des Therapeuten sein, weil der sich nicht zeigte. Hier sitzt die Patientin mit ihren Neurosen und dort der neutrale und durchanalysierte Analytiker. Alles, was sich als Gefühl und Fantasie im Therapeuten abbildete, wurde als Teil der pathologischen Übertragung der Klientin gesehen.

Vor etwa 40 bis 60 Jahren begann in der Psychotherapie die sogenannte »intersubjektive Wende« (Ermann 2014). Demnach würden sich Erleben und Verstehen in der Therapie innerhalb einer einzigartigen Beziehung ereignen. Dazu Martin Buber (Buber 1978, S. 35 f.): »... denn das innerste Wachstum des Selbst vollzieht sich nicht, wie man heute gern meint, aus dem Verhältnis des Menschen zu sich selbst, sondern aus dem zwischen dem Einen und dem Anderen«. Diese Wende wurde markiert den Beginn der humanistischen Strömungen in der Psychotherapie. Vorangetrieben wurde diese Bewegung von Therapeut*innen wie Carl G. Jung, Erich Fromm, Rollo May, Karen Horney, Charlotte Bühler, Carl Rogers, Abraham Maslow, Fritz Perls, Viktor Frankl und später natürlich Irvin Yalom.

Der Therapeut sah sich nun als ein fehlbarer, verletzlicher Mensch mit eigenem Gefühls- und Erlebensraum. Er sieht sich nicht weiter als vollkommen objektiv. Er verändert sich in der Begegnung. Er nimmt als Beobachter nicht nur an der Beziehung teil, sondern gestaltet die Beziehung mit (siehe auch Winkler 2022b). Der Begriff der Übertragung wurde entsprechend geweitet: Er bezeichnet nun *alle* Gefühle, die der Patient der Therapeutin gegenüber hat: sowohl weit gereiste Gefühle als auch solche, die der realen Person im Hier und Jetzt gelten. Es begegnen sich also zwei Menschen auf Augenhöhe. Verstehen wird ein gemeinsamer, intersubjektiver Prozess – und nicht ich als Therapeut habe die Deutungshoheit. Diese Wende wird auch als Übergang von der Ein-Personen- zur Zwei-Personen-Psychologie (Balint 2002, S. 197, Yalom 2010b, S. 234) bezeichnet. Es sitzt nicht mehr nur ein Patient als Person mit einem objektiven Beobachter zusammen, der den Patienten aus diesem Gefälle heraus zu verstehen versucht und ihn heilt. Dazu Rogers: »Ich gehe die Beziehung nicht als Wissenschaftler ein, nicht als Arzt, der richtig diagnostizieren und heilen kann, sondern als Mensch, der sich auf eine persönliche Beziehung einlässt. Wenn ich den Klienten nur als Objekt sehe, wird er immer mehr zum Objekt« (Rogers 2012, S. 199).

In diesem neuen Bild sitzen sich zwei Personen gegenüber, die sich mit ihrer eigenen Innen- und Gefühlswelt gegenseitig beeinflussen. Dieses Phänomen ist mittlerweile unter dem Begriff der Kybernetik zweiter Ordnung durch die Systemwissenschaften belegt und vielfach beschrieben: Allein durch die Beobachtung wirke ich schon auf das zu Beobachtende ein. Es gibt keine reine Objektivität in der Therapie. Als Therapeut*in oder Berater*in wirke ich selbst auf den Prozess ein und verändere mich auch selbst dadurch. Das bedeutet nicht, dass wir nicht versuchen sollten, allgemeingültige Prinzipien für die Therapie zu formulieren. Wir dürfen die daraus gewonnenen Schlussfolgerungen nur nicht als absolut betrachten.

Die moderne quantitative Therapieforschung muss für ihre Zwecke die Zwei-Personen-Psychologie wieder zu einer Ein-Personen-Psychologie einstampfen. Denn ein Patient mit einer umschriebenen Diagnose muss durch einen objektiven, auswechselbaren Experten behandelt werden, der sich an ein vorgeschriebenes Vorgehen hält. Dieses soll seine Wirksamkeit unabhängig von der Person des Therapeuten entfalten. Für diesen Zweck können sich nicht zwei Menschen als Personen in einem offenen Prozess begegnen.

Der Blick auf das Konzept der Gegenübertragung machte eine ähnliche Entwicklung im Laufe der Zeit durch: Mit Gegenübertragung bezeichnete man anfänglich die Reaktion der Therapeut*in auf die neurotischen Übertragungsgefühle der Patientinnen und Patienten. Alle Gefühle des Therapeuten galten zunächst als Störfaktor, der durch eine Lehranalyse zu beseitigen war. Heute versteht man unter Gegenübertragung viel allgemeiner *alle Gefühle*, Gedanken und Empfindungen der Therapeutinnen in der Beziehung zum Patienten. Das wird der Komplexität der therapeutischen Situation schon eher gerecht.

Durch einen bewussten Umgang mit unseren Gegenübertragungsgefühlen erhalten wir zahlreiche Informationen über unsere Klient*innen. Sie lösen unterschiedlichste Impulse in uns aus, mit denen sie uns ihre vergangenen Beziehungserfahrungen mitteilen: Möchte ich mein Gegenüber loswerden oder abstoßen? Fühle ich mich zu erotischen Fantasien hingezogen? Spüre ich Ablehnung, Ekel oder Verachtung? Würde ich am liebsten mit meinem Klienten befreundet sein? Unsere Klient*innen teilen uns ihre Beziehungserfahrungen mit. Und zwar in Form unserer Gegenübertragungsgefühle. Wir können viel erfahren, indem wir ganz genau auf unsere Gefühle, Impulse und Fantasien achten, die in Beziehung zu unseren Klient*innen entstehen.

Wie offen ein Therapeut ist und wie sehr er sich selbst durch die Begegnung verwandeln lässt, variiert natürlich deutlich. Es ist auch eine Typfrage: Nicht alle möchten in den Therapien als Mensch sichtbar werden.

Auch wenn es keine reine Übertragungsbeziehung gibt, ist dieses Konzept dennoch sehr hilfreich, um Beziehungsmuster besser zu verstehen. Wenn ich den Eindruck habe, dass sich Klient*innen mir gegenüber gerade so verhalten wie zu ihren primären Bezugspersonen, kann ich mich auf die vermutete Rolle beziehen: »Ich habe den Eindruck, Sie erleben mich gerade als jemanden, dem Sie nicht vertrauen können und der Ihnen nicht wohlwollend gegenübersteht.« »Ja. Im letzten Gespräch war das noch anders, da habe ich Sie als offen erlebt.« »Wie nehmen Sie das wahr? Wann haben Sie diesen Wandel erlebt?« Oder auf indirektere Weise: »Es kommt mir so vor, als ob Ihr Vater mit im Raum ist, wenn Sie das sagen.«

## Wie viel sollte/kann ich von mir als Therapeut*in in den Therapien zeigen?

Ich selbst zeige mich in den Gesprächen unterschiedlich deutlich, natürlich immer im Hinblick auf die Frage: Ist das im Sinne der Therapie, wenn ich etwas von mir offenbare? Manchmal hilft es meinem Gegenüber, sich selbst zu öffnen.

Aus der humanistischen Perspektive ist der Therapeut weder allwissender Experte noch Wunderheiler oder rettender Engel. Er ist genauso wie sein Gegenüber ein Mensch mit Stärken und Schwächen, mit Hoffnungen und Verletzungen, mit Ängsten und Sehnsüchten, mit Licht und Schatten. Humanistische Therapeuten begegnen ihren Klient*innen auch als Menschen. Sie öffnen sich stärker als Therapeut*innen anderer Therapieformen. Wenn ich mich als Mensch einbringe, bin ich verletzlicher. Ich verschanze mich nicht hinter einer Rolle. Ich investiere mehr von mir. Dazu Rogers:

> »Ich setze mich selbst aufs Spiel; denn wenn das, was sich bei der Vertiefung der Beziehung entwickelt, ein Mißerfolg, eine Regression, oder eine Zurückweisung meiner selbst und der Beziehung ist, dann spüre ich einen Verlust meiner selbst oder eines Teils dieses Selbst. Dieses Risiko ist zeitweilig sehr real, und ich erfahre es sehr eindringlich.«
> *(Rogers 2012, S. 199)*

Sich als Therapeut zu öffnen bedeutet nicht, die Therapie mit eigenen Problemen oder Themen zu besetzen. Es geht nicht um uns! Hier wäre das universale Prinzip der therapeutischen Abstinenz verletzt: Wir dürfen unsere Klient*innen nicht zur Befriedigung eigener Bedürfnisse oder Interessen benutzen. Offenheit bedeutet, dass ich selektiv meine eigenen Gefühle, Empfindungen und Gedanken im therapeutischen Prozess mitteilen kann. Nach Yalom kann unsere Offenheit eine Vorbildfunktion für unsere Klient*innen haben, indem sie sich dadurch ebenfalls zu Offenheit ermutigt fühlen. Diese Öffnung bewegt sich auf einem schmalen Grat. *In den Therapien sind wir sowohl Mensch als auch Therapeut.* Uns muss bewusst sein, dass das, was wir preisgeben, nicht in erster Linie uns selbst erleichtert oder nützt, sondern den therapeutischen Prozess voranbringt.

> »Für den Aufbau einer echten Beziehung zum Patienten ist es wesentlich, dass Sie Ihre Gefühle ihm gegenüber in der unmittelbaren Gegenwart offenbaren. Allerdings sollten Hier-und-Jetzt-Enthüllungen nie wahllos stattfinden; Transparenz darf nicht um ihrer selbst willen angestrebt werden. Alle eventuellen Kommentare müssen einem Test standhalten: Sind sie im Interesse des Patienten?«
> *(Yalom 2010, S. 102)*

Unsere Kongruenz ist für den therapeutischen Prozess und die Tiefe der Beziehung von großer Bedeutung. Wir fühlen intuitiv, ob ein Mensch kongruent ist. Wir spüren, ob das, was er sagt, mit dem zusammenpasst, was er uns sonst auf bewusster oder unbewusster Ebene mitteilt. Wir spüren auch, ob uns jemand als Mensch begegnet oder ob wir objektiviert werden. Wir neigen dazu, uns bei einem kongruenten Menschen wohlzufühlen und inkongruenten Menschen mit Distanz zu begegnen.

> »Man hat entdeckt, daß Veränderungen in der Persönlichkeit dann gefördert werden, wenn der Psychotherapeut ganz er selbst ist, wenn er in der Beziehung zu seinem Klienten authentisch und ohne ›Front‹ oder Fassade dasteht, wenn er offen die Gefühle und Einstellungen präsentiert, die im jeweiligen Augenblick in ihm auftauchen.«
> *(Rogers 2012, S. 74)*

Die Anbindung an unser eigenes wesensgemäßes Selbstgefühl schafft einen Raum, der auch unsere Klient*innen dazu einlädt, mit ihrer Eigenart in Kontakt zu treten: »In der Beziehung zu einer Person, die den Kontakt zum Wesen nie ganz verloren oder aber wiedergefunden hat und selbst beharrlich bemüht ist, die Tür offen zu halten, kann sich das Wesen in der Person zum wesentlichen Dasein entfalten« (Büntig 2013, S. 78). Wir spüren, wenn jemand nicht ganz präsent ist, uns nicht sieht oder insgeheim eine eigene Agenda verfolgt. Unsere Klient*innen werden sich uns anpassen, weil sie uns gefallen möchten. In diesem Prozess lenken sie die Aufmerksamkeit von ihren inneren Prozessen auf die Agenda, die im Raum spürbar ist. Wir sind dann für sie emotional weniger erreichbar geworden und weniger wirksam. Wir werden selbst mehr zu Objekten und die Beziehung verliert an emotionalem Halt und Lebendigkeit. *Wir haben die Aufgabe, einen Raum für unsere Klient*innen zu schaffen, in dem sie ganz sie selbst sein können, in dem sie sich finden, erforschen und erkennen können, in dem sie sich verstanden fühlen.* Sie müssen das Gefühl haben, dass sie uns emotional erreichen können. Dafür müssen wir emotional spürbar sein.

Der Grad meiner Offenheit muss zu meiner Person und dem Stand im therapeutischen Prozess passen. Manchmal haben wir den Drang, etwas von uns mitzuteilen, weil wir etwas nicht aushalten können. Wir möchten uns emotional entlasten oder unsere Klient*innen beruhigen oder beschwichtigen. Die Offenbarungen des Therapeuten sollten auch nicht zu einem oberflächlichen Plausch führen. Manche Klient*innen fürchten um die Tiefe und den Schutz ihres Raumes, wenn wir zu persönlich werden. Wir dürfen den Raum, den wir bereitstellen, nicht durch unsere Themen, Befindlichkeiten und Gefühle besetzen. Das ist mit Kongruenz nicht gemeint. Es meint erst mal, dass alles, was ich sage und äußere, echt ist. Nicht alles, was echt ist, muss ich auch äußern. Wir folgen dem Prinzip der »selektiven Authentizität« (von Thun 2015, S. 13). Ich habe sehr offene und authentische humanistische Therapeut*innen erlebt und auch sehr authentische Psychoanalytiker*innen, die persönlich kaum etwas von sich zeigen. Dennoch waren die Prozesse auf eine Art sehr persönlich, von Wärme und Ehrlichkeit geprägt. Letztendlich muss die Art der Offenheit zu unserer eigenen Person passen. Wir sollten jedoch nie vorgeben, etwas zu fühlen oder wahrzunehmen, was überhaupt nicht unserem Erleben entspricht. Unsere Klient*innen spüren das und werden uns – zu Recht – weniger vertrauen.

An dieser Stelle ist der Blick auf die Konzepte Gegenübertragung und Übertragung hilfreich: Wenn ich mich in den Therapien weniger offen zeige, befördere ich die Übertragungen der Klienten. Manchmal kann dadurch auch eine Beziehungskonstellation aufrechterhalten werden, die möglicherweise am Anfang der Therapie wichtig sein kann. Zum Beispiel, wenn ein junger Erwachsener stellvertretend mit mir die liegen gebliebenen Konflikte mit seinem Vater ausfechten möchte. Die Gefühle, die im Zusammenhang mit mir entstehen, können wir gemeinsam explorieren und verstehen, ohne sie vorschnell zu beschwichtigen, aufzulösen oder zu beseitigen.

Wenn ich mich stärker in Therapien offenbare, werde ich als Mensch sichtbarer. Übertragungsprozesse werden dadurch minimiert. Manche Klient*innen möchten das nicht. Sie möchten die Person in uns sehen, die sie brauchen. »Diejenigen, die sich Magie, Mysterium und Autorität wünschen, schauen nur sehr ungern hinter die Fassade des Therapeuten. Sie lassen sich von dem Gedanken trösten, dass es einen klugen und allwissenden Menschen gibt, der ihnen hilft« (Yalom 2010, S. 113). In dieser Position müssen sie keine Verantwortung für sich übernehmen. Sie müssen sich nicht der Tatsache stellen, dass sie ihren eigenen Weg finden und gehen müssen.

»Patienten wollen, dass der Therapeut allwissend, unendlich, zuverlässig und unsterblich ist« (ebd., S. 114). Yalom offenbart irgendwann im Prozess: »Ich [kann] […] nicht helfen, wenn zwischen uns keine Begegnung von Mensch zu Mensch [stattfindet] […]« (ebd.). Wolf Büntig drückt es so aus: »Der am Wesen orientierte Psychotherapeut befindet sich in der Ich-Du-Beziehung dem Patienten in unmittelbarer Ausschließlichkeit gegenüber. Es gibt im Moment dieser Beziehung nichts als sich und ihn oder sie in ihrer primären Verbindung im Wesen. Alles Ich-Es ist im Hintergrund verfügbar und wirksam als Handwerkszeug, doch nur dort, wo der Therapeut sich voll mit seinem eigenen Sein dem Sein des Patienten stellt, [...] kann es zu einer heilsamen Ich-Du-Beziehung kommen, die die entscheidende Voraussetzung für Menschwerdung ist. Am Charakter kennen, im Wesen erkennen wir einander« (Büntig 2015, S. 79). Diese Entzauberung führt bei einigen Klient*innen zu einer schmerzlichen Bodenlandung. Wir können jedoch nur auf dem Boden gut miteinander gehen. Idealisierung ist keine echte Beziehung. Sie fußt auf einer fantasierten Wunschbeziehung, die den anderen so verstellt, dass man im Glauben bleiben kann, er oder sie könne die eigenen offenen Bedürfnisse und Sehnsüchte doch noch erfüllen.

## Wie kann ich mit Beziehungsaussagen, Kritik oder persönlichen Fragen umgehen?

Meine Grundhaltung ist: Ich muss überhaupt nichts wissen. Meine Aufgabe ist es, mich zu interessieren und neugierig für das zu bleiben, was zwischen mir und meinem Gegenüber passiert. Wenn eine Klientin eine persönliche Frage an mich hat, muss ich nicht sofort darauf antworten. Wenn sie mein Verhalten irritiert oder verärgert, muss ich mich nicht direkt rechtfertigen oder beschwichtigen. Ich nehme meine innere Reaktion ernst. Ich halte meine Gefühle zunächst in mir. Entsprechend meiner offenen und fragenden Haltung lehne ich mich zunächst zurück und exploriere. »Wie ist das für Sie, mich so zu erleben?« »Wann genau ist Ihnen dieser Gedanke das erste Mal gekommen?« »Wie ist es für Sie, einen Therapeuten zu haben, den Sie als ... erleben?« »Wie verändert das Ihre Beziehung zu mir?« Nur auf diesem Weg können wir etwas über unser Gegenüber und seine Beweggründe erfahren. Ich schaffe einen Raum zwischen Reiz und Reaktion, sollte es jedoch nicht dabei belassen, mich ganz zurückzunehmen. *Wenn ich lediglich exploriere und mich als Person raushalte, dann unterbreche ich den Kontaktfluss in der Therapie und schwäche damit die Bindung.*

Die Antwort im Sinne einer Verantwortung oder »responsability« bleibe ich als menschliches Gegenüber schuldig.

Es besteht auch eine Realbeziehung zu unseren Klient*innen. Diese nehme ich ernst, indem ich dann auch auf die Frage antworte. In jeder Rückmeldung steckt ein Kern Wahrheit. Den kann ich aufgreifen und dann je nach persönlichem Stil in selektiver Offenheit mitteilen, wie es mir damit geht. Wenn ich das unterlasse, würde mein Klient*in eine Erfahrung machen, die sie vielleicht gut kennt: Sie wird mit ihrer Wahrnehmung stehen gelassen. Sie fühlt sich nicht gesehen und hat das Gefühl, dass ich emotional und als Mensch unverfügbar bin. Wenn ich nicht spürbar bin, zieht sich mein Gegenüber emotional von mir zurück. Die inneren emotionalen Prozesse geraten ins Stocken und werden in der Beziehung nicht weiterbewegt. Deshalb muss ich als Mensch spürbar sein.

Eines ist mir wichtig zu betonen: Auch wenn eine Rückmeldung einen Kern Wahrheit über uns beinhaltet – in der Therapie geht es dennoch nicht um uns! Im Fokus bleibt die Selbsterforschung meines Klienten. Ich muss mir mein Gegenüber sehr genau anschauen, das ansprechen, was sich in mir und in der Beziehung abbildet. Diese Beziehungsaussagen sind für unsere Klient*innen sehr wichtig, und sie nehmen diese sehr ernst. Wir sollten uns dafür interessieren, wie sie diese verarbeiten. Wir können anschließend fragen: »Wie ist das bei Ihnen angekommen, was ich gerade mitteile, und was bewirkt das in Ihnen?« (vgl. Heigl-Evers & Nitzschke 1991).

## Die Beziehungsebenen

Im psychotherapeutischen Prozess können wir drei grundlegende Beziehungsebenen unterscheiden (siehe Abb. 6):

1. **Die Übertragungsbeziehung.** In diesem Teil des Beziehungsraumes bin ich für meine Klient*innen eine Projektionsfläche vergangener Beziehungserfahrungen. Die Gefühle, die mir gegenüber entstehen, sind weit gereist. Im Hier und Jetzt können wir darauf zugreifen. Wir können zwischen der therapeutischen Arbeit *an* und *in* der Übertragung unterscheiden. Wir arbeiten an der Übertragung, wenn wir auf das jeweils ausgelöste, durch die Vergangenheit geprägte Beziehungserleben hinweisen. Wir können die Übertragung auch nutzen, indem wir innerhalb dieser so wahrgenommenen Beziehung begrenzt eine komplementäre Rolle einnehmen: Wir können begrenzt nachbeeltern und emotional eine väterliche oder mütterliche Funktion erfüllen. Korrigierende Beziehungserfahrungen sind so möglich. Natürlich kann eine Therapie nur wirksam sein, wenn diese Nachbeelterung eine Phase der Therapie ist, die später durch eine reifere Form der Beziehung auf Augenhöhe abgelöst werden kann.
2. **Die Realbeziehung.** Wir haben darüber hinaus auch eine reale Beziehung mit realen Konflikten und realistischen Grenzen. Die Beziehung wird normalisiert, wenn meine Klient*innen sehen dürfen, dass auch ich als therapeutische Begleitung Begrenzungen, Schwächen und Grenzen habe. In unserer Beziehung entstehende Konflikte und Gefühle verstehen wir nicht ausschließlich durch die Brille der Übertragungen. Wir immunisieren uns nicht gegenüber Kritik. Wir sind als Menschen greifbar und emotional verfügbar. Mit der Begleitung kann eine reale Beziehungserfahrung gemacht werden und echte Bindung erlebt werden. Für viele wird dies zu einer tiefgreifenden und korrigierenden Beziehungserfahrung.
3. **Arbeitsbeziehung.** Der therapeutische Prozess ist gemeinsame Arbeit. Wir arbeiten an Anliegen und Zielen, die Klient*innen mitbringen. Die jeweiligen Beziehungsebenen nutzen wir, damit unsere Klient*innen ihre Anliegen verwirklichen kön-

nen. Dabei ist eines zu bedenken: In den Humanistischen Therapien bestimmen die Klient*innen über die Richtung und Geschwindigkeit des Prozesses. Ihre Verantwortung liegt darin, über die inneren Gefühle und Gedanken zu sprechen und sich selbst zu erforschen. *Eine passive Erwartungshaltung – dass wir als Experten Lösungen und Handlungsanweisungen erarbeiten und Klient*innen Therapie konsumieren können – ist Gift für die Therapie.*

4. **Transpersonale Beziehung.** Alle erwähnten Beziehungen finden im Raum der begrenzten Ich-Identität statt. Wenn wir im transpersonalen Bewusstseinsraum verankert sind, können wir die Phänomene in einem Kontext betrachten, der über die persönliche Identität und Geschichte hinausgeht: Wir sehen existenzielle Themen als universell menschlich und haben eine Offenheit für den Einfluss transgenerationaler und kollektiver Phänomene. Mehr dazu im letzten Kapitel.

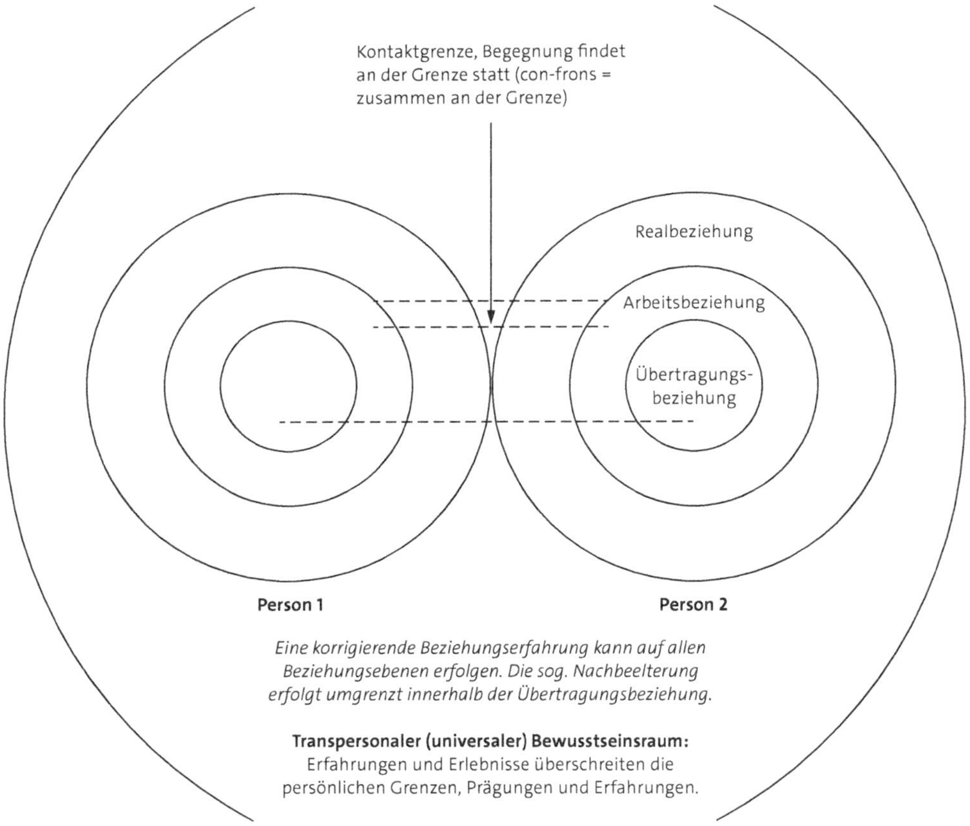


**Abb. 6:** Beziehungsebenen in der Psychotherapie.

## Der Wert von Beachtung

Meine Kongruenz ist eine notwendige, aber keine hinreichende Bedingung für eine gelingende Therapie. Ich muss mein Gegenüber in seinem Sosein, in seiner wesensgemäßen Eigenart achten und wertschätzen. Ich muss mich auf die Person einlassen – auf seine Gefühle, seine Art, die Welt zu sehen und Beziehungen zu gestalten. Das kann nie langweilig sein. Wolf Büntig (Büntig 2015) sagte, dass es keine schwierigen Klient*innen gäbe, nur fehlendes Interesse. Jeder Mensch ist ein Wunder. Einzigartig in der Art und Weise, wie er in der Welt und mit ihr in Beziehung ist. Egal, wer uns gegenübersitzt: Können wir die »secret beauty« – wie Thomas Merton es ausdrückt – (zitiert in Kornfield 2008, S. 22) in seinem Wesen sehen? Wir sollten nicht damit beschäftigt sein, eine *gute* Therapie zu machen. Wer kann uns diese Bestätigung geben? Bei diesem Versuch brauchen wir unsere Klient*innen dafür, uns genau das zu spiegeln. Damit lenken wir den Fokus auf uns. Es geht nicht darum, ob die Therapie gut ist, sondern darum, ob sie hilfreich ist.

Unsere Aufgabe ist es, uns zu interessieren, zu erforschen und zu fragen. Wir haben die Fragen, aber nicht die Antworten. Wir bieten den Explorationsraum, aber nicht die Lösung an. Wir können beim gemeinsamen Nachdenken Handlungen vorbereiten, wir können sie im Denken jedoch nicht vollziehen. Wir können erkennen, was gefehlt hat, aber wir können nicht für unsere Klient*innen fühlen. Wir setzen uns Zusammenhängen aus, die wir noch nicht verstehen, und sind neugierig für das, was sich zeigen möchte, wenn wir dabei bleiben. Wir bleiben präsent, neugierig und offen. Das wirkt. Wann es wirkt, können wir nicht vorhersagen. Dies geschieht in Abhängigkeit von der Tiefe der seelischen Verletzungen unserer Klient*innen, ihrer Lebenssituation und der Qualität unserer Beziehung. Als Menschen müssen wir uns zunächst in unserem Schmerz, unseren Verletzungen und unserer Not gesehen und tief beachtet fühlen, bevor wir offen für Wege der Veränderung und Lösungen sind. Dafür brauchen wir Geduld. Wenn unsere Klient*innen sich von uns beachtet fühlen, lernen sie, beachtenswert zu sein. Sie achten in der Folge auch andere mehr. Wenn Sie sich achten, können Sie Ihre eigene innere Stimme ernst nehmen.

Unser gemeinsamer Weg ist die Potenzialentfaltung. Die Symptome zeigen uns den Weg an. Nicht wir als Therapeut*innen haben die Antworten. Diese sind verkörpert im Gefühl für Stimmigkeit und Wahrhaftigkeit. Wir können nicht sagen, was wahr ist. Wir wissen jedoch, was für uns stimmt. Wenn wir keine Beachtung erfahren für das, wer wir sind, passen wir uns an. Das tun wir, indem wir die Gefühle, Empfindungen und Bedürfnisse wegdrücken, die auf Ablehnung oder Missachtung stoßen. Dann suchen wir einen Ersatz für das frustrierte Bedürfnis der Beachtung. Aus dem Grundbedürfnis der Beachtung wird das Suchtmittel Anerkennung, welches wir durch Anstrengung und Leistung zu bekommen lernen. Wir hören auf, aus unserer wesensgemäßen Eigenart heraus zu handeln, zu fühlen und zu denken. Wir entwickeln ein Selbstbild, welches zu dem passt, wie unsere Bezugspersonen und unser Umfeld uns haben möchten. »Letztendlich entwickelt der Mensch ein Selbstkonzept, das auf diesen wahrgenommenen Urteilen wichtiger Bezugspersonen basiert« (Yalom 2010b, S. 45).

Dieses Selbstbild gründet nicht auf Selbstgefühl, sondern es ist angewiesen auf die Spiegelung durch andere. Um dies nach außen und innen hin aufrechtzuerhalten, müssen wir den Kontakt zu unserem authentischen Erleben abschneiden. Wenn die Bestätigung des Selbstbildes ausbleibt, wird das als Kränkung erfahren. Dazu Wolf Büntig (Büntig 2015): »Eine Kränkung ist das Ausbleiben der Bestätigung eines idealisierten Selbstbildes«. Das Selbstbild muss im Ideal gesucht werden, wenn das eigene Sosein keine Beachtung erfährt und somit keinen Boden hat. Auf diesem Weg verlieren wir uns.

Die narzisstische Problematik ist tragisch: Im angestrengten Streben nach Anerkennung und Beachtung durch Großartigkeit bleibt der verletzliche Kern des Selbst alleine und ungesehen, und zwar völlig unabhängig von der Größe der eingefahrenen Erfolge. Daraus resultiert eine fundamentale und existenzielle Einsamkeit. In der Therapie versuchen wir nicht, das Selbstbild unserer Klient*innen durch Lob oder oberflächliche Anerkennung zu festigen. Wir versuchen, den wesenhaften Kern zu sehen und den Menschen die unbedingte Beachtung für ihr Sosein zu geben, die sie nicht erhalten haben. So kann unser Gegenüber sein Selbstgefühl nach und nach nicht aus Anerkennung, sondern aus einer tiefen Beachtung seiner selbst heraus entwickeln. Carl Rogers nannte diesen Aspekt der therapeutischen Beziehung »bedingungslose positive Zuwendung« (Rogers 2012, S. 277). Ich muss nicht alles für gut befinden, was ein Klient tut, macht oder sagt, aber ich muss eine unbedingte positive Wertschätzung seinem Sosein, seinem tiefsten Selbst und seinem Menschsein entgegenbringen. Diese Art von menschlicher Wärme ist Bedingung dafür, dass eine Person sich im Rahmen einer unterstützenden Beziehung annehmen lernt. Dies bildet die Grundlage für einen inneren Wandlungsprozess in Richtung Potenzialentfaltung.

## Welche Beziehungsfaktoren sind notwendig für ein therapeutisches Klima?

»Notwendige und hinreichende Bedingungen

1. Zwei Personen befinden sich in psychologischem Kontakt.
2. Die erste, die wir Klient nennen wollen, befindet sich in einem Zustand der Inkongruenz, ist verletzbar oder ängstlich.
3. Die zweite Person, die wir Therapeut nennen wollen, ist kongruent oder integriert in der Beziehung.
4. Der Therapeut empfindet eine unbedingte positive Zuwendung dem Klienten gegenüber.
5. Der Therapeut empfindet ein empathisches Verstehen des inneren Bezugsrahmens des Klienten und ist bestrebt, diese Erfahrung dem Klienten gegenüber zum Ausdruck zu bringen.

6. Die Kommunikation des empathischen Verstehens und der bedingungslosen positiven Zuwendung des Therapeuten den Klienten gegenüber wird wenigstens in einem minimalen Ausmaß erreicht (nach Rogers, 1957).«

   *(Kriz 2007, S. 172)*

Der letzte Punkt bildet eine äußerst wichtige Ergänzung. Manche Klient*innen kann ich nicht erreichen, obwohl ich als Therapeut*in wertschätzend, empathisch und kongruent bin. Das betrifft insbesondere Menschen mit einer ausgeprägten chronischen psychischen Abwehrorganisation. Um wirksam zu sein, muss meine Haltung auch bei meinem Gegenüber ankommen. Viele Klient*innen leiden ja gerade deshalb, weil sie erhebliche Schwierigkeiten damit haben, befriedigende Beziehungen zu anderen zu initiieren oder aufrechtzuerhalten (Yalom 2005, S. 69). Bei Menschen mit frühen Kontaktpathologien ist zusätzlich die Arbeit an der Kontaktgrenze äußerst bedeutsam. Indem wir eine Wahrnehmung dafür schaffen, wann jemand in Kontakt ist und wann sich jemand vom Kontakt abschneidet, unterstützen wir dabei, überhaupt eine Verbindung zu sich und zu anderen herstellen zu können. Die Grundlage für die Spiegelung des Kontaktgeschehens ist ausreichende Sicherheit in der Beziehung. Wir müssen lernen, regulierte von dysregulierten Zuständen zu unterscheiden und so mit ihnen arbeiten, dass die Selbstregulation gestärkt und uns das eigene Kontaktverhalten bewusster wird. Bei Menschen, die unter tiefgreifenden Beziehungsstörungen leiden, ist es nicht ausreichend, einen warmen und wertfreien Spürraum offen zu halten. Wir setzen in der Entwicklung früher an. Entsprechend den Bedürfnissen eines Menschen in früheren emotionalen Entwicklungsphasen braucht es unsere feine Einstimmung, Spiegelung und emotionale Präsenz, damit unser Gegenüber mit der Zeit emotional nachreifen kann.

Mehr dazu, wie wir feinfühlig das Spür- und Körperbewusstsein fördern können, erfährst du im Kapitel »Der Körper«.

## Welche Rolle nehme ich als Therapeut an?

Selbstklärung und Selbstkenntnis in Bezug auf diese Frage ist so wichtig für unsere Arbeit. Viele Therapeut*innen sind *verletzte Helfer*innen*. Sie haben in ihrer Familie eine Rolle eingenommen, in der sie meist auf Kosten eines Teils ihres Kindseins für andere da und hilfreich waren. Sie haben Trost gespendet und dabei eigene Bedürfnisse zurückgestellt. Die Parentifizierung hat aber nicht nur Kosten. Kinder ziehen auch einen tückischen Gewinn daraus: Sie geben nicht nur einen Teil ihrer Bedürftigkeit auf. Als Nebeneffekt wird ihr Größenselbst gefüttert, indem sie die Erfahrung machen, dass sie, obwohl sie Kinder sind, gebraucht werden und wichtig sind. Sie haben für die emotionale Stabilität ihrer Eltern oder Geschwister eine äußerst wichtige Rolle eingenommen.

Auf mich treffen ähnliche Erfahrungen zu. In meiner frühen Lehrtherapie habe ich Scham darüber empfunden. So, als hätte ich aus den falschen Motiven heraus diesen Beruf gewählt. Meine Lehrtherapeutin normalisierte dies, indem sie sagte, dass die meisten Therapeut*innen verletzte Helfer seien. Es sei ja stimmig, dass man mit diesem Hintergrund diesen Beruf wähle. Wir müssen nur über unsere unbewussten Motive Bescheid wissen und dürfen nicht unreflektiert aus der Rolle des »idealen Helfers« heraus handeln. Wenn wir dies tun, brauchen wir unsere Klient*innen, damit sie uns als hilfreich, ideal, besonders oder gut zu spiegeln. Sie müssen dann unbewusst genau das machen, was sie ein Leben lang getan haben: sich nach den Erwartungen von anderen richten und ihr eigenes Erleben dabei vernachlässigen. Wenn ich anfällig dafür bin, ein idealer Helfer sein zu wollen, sollte ich diese Motivation hinterfragen. Einerseits kann ich ausbrennen. Andererseits begebe ich mich in Abhängigkeit zu meinen Klient*innen. Darüber hinaus hemmt diese Rolle die Anbindung an meine eigene Aggression. Wenn ich im therapeutischen Raum nicht an meine eigene gesunde Aggression angebunden bin, kann ich nicht konfrontieren, also Widersprüchliches, Schwieriges oder Irritierendes ansprechen. Ich bin in dieser Rolle befangen und der Raum der therapeutischen Möglichkeiten ist auf unterstützende, Halt gebende Gespräche begrenzt. Ein tiefgreifendes Erkennen und Verstehen ist so nicht möglich. Unsere Klient*innen müssen ihre dysfunktionalen Abwehr-, Bindungs- und Überlebensstrategien erkennen und verstehen. Nur so können sie ihren Anteil an ihrer leidvollen Situation sehen lernen. Dann haben sie die Chance auf Veränderung.

Viele Psycholog*innen sind sehr leistungsorientiert. Man möchte seine Arbeit gut und richtig machen. Als Experte biete ich richtige und hilfreiche Deutungen, Lösungen und Modelle an. Als Mensch kann ich mich hinter dieser Rolle verstecken. Das Persönliche, das Menschliche, die eigenen Bindungsängste und die eigene Kontaktscheu können dahinter verschwinden. Wenn ich mich als Experte anbiete, bin ich allwissend und potent und sorge dafür, dass der Patient seine Orientierung bei mir und meinem Wissen sucht. Eine Abhängigkeit entsteht, die das Vertrauen in die eigenen Fähigkeiten und Lösungskräfte unterminiert. Paradoxerweise schwächen wir unsere Klient*innen bei unserem Versuch, möglichst kompetente Experten zu sein, die für alle Situationen Lösungen und Handlungsanweisungen parat haben. Bei dieser Haltung entsteht eine Vielzahl von Problemen, die die langfristige Potenz des therapeutischen Prozesses mindern: Zum einen brauchen Klient*innen eine Zeit lang unsere echte Zugewandtheit und Beachtung. So wächst die Bindung. Sie müssen sich in ihrer Not und in ihrem Leid gesehen und verstanden fühlen, ehe etwas von unseren Angeboten überhaupt helfen darf. Wenn wir vorschnell Lösungen parat haben, fühlen sich unsere Klient*innen möglicherweise in ihrem Leid nicht gesehen und ernst genommen. Wir sind emotional nicht verfügbar, so wie ein rationalisierender Elternteil, der die Gefühle seiner Kinder nicht an sich heranlässt. Kinder, die keine feinfühlige Spiegelung erfahren, bleiben mit ihren Gefühlen alleine – sie lernen, ihre Gefühle zurück- und in sich zu halten. Als lösungsorientierte Experten mit Antworten auf alles werden wir für unsere Klient*innen unbelebt. Sie ziehen sich emotional von uns zurück. Sie müssen sich dann etwas anderes ausdenken, um dann doch noch von uns gesehen zu werden. Wir schwächen in gewisser Weise damit ihre Selbstachtung, da sie ja ohnehin mit ihrer Hilflosigkeit und Ohnmacht konfrontiert sind. Sie kommen ja zu uns, weil es eben keine einfachen, verfügbaren Lösungen gab!

Natürlich spricht nichts dagegen, unser Wissen anzubieten. Ebenso müssen wir transparent in unserem Vorgehen sein und eine Orientierung über bestehende Diagnosen und Behandlungsmöglichkeiten geben. Wir müssen jedoch reflektieren, wer die Deutungshoheit dafür hat, wie ein Erleben einzuordnen ist. Auch das so beliebte Konzept der Psychoedukation wird vor diesem Hintergrund kritisch diskutiert (Heumann & Bock 2015). Unser Expertentum sollte nicht über der Beziehung und über den Bedeutungszuschreibungen unserer Klient*innen stehen. Eine emotional bedeutsame und tragende Beziehung entsteht zwischen zwei Menschen.

Ähnliches gilt für die uns zugeschriebene Rolle als Heilende. Als Therapeut*innen dürfen wir nicht lange mit der Rolle des Magiers flirten, auch wenn manche Klient*innen uns so sehen möchten. Wir müssen uns über Folgendes bewusst sein: Wie Klient*innen uns anfänglich sehen, hat weniger damit zu tun, wie wir wirklich sind, sondern wie sie uns brauchen. Auf subtile Weise tun sie alles dafür, um uns weiterhin so sehen zu können, in der kindlichen Hoffnung, das von uns zu kriegen, was ihnen versagt wurde. Dieser Prozess ist sehr mächtig, und wir dürfen nicht unreflektiert auf das uns zugeschriebene Rollenangebot aufspringen. In der Idealisierung ist keine Beziehung möglich. Letztendlich wollen wir nicht durch mysteriöse Prozesse heilen, sondern unsere Klient*innen spürbar mit den ihnen innewohnenden Selbstheilungskräften in Kontakt bringen. Ziel ist es, dass es uns dafür irgendwann nicht mehr braucht. Manchmal ist es dennoch notwendig und stimmig, wenn wir anfänglich gebraucht werden. Im Zuge des therapeutischen Prozesses lernen sie, sich nach und nach aus einer für sie zunächst sehr wichtigen Abhängigkeit wieder zu lösen, ohne dabei Unterstützung und Verbindung zu verlieren.

## Wie kann ich als Therapeut aushalten, zu enttäuschen?

Wenn wir diese uns zugeschriebenen Rollen nicht unhinterfragt annehmen, führt das nicht selten zu Enttäuschung und Frustration. Vielleicht fühlen sich Klient*innen im Stich gelassen, wenn wir keine Handlungsanweisungen oder schnelle Lösungen geben. Ich äußere dann, dass ich den Wunsch danach gut verstehen kann, dass ich aber nicht glaube, dass sie davon wirklich profitieren könnten. Es ist unsere Aufgabe, gemeinsam Gefühle zu explorieren und Hindernisse zu erforschen. Wenn wir Druck verspüren, Lösungen zu geben, können wir auch äußern: »Ich habe den Eindruck, Sie machen ganz schön Druck, dass ich Ihnen gute Ratschläge gebe.« »Lassen Sie uns doch gemeinsam schauen, was hier gerade zwischen uns geschieht. Ich glaube, dass das vor dem Hintergrund Ihrer Ziele wichtig ist.« *Als Therapeut*innen müssen wir lernen, auszuhalten, manchmal enttäuschend und frustrierend für unsere Klient*innen zu sein.* Das kann schwierig sein und braucht eine klare Haltung von uns. Wir sind keine *idealen Menschen*. Wenn wir dieses unbewusste Rollenangebot spüren, können wir nach dem oben beschriebenen Prinzip in offener und zugewandter Haltung explorieren. Ich halte mich zurück, aber nicht raus. Wir versuchen zu verstehen, was vor sich geht, und wir versuchen, Parallelen zu den typischen Konfliktfeldern zu ziehen, die sich in unserer Beziehung wiederholen und zeigen. Als Therapeut*innen können wir uns über diese Situationen freuen! Die Not erzeugenden Konflikte der Klient*innen zeigen sich in der Therapie live. Wir sehen die vergangenen Beziehungserfahrungen, die teilweise heftigen Enttäuschungen und die damit einhergehenden Erwartungen, wie Beziehungen zu funktionieren haben. Diese Gefühle können wir gemeinsam erforschen.

## Die Sache mit den Handlungsanweisungen

Die Humanistische Psychotherapie versteht sich als nondirektiv. Wir nutzen die Beziehung und ein bestimmtes Klima als Katalysator für die therapeutischen Prozesse. Richtung und Geschwindigkeit der Therapie wird dem Klienten mit seinen inneren Wachstums- und Selbstorganisationskräften überlassen. Das aktive Zuhören ist das zentrale Instrument der Klientenzentrierten Gesprächsführung. Durch Paraphrasieren, Echtheit und tiefes Zuhören fördere ich die Selbstexploration. Ich frustriere Versuche des Klienten, schnelle Lösungen und Handlungsanweisungen von mir zu bekommen. Wir bieten uns nicht als Experten und Lösungsmaschinen an. Wenn wir diese Rolle annehmen, entlasten wir zwar kurzfristig unsere Klient*innen, langfristig schwächen wir jedoch die Selbstachtung und das Vertrauen in die eigene Lösungskompetenz. Allerdings sollten wir auch hier nicht dogmatisch vorgehen. Es ist nicht zielführend, wenn wir kategorisch alle Ideen auf der Handlungsebene zurückhalten. Manchen Klient*innen fehlen Ideen für alternative Handlungsstrategien. Sie hatten nie die Gelegenheit, diese zu beobachten oder zu erleben. Die Gruppentherapie ist hier sehr fruchtbar. Andere Handlungsstrategien können durch andere beobachtet und anschließend ausprobiert werden.

Eine hilfreiche Orientierung, ob wir Handlungsanweisungen geben sollten, bietet die Metapher einer gemeinsamen Bergbesteigung. Angenommen, unser Partner hat Höhenangst. Wir stehen gemeinsam an einem schmalen Weg, an dessen Rändern es steil bergab geht. Ich würde meinen Partner nicht vorschnell auf den Arm nehmen und über diesen Abschnitt tragen. Das Problem wäre für den Rest der Wanderung und anschließende alleinige Wanderungen meines Partners nicht gelöst! Die Angst würde zwar unmittelbar zurückgehen, aber das mangelnde Selbstvertrauen, mit einer solchen Situation umzugehen, bliebe unverändert oder würde dadurch gar geschwächt. Er ist nun abhängig von meiner Hilfe. Mein Partner wäre am gleichen Punkt, wenn er ein anderes Mal ohne mich am steilen Pfad stände. Ich hätte nicht geholfen! Ich würde hier zunächst fragen, was er brauchen würde, um sich gerade zu beruhigen, um dann diese Aufgabe in Angriff nehmen zu können. Ich würde alle Schritte feinfühlig begleiten, ihm aber nichts abnehmen! Auch wenn jemand hingefallen ist und nah am Abgrund ist, würde ich ihm gut zusprechen und mein Wissen zur Verfügung stellen, wie er wieder hochkommt. Ich würde ihn erst mal beruhigen, möglicherweise wäre es sogar gefährlich, wenn ich ihm sofort unter die Arme greifen würde.

Ähnlich ist es, wenn mein Sohn am Klettergerüst nicht weiterkommt. Zunächst würde ich ihm Mut machen. Ich halte ihm damit die Möglichkeit eines eigenen Erfolgserlebnisses offen. Erst, wenn das nicht funktioniert oder er stark überfordert ist, würde ich ihn in den Arm nehmen. Wenn aber mein Bergsteig-Partner am Hang mit letzter Kraft an einem Ast hängt, dann würde ich meine Hand reichen. Dann muss er erst mal aus einer existenziellen Notlage in Sicherheit gebracht werden. Wir müssen genau prüfen, wo unsere Klient*innen stehen und ob das, was ich anbiete, sie gerade schwächt oder stärkt. Ist es wirklich not-wendig, dass ich gerade konkrete Handlungsanweisungen vorgebe? Oder mache ich dies, um mich in der Rolle des idealen Helfers oder omnipotenten Experten gespiegelt zu wissen?

Meine eigene Lehrtherapeutin hatte eine sehr geschickte Art, mit Handlungsanweisungen umzugehen. Sehr deutlich überließ sie mir Richtung und Geschwindigkeit in den Therapien. Wenn sie merkte, dass ich mit meinem Verhalten in einer Sackgasse steckte, streute sie mögliche Handlungsanweisungen in Nebensätzen ein. Das geschah ganz nebenbei, störte den Prozess in keiner Weise und nahm mir auch keine Verantwortung ab. Dennoch habe ich von diesen Ideen profitiert und sie selbst in Beziehungen ausprobiert. Oft auch, ohne das weiter in dem Moment zu thematisieren. Das können ganz einfache Sätze sein wie: »Dann können Sie einfach sagen, lass gut sein …« oder »Jetzt wirst du unsachlich« oder »Jetzt fühle ich mich von dir nicht verstanden«.

## Wann ist eine Beziehung normal?

Eine Beziehung ist normal, wenn ich sagen darf, was ich denke und fühle, und wenn ich äußern darf, was ich brauche und vom anderen möchte. Eine Beziehung ist normal, wenn ich Grenzen des anderen und auch meine eigenen Grenzen anerkenne und wenn ich in der Lage bin, beziehungskompatible Grenzen zu setzen. Wir können uns innerhalb der Bindung abgrenzen, und zwar so, dass wir nicht jedes Mal den Raum verlassen müssen, wenn uns etwas nicht passt. Wir machen den anderen nicht für unsere Gefühle verantwortlich, sondern übernehmen diese Verantwortung selbst. Ebenso lassen wir dem anderen seine eigenen Gefühle. In einer guten Beziehung stimmen wir nicht in allem überein und fühlen uns nicht uneingeschränkt miteinander wohl. Wir können den anderen in seiner Andersartigkeit und Eigenart wahrnehmen und ihm seinen Weg lassen. In einer guten Beziehung bin ich sowohl mit mir als auch mit meinem Gegenüber in Kontakt. Wir sagen uneingeschränkt zum Menschen und zu seinem Wesenskern ja. Wir sehen ihn in seiner Würde und Ganzheit. Wir sehen uns aber auch jeweils in unserer Beschränktheit, in unserem Potenzial und in unseren Fehlern. So schreibt der Poet W.H. Auden in einem Gedicht: »You shall love your crooked neighbour with your crooked heart.« Wir können dem anderen begegnen, wie er oder sie ist, und wir können wir selbst sein, ohne uns zu verstellen. Wir sind einander also so nah, dass wir uns vertrauen und schätzen, Sicherheit und Geborgenheit geben, aber auch so fern, dass wir den anderen sehen können und uns immer wieder neu dafür interessieren können: »Wer bist denn du?«

**Welchen Sinn haben Spaltungen?** Für manche Menschen ist es äußerst schwer, gesunde Beziehungen zu führen und ein ausgewogenes Bild ihres Gegenübers zu entwickeln. Hier lohnt es sich, das Konzept der inneren Spaltung näher zu verstehen. Menschen mit einer Borderline-Problematik müssen – auf dem Weg zu »normalen Beziehungen« – die Fähigkeit lernen, den anderen zu einem Zeitpunkt sowohl mit positiven als auch mit negativen Seiten sehen zu können. Sie sehen andere Menschen eher wie eine schwarz-weiße Kippfigur: entweder als rein gut oder rein böse. Die Ambivalenz, dass eine Person im Kern gut und gleichzeitig frustrierend und enttäuschend sein kann, unzureichende Anteile und Fehler hat, kann nicht ausgehalten werden. In den ersten drei Lebensjahren erleben Kinder ihre Bezugspersonen nicht als Menschen mit guten und schlechten Eigenschaften. Sie erleben Beziehungsepisoden, in denen die Eltern ihre Bedürfnisse entweder frustrieren oder erfüllen. Je nach Bedürfniserfüllung sind sie dann entweder rein gut oder böse. Eltern mit Kindern wissen, dass sich deren Gesinnung uns gegenüber schnell ändern kann. Im einen Moment sind wir »die blöde Kackmama« oder »der blödeste Papa der Welt«. Im anderen Moment ist Mama »die Beste« und sie soll »immer bei mir bleiben«. Mit etwa drei bis vier Jahren wird diese Spaltung, also die Wahrnehmung unserer Bezugspersonen durch frustrierende oder erfüllende Beziehungsepisoden durch die Fähigkeit der Objektkonstanz, allmählich aufgelockert. Das geschieht, wenn die Bindungen ausreichend sicher und nährend sind. Wenn das aber nicht der Fall ist, die Beziehung zerstörerisch, tief frustrierend, missbräuchlich oder gewaltvoll ist, dann verharrt das Kind in der Spaltung. Auf diese Weise bleibt das wenige »Gute« der Eltern erhalten (vgl. auch Doering 2016). Das Kind schützt so die Beziehung zu einem unzureichenden Elternteil. Das überwiegend Schlechte muss ausgeblendet bleiben, damit es das wenige Gute nicht mit sich fortreißt.

## Präsenz und Achtsamkeit

Im therapeutischen Raum stelle ich durch meine eigene Präsenz eine achtsame Atmosphäre her. Ich lade dazu ein, innezuhalten, nachzuspüren und das sehen und verstehen zu dürfen, was als unannehmbar oder schamhaft weggedrückt wird. Wolf Büntig (Büntig 2015) sagte, »Wahrheit heilt«. Damit meint er nicht, dass Therapeut*innen im Besitz der Wahrheit sind, die sie den Klient*innen nur noch vermitteln müssen. Er meint damit, dass die Dinge zunächst so gesehen, ausgesprochen und gefühlt werden dürfen, wie sie erfahren werden und wurden. Damit wirken sie weniger stark in unserem Unbewussten weiter. *Unser innerer Raum wird weiter, wenn wir uns dem zuwenden, was darin ist.*

Uns suchen Menschen auf, die leiden. Häufig zeigt sich das Leiden verdeckt durch Verwirrung, Abkapselung, Isolation, diffuse Ängste, inneren und äußeren Rückzug oder dumpfen Schmerz. Manchmal zeigt es sich direkt, durch Verzweiflung, seelischen Schmerz, tiefe Trauer, Panik oder existenzielle Angst. Wir müssen uns als Therapeut*innen fragen, wie wir das Leid unserer Klient*innen berühren möchten. Erst wenn es berührt und in einem wertfreien Raum sichtbar wird, erhalten unsere Klient*innen einen Zugriff darauf. Dann kann sich etwas ändern. Dann kann das Leid verdaut werden und sich verwandeln.

*Der Übergang von etwas Vertrautem zu etwas Neuem macht Angst.* Selbst wenn das Neue sich stimmig und richtig anfühlt, löst es doch Unbehagen aus. Diesen Übergang müssen wir mit guter Anbindung an uns und Vertrauen in die Beziehung halten und begleiten. *Als Therapeut*innen müssen wir Sicherheit in der Unsicherheit finden.* Wir müssen der Versuchung widerstehen, Herr über den therapeutischen Raum zu sein. Wir können den Prozess lediglich bezeugen und begleiten. Unsere tiefste Intention, zu klären und zu helfen, kann uns ausrichten. Wir können den Prozess jedoch nicht kontrollieren. Wir können dableiben, indem wir in die Selbstheilungskräfte vertrauen, die aktiv werden, wenn echter Kontakt besteht.

Als Therapeut bin ich präsent, wenn ich in Kontakt mit all meinem Erleben, meinen Empfindungen und Fantasien bin. Ich filtere meine Fantasien und Gefühle nicht durch moralische Gebote. Es kann helfen, deinen Atem, den Kontakt deiner Füße zum Boden oder der Kontaktflächen zum Stuhl zu spüren. Analytiker nennen diese Haltung »freischwebende Aufmerksamkeit« (Heimann 1969, S. 2). *Gewahrsein ist das wichtigste Mittel für die Integration schwieriger Gefühle oder abgespaltener Persönlichkeitsanteile. Achtsamkeit ist das Mittel, mit dem ich Zugang zu den automatisch ablaufenden Gedanken-, Gefühls- und Beziehungsmustern bekomme und mit dem ich lerne, die Energie dieser Gefühle in mir zu halten.* Voraussetzung dafür ist, dass wir und unsere Klient*innen genau mitbekommen, was gerade los ist. *Mit der Zeit darf das Reflektieren das Erzählen ersetzen. Danach darf allmählich das Spüren das Reflektieren ersetzen. Die Therapie wird eine Einladung zur Selbsterforschung – ein Raum, um zu spüren und wahrzunehmen, was sich zeigt.* Wenn ich aufmerksam bin und wahrnehme, was bei mir passiert, verändert sich etwas. Wenn wir ein Muster bewusst beobachten, wird sich das problematische Verhalten von selbst legen. In dem Moment, in dem wir es bemerken, können wir es anders machen. Deshalb ist die steigende Bewusstheit ein so wichtiges Mittel für die Therapie. Eine Veränderung sollte jedoch nie forciert werden. Unsere zahlreichen Ich-Zustände sind wie ablaufende Filme. Manche davon halten wir für uns selbst. Wir identifizieren uns damit. Durch das innere Beobachten können wir eine Distanz dazu aufbauen. Wir können wahrnehmen, welches Erleben wirklich zu uns gehört und von welchen Erlebensinhalten wir uns distanzieren möchten. Die Frage »Was nährt und nützt und was zehrt und schadet?« kann dabei behilflich sein.

## Fazit: Was ist meine Rolle als Therapeut?

Meine Rolle als Therapeut liegt nicht darin, gut zu sein. Vielmehr geht es darum ganz da zu sein und echtes Interesse zu zeigen. In diesem Zustand des »Ganzseins« bin ich offen für die Erfahrungen und Themen, die sich im Raum zeigen möchten. Zuwendung und Interesse sind entscheidend, wobei ich nichts wissen muss. Im Mittelpunkt stehen für mich Prägnanz und Wahrhaftigkeit; gemeinsam mit meinem Gegenüber suche ich nach dem, was stimmt. Ich verstehe mich als eine Art Entwicklungshelfer oder Hebamme. Ich fördere die Selbstheilungskräfte, indem ich einen Kontakt anbiete, der zur Öffnung, zum Vertrauen und zur Verlangsamung einlädt. Menschen zu verändern oder zu verbessern ist nicht meine Ziel. Verantwortung für die Gefühle oder Taten meiner Klient*innen übernehme ich nicht. Vielmehr unterstütze ich sie dabei, sich selbst zu achten und ihren eigenen Weg zu finden. Meine Aufgabe ist es nicht, zu wissen, sondern mich zu interessieren und die Neugierde meines Klienten auf sich selbst zu wecken und zu fördern. Ich verurteile und richte nicht, sondern berühre das, was sich zeigen möchte, auf eine förderliche Weise.

Die therapeutische Beziehung ist nicht nur Grundlage, sondern wichtigster Wirkfaktor für eine gelingende Psychotherapie. Wir versuchen, unser Gegenüber wirklich zu verstehen, und lassen uns weniger von unseren Theorien und Hypothesen leiten. Wir können unser Gegenüber nie vollständig begreifen. Diese Tatsache müssen wir anerkennen, damit Begegnungen lebendig bleiben. Letztendlich ist es unsere Aufgabe, Beziehungen so zu gestalten, dass sie die Persönlichkeitsentwicklung unserer Klient*innen optimal unterstützen. Zu diesem Zweck achten wir insbesondere auf die Kontaktgestaltung: Wann ist jemand in Kontakt mit sich, wann schneidet sich jemand vom Kontakt ab? Seit Beginn der Psychotherapie hat sich der Blick auf die therapeutische Beziehung geändert: Es gibt nicht länger einen Experten, der objektiv auf einen unwissenden Patienten einwirkt – nun gibt es zwei Menschen, die sich durch die Beziehung verändern. In der Psychotherapie lassen sich folgende Beziehungsebenen unterscheiden: die Übertragungsbeziehung, die Realbeziehung, die Arbeitsbeziehung und die transpersonale Beziehung.

## Gefühle und der Umgang damit: Wir brauchen eine gesunde Beziehung zu uns, um gesunde Beziehungen mit anderen zu führen

> »Bleib dabei – ich bleib auch dabei.«
> *(Wolf Büntig)*

> »Attend and befriend.«
> *(Tara Brach 2012)*

Wir Menschen sind fühlende Wesen. Es gibt keine falschen Gefühle. Alle Gefühle sind menschlich und in Ordnung. Sie sind in all ihrer Bandbreite und Tiefe eine allgemeinmenschliche Erfahrung. Gefühle haben eine wichtige Orientierungsfunktion für uns, indem sie auf wichtige erfüllte oder unerfüllte Grundbedürfnisse hinweisen. Damit haben sie auch eine zentrale Funktion für unsere Beziehungen. Indem wir unsere Gefühle zeigen, ermöglichen wir, dass unsere Bedürfnisse erfüllt werden. Nur wenn ich meine Trauer zeige, kann ich Trost erfahren. Nur wenn ich meine Ängste zeige, kann ich beruhigt und ermutigt werden. Nur wenn ich Ärger mitteilen kann, kann ich mich vor Grenzüberschreitungen schützen und mich behaupten. Wenn ich meine Zuneigung und Freude ausdrücke, stärke ich die Verbindung zu einem Menschen. Nur wenn wir Gefühle wahrnehmen, benennen und zeigen können, können wir befriedigende und emotional bedeutsame Bindungen aufbauen.

Wenn wir nicht in der Lage sind zu fühlen, hat dies schwerwiegende Folgen: Wir verlieren den Kontakt zu unserem inneren Wissen, zu unserer Intuition und unserem Körper als Ort tiefer Weisheit. Jedes Gefühl hat einen Sinn und eine Bedeutung. Sie müssen gesehen und beachtet werden. In den Therapien laden wir dazu ein, alle Gefühle wahrzunehmen und da sein zu lassen. Das geht mit Scham oder Schuldgefühlen einher, wenn diese Gefühle bis dahin weggedrückt, versteckt oder geleugnet wurden. Das geschieht, wenn wir mit einem Selbstkonzept identifiziert sind, in dem diese Gefühle nicht vorkommen oder zu schmerzhaft geworden sind. Dann können wir nur den Teil wahrnehmen, der durch das Nadelöhr unseres Selbstbildes passt. Alles andere muss mit Muskelkraft weggedrängt werden, und das wiederum geht auf Kosten von Kontakt und Präsenz. Wir führen dann einen Kampf im Innern, gegen unsere eigenen Empfindungen. Wir haben nicht nur zu anderen Menschen eine Beziehung, sondern auch zu uns selbst. Diese Beziehung müssen wir pflegen. Wir haben aber auch die Fähigkeit, uns vom Kontakt mit schwierigen Gefühlen abzuschneiden. Aus diesem Grund ist unser Fokus auf den jeweiligen Kontakt so grundlegend. Wenn sich unser Gegenüber aus dem Kontakt zurückzieht – innerlich oder äußerlich –, weist dies darauf hin, dass etwas geschützt wird. Über den Fokus auf den Kontakt können wir uns diesem geschützten Gut annähern. Wir laden dazu ein, jedes Gefühl zunächst mal wie einen Gast zu behandeln, der an der Tür begrüßt und beim Namen genannt wird. Wenn wir dazu verhelfen, Gefühle zu benennen, wirken diese weniger bedrohlich. In der griechischen Mythologie wird davon gesprochen, dass ein Drache an Macht verliert, wenn man seinen Namen kennt. Der namenlose Schrecken bekommt einen Namen. Indem wir eine gemeinsame Sprache für das innere Erleben finden, schaffen wir Sicherheit und Orientierung. Die eigenen Empfindungen werden weniger bedrohlich. Wir schaffen *psychisches Land*, wo bis dahin nur unerschlossenes, diffus-bedrohliches Brachland war. Die humanistische Perspektive geht davon aus, dass der Wesenskern mit seinen reinen Gefühls- und Bewusstseinszuständen durch verschiedene Gefühlsschichten geschützt wird. Diese Gefühlsschichten müssen erkannt und durchfühlt werden, bevor eine Verbindung zum eigenen vulnerablen, offenen und lebendigen Wesenskern spürbar wird.

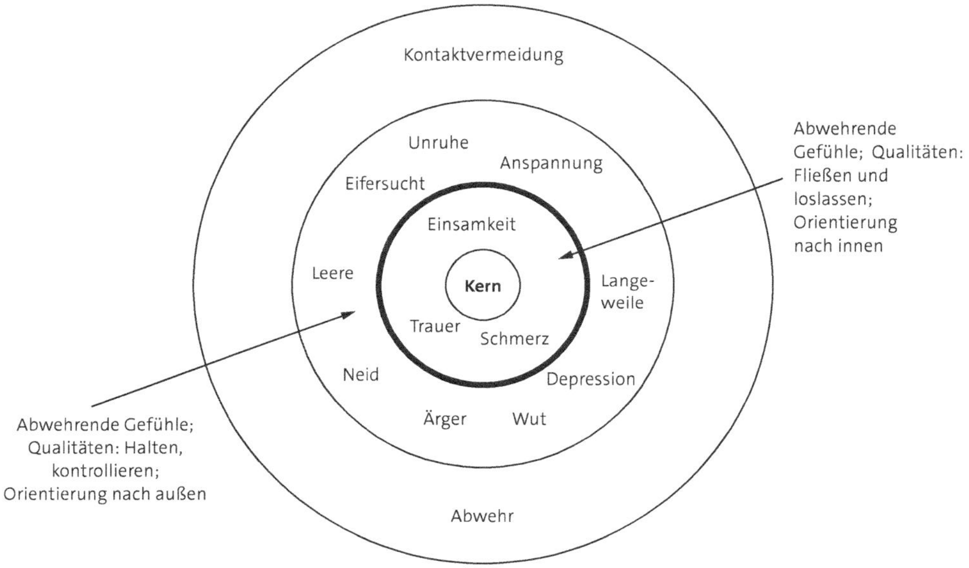


**Abb. 7:** Das Zwiebelmodell der Gefühle.

Wenn Kinder die Erfahrung machen, dass auf bestimmte Gefühle nicht feinfühlig eingegangen wird, verarbeiten sie dies oft so, dass ihre Gefühle und ihr Erleben nicht *richtig* sind. Sie beginnen, ihre Gefühle wegzuschieben, wegzudrücken, runterschlucken oder zu leugnen, da die Erfahrung, dafür abgelehnt, ignoriert, alleingelassen, missachtet oder beschämt zu werden, so schmerzhaft ist. Dies geschieht unbewusst und ist eine kreative Anpassungsleistung an Beziehungen, in denen Kinder nicht als eigene fühlende, bedürftige und verletzliche Wesen gesehen werden konnten. So wie man war, mit seinen spontanen Selbstäußerungen und Bedürfnissen, war kein Platz. Dafür verstellen sie ihr spontanes Wesen und beginnen, jemanden darzustellen (Büntig 2015). Abgelehnte Gefühle und die dazugehörigen Bedürfnisse werden als bedrohlich erlebt. Als Folge gehen sie mit ihren Gefühlen und Bedürfnissen aus dem Kontakt. Dies bedeutet natürlich nicht, dass diese Gefühle nicht mehr da sind. Der Preis von Verdrängung ist immer ein Verlust von Kontakt. Für das heranwachsende Kind besteht die wichtigste Aufgabe darin, die Bindung zu seinen wichtigsten Bezugspersonen zu sichern (Heller & LaPierre 2013, S. 210): »... Kinder spalten aggressive Impulse gegenüber ihren Eltern ab, um sich ihre liebenden Gefühle ihnen gegenüber zu bewahren und die Bindungsbeziehung zu schützen, die für sie so elementar ist wie Nahrung oder die Luft zum Atmen.« Der Preis dafür ist oft hoch und erfordert, nur einen Ausschnitt des eigenen Erlebens und Fühlens in den Kontakt zu lassen. Kinder lernen als Folge dieser Erfahrung, sich außerhalb von Beziehungen durch Selbststimulation zu regulieren. Der Grundstein für Sucht ist gelegt, wenn Beruhigung über unbelebte Objekte gesucht wird. Kinder können ohne die (Ver-)Bindung zu ihren Eltern psychisch nicht überleben. Dazu Büntig (Büntig 2013; S. 36): »Wenn unsere Bedürfnisse in der frühen Kindheit nicht angemessen befriedigt und die entsprechenden Emotionen durch drohende Vernichtung, Vernachlässigung, Überforderung, Manipulation, Verfügung, Unterdrückung, Missachtung, Verkennung und so weiter beantwortet werden, dann lernt das Kind, zunächst den emotionalen Ausdruck, bald jedoch die Wahrnehmung des Bedürfnisses und schließlich gar den Bedürfnisimpuls selbst durch Anspannung der entsprechenden Muskulatur zu unterdrücken.«

Erwachsenwerden bedeutet für viele von uns, nach und nach mit unserem Erleben aus dem Kontakt zu gehen. Wenn wir Ärger haben, schieben wir ihn auf andere, wenn wir traurig sind, schlucken wir unsere Traurigkeit runter, wenn wir aufgeregt sind, versuchen wir, unsere Aufregung zu verbergen. Wir halten uns, indem wir uns anspannen, anstatt zu fühlen, innerlich und äußerlich in Bewegung zu bleiben und auf unsere Gefühle zu vertrauen. Dazu Büntig (Büntig 2013, S. 37): »Wir nehmen innere Bewegung wahr (Empfindung), geben ihr Bedeutung (Gefühl) und äußern sie (Emotion). Wer nun viel hält, bewegt sich entsprechend wenig, spürt, lernt und fühlt wenig und entwickelt wenig Selbstgefühl.« Wir entfremden uns von uns selbst. Das, was wir sagen, stimmt nicht mehr mit dem überein, wie wir uns fühlen. Wir sind nicht länger authentisch. Beziehungen werden anstrengend, wenn wir uns verstellen. Wir entwickeln Strategien, um zu bekommen, was wir brauchen, anstatt unmittelbar danach zu fragen. Es bleibt ein Misstrauen, ein inneres Halten, was zu einer inneren Grundspannung in Beziehungen führt. Eine emotionale Lüge aufrechtzuerhalten ist erschöpfend. Wenn wir gelernt haben, dass einige unserer Gefühle und Bedürfnisse keine Resonanz erfahren, müssen wir den Kontakt zu diesen abschneiden. Sonst gefährden wir die lebensnotwendige Zugehörigkeit und Bindung.

Wir haben schmerzhaft gelernt, dass nur bestimmte Anteile unserer Persönlichkeit anerkannt werden und uns Zugehörigkeit und einen Platz in einem System sichern. Die Folge dieses Kontaktverlusts ist Einsamkeit. Wir fühlen uns abgekapselt und ziehen uns in die schützende Welt der Konzepte und Selbststimulation durch unbelebte Dinge zurück. Wir sehen andere und uns nicht mehr so, wie wir sind, sondern durch die verzerrende Brille unserer Konzepte. Wir fühlen uns in unserer Haut nicht mehr wohl. Um die Verbindung nach außen aufrechterhalten zu können, müssen wir die Verbindung nach innen kappen. So können wir uns nicht tief verbunden fühlen, weil nährende tiefe Bindungen nach außen nur möglich sind, wenn eine Verbindung nach innen besteht, die auf Selbstgefühl beruht. Wir können keine befriedigenden Beziehungen im Außen führen, wenn wir mit unseren eigenen Empfindungen und Gefühlen auf Kriegsfuß stehen.

Wie kommen wir also wieder in Kontakt mit uns und unserer Umwelt? Zunächst brauchen wir die Bereitschaft und den Wunsch, die Gefühle, Gedanken, Erfahrungen etc., die wir verdrängt haben, wieder zu spüren. Wir haben uns verlassen. Nun müssen wir wieder lernen, dass wir es wert sind, uns auf eine gute Art nach innen zu wenden, um wieder mitzukriegen, wie es uns eigentlich geht, was wir eigentlich fühlen und was wir brauchen. Zu diesem Zweck müssen wir mitbekommen, wann wir uns von unserem Erleben aus Selbstschutz abschneiden. Diese achtsame Zuwendung nach innen ist der erste Schritt zur Heilung und dazu, uns und damit auch anderen wieder nahe sein zu können. In der Therapie muss es nicht um den Ausdruck von Gefühlen gehen. Wichtiger ist, dass wir gemeinsam erforschen, welche Beziehung unsere Klient*innen zu den aufkommenden Gefühlen haben (Heller & Kammer 2023). Indem sie ihre Gefühle bewusst wahrnehmen, lernen sie, diese in sich zu halten, anstatt deren Energie unmittelbar ausagieren zu müssen. Wir müssen jedoch über die *Grenze* gehen, die wir uns selbst auferlegt haben, indem wir bestimmte Gefühle, Gedanken, Fantasien, Wünsche etc. leugneten. Diesen Schritt zu gehen erfordert Mut, denn das Unbekannte zu beschreiten bedeutet, unsere *Komfortzone* zeitweise zu verlassen. Mut allein reicht jedoch nicht aus. Wenn wir lernen wollen, wieder mit uns in Kontakt zu kommen, brauchen wir eine *Kontakthilfe*. Wir brauchen eine Begleitung, die sich unserem Erleben mit warmem, wertfreiem Kontakt zuwendet und dies feinfühlig spiegelt. Die innere Wunde muss über Beziehung geheilt werden, wenn sie in Beziehung entstanden ist. Dafür sind eine App oder ein Selbsthilfebuch nicht ausreichend. Auch eine Expertenbeziehung oder eine manualbasierte Kurzzeitintervention eignet sich nicht dazu. Wir brauchen einen Menschen, der eine echte Beziehung zu uns eingeht. Der sich auf unsere Gefühle und auf uns einlässt. Der uns versucht zu sehen. Das kann eine korrigierende neue und vielleicht irgendwann heilsame Beziehungserfahrung sein. Der therapeutische Prozess der Selbsterforschung beginnt mit der Neugierde am eigenen Erleben.

Wenn wir etwas von uns zeigen, was wir verbergen mussten, um einen Platz in einem System zu finden, kann das tiefe Scham und Ängste auslösen. Die tiefe Angst ist die, doch wieder verstoßen, verlassen oder zurückgewiesen zu werden. Scham entsteht, wenn wir etwas von uns zeigen, was gegen die ausgesprochenen oder unausgesprochenen Gesetze der Gruppe verstößt, in der wir uns entwickelt – bzw. zu verstellen gelernt – haben. Dieser Prozess braucht Zeit, viel Feingefühl und Geduld bei der Begleitung. Unsere Klient*innen müssen sich wahrgenommen fühlen. Sie brauchen das Gefühl, dass wir uns auf sie, ihre Verletzungen, ihre Not und ihr Leid wirklich einlassen, bevor wir hilfreich sein können. Dafür dürfen wir nicht vorschnell wissen, was unsere Klient*innen brauchen. Damit wären wir wie die überfürsorgliche Mutter, die die Bedürfnisse des Kindes bereits erfüllt, bevor diese geäußert wurden. Wenn wir als Begleitung selbst gut in Kontakt mit uns sind, kann Verschüttetes nach und nach an die Oberfläche kommen und gefühlt werden. Dabei entsteht Lebendigkeit. Dies bedeutet, dass sowohl Freude und Verbundenheit wieder lebendiger gespürt werden, aber auch weniger angenehme Gefühle wie Traurigkeit, Ohnmacht, Neid, Einsamkeit, Mangel, Leere, Schmerz, Wut und Angst.

Wenn wir mit unserem Wesenskern verbunden sind, spüren wir universelle Gefühlsqualitäten. Das geht über unsere Identifikationen und Prägungen hinaus. Sie sind nicht nur uns zu eigen, sondern lassen sich als reine transpersonale Bewusstseinsqualitäten beschreiben. Unser Wesenskern ist durch zahlreiche Abwehrschichten geschützt. In der therapeutischen Arbeit lässt sich beobachten, dass häufig intensive Gefühle durchlebt werden, bevor die universellen tiefen und weiten Bewusstseins- und Gefühlsqualitäten spürbar werden. Als müssten unsere Gefühle erst diesen Flaschenhals durchqueren, was häufig mit starker Unsicherheit, Orientierungslosigkeit oder Ängsten verbunden ist. Die dann spürbaren universellen Gefühlsqualitäten sind rein, in dem Sinne, dass sie nicht durch individuelle Prägungen oder Interpretationen entstehen: Weite, Liebe, Präsenz und Verbundenheit. Galuska (Galuska 1998, S. 49) bezeichnet sie als »Qualitäten des transpersonalen Bewußtseinsraumes [...]: Stille, Unendlichkeit, Ewigkeit, Freiheit, Mitgefühl usw.«

Diese Transformation habe ich oft bezeugen können und auch selbst erlebt. Klient*innen haben das Gefühl, mit ihrem Wesenskern, ihrem tiefsten Selbst in Verbindung zu sein. Dieser Gedanke ist in Abb. 7 schematisch dargestellt. Links ist ein Zwiebelmodell der Gefühle im Profil zu sehen. Der Kern beinhaltet die universalen Bewusstseins- und Gefühlsqualitäten. Im Flaschenhals befinden sich die abgewehrten schmerzhaften Gefühle wie Einsamkeit, Schmerz und Trauer. Diese vulnerable Gefühlsschicht wird wiederum von sekundären Gefühlen und Bewusstseinszuständen geschützt. Die abwehrenden Gefühle weisen auf darunter liegende schmerzhaftere Gefühle hin und verhindern gleichzeitig, damit in Kontakt zu kommen. »Wenn die Person kurz davor ist, etwas enorm Wichtiges zu fühlen [...], beginnt sie oft, sich selbst zu attackieren und ›dicht zu machen‹« (Heller & Kammer 2023, S. 101). Wenn unsere Klient*innen mit dieser Abwehrschicht in Kontakt sind, fühlen wir wenig Verbindung, Klarheit und Mitgefühl. Wir fühlen uns distanziert, gelangweilt, irritiert und manchmal hilflos oder ärgerlich. Wir erleben keinen Prozess der Entfaltung, sondern der Verdichtung und Kontraktion. Wir kommen dem Wesentlichen nicht näher. Das spüren wir. Unser Ziel ist es, auch einen Raum für die schmerzhaften und verletzlichen Gefühle zu schaffen. Wenn diese im Kontakt ausgedrückt und durchfühlt werden dürfen, weitet sich der Bewusstseinsraum und die Gefühlsqualitäten des Wesenskerns können sich entfalten. Um dies zu verdeutlichen, habe ich in der Abbildung dargestellt, dass der Kern den Zugang zu einem unendlich tiefen und weiten inneren Raum ermöglicht, in dem universale Bewusstseins- und Gefühlsqualitäten spürbar sind, die nicht durch die Grenzen der persönlichen Erfahrungen definiert oder beschränkt werden (siehe Abb. 8):

Häufig wird zwischen Gefühlen und Emotionen unterschieden. Ich finde diese Unterscheidung sehr hilfreich. Gefühle sind das, was wir innerlich wahrnehmen. In Therapien dürfen alle Gefühle gefühlt werden. Emotionen beschreiben den Ausdruck dieser Gefühle. Die Bewegung ist in der Wortbedeutung enthalten. Im Lateinischen

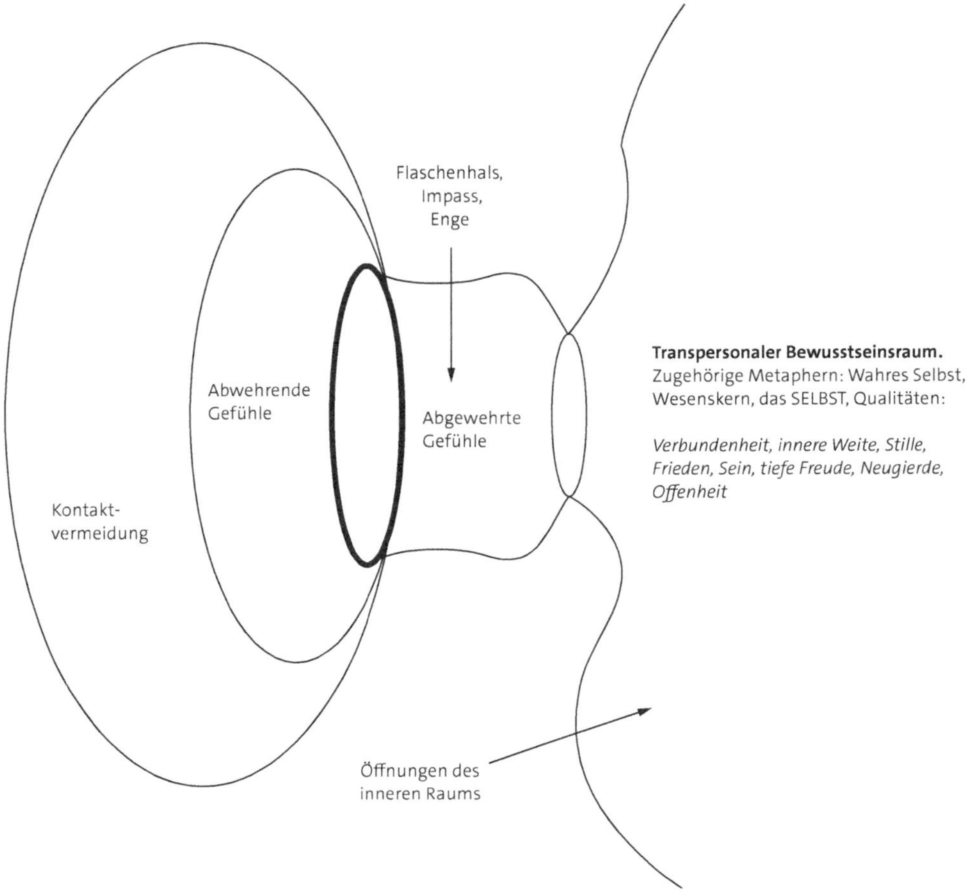


**Abb. 8:** Der Weg von der Abwehr zum Wesenskern führt durch einen Flaschenhals.

bedeutet *e-movere*, sich aus etwas herauszubewegen. Die Empfindung des Gefühls wird sichtbar als Emotion.

Bei manchen Gefühlen können wir unsere Klient*innen darin unterstützen, diese nicht ungefiltert auszudrücken, sondern deren Energie in sich halten zu lernen. So gibt es Gefühle, die im Ausdruck und in der gefühlten Intensität nicht zur jeweiligen Situation passen und nicht zum erwünschten Ziel führen. Sie weisen auf ein nicht verarbeitetes biografisches Thema hin. Oft geht dies mit einem tief frustrierten Bedürfnis einher. Daraus speisen sich noch heute heftige und häufig als überfordernd erlebte Emotionen. Sie entstammen einem »kindlichen Bewusstsein« (Heller & Kammer 2023, S. 86). Wir können gemeinsam die Intensität dieser Gefühle verstehen. Wir können gemeinsam schauen, was das Kind gebraucht hätte, dessen Bedürfnis so sehr frustriert oder missachtet wurde. Wir validieren das Gefühl vor dem Hintergrund der jeweiligen Biografie. Wir sehen die Verletzung und verstehen die Prägung. Gleichzeitig helfen wir dabei, wichtige aktuelle Beziehungen zu schützen. Zu Recht schrecken Mitmenschen vor zu heftiger Wut, Abhängigkeit oder Bedürftigkeit zurück. In den Therapien unterstützen wir dabei, einen bindungs- und liebeskompatiblen Ausdruck der eigenen Gefühle zu finden. Wir helfen dabei, zu verstehen, ob der Ausdruck eines Gefühls angemessen und förderlich ist oder nicht. Wir können unsere Klient*innen stets fragen, ob dieses Verhalten sie und ihre Beziehungen stärkt oder schwächt.

Ich habe bereits skizziert, wie wir uns von unseren Gefühlen entfremden können. Wie aber können wir dabei unterstützen, Gefühle wieder zu integrieren? Integrierte Gefühle können wir bewusst wahrnehmen, regulieren und so in Beziehungen ausdrücken, dass sie unsere Bindungen nicht gefährden und in Einklang mit unseren Werten sind. Wir können sie als intelligente Mitteilungen an uns begreifen. Gefühle werden integriert, indem wir sie wieder spüren lernen. Wir laden sie ein, sind offen für sie und berühren sie mit achtsamem Kontakt. Wir wenden uns ihnen zu und bleiben mit freundlichem Interesse dabei: »Attend and befriend« nennt Tara Brach (Brach 2012) diese Haltung. Wir sind für sie da wie die Mutter für ihr Kind: mit Interesse, Wärme und Zugewandtheit. Wir müssen nicht viel tun: Wir müssen uns mit unserer Präsenz zuwenden und dableiben. Wir unterstützen dabei, die Energie dieser Gefühle wahrzunehmen und zu lernen, sie in sich zu halten. Der innere Raum weitet sich, wenn wir uns dem zuwenden, was da drinnen ist. Wir wenden uns uns selbst zu, wir beruhigen uns mit warmem und achtsamem Kontakt und erkennen, was in uns passiert. Das ist keine Technik, sondern eine Beziehung nach innen. Ein echtes Interesse. Wir spüren unsere Gefühle, wir bleiben dabei und atmen weiter. Wir begleiten diesen Prozess mit unserer Präsenz. Die Integration läuft schließlich mithilfe organismischer Selbstorganisation von selbst ab. Das Selbst erkennt das, was zu ihm gehört, und nimmt es wieder auf. Heilung geschieht nicht im Außen, sondern im Innern. Jeder Körper hat die Kraft, sich selbst zu heilen. Als Therapeut*innen müssen wir das Vertrauen in die Fähigkeit der Selbstheilung stärken.

Als Begleiter*innen in diesem Prozess machen wir zu einem gewissen Grad, was bei unseren Klient*innen gefehlt hat: Wir spiegeln feinfühlig, was wir wahrnehmen. Wir schaffen einen Raum, in dem das sein darf – sich das zeigen darf –, was da ist. Wir halten den Raum und die Energie der Gefühle, die sich zeigen. Wir sehen unsere Klient*innen mit ihren Gefühlen und achten sie damit.

Dieser Prozess wird auch als korrigierende Beziehungserfahrung oder therapeutische Nachbeelterung bezeichnet. Im Gegensatz zum abstinenten Analytiker *erlaubt* der Humanistische Therapeut die zeitweise Befriedigung von Grundbedürfnissen als Voraussetzung für deren Integration. Diese Nachbeelterung dient dem langfristigen Ziel, autonomer zu werden. Die therapeutische Beziehung wird verinnerlicht und erweitert die eigenen Strategien im Umgang mit unerfüllten Bedürfnissen. Durch den Prozess der Spiegelung können unsere Klient*innen eine Sprache für das zunächst nicht Verbalisierbare erlernen. Da, wo nur Erregung ohne Namen war, weil sie nicht gespürt werden durfte, kann nun *psychisches Land* werden – etwas, was zu der Person gehört. Die Empfindungen bekommen eine Bedeutung, einen Wert und Sinn. Wir erschließen immer mehr des Erlebens- und Gefühlskosmos. Dieser bekommt wieder einen lebendigen Platz im Selbstgefühl. Wir helfen, eine innere Gefühlslandkarte anzufertigen. Wir erkunden gemeinsam, welcher unschätzbare Wert im bewussten Erleben der eigenen Gefühle liegt – und dass jeder die Fähigkeit hat, diese Gefühle zu erleben, in sich zu halten und zu beruhigen. Durch den therapeutischen Raum finden wir einen Zugang zum inneren Raum. Als Therapeut*innen sind wir ein Gegenüber, das dableibt, unabhängig davon, was sich zeigen möchte. Wolf Büntig (Büntig 2015) unterstützte den stillen Selbstkontakt einer Person zu einem neuen Gefühl gerne mit dem Satz: »Bleib dabei – ich bleib auch dabei.« Er signalisierte damit, dass kein Kontaktabbruch droht, wenn sich jemand seinen eigenen Gefühlen spürend zuwendet. In diesem Raum kann das Erlebte als zum Selbst zugehörig empfunden werden.

Es kann auch verstanden werden, welche Gefühle der Abwehr dienen oder Altlasten aus der Kernfamilie sind. Das betrifft insbesondere die *klebrigen* Gefühle wie Schuld, Scham und Minderwertigkeit. Die meisten inneren Glaubenssätze und Beziehungsbotschaften haben eine gewisse Ähnlichkeit zu dem, was Bezugspersonen in unserer Kindheit zu uns gesagt haben. Das zu erkennen ist ein wichtiger Meilenstein auf dem Weg, sich von diesen häufig entwertenden oder verletzenden Beziehungsbotschaften zu distanzieren. Wir können dann sagen: »Ah, danke, Mama, da bist du ja wieder. Danke für den Rat. Ich komme für den Moment selber zurecht.«

Häufig erleben Klient*innen starke Gefühlsausbrüche und intensive Gefühle in den Therapien. Das affektive Erleben allein ist noch nicht ausreichend für eine Integration dieser Gefühle. Im therapeutischen Prozess müssen wir dieser Erfahrung auch ein Zuhause geben, indem wir es gemeinsam verstehen, einordnen und reflektieren (siehe Yalom 2010, S. 177).

**Wie können wir mit überschwemmenden Gefühlen umgehen?** Wenn unsere Klient*innen häufiger von Gefühlszuständen überschwemmt werden, befinden sie sich in dysregulierten Zuständen. Manche sind momentan nicht in der Lage, abgegrenzte Gefühle zu erleben, sondern befinden sich dauerhaft in einer starken Erregung, in der Gefühle als diffus, unlustvoll und bedrohlich erlebt werden. In der Tiefenpsychologie würde man hier von einer strukturellen psychischen Störung sprechen. Körper, Geist und Seele arbeiten nicht kohärent zusammen. Hier müssen wir als Gegenüber feinfühlig und klar sein. Unsere Klarheit ist wichtig, da wir durch einen zu empathischen und mitfließenden Kontakt weniger spürbar sind und so keinen Halt bieten können. Durch unseren feinfühligen, warmen und klaren Kontakt schaffen wir Sicherheit. Wir können das Erleben entschleunigen, indem wir dazu einladen, durchzuatmen und sich im Hier und Jetzt spürend zu orientieren: sich umschauen, sich vergewissern, wo sie sich befinden, den Atem spüren, den Boden unter den Füßen spüren oder den Stuhl als etwas wahrnehmen, was sie unterstützt. Allgemein können erdende Übungen helfen. Wir nehmen Tempo raus, schaffen eine wertfreie und zugewandte Atmosphäre, normalisieren und ordnen das Erlebte schließlich gemeinsam ein. Wenn Klient*innen diese Zustände erleben, schlage ich vor, während der Therapie beide Füße auf den Boden zu stellen.

Bei der Begleitung solcher Zustände ist es wichtig, dass wir Therapeut*Innen so ruhig wie möglich bleiben. Wir lassen uns von der Panik und der Überforderung nicht anstecken – so wie Eltern sich nicht vom Schreien und Weinen ihres Säuglings anstecken lassen. Wir dürfen in die Fähigkeit jedes Organismus vertrauen, sich selbst zu regulieren, wenn unterstützender, zugewandter und wertfreier Kontakt besteht. Durch feinfühlige Spiegelung und Co-Regulation helfen wir bei der Selbstregulation. Unsere Klient*innen verinnerlichen unsere Begleitung und holen ein Stück weit nach, was in ihrer Entwicklung fehlte. Sie können lernen, ihre eigenen überschwemmenden Emotionen zu halten wie einen schreienden Säugling. Wir können dabei unterstützen, diese Gefühlszustände zu regulieren, sie biografisch einzuordnen, und sie als nachvollziehbare Reaktion normalisieren. Wenn sie so eingeordnet und verstanden werden, müssen sie nicht weiter in den wichtigsten Beziehungen wiederholt werden. Beziehungen sind davon überlastet und zerbrechen nicht selten daran. Partner oder Freunde können die Rolle nicht übernehmen, eine Antwort auf die tiefe seelische Verwundung zu finden, aus denen die Heftigkeit jener Gefühle resultiert. Wir helfen dabei, einen *beziehungskompatiblen* Ausdruck der Gefühle zu finden. Das geht über das forcierte *Jetzt-bin-ich-dran* hinaus.

Wir kommen umso mehr mit unseren eigenen seelischen Verletzungen in Berührung, je wichtiger und emotional bedeutsamer eine Beziehung für uns wird. Das klingt auf den ersten Blick tragisch, ist jedoch eine riesige Chance für unsere Entwicklung, wenn wir es schaffen, unsere eigene Verletzung in Konflikten wahrzunehmen und damit in Verbindung zu bleiben. Dann können wir die Wunden versorgen und uns darum kümmern. Wenn der Schmerz beim nächsten Mal wieder aufflammt, können wir dies als Signal dafür nehmen, dass etwas in uns noch nicht verarbeitet werden konnte.

Sind wir nicht in der Lage, uns um unsere eigenen seelischen Verletzungen zu kümmern, müssen wir diese Gefühle in Form von Projektionen, Entwertungen, ständigen Verbesserungen oder dem Ausüben von Kontrolle und Macht ausagieren. An diesem Punkt werden bedeutsame Beziehungen toxisch. Wir machen den anderen für unser Leid verantwortlich, anstatt uns unserem Schmerz zuzuwenden und uns darum kümmern. Der andere bekommt dann die Funktion, unsere Gefühle halten und regulieren zu müssen. Wenn jemand eine so wichtige Funktion für unser Selbst bekommt, wird die Abhängigkeit so stark, dass wir in der Folge sie oder ihn nicht mehr so sehen können, wie er oder sie ist.

Beide Beziehungspartner müssen lernen, sich selbst zu beruhigen, um sich nicht ausschließlich über den Partner regulieren zu müssen. Jede Beziehung können wir als Chance für unser Wachstum nutzen. Dafür müssen beide bereit sein, sich als verletzten und verletzenden Menschen wahrzunehmen. Das gilt genauso für die Beziehung zwischen Therapeut*in und Klient*in. So nah am Kontakt zu arbeiten, von Moment zu Moment, fordert emotional viel von uns. Die tiefen Begegnungen geben aber auch Energie und sind erfüllend. Auf der anderen Seite kommen wir auch mit unseren eigenen Themen in Berührung und wachsen durch die Kontakte und Prozesse zu unseren Klient*innen. Dann investieren wir nicht nur Energie, sondern wachsen innerlich zu mehr Ganzheit.

**Wie kannst du mit zu wenig Fühlen umgehen?** Wenn wir wenig fühlen und viel denken, erfüllt dies häufig die Funktion, schwierige Gefühle, Wünsche oder Bedürfnisse abzuwehren. Wolf Büntig betonte, dass wir etwas *drüberlegen*, wenn wir *überlegen*. Als Therapeut*innen können wir neugierig darauf sein, worüber etwas gelegt werden muss. Was ist das zu schützende Gut? Wir reflektieren gemeinsam die Beziehung, die jemand zu dem Gefühl hat. Wir müssen nicht den Ausdruck des Gefühls pushen. Die Ebene des Geistes hat einen ganz eigenen wundervollen Wert. Der Geist oder die Gedankenwelt dient nicht per se der Abwehr. Wenn es so ist, spüren wir dies: Wir werden unruhig, verlieren die innere Verbindung, schweifen ab, fühlen uns nicht beteiligt, nicht in Verbindung oder nicht lebendig. Im Kontakt entsteht kein Fließen, im Sinne einer Entfaltung hin zum eigenen Wesenskern. Im Raum ist etwas Angehaltenes spürbar. Wenn wir diese Gefühle in uns wahrnehmen, sollten wir diese ernst nehmen. Wir bemerken die Unterbrechung der Verbindung und schauen, wie wir dies so versprachlichen können, dass eine Wahrnehmung dafür entsteht. Nur auf dieser Grundlage ist wieder eine Verbindung möglich. Wie bereits erwähnt, kann Therapie nicht heilsam wirken, wenn die Verbindung, der Kontakt oder die wahrgenommene empathische Beziehung fehlen. Hier können wir zunächst aussprechen, was wir fühlen: »Gerade noch war ich sehr bei Ihnen, als Sie von Ihren Gefühlen sprachen, nun merke ich, dass es mir schwerfällt, die Verbindung zu Ihnen zu spüren. Wie nehmen Sie das wahr?« Oder: »Ich frage mich, wie es Ihnen gerade geht, wenn Sie das erzählen.« Oder: »Ich fühle mich unbeteiligt und irgendwie ohne Verbindung zu Ihnen, wenn Sie das erzählen. Ich nehme an, dass Sie dieses Gefühl auch kennen?« Oder: »Gerade noch hatte ich den Eindruck, als würden Sie tief aus Ihrem Inneren sprechen, jetzt habe ich den Eindruck, Sie erzählen mir eine Geschichte, nicht mehr von sich, sondern über sich. Wie nehmen Sie das wahr?« Je nachdem, wie sicher die Beziehung zum Klienten ist, formuliere ich diese Hypothese offener oder auch etwas forscher.

Wenn ich bei einem Klienten mit starker Gefühlsabwehr zu offen und vage konfrontiere, indem ich zum Beispiel ungefiltert meine Gefühle verbalisiere, werde ich fast sicher damit *stehen gelassen*. Wenn die Abwehr den Kontakt gestaltet, dann nimmt sie alles in ihrem Sinne auf. Die Abwehr ist eine intelligente Schutzstrategie. Wir kommen nicht durch. Das zu verhindern ist ja ihre Aufgabe. Wir können lediglich eine gemeinsame Wahrnehmung dafür schaffen.

Zunächst müssen wir Respekt davor haben, warum jemand so viel denkt und so wenig spürt. Wir dürfen hier nicht werten und müssen mit bedingungsloser Wertschätzung dem Menschen gegenüber zugewandt, interessiert und offen bleiben. Auch wenn unsere Klientin wenig fühlt, hat sie jedoch anscheinend andere Strategien gefunden, die es ihr bisher erlaubt haben, sich ausreichend gut in der Welt zurechtzufinden.

Allzu häufig fühlen wir uns selbst bedroht davon, wenn jemand emotional nicht zugänglich ist; wenn wir jemanden *nicht spüren* können. Dann haben wir keine Orientierung, wo wir in Beziehung zu unserem Gegenüber stehen, und unser eigenes Bindungssystem schlägt möglicherweise *Alarm*. Hier ist es wichtig, dass wir den anderen nicht vorschnell *ins Fühlen* holen, damit es uns besser geht. Auch in der Humanistischen Therapie gilt das Prinzip der therapeutischen Abstinenz: Unsere Interventionen dürfen nicht unseren eigenen Interessen und der Befriedigung unserer eigenen Bedürfnisse dienen.

Unser Klient meldet sich ja bei uns und setzt sich dieser für ihn oft bedrohlichen Therapiesituation aus, weil er mehr fühlen und sich lebendiger fühlen möchte, jedoch noch nicht weiß, wie er dahin kommt. Hier brauchen wir viel Geduld, müssen uns einlassen, unsere Klient*innen immer wieder auf ihr Anliegen zurückführen, uns Zeit nehmen und immer wieder Momente finden, in denen wir zum Spüren des Körpers, des Atems und der eigenen Gefühle einladen. Wir suchen nach der Lebendigkeit. Dabei sollten wir den anderen nicht überfordern, sondern den Spürraum nach und nach weiten.

Wenn wir zu schnell, zu forsch oder gar wertend sind, wird dieser Raum wieder enger. Dann wiederholt sich die Erfahrung der Klient*innen, dass sie so, wie sie sind, nicht okay sind. Sie werden versuchen, sich nach unseren Erwartungen zu richten, so wie sie es ihr ganzes Leben lang getan haben. Damit ist nichts gewonnen. Als Therapeut*innen werden wir stellvertretend zu den Bezugspersonen, deretwegen in erster Linie das Fühlen weggedrückt werden musste: Die Äußerung von Gefühlen blieb ohne Resonanz. Schlimmer noch folgte darauf gar Kontaktabbruch, Beschämung, Erniedrigung oder Bestrafung. Wir laden unser Gegenüber ein, ganz da zu sein, mit all seinen Gefühlen und Gedanken.

Aufgabe in der Therapie ist es, möglichst ungefiltert über die innersten Gedanken und Gefühle zu sprechen. Wir lassen uns nicht zu sehr von den Narrativen beeindrucken oder fesseln. Wir Menschen ziehen uns in den Kopf zurück, wenn unmittelbares Spüren und Fühlen bedrohlich wird. Wir ziehen den Kontakt von unserem Erlebnisstrom ab, weil wir das Vertrauen darin verloren haben, dass dies uns und unseren Beziehungen dienlich ist. Unsere Empfindungen und Fantasien wirken bedrohlich, chaotisch, diffus und undurchdringlich. Unser Erleben und Ausdruck ist dann nicht mehr spontan und lebendig. Wir können nicht mehr intuitiv handeln. Unser Fantasie- und Spürraum wird enger. Wir halten uns an Selbstbildern und Konzepten fest, statt mit unserem verkörperten Selbstgefühl in Verbindung zu bleiben.

Indem wir uns in unseren Kopf zurückziehen, bekommen wir das vermeintliche Gefühl von Sicherheit und Kontrolle. Wir ziehen uns aus dem Kontakt mit dem scheinbar chaotischen Erleben zurück, um im Kopf den Überblick zu gewinnen. In diesem Modus versuchen wir, das seelische Leid aus dem Kopf heraus zu lösen. Die *Verkopfung* ist jedoch bereits eine Reaktion auf die seelische Not. Sie befeuert und vergrößert nur die Entfremdung von den eigenen Empfindungen und Gefühlen. In Gedanken entsteht keine Verbindung zum Gegenüber.

**Gibt es unangemessene Gefühle?** Alle Gefühle müssen da sein dürfen. Die Grundregel besagt: Alles, was da ist, muss auch da sein dürfen. Es braucht keinen Grund dafür. Es hat keinen Sinn, das, was da ist, zu leugnen. Das macht alles nur schlimmer. Es gibt jedoch Gefühle, die ihre Kraft und Ladung nicht aus einer bestimmten realen Situation oder Beziehung erhalten, sondern aus vergangenen. Diese Gefühle sind in ihrer Heftigkeit nicht dienlich. Sie schaden Beziehungen und führen möglicherweise zu wiederholten Trennungserfahrungen. Das Gegenüber ist nicht gemeint, kann und möchte diese Gefühle nicht aushalten und die damit verbundenen Bedürfnisse und Sehnsüchte nicht erfüllen. Sie weisen auf etwas Unerledigtes im Herzen hin. In der Therapie sind diese Gefühle eine Einladung zu einem tieferen Verständnis, wie eine Person so geworden ist. Wir können dabei unterstützen, diese heftigen Gefühle einzuordnen, deren Erregung in sich halten zu lernen und sie so weniger ausagieren zu müssen.

Es werden jedoch nicht nur alte Gefühle in aktuellen Beziehungen ausgelöst. Genauso werden häufig reale aktuelle Gefühle in Beziehungen mit Referenz auf die Vergangenheit abgewehrt. Jede Gefühlsregung wird dann mit vergangenen Beziehungserfahrungen erklärt. Auch das ist nicht hilfreich. Hier wird die reale Ebene von bedeutsamen Beziehungen, ihren Konflikten und der Notwendigkeit, diese zu verhandeln und auszutragen, geleugnet. Als Therapeut*in schaue ich hier immer genau hin. Manche, meist therapieerfahrene, Klient*innen neigen dazu, ihre in der Beziehung entstehenden Gefühle mit vergangenen Beziehungserfahrungen zu rechtfertigen. Dann müssen sie keine Verantwortung dafür übernehmen. Ich ermutige sie, sich diesen Gefühlen zu stellen und ihren Wert in der realen Beziehung anzuerkennen.

## Katharsis und Prägnanz vs. Gewahrsein im Prozess

Alle Therapien möchten dabei unterstützen, das abgespaltene Gefühlserleben der Klient*innen zu integrieren. Fast alle Menschen, die Therapien aufsuchen, stehen in Konflikt mit ihrem emotionalen Erleben. Therapeutische Schulen unterscheiden sich wesentlich darin, wie sie auf den Integrationsprozess von Gefühlen schauen und diesen fördern. Das gilt auch für Schulen innerhalb der humanistischen Perspektive. Frühe körpertherapeutische Richtungen setzen insbesondere auf Katharsis: Verdrängte alte Emotionen sollten in einem sicheren Rahmen in all ihrer Heftigkeit wieder erzeugt und durchlebt werden. Die Gestalttherapie bietet einen großen Fundus an emotionsaktivierenden Interventionen. Ihren Fokus legt sie auf Prägnanz und das Kontaktgeschehen. Durch das Benennen dessen, wie es ist, wird eine Integration in Gang gesetzt. Weiterhin ist das Gewahrsein ein wichtiges Prinzip der Gestalttherapie, in der ein innerer Raum für Gefühle und deren Wahrnehmung geschaffen wird. Die Klientenzentrierte Psychotherapie hingegen setzt mehr auf den Prozess: auf das gemeinsame Sich-Einlassen auf die innere Bezugswelt der Klient*innen und die durch den empathischen Kontakt geförderte Neuorganisation und Befähigung zur Selbstheilung. Moderne traumsensible Ansätze wie NARM legen ausdrücklich den Fokus auf das Schaffen einer neuen Beziehung zu den gefühlten Emotionen. Dort geht es nicht um eine Ermutigung des Ausdrucks, sondern die Fähigkeit, die Emotion in sich zu erkennen, und ihre Energie in sich zu halten (vgl. Heller & Kammer 2023, S. 271). Wir ermutigen dazu, »nicht vor Emotionen davonzulaufen, sondern sie anzuerkennen, zu fühlen und uns ihnen auszusetzen, während wir verstehen, was sie uns mitzuteilen haben« (ebd.).

Letztendlich sind alle Menschen unterschiedlich und haben individuelle Bedürfnisse. Manche müssen lernen, Gefühle auszudrücken, andere, diese in sich zu halten. Als Therapeut*innen müssen wir uns unsere Klient*innen genau anschauen und individuell entscheiden, welche Richtung es für den therapeutischen Prozess braucht. Wenn wir uns an ein standardisiertes Vorgehen halten müssen, können wir nicht spontan, dynamisch und intuitiv handeln. Der größte Wert, den wir als Therapeuten beisteuern können, sind unser eigenes, authentisches Dasein und unsere spontanen Reaktionen. Wenn wir uns als Menschen wirklich auf den Prozess einlassen – ohne Angst vor tiefen Emotionen –, können wir zu einem tieferen Wandel beitragen. Therapie können wir nicht richtig machen, nur persönlich (Wolf Büntig 2015).

> Gefühle haben eine wichtige Orientierungsfunktion, da sie auf wichtige Bedürfnisse hinweisen. Wir müssen in der Lage sein, Gefühle auszudrücken, um emotional bedeutsame und befriedigende Beziehungen führen zu können. Wenn in unserer kindlichen Entwicklung auf bestimmte Gefühle mit Ablehnung reagiert wurde, lernen wir – um zentrale Bindungen zu schützen –, diese mit Muskelkraft wegzudrücken. Das geht auf Kosten von Präsenz und Kontakt. Der Therapeut wirkt als Kontakthilfe: durch das Angebot eines authentischen Kontakts schafft er so viel Sicherheit, dass weggedrückte Gefühle sich wieder eingeladen fühlen. Es gibt abwehrende Gefühle, die vor abgewehrten Gefühlen wie Schmerz, Einsamkeit, Wut und Trauer schützen. Bevor diese wesentlichen Gefühle gefühlt werden, erleben Klient*innen häufig Enge, Angst und Kontraktion. In unserem Wesenskern erleben wir universelle Gefühlsqualitäten wie Stille, Frieden, Präsenz und Sein. Wir verhelfen in den Therapien nicht nur zum Ausdruck weggedrückter Gefühle, sondern auch dazu, die Energie dieser Gefühle in sich halten zu lernen.

## Der Blick auf Abwehr und Widerstand als Bewältigungs- und Überlebensstrategien

> »Psychotherapie bedeutet, so lange in neugierigen und wohlwollenden Kontakt mit der Abwehr zu sein, bis echter Kontakt zum Menschen möglich wird.«
>
> *(Wolf Büntig)*

Wir brauchen gesunde psychische Abwehrkräfte genauso wie gesunde körperliche Abwehrkräfte. Unsere psychischen Abwehrmechanismen haben zunächst einmal eine Schutzfunktion: Sie schützen uns, indem sie unlustvolle Affekte und Gefühle wie

Angst, Scham, Wut, seelischen Schmerz, Schuldgefühle etc. abwehren oder in ihrer gefühlten Intensität abmildern. Unsere psychischen Abwehrmechanismen sind in der Lage, diese Gefühle zu externalisieren oder zu verdrängen. Dazu Mentzos (Mentzos 2008, S. 60): »Diese Mechanismen werden eingesetzt, um recht unlustvolle Affekte und Gefühle, wie Angst, seelischen Schmerz, Schuldgefühle usw., [...] unbewußt zu machen oder unbewußt zu halten.« Sie haben zunächst einmal »Schutz- und Bewältigungsaufgaben« (ebd.). Die Fähigkeit, Inhalte unserer Erlebniswelt wegdrücken zu können, hilft uns dabei, mit der Komplexität unseres Erlebens umzugehen. Wir halten das von uns fern, was die Integrität unseres Selbstbildes gefährdet. Unsere psychische Abwehr hat eine Art Filterfunktion; sie entscheidet, welche Inhalte in unser Bewusstsein eindringen dürfen und welche draußen bleiben müssen. In der Regel können wir darauf vertrauen, dass unsere Abwehr nur so viel in unser Bewusstsein lässt, wie wir psychisch auch aushalten können. In der Humanistischen Psychologie werden die psychischen Abwehrkräfte als etwas im Kern Gesundes betrachtet.

**Woran erkenne ich eine gesunde psychische Abwehr?** Wir brauchen eine gesunde, funktionierende psychische Abwehr, um uns in der unendlich komplexen inneren und äußeren Welt zu orientieren. Unsere psychische Abwehr filtert und sortiert unsere inneren und äußeren Eindrücke nach dem Kriterium, welche Eindrücke dem Erhalt und Wachstum unseres Organismus dienlich sind. Sie ist gesund, wenn sie es uns ermöglicht, zufriedenstellende, emotional bedeutsame Beziehung zu führen und lebendig mit uns und der Welt in Beziehung zu sein. Für ein gesundes Ich brauchen wir eine gesunde psychische Abwehr.

Wenn wir alle inneren und äußeren Reize bewusst erleben würden, wären wir davon ständig überwältigt, überfordert und letztendlich handlungsunfähig. Jeder Mensch bildet im Laufe seiner Entwicklung eine ganz eigene psychische Abwehrorganisation aus. Sie ist das Ergebnis einer Anpassungsleistung an eine bestimmte Umwelt. Ein und dieselbe Abwehrorganisation kann in einer Umgebung sinnvoll sein und in einer anderen Umgebung kaum nützlich oder sogar destruktiv. Immer haben sie eine im Kern sinnvolle Funktion, das müssen wir anerkennen. Es ist beispielsweise sinnvoll, den Ausdruck von Ärger zu unterdrücken, wenn darauf in der Kernfamilie mit Gewalt oder Missachtung geantwortet wurde. Es ist sinnvoll, Gefühle zunächst nicht mehr zu zeigen und dann auch nicht mehr zu fühlen, wenn ich in meiner Familie damit *alleingelassen werde*. Heller und Kammer bezeichnen psychische Abwehrvorgänge deshalb wertschätzend als »Überlebensstrategien« (Heller & Kammer 2023, S. 109): als Resultat der Anpassung an eine »versagende« (ebd., S. 86) kindliche Umwelt. Es gibt jedoch auch Umgebungen, in denen Gefühle und meine wesensgemäßen Selbstäußerungen einen Platz haben. In dieser Umgebung ist es für die Entwicklung hinderlich, Gefühle nicht spüren und ausdrücken zu können. Überlebensstrategien werden »letztendlich dysfunktional« (ebd.), wenn in einer Umgebung daran festgehalten wird, in denen sie nicht mehr benötigt werden. Einige Klient*innen sitzen mit der offenen Einladung, mit ihren Gefühlen und Empfindungen ganz da zu sein, in der Psychotherapie, ohne einen Bezug dazu herstellen zu können. Wenn die Erfahrung nicht gemacht wurde, sich mit allem da sein zu lassen, muss das Vertrauen in diese Einladung nach und nach wachsen können. Bedrohlich lauert die Ahnung im Hintergrund, dass es doch zum Bindungsverlust führen könnte, wenn bestimmte Gefühle wieder gespürt werden.

Ich möchte hier zwei Abwehrvorgänge näher beschreiben. Die Verdrängung wird bei Anna Freud als ein reifer Abwehrmechanismus beschrieben. Wir können Eindrücke aus unserem Bewusstsein wegdrücken, wenn diese in irgendeiner Weise für uns bedrohlich sind oder unlustvolle Gefühle auslösen. Diese Fähigkeit kann für den Erhalt und das Wachstum unseres Organismus grundlegend sein. Wir können so in unserem Alltag ausreichend gut funktionieren, auch wenn tagtäglich in der Welt fürchterliche Dinge passieren. Was wäre, wenn du die täglichen Nachrichten wirklich an dich heranlassen würdest? Wie würde es uns gehen, wenn wir die Schicksale der von Hungersnot, Krieg und Gräueltaten betroffenen Menschen wirklich täglich an unser Herz heranließen? Mithilfe von Verdrängung können wir alltäglichen Aufgaben nachgehen, auch wenn wir uns in akuten Krisen befinden oder von diesen umgeben sind.

Ein weiterer viel beschriebener Abwehrmechanismus ist die Projektion. Er wird bei Anna Freud als unreifer Abwehrmechanismus beschrieben. Wir schieben unlustvolle, schambesetzte, schmerzhafte und ängstliche Gefühle, die wir in uns selbst erleben, auf andere. Wir erleben die Gefühle und die dazugehörige Erregung nicht länger als uns selbst zugehörig. Nicht wir sind die, die voller Aggressionen, Neid, Habgier und niederer chaotischer Motive sind, sondern die anderen! Je nach Gesinnung und Gruppenzugehörigkeit sind »die anderen« eine bestimmte kulturelle, religiöse oder gesellschaftliche Gruppe. Die Projektion entlastet uns: Wir müssen uns diesen verwirrenden, aufgeladenen und zerstörerischen Gefühlen nicht als Teil unserer selbst stellen. Wir entlasten uns, indem wir unser Erleben nach außen kehren. Das ergibt Sinn, wenn die Stärke und Ladung unseres Erlebens nicht in unseren inneren Erlebens- und Gefühlsraum *passt*. Je kleiner unsere innere Haltekraft für Schwieriges, aber auch unendlich Schönes ist, desto mehr müssen wir diese Erfahrungen externalisieren. Der Halteraum wird durch unser Selbstkonzept definiert und durch unsere Toleranz für das Halten von körperlicher Erregung realisiert. Heller und Kammer (ebd., S. 19) beschreiben diese Fähigkeit als »psychobiologische Kapazität«.

**Was sind die Kosten der psychischen Abwehr?** Alle Abwehrvorgänge haben Kosten. Genauso wie unsere physische Abwehr bei der Bekämpfung von schädlichen Erregern auch gesunde Bakterien in Mitleidenschaft zieht. *Unsere psychische Abwehr ist ein aktiver Vorgang, der Energie und Lebenskraft benötigt.* Mit Geisteskraft halten wir etwas von unserem Bewusstsein fern. *Dies geht immer auf Kosten von Präsenz und Kontakt.* Präsenz bedeutet, mit unserem Erleben in Kontakt zu sein. Je mehr wir von unserem Erleben wegdrücken, verdrängen oder auf andere schieben, desto weniger können wir in achtsamen Kontakt mit uns und anderen sein. Denn wenn wir Kontakt zu uns herstellen, würden wir ja das spüren, was wir nicht zu uns nehmen können. Wir verlieren uns und entfremden uns von unseren Erfahrungen. Das Selbstgefühl geht verloren. Was bleibt, ist das Festklammern an einem starren Selbstbild. *Der Vorgang der Verdrängung geht immer mit Kontaktverlust einher.* Wir müssen ständig Kraft aufwenden, um so zu tun, als ob etwas nicht da ist. *Ein wichtiges Kennzeichen für die Krankhaftigkeit eines Abwehrvorgangs besteht in dessen Chronifizierung. Ein Vorgang ist dann chronifiziert, wenn er eine »Einbahnstraße« geworden ist.* Wir brauchen die Fähigkeit, belastende Inhalte zeitweise von unserem Bewusstsein fernzuhalten, um beispielsweise einer wichtigen Aufgabe nachgehen zu können. Chronisch wird ein Abwehrvorgang dann, wenn ich mich den verdrängten Inhalten auch dann nicht zuwenden kann, wenn Raum und Zeit dafür wäre. Wenn ich das, was in meinem Herzen offen ist, nicht wahrnehmen darf, muss ich innerlich schneller werden. *Ich muss die Geschwindigkeit erhöhen, wenn ich etwas radikal von mir fernhalten möchte.* Wenn ich zur Ruhe kommen würde, würde ich in Kontakt mit allem Ungelösten im Herzen kommen. Das Verdrängte zeigt sich im Kontakt. Ein Teufelskreis entsteht: Durch die Aufrechterhaltung der Verdrängung verliere ich meinen Selbstbezug, ich beschleunige ständig mein Leben und bin immer weniger in der Lage, Verbindung zu anderen Menschen aufzubauen. So entfremden wir uns immer weiter von uns und anderen und bleiben in einem Zustand des Dauerstresses gefangen.

Genauso verhält es sich mit der Projektion. *Solange jemand in seinen Projektionen gefangen bleibt, bleibt eine innere Veränderung unmöglich.* Unter dieser Voraussetzung können wir als Therapeut*innen lediglich in einer unterstützenden Rolle dazu beitragen, das bestehende, jedoch belastende Verhalten aufrechtzuerhalten. Eine innere Wandlung ist nur möglich, wenn sich auch der innere Raum weitet. Projektionen halten den inneren Raum eng und unbeweglich. Wir können hier behutsam eine Haltung einladen, dass alle Gefühle erlebt werden dürfen. Wenn wir Gefühle nach außen projizieren, bleibt in uns ein Schatten zurück. Der Schatten beinhaltet die abgespaltenen Gefühle, Fantasien, Wünsche, Energien und Ängste. Obwohl sie die ureigenen sind und Teil unserer menschlichen Erfahrung, dürfen sie nicht gespürt werden. Im therapeutischen Raum können wir unsere Klient*innen an diese Gefühle heranführen, indem wir projizierte Gefühle behutsam auf die Person zurückführen, die sie äußert. Wenn sich jemand für stets freundlich hält, aber ständig auf andere schimpft, können wir spiegeln, dass diese Person auch eine aggressive Seite hat. Auch wenn eine solche Konfrontation nicht angenehm ist, fühlen sich Menschen gesehen. Sie sind beruhigt, dass eine Beziehung zu ihnen weiterhin aufrechterhalten werden kann, auch wenn wir etwas in ihnen sehen, was für sie nicht annehmbar scheint. Wie bereits erwähnt, besteht unser Hauptfokus in Therapien darin, einen echten Kontakt herzustellen und die Ausflüchte aus dem Kontakt wahrzunehmen und wenn möglich behutsam zu konfrontieren. Projektionen sind die Hauptspielart dieser Ausflüchte.

**Woran erkenne ich Abwehr in der Therapie?** Wenn es emotional schwierig wird oder wir uns Themen nähern, die dem Bewusstsein fernbleiben sollen, dann werden wir schneller. Um das, was im Herzen verschlossen ist, nicht zu fühlen, müssen wir den Raum verschließen. Das tun wir, indem wir die Luft anhalten und die entsprechende Muskulatur anspannen. »Wer viel hält, fühlt wenig« (Büntig 2015). Die therapeutische Haltung dazu kann folgendermaßen lauten: Es geht nicht darum, dass ein Verhalten, Gefühl oder Wunsch nicht okay ist, sondern darum, das erstmal bewusst wahrnehmen zu können. Als Therapeut*innen müssen wir einen Weg finden, mitzubekommen, wann unser Gegenüber wirklich in fließendem Kontakt mit sich oder in einem *haltenden Schutzmodus* ist. Das spüren wir in der Regel, denn Anspannung steckt an. Wenn wir das wahrnehmen, können wir dies benennen und gemeinsam schauen, wie wir genügend Sicherheit oder Beruhigung schaffen können, sodass mehr Entspannung möglich ist. Nur im resonanzfähigen Raum kann Therapie wirksam sein. Die Anspannung hält ja das Selbst so, wie es ist. Wandeln können wir uns nur durch Resonanz. Um zu resonieren, müssen wir Kontrolle loslassen. Wir spüren dann eine Bewegung der Entfaltung, von äußeren Schichten der Abwehr hin zu wesensgemäßen Äußerungen eines Menschen.

*Resonanzmomente können nicht durch vorgegebene Interventionen erzeugt werden. Ja, mehr noch: Je mehr wir dies zu erzwingen versuchen, je mehr wir den therapeutischen Raum durch eine Agenda von Konzepten und Interventionsschritten besetzen, desto mehr entzieht sich das Wesentliche.* Die Resonanzfähigkeit von Therapeut*in und Klient*in wird kleiner. Sie entsteht innerhalb einer echten Beziehung, die ein spontanes und intuitives Handeln unsererseits ermöglicht. In Hinblick auf die Abwehr stellen wir uns die Frage: Wovor schützt sich unser Gegenüber? *Eine Abwehrleistung müssen wir mit Respekt betrachten. Die Abwehr lässt sich nicht durchbrechen. Wir kommen auch nicht durch sie hindurch. Dafür ist sie ja da.* Wir können sie behutsam ansprechen. Wir können ein Bewusstsein für diese Schutzmechanismen schaffen. Hier ein paar Möglichkeiten: »Ich habe das Gefühl, Sie sprechen nicht gerne darüber?« »Kann es sein, dass es schwierig für Sie ist, über dieses Thema zu reden?« »Ich habe den Eindruck, Sie weichen mir aus.« »Ist Ihnen bewusst, dass Sie gerade sehr wenig atmen?« »Ich interessiere mich dafür, was Sie gerade erleben.«

Neben der erhöhten Geschwindigkeit erkenne ich Abwehrvorgänge an meinen eigenen Gefühlen im Kontakt mit einem Menschen: Ich fühle mich wenig verbunden und gelangweilt, ich bin angespannt und werfe immer wieder einen Blick auf die Uhr, um zu sehen, wie lange die Stunde noch dauert, ich fühle mich nicht involviert, irgendwie auf Distanz gehalten, auf- oder abgewertet, unter Druck oder funktionalisiert. Ich halte aus, anstatt mich einzulassen. *Unsere Gefühle sind das wichtigste Instrument für die Therapie.* Wir sollten sie unbedingt ernst nehmen. Indem wir sie verbalisieren, nutzen wir sie für den therapeutischen Prozess. Je nach Vulnerabilität unseres Gegenübers müssen wir sehr behutsam und verständnisvoll vorgehen. Das sollte jedoch nicht auf Kosten von Klarheit geschehen. Auf keinen Fall sollten wir unser Gegenüber beschämen. Wir sprechen unsere Gefühle nicht an, um uns emotional zu entlasten. Das Verbalisieren unserer Gefühle muss immer dem Kriterium standhalten, ob dies im besten Interesse des therapeutischen Prozesses unserer Klient*innen geschieht. Wir interessieren uns dafür, was zwischen uns im Kontakt passiert. Damit gehen auch wir als Therapeut*innen ein Risiko ein. Wir zeigen uns. Wir treten aus der Deckung des Fachmanns oder der Fachfrau heraus und werden zu einem fühlenden und damit auch verletzlichen Gegenüber.

**Der Blick auf Widerstand in der Therapie.** In der humanistischen Perspektive spielt das Konzept des Widerstandes eine untergeordnete Rolle. Widerstand bedeutet, dass unsere Klientin nicht dahin zu gehen bereit ist, wo wir mit ihr hinwollen. Das Konzept des Widerstandes macht nur vor dem Hintergrund eines von uns definierten Zieles Sinn. Da die Humanistische Therapie sich als nondirektiv versteht, ist dieses Konzept hinfällig. Wir wollen unsere Klienten nirgendwo hinführen. Wir wollen auf eine Art im Hier und Jetzt miteinander in Kontakt treten, die neugierig darauf macht, das innere Erleben zu erforschen. Wir haben kein vordefiniertes Ziel vor Augen, sondern Interesse für den Prozess im Hier und Jetzt. Ein warmer, klarer und echter Kontakt ist die Grundlage dafür, um in Verbindung zum inneren Wissen und zu den inneren Heilungskräften zu kommen. Aus diesem Grund ist es unser einziges Ziel, diesen Kontakt herzustellen. Die innere Stimme kennt den Weg. Nicht wir. Wir können uns für die Hindernisse auf dem Weg dahin interessieren. Wir erfassen gemeinsam deren Sinn.

In diesem Sinne wird der Begriff des Widerstands in der Gestalttherapie verwendet: Er bezieht sich nicht auf das Therapieziel, sondern auf den zwischenmenschlichen Kontakt im Hier und Jetzt. Wesentlich ist hier, den Kontakt oder den Widerstand gegen den Kontakt wahrzunehmen zu lernen und das Kontaktgeschehen zu spiegeln. Denn nur wo echter Kontakt entsteht, können die inneren Selbstheilungs- und Wachstumskräfte ihre volle Wirkung aufzeigen. Von denen lassen wir uns dann im Prozess führen.

Im therapeutischen Prozess sind wir so lange in wertschätzendem und neugierigem Kontakt mit der Abwehr, bis ein echter Kontakt zum Menschen möglich ist. Je nachdem, wie tief die seelischen Wunden unseres Gegenübers sind, gestaltet sich die Stärke des Schutzes. Wir brauchen Geduld und Interesse. Diesen Schutz können wir nicht mit Psychotricks umgehen. Wir wenden uns so lange interessiert zu, bis ein tieferes Vertrauen und ein Zugang zur inneren Welt möglich sind. Hier ist unsere Geduld gefragt. Irgendwann darf die Abwehr schmelzen. So wie ein Eisberg schmilzt, wenn er Wärme ausgesetzt ist. Das darf nicht zu schnell geschehen. Wenn wir unsere Hände, die vom Schneetreiben eiskalt geworden sind, zu schnell starker Wärme aussetzen, beginnen sie zu schmerzen. Wir müssen nichts brechen, herunter- oder einreißen. Unser Kontaktangebot wirkt wie eine wärmende Lampe, die nach und nach die Schutzschichten um den wahren Wesenskern freilegt.

**Wie entsteht eine ungesunde psychische Abwehr?** Ob eine Abwehr gesund oder ungesund ist, entscheidet der Kontext, in dem sie gebraucht wird. Jedes Symptom ist eine Anpassungsleistung an eine konflikthafte Umwelt. Es ist sinnvoll, niemanden an uns heranzulassen, wenn unsere Nähebedürfnisse missbraucht und unsere Grenzen überschritten werden. Wenn jemand das während seiner seelischen Entwicklung immer wieder erleben musste, ist es nachvollziehbar, dass auch das Öffnen in der Therapie schwerfällt und höchst ambivalent ist. Die Person möchte mit sich in Kontakt kommen, sonst wäre sie nicht in einer Therapie. Aber wie kann man wieder vertrauen, wenn dieses so tief missbraucht wurde? Wie kann man wissen, ob das Gegenüber einen wirklich meint, sich wirklich für einen interessiert? Wie kann man wissen, dass dieses Gegenüber bleibt, wenn ich auch mal wütend, enttäuscht oder bedürftig bin?

Dazu muss man testen: Wo sind die Grenzen des Settings, wo sind die Grenzen des Therapeuten? Bleibt dieser wirklich zugewandt, auch wenn man den gefühlten Erwartungen nicht entspricht? Braucht er mich als »guten Klienten« oder interessiert er sich für die Gesamtheit dessen, was ich bin? Als Therapeut*innen müssen wir einen tiefen Respekt für jede Abwehrorganisation mitbringen. Sie ist eine erstaunliche und kreative Anpassungsleistung. Eine Therapeutin bezeichnete diese Bewältigungsmechanismen als »childhood heroes«. Heute hindern und stören sie uns und unsere Beziehungen. Früher waren sie jedoch überlebensnotwendig. In der Therapie können wir sie wahrnehmen lernen und ihre Bedeutung verstehen. Wir können eine Wahrnehmung dafür schaffen, dass starre Schutzmuster einen lebendigen Zugang zur Gegenwart versperren. Sie verhindern, dass wir emotional bedeutsame Beziehungen führen. Sie engen uns ein und machen uns unbeweglich. »Wer nun viel hält, bewegt sich entsprechend wenig, spürt, lernt und fühlt wenig und entwickelt wenig Selbstgefühl« (Büntig 2013, S. 37).

In der Therapie lassen wir die Anpassungen, solange sie gebraucht werden, und versuchen durch unsere Art der Beziehungsgestaltung und durch unser Interesse, eine Wahrnehmung für Alternativen zu schaffen. Ob diese Wahl dann getroffen wird, ist nicht entscheidend und liegt nicht in unserer Verantwortung. Entscheidend ist, ob die Abwehrreflexe eine Einbahnstraße bleiben oder Wahlmöglichkeiten entstehen. Dabei können wir als Therapeut*innen eine wichtige Hilfe sein.

Wir brauchen eine gesunde psychische Abwehr genauso wie eine gesunde körperliche Abwehr. Ein Abwehrvorgang wird dysfunktional, wenn er zur Einbahnstraße wird; die Person kann dann nicht mehr entscheiden, ob sie Kontakt zu verdrängten oder projizierten Bewusstseinsinhalten aufnehmen möchte und ist in ihren Beziehungs-, Erlebens- und Verhaltensmustern gefangen. Abwehrvorgänge werden als Anpassungsleistung an eine frustrierende kindliche Entwicklungsumgebung angesehen. Deshalb werden sie auch wertschätzend als Überlebens-, Anpassungs- oder Bewältigungsstrategien bezeichnet. Als Therapeut*innen versuchen wir, eine psychische Abwehr nicht zu brechen oder zu hintergehen. Das zu verhindern ist schließlich ihre primäre Funktion. Wir bleiben so lange in wohlwollendem und wertschätzendem Kontakt mit der Abwehr, bis sie allmählich zurückweichen kann und der Kontakt zum authentischen Erleben möglich wird.

## Schatten und Projektion

Jung hat die Konzepte Persona und Schatten bekannt gemacht. Unser Selbst umfasst die Gesamtheit aller Erfahrungen und Empfindungen. Um in der Welt handlungsfähig und orientiert zu bleiben, müssen wir eine Auswahl treffen: Von welchen Erfahrungen, Gedanken und Empfindungen lassen wir uns leiten? Diese Auswahl wird zum einen über unsere Werte und Haltungen getroffen. Zum anderen halten wir Erfahrungen und Empfindungen, die nicht zu unserem Selbstkonzept passen, von unserem Bewusstsein fern. Wie bereits erwähnt, beschreibt unser Selbstkonzept den Teil unseres Erlebens, mit dem wir uns identifizieren. Wir sagen: Das bin ich. Es wird geformt über den Teil unseres Erlebens, für den wir in unserer Entwicklung Bestätigung erfahren. Der Begriff Persona kommt aus dem Altgriechischen und bedeutet übersetzt Maske. Die Konzepte Persona und Selbstkonzept sind sich sehr nahe. Unsere Persona steht eher dafür, wie wir uns geben, wohingegen unser Selbstkonzept beschreibt, wie wir uns sehen.

Was passiert nun mit all den Inhalten unseres Erlebens, die unser Bewusstsein nicht erreicht? Wo kein Licht hinkommt, bleibt ein Schatten. Wenn wir Aggression erleben, diese Empfindung jedoch nicht zu unserem Selbstkonzept passt, so *wandert* sie in unseren Schatten. Sie löst sich dadurch jedoch nicht auf. Sie muss auf andere projiziert werden, damit wir nicht auf der dazugehörigen Ladung sitzen bleiben. Wir können uns weiterhin als stets freundlich und liebevoll sehen, schimpfen aber ständig über »die anderen«.

Unser Schatten beinhaltet nicht nur unannehmbare Gefühle und Empfindungen. Typischerweise sind das Empfindungen, die in unserer Kernfamilie und Sozialisation als konflikthaft erlebt werden: Sie betreffen meist sexuelle oder aggressive Inhalte. Aber auch sozial verpönte Gefühle wie Habgier, Machthunger, Neid, Kontrollsucht, Geltungssucht und Missgunst *wandern* häufig in unseren Schatten.

Wenn wir lebendiger werden wollen, können wir anfangen, uns neugierig unserem Schatten zuzuwenden. Meist besteht eine große Angst davor, uns seinen Inhalten zu stellen. Wir fürchten, dass unser Selbstbild und damit unsere Integrität zusammenbrechen könnten. Gleichzeitig besteht eine starke Sehnsucht, mit all dem, was wir sind, wahrgenommen und angenommen zu sein. Diese Ambivalenz ist in Therapiegruppen gut beobachtbar: Teilnehmer*innen möchten sich mit ihrem Schatten zeigen und gleichzeitig Teil der Gruppe sein. Sie möchten in ihrer Eigenart einen Platz finden, ohne ihre Zugehörigkeit zu gefährden. Als Therapeut*innen können wir diesen Prozess begleiten, indem wir zum einen normalisieren: Diese Gefühle sind menschlich und jeder Mensch kennt sie. Sie sind okay. Dafür müssen wir uns als Therapeut*innen mit unserem eigenen Schatten auseinandergesetzt haben. Zum anderen können wir die Angst vor dem Gesichtsverlust abmildern. Wir können sagen: »So sind Sie nicht *eigentlich*, sondern *auch*. Beide Seiten Ihrer Persönlichkeit sind wahr und authentisch.« Die Gefühle, um die es sich handelt, sind urmenschliche. Sie gehören zum menschlichen Erleben dazu, jeder kennt sie in der einen oder anderen Form. Wir unterstützen unsere

Klient*innen dabei, die Gesamtheit ihrer Erfahrungen anzunehmen. Wir spiegeln kein Selbstbild, sondern interessieren uns für die Erfahrung und die Empfindungen, die unser Gegenüber tatsächlich macht. Das fördert die Lebendigkeit. Das Leben und die Beziehungen werden weniger starr. Natürlich geht es nicht darum, die ins Schattenreich verbannten Empfindungen auszuleben. Viele von ihnen sind zu Recht sozial verpönt; ausgelebt schaden sie unserem Zusammenleben. Wenn sie da sind, müssen wir sie wahrnehmen und spüren dürfen. Sobald wir das tun, müssen wir sie nicht mehr unbewusst ausagieren. Wir können sie in uns halten, ohne uns ihren Energien unbewusst auszuliefern. Jung betonte, dass wir als Menschen automatisch sozialer werden, wenn wir mehr von unseren menschlichen Empfindungen und Gefühlen zu uns nehmen können. Wir werden dadurch nicht egoistischer.

Unser Schatten umfasst jedoch nicht nur negative Emotionen. In den weggedrückten Empfindungen steckt oft eine starke Lebensenergie, die gebunden bleibt, wenn wir sie nicht bewusst und lebendig erleben dürfen. Wir können beispielsweise unser Gegenüber dazu einladen, die Empfindung seiner Wut ganz bewusst zu erleben und zu genießen. *Unser Schatten beinhaltet ein unendliches Potenzial für Lebendigkeit, Energie und Kreativität.* Wir können im Rahmen einer nicht wertenden, nondirektiven, zugewandten und interessierten Beziehung das Interesse daran fördern.

Die Rücknahme von Projektionen und die so ermöglichte Integration von abgespaltenen und projizierten Selbst-Anteilen ist ein zentrales Anliegen der Therapie. Hier kommen wir mit einem rein stabilisierenden, empathischen und stützenden Ansatz nicht weiter. Um Projektionen zurücknehmen zu können, müssen Klient*innen zunächst mit den dazugehörigen Gefühlen in Kontakt kommen. Die humanistischen experimentellen Methoden wie die Stuhlarbeit unterstützen diesen Prozess ungemein. Der abgespaltene Anteil kann so spielerisch erlebt und ausgedrückt werden. Wir müssen in die Projektion »ganz hineingehen« (Perls 2008, S. 291). Das Ergebnis beschreibt Perls folgendermaßen: »Wenn es einmal klickt, bist du durch die Projektion hindurch und alles ist vorüber. Zuerst blickst du durch ein Fenster und dann erkennst du plötzlich, daß du bloß in einen Spiegel schaust« (ebd.). In dem Moment können wir dieses Erleben nicht länger anderen zuschreiben. Unser innerer Raum ist reicher und größer geworden.

> Der Schatten *beinhaltet* abgespaltene Anteile und Gefühle. Durch das therapeutische Experiment können wir Klient*innen einladen, damit spielerisch in Kontakt zu treten. So können sie ihre Projektionen wieder zu sich nehmen. Dies ist eine Grundvoraussetzung dafür, dass Menschen sich lebendiger und handlungsfähiger fühlen.

## Der Körper

Langsam beginnt der Mainstream der Richtlinienverfahren, dem Körper die Aufmerksamkeit zu schenken, die er verdient: als unzertrennbarer Teil unseres Menschseins. Als Ort unserer Gesundheit. Wenn wir mit unserem körperlichen Erleben in Kontakt sind, erhalten wir Zugang zu unserer Intuition und zu unserem inneren Wissen. Unser Körper hat eine ganz eigene Intelligenz, die wir nur nutzen können, wenn wir mit ihm verbunden sind. Wir haben ein verkörpertes Wissen für Gerechtigkeit. Unser Körper weiß, was für uns stimmt. Er ist der Kompass für unsere Intuition. Es wird immer deutlicher, wie eng Körper und Geist verbunden sind – ein rein mechanischer Blick auf den Körper reicht nicht aus. In den Therapien haben wir das Ziel, »Selbstkenntnis, basierend auf Selbstgefühl« (Büntig 2013, S. 17), zu fördern. Selbstkenntnis geht vom Kopf aus, Selbstgefühl aber entsteht über den Kontakt zum körperlichen Erleben. Insbesondere die neurophysiologisch begründeten moderneren Traumaansätze wie NARM (Heller & LaPierre 2013; Heller & Kammer 2023) oder Somatic Experience (Levine 2010) haben verstanden, dass die Arbeit mit dem Körper und dem Nervensystem entscheidend für die Veränderung des psychischen Erlebens sind. Sie haben erkannt, wie sich vergangene, traumatisch verarbeitete Erfahrungen in unserem Nervensystem abbilden. Solange unser Körper in Spannungen und Stressmustern gefangen bleibt, ist kein inneres Wachstum möglich. Dazu muss der Körper in der Lage sein, im Wechsel zu kontrahieren und zu expandieren. Wenn wir nicht wissen, wie wir uns entspannen, beruhigen und regulieren können, ist eine auf Selbstgefühl basierende Selbstkenntnis nicht möglich. *Der Prozess der Selbsterforschung ist nicht möglich, wenn der Körper in Dauerspannung gefangen bleibt und die Fähigkeit zur Selbstberuhigung und -regulation fehlt. Wir müssen unserem Körper erlauben, akkumulierten Stress und Spannungen loszulassen. Das ist die Grundvoraussetzung dafür, dass innere Heilungsprozesse in Gang kommen können*. Die Methode basiert darauf, Klient*innen auf der Ebene ihres Körpererlebens abzuholen. In Kontakt damit kann sich das Nervensystem neu sortieren. Auch hier stellt der Sicherheit gebende, ruhige und regulierte Kontakt ein wesentliches Agens dar. Die Grundhaltungen sind jeweils ganzheitlich und zutiefst humanistisch. Sie betonen die Würde des Menschen, den sensiblen Umgang mit Grenzen, sind transparent, partizipativ und nondirektiv.

Wilhelm Reich hat als Erster auf die enorme Bedeutung des Körpers für die Psychotherapie und das Verständnis psychischer Störungen hingewiesen. Er erkannte, dass sich unsere psychische Abwehr in einer Art Körperpanzer abbildet. Wolf Büntig entwickelte aus dieser Tradition heraus folgende Frage: »Wofür hältst du dich und wie hältst du dich dafür (körperlich)?« Weiter: »In dem Maße, in dem wir abgelehnt, bestraft, geächtet, fallen gelassen oder gar am Leben bedroht waren für das, was wir vom Wesen her waren, im selben Maße lernten wir, uns selbst zu halten und uns so zu verhalten, wie die anderen uns wollten, indem wir uns die Haltungen einprägen, in denen die, die Macht über uns hatten, uns als normal ertragen konnten« (Büntig 2013, S. 76). Verdrängung und Abwehr haben immer eine körperliche Entsprechung, die wir als Therapeut*innen verstehen und im Blick haben sollten.

Wenn der Körperpanzer chronisch wird, müssen wir – um den Weg für therapeutische Selbsterforschung überhaupt zu ebnen – Wege finden, die körperliche Erregung zu regulieren.

**Warum ist der Einbezug des Körpers so wichtig?** Unser unmittelbares Erleben ist körperlich. Erst nach unseren körperlichen Empfindungen folgen unsere Gedanken, mit denen wir unseren Empfindungen eine Bedeutung geben. Unser Körper reagiert bereits auf eine bestimmte Umwelt, wenn unser Geist noch gar nicht *auf Sendung* ist. Er enthält ein Reservoir an Wissen und Erfahrungen, welches das widerspiegelt, was erfahren wurde. So werden automatisierte Handlungsmuster vorbereitet. Als Kind haben wir noch einen natürlichen Selbstbezug zum Körper. Der Körper ist unser natürliches Instrument, mit dem wir die Welt erfahren, ertasten und erfühlen und uns in ihr bewegen. Ganz selbstverständlich entsteht »das Selbstgefühl, mit dem das Kind [...] ruft, ›ich bin da‹« (Büntig 2013, S. 77). Wenn wir uns da nicht sicher fühlen, wo wir sind, müssen wir uns energetisch *nach oben* ziehen. Wolf Büntig drückt das so aus: »Denn so wie du warst, wie du dich gefühlt hast, hast du keinen Boden unter den Füßen bekommen«. Als Kind können wir den natürlichen Bezug zum Körpererleben aufgeben, wenn es für den Erhalt unserer Bindungen notwendig ist. Wir suchen dann unbewusst Sicherheit in Gedanken und Fantasien. Wir unterbrechen den natürlichen Selbstkontakt, um nicht nach unserem wesensgemäßen Erleben, sondern gemäß unseren Selbstbildern zu handeln. So wie wir waren, hatten wir keinen Platz. Indem wir uns nach einem bestimmten Bild verstellen, erlebten wir Zugehörigkeit und Bindung. Allerdings zu einem hohen Preis. Wir können uns aus unserem Kopf heraus orientieren, wenn unsere lebendigen Empfindungen keinen Platz haben. Wir trennen uns von unserem Körpererleben und entfremden uns von uns selbst. Das ist überlebensnotwendig in einer Umgebung, in der nicht gefühlt werden darf. Doch dabei verlieren wir unser Selbstgefühl und somit auch unser Gespür für unsere Grenzen.

Kinder lernen also, sich von ihrem unmittelbaren Erleben abzutrennen. Sie drücken Bedürfnisimpulse und Gefühle mit Muskelkraft weg. Je nachdem, um welche Bedürfnisse und Gefühle es geht, verschließen wir bestimmte Zentren unseres Körpers. Nur so verhindern wir eine natürliche innere Gefühlsbewegung: »Um das zu bekommen, was sie brauchen, lernen Kinder, die Luft anzuhalten, die Zähne zusammenzubeißen, die Kehle zu verschließen, die Schultern hoch- und den Bauch einzuziehen, die Knie durchzudrücken, den Hintern zusammenkneifen und so weiter« (Büntig 2013, S. 36).

Selbstbilder werden durch unsere Körperhaltung aufrechterhalten. Wir müssen umso mehr halten, je unbeweglicher unser Selbstbild ist und je weiter es von unserem wahrhaftigen inneren Erleben entfernt ist. *Der Körperpanzer wird die Sicherheit, auf die man sich berufen kann, wenn es subjektiv wirklich bedrohlich wird.* Mit hoher Körperspannung können wir Emotionen kontrollieren und unser Erleben wegdrücken, weil wir damit keinen Platz haben oder unseren Platz in der Gemeinschaft damit gefährdet hätten.

**Wie können wir den Körper in den Therapien einbeziehen?** Wir sollten nicht nur ein Ohr für das Gesagte haben, sondern auch einen Blick dafür, wie jemand *körperlich da ist* und wie der Körper das Gesagte begleitet. Eine SE-Therapeutin leitet den Perspektivwechsel vom Gesagten zum Fühlen so ein: »Unser Körper hört ja auch zu. Was bemerken Sie, wenn Sie Kontakt mit Ihrem Körper aufnehmen?« Wenn das Gesagte nur »aus dem Kopf« kommt, bleiben wir in einer Erzählung gefangen. Die daraus gewonnenen Erkenntnisse bleiben oberflächlich. Eine tiefgreifende organismische Neuorganisation ist nicht möglich, wenn das körperliche Erleben ausgeklammert bleibt. Das Gespräch kann hier sogar dysfunktionale und starre Denkmuster und Selbstbilder aufrechterhalten, die der Abwehr von Gefühlen und Empfindungen dienen. Durch die Therapie kann sich so der innere Raum nicht weiten. Eine umfassende Selbstintegration ist dadurch nicht möglich.

Verkopfte Gespräche dienen der Abwehr und verhindern eine tiefergehende Auseinandersetzung und innere Entfaltung. Das körperliche Erleben bleibt eingefroren. Dadurch wird eine Spannung erzeugt, die den Kontaktfluss stört. Eine tiefe Änderung oder Integration ist nicht möglich. Unter dem Vorzeichen von Stress und Anspannung kann kein Wandel und kein tiefgreifendes Verstehen geschehen. Dafür braucht es einen möglichst entspannten Innenraum. *In den Therapien kann das Reflektieren irgendwann das Erzählen ablösen und das Spüren irgendwann das Reflektieren.*

Als Therapeut*innen können wir das Gespräch immer wieder *pausieren* und den Körper und das Körpererleben einbeziehen. Vielen Klient*innen fällt das anfänglich sehr schwer. Wir müssen also Erfahrungen ermöglichen, die die Lust und Neugierde am Spüren vergrößern. Unsere Klient*innen müssen erleben, dass es sich für sie lohnt, wenn sie sich spüren. Wir können mit positiven Körperempfindungen anfangen und uns so langsam an ein Spür- und Körperbewusstsein herantasten.

Bei vielen Menschen war es so notwendig, sich von den lebendigen Empfindungen ihres Körpers abschneiden, dass sie sich damit sehr schwertun. Als Therapeut*innen brauchen wir viel Geduld und Beharrlichkeit, das Spürbewusstsein zu fördern. Bei sehr vulnerablen Menschen hören wir bei unseren ersten Versuchen, den Körper miteinzubeziehen, nicht selten: »Ich fühle nichts.« »Was soll das bringen, da ist nichts.« »Ich sehe keinen Sinn darin, wie mir das helfen soll.« »Das hat doch nichts mit meinem Problem zu tun.« »Es fühlt sich halt normal an.« oder »Alles fühlt sich schlecht an.« Wir spüren den Impuls, wieder schnell auf die sichere Ebene des Erzählens zu wechseln. Wir können das Interesse dafür schaffen, indem wir die Zusammenhänge zwischen den Vorgängen unseres Nervensystems und unseren Denk-, Gefühls- und Handlungsmustern nachvollziehbar erklären. In kleineren Spürübungen können wir die Wahrnehmung für minimale Unterschiede schaffen.

So können wir unsere Klient*innen behutsam ans Spüren heranführen.

Wir fangen nicht mit den bedrohlichen Körperempfindungen an. Wir führen zunächst auf den Körper zurück, wenn wir eine Entspannung oder Expansion bemerken. Das kann in Form eines Lachens, eines tiefen Atemzuges, entspannter Gesichtsmuskulatur, fallen gelassenen Schultern oder eines Leuchtens in den Augen sichtbar werden. Wenn wir das wahrnehmen, können wir ein Bewusstsein dafür schaffen, was gerade im Körper geschieht. So können wir eine Brücke zum Körpererleben schaffen. Mit jeder noch so kleinen positiven Wahrnehmung wird dieses weniger bedrohlich. Wenn diese Brücke da ist, können wir langsam an schwierigere körperliche Haltemuster heranführen. Wir können uns dann interessieren: »Unser Körper hört zu, während wir reden. Bemerken Sie mal, wie Sie sich körperlich halten, während Sie das erzählen. Es geht nicht darum, dass das nicht okay ist. Es geht nur darum, das zu registrieren.«

Wie bereits erwähnt, kommen selbstorganisatorische Prozesse in Gang, wenn wir einen guten Kontakt herstellen. Das Gleiche gilt für den Körper. Wenn wir unsere Körperempfindungen mit einer wertfreien Achtsamkeit beobachten, wandeln sich diese. Wenn wir Bauchschmerzen haben und unsere Hand auf den Bauch legen, werden sie erträglicher. Wenn Kinder sich wehtun, pusten wir intuitiv auf die jeweilige Stelle oder streicheln sie. Kindern gegenüber sind wir intuitiv körperlich. Erwachsen werden bedeutet für viele von uns, dass wir uns immer mehr aus unserem Körper zurückziehen. Wir lernen, unsere Gefühle herunterzuschlucken, wegzudrücken oder zu leugnen. Wir lernen, so zu tun, als würde es uns anders ergehen, als wie wir uns wirklich fühlen. Dazu müssen wir uns von unserem Körper trennen. Dieser bleibt in einem dauerhaften Stresszustand eingefroren. Im Prozess der Therapie können wir dabei behilflich sein, den Körper wieder als Ort der tiefsten Weisheit, Intelligenz, Kreativität und Lebendigkeit zu erschließen. In der Arbeit im Hier und Jetzt mit dem Körper schwingen automatisch vergangene Erfahrungen mit. Sie sind in den körperlichen Haltemustern enthalten. Mit unserem Interesse dafür bekommen wir Zugriff darauf. Aus diesem Grund arbeiten manche traumasensible Therapien nicht mit dem Narrativ des erlebten Traumas in der Vergangenheit, sondern mit den Anpassungen des Traumas im Hier und Jetzt, die sich in Form eines bestimmten Kontaktgeschehens in der Therapie zeigen (vgl. Heller & Kammer 2023). Jedes körperliche Erleben und Gefühl ist okay und verdient unsere Beachtung. Es enthält eine für uns intelligente Botschaft. Das heißt nicht, dass wir diese Gefühle ungefiltert ausagieren sollen. *Wir müssen jedoch das, was da ist, wahrnehmen dürfen. Dafür müssen auch wir Therapeut*innen in unserem Körper beheimatet sein.* Wir selbst müssen mit unserem Körpererleben und unserer körperlichen Resonanz im Gespräch in Verbindung stehen. In den Therapien können wir immer wieder den Körper miteinbeziehen:

- Wo im Körper spüren Sie die Emotion?
- Nehmen Sie ein paar tiefe Atemzüge und bemerken Sie, wie sich … in Ihrem Körper anfühlt.
- Was nehmen Sie in Ihrem Solarplexus/Kiefer/Becken/Füßen/Augen/Brust/Bauch etc. wahr? Es geht nur darum, das zu bemerken, es geht nicht darum, etwas damit zu machen.
- Bleiben Sie einen Moment bei dieser Empfindung – ich bleibe auch dabei.
- Was ist nun anders? Ohne zu werten, wie hat sich die Empfindung verändert?
- Wenn es für Sie stimmig ist, legen Sie eine Hand auf die Stelle, atmen Sie bewusst da rein und bemerken Sie für sich, wie es sich anfühlt.

- Welche Gestalt, welches Symbol, welche Farbe, Bewegung, Temperatur, Gewicht, Material, Aussage, Botschaft etc. hätte diese Empfindung?

Indem wir das körperliche Erleben zunehmend miteinbeziehen, fördern wir Integrationsprozesse zwischen Geist, Körper und Emotionen. Zunächst haben wir als Therapeuten eine co-regulative Funktion für das Nervensystem unseres Gegenübers. Durch unseren zugewandten Kontakt schaffen wir eine Sicherheit, die es unseren Klient*innen ermöglicht, diesen Kontakt auch nach innen herzustellen. Gerade bei Klient*innen mit traumatischen Erfahrungen liegt unsere wichtigste Aufgabe darin, in uns reguliert und ruhig zu sein. Wenn wir selbst aufgeregt und angespannt sind, müssen wir uns darum kümmern. Die Co-Regulation durch uns darf allmählich der Selbstregulation weichen, indem unsere Klient*innen durch die Erfahrung mit uns lernen, ihre Erregungszustände und Gefühle selbst zu halten und zu regulieren. Dies geht nicht, wenn wir diese ignorieren, sondern nur, wenn wir in achtsamem, wertfreiem Kontakt mit ihnen sind.

*Das körperliche Erleben ist immer in Bewegung, im Wandel und unmittelbar. Wir können nicht mit unserem körperlichen Erleben in Kontakt sein und gleichzeitig mit starren Selbstbildern identifiziert bleiben.* Der Kontakt zu unserer fließenden Körperlichkeit stört die starren Identifizierungen. Wenn wir das Spürbewusstsein einbeziehen, kann das für Klient*innen durchaus bedrohlich sein. Sie fürchten darum, ihr Gesicht zu verlieren, wenn wir uns im Hier und Jetzt den unmittelbaren Empfindungen widmen. Diese sind menschlich und allumfassend und haben oft keinen Platz im Selbstbild. Das Spüren im Hier und Jetzt umgeht die psychische Abwehr, die ja bestimmte Erfahrungen wegdrücken möchte. Wir müssen sehr behutsam vorgehen und dürfen keine riesigen Fortschritte zu Beginn erwarten. *Als Therapeut*innen können wir dabei helfen, die Unsicherheiten auszuhalten, die entstehen, wenn das Ich wieder umfassender, beweglicher und größer wird.*

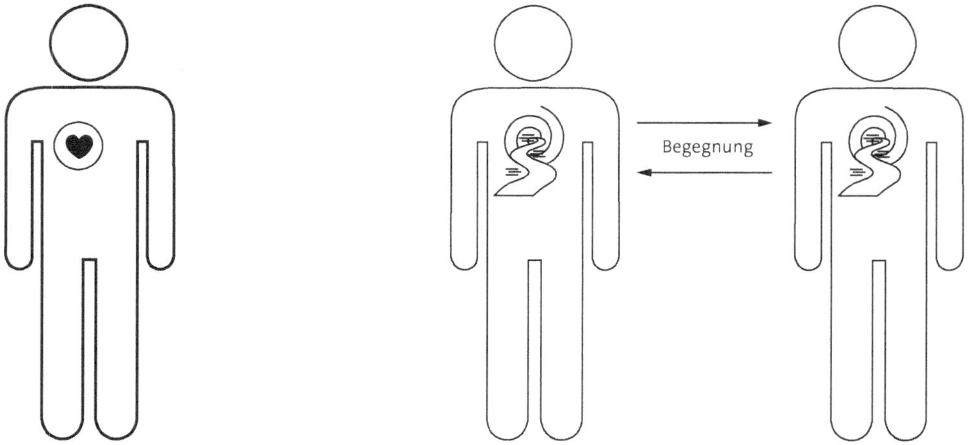


**Abb. 9:** Muskelpanzer und dessen Aufweichung durch Kontakt.

**Figur links:** Abwehrprozesse sind mit Muskelkraft geleistete Arbeit. Als Folge bildet sich ein Körperpanzer, der davor schützt, mit eigenen Gefühlen in Kontakt zu kommen. Der Mensch ist so vom Selbstkontakt und den eigenen Wachstumskräften abgeschnitten: Der Individuationsprozess stockt. Die aufgestaute Individuationsenergie kann nicht umgewandelt werden und führt zu verschiedensten psychischen oder psychosomatischen Symptomen.

**Rechts:** Die inneren auf Wachstum ausgerichteten Selbstorganisationskräfte kommen in Bewegung, wenn sich die Person in Kontakt mit einer anderen Person in einer Beziehung befindet, welche folgende Qualitäten hat:

- Empathie
- Unbedingte positive Wertschätzung der wesenhaften Eigenart gegenüber
- Kongruenz

Weitere Voraussetzungen sind eine relative Erfüllung der Grundbedürfnisse und die Möglichkeit der Klientin, den empathischen Kontakt auch wahrnehmen zu können.

**Die herausragende Rolle des Atems.** Die Rolle unseres Atems für die Aufrechterhaltung unserer Selbstbilder und die Kontrolle unserer Emotionen kann gar nicht genug gewürdigt werden. Unser Atem bildet die Schnittstelle zwischen unwillkürlichen Prozessen des autonomen Nervensystems und den willkürlich steuerbaren Prozessen unserer Skelettmuskulatur. Er ist der einzige Teil des autonomen Nervensystems, den wir direkt willentlich beeinflussen können. Wenn wir an einem *falschen* Selbstbild festhalten oder unsere Emotionen kontrollieren, können wir nicht frei atmen. Wenn wir uns subjektiv bedroht fühlen, halten wir den Atem an. Gleichzeitig spannen wir unsere Muskulatur an, sodass Emotionen nicht frei fließen können. Wenn wir in Kontakt mit jemandem sind, der den Atem anhält, so steckt das an.

Als Therapeut*innen müssen wir immer aufmerksam für den Atemfluss unserer Klient*innen sein. Er gibt uns wertvolle Hinweise darauf, ob jemand im Prozess gerade *fließt* oder etwas hält. Dies können wir dann spiegeln: »Ist Ihnen bewusst, dass Sie den Atem anhalten?« Oder: »Machen Sie eine kurze Pause und atmen Sie zwei-, dreimal tief ein und aus.«

Ziel ist nicht, nur noch zu fließen und nicht mehr zu halten. Wir wollen zunächst auf behutsame Weise darauf aufmerksam machen, wann und wie sich jemand hält. Wolf Büntig sagt: Das Gegenteil von *Aus-Halten* ist *Ein-Lassen*. Wir öffnen uns für den Prozess und wissen selbst nicht, was er offenbart und wohin er führt. Wir interessieren uns dafür, wozu es gut ist, sich in einem bestimmten Moment zu halten. Wir bauen keinen Druck auf. Wir interessieren uns dafür, eine Sprache für das zu finden, was im Hier und Jetzt passiert. Der freie Atem hilft, den Körper mit seinem Erleben *freizuschalten. Durch die Qualität unserer Atemzüge können wir den gestressten Körper beruhigen und Raum schaffen.* »Bevor wir mit der Übung des bewussten Atmens beginnen, ist unser Körper zwar da, aber unser Geist ist irgendwo anders. Sobald wir aber achtsam atmen, bringen wir Körper und Geist zusammen. Plötzlich wird es möglich, das Leben im gegenwärtigen Augenblick zu berühren« (Hanh 2001, S. 244).

Es hat auch seinen Preis, sobald der Atem wieder ins Fließen kommt. Wenn wir den Atem anhalten, fühlen wir weniger. Wenn wir nicht fühlen, müssen wir aus unseren Empfindungen keine Handlungsanweisungen oder Schlussfolgerungen ziehen, die unseren Welt- und Selbstbildern entgegenstehen könnten. Oder wie Wolf Büntig (Büntig 2015) es ausdrückt: »Wenn wir nicht fühlen, bleiben wir unschuldig.« Sobald der Atem wieder fließt, kommen auch die Emotionen wieder in Bewegung. Diese Gefühle wurden aus gutem Grund weggedrückt. Sie zu fühlen, ist irritierend, bedrohlich oder schlichtweg neu. Atem und Abwehr gehen Hand in Hand. Deshalb brauchen wir einen achtsamen Umgang damit. Die aufkommenden Gefühle und Unsicherheiten müssen wir als Therapeut*innen begleiten und unterstützen diese mit Kontakt. »Das Leben ist voller Leiden, aber es enthält auch viele Wunder. Wenn Sie die Wunder des Lebens berühren wollen, kehren Sie zum gegenwärtigen Augenblick zurück. Üben Sie bewusstes Atmen und Sie werden sich im Hier und Jetzt wiederfinden« (Thich Nhat Hanh 2001, S. 244).

**Trauma und Körperarbeit.** Körpertherapeutische und traumasensible Methoden wie SE und NARM basieren auf einem humanistischen und ganzheitlichen Menschenbild. Wenn wir mit traumatisierten Menschen arbeiten, benötigen wir ein fundiertes Wissen darüber, wie sich Traumata in unserem Nervensystem niederschlagen und wie wieder Bewegung in ein eingefrorenes Nervensystem kommen kann. NARM beispielsweise arbeitet nicht mit den spezifischen Narrativen von Traumata. Für die traumasensible Arbeit müssen wir nicht »ins Trauma hineingehen«. Die traumatische Erfahrung zeigt sich im Hier und Jetzt der Therapie in Form der Kontakt- und Beziehungsgestaltung unseres Gegenübers. Darin erkennen wir, wann jemand mit sich in Kontakt ist und aus einem »erwachsenen Bewusstsein« (Heller & Kammer 2023) heraus handelt, fühlt und denkt. Wir erkennen auch, wann sich jemand gemäß seinen Überlebensstrategien, die aus traumatischen Erfahrungen resultieren, vom Kontakt abschneidet. Die Organisation der Psyche gründet in diesen Momenten auf einem »kindlichen Bewusstsein« (Heller & Kammer 2023, S. 155). Wir arbeiten also nicht am Trauma, sondern mit den Anpassungen an traumatische Erfahrungen, die im Hier und Jetzt sichtbar sind. Es gibt umfangreiche und gute Literatur zur Traumaarbeit. An dieser Stelle möchte ich nur einen kurzen Abriss über das geben, was mir zentral scheint.

Der Traumabegriff hat im Laufe der Zeit einen Wandel erfahren. Wir sprechen nicht nur dann von Trauma, wenn eine objektiv lebensbedrohliche Situation erlebt wurde, sondern auch im Bereich von schwierigen Bindungserfahrungen, die sich über einen langen Zeitraum hinweg ereignen. Dazu gehören Vernachlässigung, Missachtung, Bestrafung, aber auch narzisstischer Missbrauch und fehlende emotionale Spiegelung. Bindungstraumata können subtil sein und doch so tiefgreifend, dass sie unser gesamtes Beziehungsleben prägen.

Jedes Kind braucht Beachtung als Grundbedürfnis. Nicht gesehen zu werden ist eine zutiefst schmerzhafte Erfahrung. Als Trauma werden all jene Erfahrungen beschrieben, die zu lang, zu heftig und zu schnell abliefen. Jede subjektiv bedrohliche Situation stellt Energie bereit, die wir brauchen, um mit Kampf oder Flucht aus der

Situation zu entkommen. Wenn wir die Möglichkeit zu Kampf oder Flucht nicht haben, frieren wir ein. Auch die bereitgestellte Erregung friert ein und bleibt bildlich gesprochen als *Energieknoten* im Nervensystem zurück. Traumatisierte Kinder sind nun mit einer erheblichen Ladung von Erregung und Spannung in ihrem Nervensystem konfrontiert. Da sie dies auch spüren, wenn andere entspannt sind, erleben sie sich als anders, als komisch, als Alien und nicht dazugehörig. Dazu Heller & LaPierre 2013 (S. 203): »So erleben Säuglinge und Kleinkinder, die frühe Traumen erfahren, die Fehler und Versäumnisse ihres frühen Lebensumfeldes als etwas, das besagt, dass mit ihnen *selbst* etwas nicht stimmt. Spätere Kognitionen wie ›Irgendetwas stimmt da nicht mit mir‹ oder ›Ich bin schlecht‹ basieren auf der frühen somatischen Wahrnehmung ›Ich *fühle* mich schlecht.‹« Kinder können aus ihrer Abhängigkeit zu ihren Bezugspersonen noch nicht sagen: »Du machst mit mir etwas Schlechtes!« Sie nehmen das *Schlechte* auf sich, weil Mama oder Papa nicht schlecht sein dürfen.

Wenn traumatisierte Menschen getriggert werden, wirken sie häufig von außen sehr ruhig. Ihr Nervensystem reagiert jedoch mit enormem Stress, während der Körper kontrahiert und erstarrt. Der Kontakt zum Körperempfinden wird abgeschnitten, wodurch auch das Gefühl für die eigenen Körpergrenzen verloren geht. Betroffene fühlen sich daraufhin nackt, überflutet, schutzlos und ausgeliefert. In der Traumareaktion spiegelt das Nervensystem die Erregung, die in der Vergangenheit notwendig war, um Energie für eine Kampf- oder Fluchtreaktion bereitzustellen. Sie ist so überwältigend, dass subjektiv die gleiche Bedrohung erlebt wird wie damals. Die zeitliche und kontextuelle Einordnung kann nicht ausreichend erfolgen. Der Stress ist so hoch, dass die orientierenden und einordnenden Funktionen des Frontalhirns nur eingeschränkt funktionieren. Die zeitliche und kontextuelle Vernetzung des Ursprungs dieser Erregung ist eine Voraussetzung für die Integration der traumatischen Erfahrung. Dies kann jedoch nicht top-down aus dem Kopf heraus geschehen, sondern muss mit einer Veränderung der Reaktion des Nervensystems einhergehen. Die Voraussetzungen für diese Veränderungen werden im therapeutischen Raum geschaffen.

Die Polyvagal-Theorie (vgl. Heller & LaPierre 2013, S. 138) liefert wertvolle neurophysiologische Erkenntnisse über die Entstehung von Traumareaktionen. Die Reaktion des Einfrierens wird neurophysiologisch über den »dorsalen Vagus« (ebd., S. 142) gesteuert. Das gesunde Nervensystem pendelt ständig zwischen Erregung und Entspannung, zwischen Expansion und Kontraktion. Dieser dynamische Wechsel ist bei stark traumatisierten Menschen eingeschränkt. Sie befinden sich dauerhaft in einem Zustand der Kontraktion und Spannung. An dieser Stelle führe ich das Beispiel an, was mit einer Amöbe passiert, die einen Stromstoß erfährt. Sie kontrahiert. Wenn eine Amöbe dauerhaft Stromstößen ausgesetzt ist, braucht sie jedes Mal entsprechend länger, um wieder zu expandieren.

Auf der Ebene des Erzählens und Reflektierens kommen wir an diese vegetativen Einfrier- und Haltemuster nicht heran: »[…] Therapieansätze, bei denen die physiologische Dysregulation außer Acht bleibt, [sind] bei der Ausarbeitung früherer Traumen nur begrenzt wirksam« (ebd., S. 216). Wir müssen das Nervensystem als eigenständige

Ebene der Therapie miteinbeziehen. Wenn wir durch die Traumaperspektive auf unsere Therapien schauen, versuchen wir, uns auf das Nervensystem unseres Gegenübers einzuschwingen und einen Kontakt zum Nervensystem zu bahnen. Dadurch können die beschriebenen Selbstorganisationskräfte wirksam werden. Auch hier versuchen wir, eine Wahrnehmung für die meist unbewussten Vorgänge zu schaffen. Wir spiegeln die Prozesse von Expansion und auch Kontraktion. Wir schaffen Akzeptanz dafür, indem wir die Erfahrungen verstehen, die zu diesen körperlichen Zuständen führten. Das Vorgehen kann spielerisch sein. Wir können verschiedene kleinere Experimente anbieten, die dem Nervensystem helfen, sich zu entspannen:

- Klopfübungen
- die whoo-Übung von Peter Levine (bewusst einatmen und beim Ausatmen einen whoo-Ton aus dem Bauch heraus erzeugen)
- kleinere Erdungsübungen (Füße spüren; imaginieren, welcher Untergrund und welche Temperatur für die Füße angenehm wären, und sich das konkret vorstellen)
- schwierige Körperempfindungen halten lernen, indem die Intensität bewusst runtergedreht wird (»Wie ist es, wenn Sie mit diesem Gefühl in Kontakt bleiben, jedoch nur 5 Prozent davon spüren?«)
- Hand auf den Bauch legen oder auf den Nacken und die Stirn
- durch Klopfen und Anfassen der Muskulatur eine Wahrnehmung für Körpergrenzen schaffen
- das natürliche Pendeln zwischen Kontraktion und Expansion des Nervensystems bewusst wahrnehmen lernen

Durch diese kleinen spielerischen Übungen helfen wir unseren Klient*innen, ihr Nervensystem in ein *Window of Tolerance* zu bringen, die Erregung also so weit herunterzufahren, dass Lern- und Explorationsprozesse überhaupt möglich sind. Darüber hinaus wird ein Gefühl für die Körpergrenzen wiederhergestellt, was den Betroffenen ermöglicht, sich sicherer zu fühlen. *Ein regulierter Körperzustand ist nicht Ziel der therapeutischen Reise. Er ist die Voraussetzung für ein gemeinsames tiefes Verstehen und Erforschen.* Unser zugewandter und ruhiger Kontakt hat dabei eine entscheidende beruhigende Wirkung auf das dysregulierte Nervensystem unseres Gegenübers. Neurophysiologisch ausgedrückt wird über menschlichen Kontakt der »ventrale Pfad« (Heller & LaPierre 2013, S. 142) der Verarbeitung aktiviert, der eine beruhigende Wirkung hat und die sympathische Aktivität im Nervensystem in eine parasympathische Aktivität überführt. Dieses Phänomen kennst du vielleicht. Stell dir vor, ein schwieriges Gespräch mit einem dir wichtigen Menschen steht bevor. Vor dem Gespräch wirkt alles bedrohlich und sehr groß. Sobald du mit der anderen Person in Kontakt bist, wirkt es kleiner und es scheint bewältigbar.

Der Kern des Vorgehens im Somatic Experiencing besteht darin, zwischen schwierigen Gefühlen und Empfindungen einerseits und Ressourcen andererseits zu pendeln. Wir wollen Dissoziationen verhindern, weil wir wissen, dass in diesem Zustand kein Neulernen möglich ist. Dazu müssen wir die Symptome der Dissoziation lesen lernen. Frühe Anzeichen sind zum Beispiel Schwindel, Übelkeit, Herzrasen, körperliche Starre, starke körperliche Erregung, sich entrückt von der Umwelt fühlen, die fremd und distanziert wirkt, und geistige Aussetzer. Wenn ich dieses bemerke, sage ich ganz ruhig, dass dies ein Zeichen ist, dass wir langsamer machen müssen. Ich nehme Tempo raus, indem ich dazu anleite, die Füße zu spüren, die Kontaktflächen zu Boden und Stuhl wahrzunehmen und tief ein- und auszuatmen. So helfen wir dem Nervensystem dabei, sich neu zu sortieren und auszurichten und nicht im traumatischen Haltemuster gefangen zu bleiben.

Wenn wir zwischen schwierigem Erleben und Ressourcen pendeln, ist damit Folgendes gemeint: Eine Ressource kann alles sein, was bei der Bewältigung einer Situation hilfreich ist, Vertrauen, Hoffnung und Zuversicht schafft. Im Hier und Jetzt weist jede Expansion auf eine Ressource hin: ein Lachen, tiefes Einatmen, eine Entspannung der Gesichtszüge usw. Diese Bewegungen greifen wir auf, indem wir uns dafür interessieren. »Was ging Ihnen gerade durch den Kopf, als Sie tief eingeatmet haben?« »Sie lächeln gerade. Worüber schmunzeln Sie denn?« Wir bleiben also nicht bei der Problembesprechung *stecken*, sondern explorieren und fördern die Momente der Entspannung. Wir reiten auf den vorhandenen Ressourcen regelrecht herum. Anschließend interessieren wir uns dafür, wie sich diese Empfindung im Körper anfühlt und was sich dabei anders anfühlt. Wir helfen so dabei, die Toleranz für körperliches Erleben zu vergrößern. Heller und Kammer sprechen von einer Vergrößerung der »psychobiologischen Kapazität« (Heller & Kammer 2023, S. 19). Wir leiten dazu an, selbst die kleinsten Unterschiede wahrnehmen zu lernen.

Ein wichtiger Teil unserer Arbeit besteht darin, eine Wahrnehmung für die bereits vorhandenen Ressourcen zu schaffen und diese zu benennen. Dies *empowert* unser Gegenüber. Wenn unsere Klient*innen sich einem anderen Menschen anvertrauen konnten, obwohl sie sich in einem äußerst vulnerablen und schwierigen Gefühlszustand befinden, sehen wir nicht in erster Linie den anderen Menschen als Ressource, sondern die Fähigkeit der Klient*innen zu wissen, wen sie in welchem Moment brauchen, und den Kontakt herzustellen.

Die traumasensible Arbeit ist eine ganz feine Arbeit. Wir machen umso schnellere Fortschritte, je langsamer wir vorgehen. Die körpereigene Chemie und die neurophysiologischen Zustände sind sehr viel langsamer als unser Geist. Wir brauchen einen ausreichend regulierten Körper, um auf dieser Basis das eigene Selbst zu erforschen und einen Wandel zu ermöglichen.

Ziel der humanistischen Therapie ist es, Selbstkenntnis, basierend auf Körpergefühl, zu erlangen. Unsere Bindungserfahrungen schlagen sich in unseren körperlichen Haltemustern und schließlich einem Zustand von Dauerspannung und Stress nieder. Dieser eingefrorene körperliche Zustand macht ein therapeutisches Neulernen unmöglich, da der Kontakt zum körperlichen Erleben weiterhin abgeschnitten bleibt. Auf der Ebene des Erzählens können wir nur begrenzte Fortschritte erwarten. Aus diesem Grund müssen wir den Körper mit seinen Haltemustern in die Therapie miteinbeziehen. Zunächst unterstützen wir dabei, eine Wahrnehmung für die Körpergrenzen zu entwickeln. Wir erhöhen die Toleranz für Körperempfindungen, indem wir ein Bewusstsein für positive körperliche Zustände schaffen. Durch unseren präsenten und ruhigen Kontakt können wir die Fähigkeit stärken, körperliche Haltemuster zu registrieren und so einen regulativen Zugriff darauf zu ermöglichen.

## Der Umgang mit herausfordernden Situationen

Wir können nur dann für unsere Klient*innen wirksam sein, wenn es uns selbst ausreichend gut geht. Dafür zu sorgen ist unsere vorrangige Aufgabe als Therapeut*innen. Wie können wir dafür sorgen, dass wir in den Gesprächen präsent, neugierig und frisch sind? In Therapien erleben wir nicht nur Erfolgserlebnisse. Wir haben nicht ständig tief berührende Begegnungen. Nicht selten wissen wir nicht weiter, fühlen uns ohnmächtig, hilflos oder wirkungslos. Letztendlich sind wir täglich mit Klient*innen in Kontakt, die mit ihrer Art, in Beziehung zu sein, in eine Sackgasse geraten sind. Die Beziehungsmuster, die dazu geführt haben, zeigen sich nicht selten in Form von Entwertungen, Anspruchsdenken, emotionaler Erpressung, passiver Erwartungshaltung, appellativen Suizidandrohungen, Verantwortungsabgabe und gelegentlich Beziehungsabbrüchen.

Wir selbst sind verletzliche Menschen und jeder von uns wurde in Beziehungen verletzt. Niemand wird gerne kritisiert, entwertet oder verlassen. Niemand ist gerne enttäuschend oder frustrierend für andere. Diese Erfahrungen werden wir unweigerlich in unserer Arbeit machen. Neben manchmal schwierigen Gefühlen, die damit einhergehen, bringen unsere Klient*innen uns ein großes Geschenk: Sie lassen uns so lange unsere eigenen wunden Punkte spüren, bis wir diesen die Aufmerksamkeit zukommen lassen, die sie brauchen. Wir können in eigenen Therapien oder Selbsterfahrungsseminaren oder mit uns vertrauten Personen darüber sprechen. Unsere Klient*innen zwingen uns, auf dem gemeinsamen Weg zu reifen. Wenn wir uns nach Arbeitstagen ausgelaugt und völlig erschöpft fühlen, sind dies Hinweise darauf, dass wir im Kontakt mit unseren Klient*innen zu viel Energie verlieren. Wir halten zu viel.

Was sind die Quellen für Energieverlust in der Therapie?

**Ein wesentlicher Faktor ist die Identifikation mit unserer Rolle.** Wie siehst du deine Rolle? Fühlst du dich als Helfer, idealer, einfühlsamer Begleiter, kompetenter Experte oder neigst du dazu, dich in der Rolle des Rettenden zu gefallen? Jeder von uns hat seine Lieblingsrolle. Wenn wir in dieser Rolle gespiegelt werden, fühlen wir uns geschmeichelt und narzisstisch erhöht. Das ist eine Falle. Die Identifikation mit einer Rolle ist tückisch. Wir machen uns abhängig von unseren Klient*innen. Wir müssen so handeln, dass sie uns in dieser Rolle spiegeln. Wir werden befangen. »Ein Therapeut, der es nötig hat, als unfehlbar zu erscheinen, ist für seine Klienten ein verwirrendes und hinderliches Beispiel« (Yalom 2010b, S. 159).

Schwierig wird es für uns auch dann, wenn wir gelernt haben, die Erwartungen anderer zu spüren und unreflektiert entsprechend zu handeln. Das gilt für viele von uns, die in sozialen Berufen tätig sind. Viele von uns haben früh viel Verantwortung übernommen und eine helfende Rolle in der eigenen Kernfamilie eingenommen (mehr dazu im Abschnitt »Der verletzte Helfer« im folgenden Kapitel). Wir müssen die impliziten Rollenangebote wahrnehmen lernen. Ein Supervisor von mir sagte einmal: Diese Rollenzuschreibung ist ein unausgesprochener Auftrag. Das heißt aber noch nicht, dass Sie diesen Auftrag auch erfüllen müssen! Wenn wir selbst nur geben, aber nicht nehmen, für andere Verantwortung übernehmen, aber nicht für uns, uns selbst verlassen im vergeblichen Bemühen, die Löcher der anderen zu füllen, dann brennen wir irgendwann aus. Wir dürfen uns in unserem Beruf nicht verlieren. Dazu brauchen wir ein Selbstverständnis unserer Rolle, das uns dabei unterstützt, gut für uns und andere da sein zu können. Wir müssen uns unseres eigenen Wertes bewusst sein.

**Wir selbst befinden uns in belastenden Lebensumständen.** Auf der anderen Seite sind auch wir als Therapeut*innen nicht vor dem Leben geschützt. Auch wir erleben herausfordernde, manchmal unerträglich scheinende Zeiten: Wir bleiben nicht verschont von Krankheit, Verlust, Schmerz, Einsamkeit, Sorge um unsere Liebsten und Zeiten, in denen unsere Grundpfeiler im Leben ins Wanken geraten. In diesen Zeiten müssen wir uns selbst Unterstützung suchen und einen Stil finden, der zu unserer aktuellen Situation passt. Nur so können wir verhindern, dass wir Halt in der Begegnung zu unseren Klient*innen suchen. Eine Supervisorin von mir schlug in Zeiten der Sorge und Unsicherheit folgende Intervention vor: »Ich selbst bin gerade in großer Sorge um ... Wir können aber trotzdem gut arbeiten.« Unseren Klient*innen entgeht nicht, wenn wir mit etwas beschäftigt sind. Wir lassen sie nicht mit ihrer Wahrnehmung stehen. Gleichzeitig zeigen wir uns menschlich. Wir markieren aber auch eine Grenze, indem wir sagen, dass wir dennoch gut arbeiten können – also der gemeinsamen Aufgabe der Therapie den Vorrang geben. Unsere Klient*innen werden vom impliziten Auftrag befreit, irgendwie bei uns sein zu müssen.

Ich fühle mich – trotz intensiver Prozesse – immer dann energetisiert, wenn ein fließender Kontakt möglich war. Die Themen können traumatisch, schwer, sehr emotional sein oder Konflikte in unserer Beziehung betreffen. Wenn wir in Kontakt sind und wenn mein Gegenüber mit sich in Kontakt ist, fühle ich mich lebendig und innerlich weit. Schwieriger sind für mich klagende, subtil entwertende oder deutlich unter Druck stehende Klient*innen. Wenn die Kontaktgestaltung im Dienste der Abwehr geschieht, fühle ich mich unbeteiligt, manchmal entwertet, unter Druck, abliefern zu müssen, wirkungslos, als Mülleimer benutzt oder gelangweilt. Dieser Zustand versetzt mich in eine Spannung, die Energie zieht.

Als lebendiges Vorbild, mit welcher Energie und Präsenz eine Therapeutin anwesend sein kann, habe ich meine Lehrtherapeutin vor Augen. Ich sah sie häufig gegen sechs Uhr am Abend. Sie schien mir stets frisch und wirklich interessiert zu sein. Sie wendete sich mir stets mit Unbefangenheit und Klarheit zu. Die gemeinsame Arbeit ging sehr tief und wir lachten immer wieder zusammen. Zu dieser lebendigen und unbefangenen Frische möchte ich in Zukunft auch kommen!

Sei aktiv und interessiert! Schau selbst, was du brauchst, um in den Therapien innerlich lebendig, beteiligt und schwingend zu bleiben. Passive und angespannte Therapeut*innen arbeiten am ineffektivsten (Ackerman & Hilsenroth 2001). Wie bereits erwähnt, bedeutet Nondirektivität nicht, dass wir uns zurücklehnen, die Stunde abwarten und auf ein Wunder warten. Wir können aktiv, interessiert, experimentierfreudig und mitfühlend sein und gleichzeitig die Richtung für die Therapie unseren Klient*innen überlassen. Wir können anfänglich Interesse und Neugierde investieren, langfristig muss die Energie für die Therapien jedoch von unseren Klient*innen kommen.

**Im Folgenden möchte ich die Aspekte aufführen, die uns davor schützen können, auszubrennen.**

**Eine klare Haltung finden.** Was ist unsere Aufgabe als Therapeut*innen? Wir müssen gar nichts wissen. Wir haben nicht die Antworten, sondern die Fragen. Wir dürfen mit einer unbefangenen Haltung der Neugierde und fragenden Offenheit in die Stunden gehen. »Neugierde [...] ist das Lebenselixier der interpersonellen Arbeit in der Psychotherapie« (Heller & Kammer 2023, S. 150). Ich gebe keine Richtung und keine Inhalte vor. Ich halte den Raum offen für das, was sich zeigen will. Für das, was in diesem Moment berührt werden möchte. Mich entlastet die Haltung von Bion (Bion 2004, S. 243): »No memory, no desire, no understanding.« Wir können immer wieder mit einem »beginners mind« (Suzuki 2016) unserem Gegenüber begegnen. Dann können wir uns fragen, was gerade passiert, und das gemeinsam erforschen. Therapie ist immer eine gemeinsame Aufgabe.

**Der Therapeut als Entfesslungskünstler.** *Als Therapeut bin ich ein Entfesselungskünstler,* wie mein Supervisor Gustl Marlock einmal sagte. Ich nehme die mir zugeschriebenen Rollen wahr, interessiere mich dafür, handle aber nicht unreflektiert auf dieser Grundlage. Ich halte mich mit meinem Wissen und Deutungen zurück und gebe meinen Klient*innen Raum, nachzuspüren und eigene Schlussfolgerungen zu ziehen. Mit wachsender Erfahrung merke ich, wie ich da immer wieder bewusst auf die Bremse treten muss. Wir dürfen nicht wie die überfürsorgliche Mutter sein, die immer schon, bevor ihr Kind Bedürfnisse äußert, weiß, was für das Kind das Beste ist. So würden wir unsere Klient*innen in ihrer Entwicklung bremsen. Jede Entwicklung geht mit Wachstumsschmerzen und Frust einher. Unsere Klient*innen müssen für sich sprechen und selbst spüren, herausfinden und äußern können, was sie brauchen und was sie beschäftigt. Ich besinne mich dann auf Rogers' Grundhaltung der Gesprächsführung. Wenn ich innerlich zu schnell werde, zu viel sehe, zu viel vorwegnehmen will, dann berufe ich mich auf die zurückgelehnte Haltung des aktiven Zuhörens. Ich vertraue darauf, dass mein Gegenüber mithilfe meines Kontaktangebotes selbst zu dem kommt, was wesentlich ist. In Kontakt mit dieser Haltung kann ich dabei zusehen, wie der Spürraum für mein Gegenüber wieder weiter wird.

**Verantwortung zurückgeben.** Ich darf nicht Verantwortung für die Gefühle, Handlungen und Fortschritte meiner Klient*innen übernehmen. Ich übernehme Verantwortung dafür, den therapeutischen Raum so zu gestalten, dass ein gemeinsames tiefes Schauen, Erforschen und Verstehen möglich ist. Verantwortung übernehme ich auch dafür, einen interessierten, warmen und klaren Kontakt anzubieten. Wenn ich spüre, dass Klient*innen mir den Ball für die Arbeit zuschieben, bekomme ich dies mit. Wir können dann sagen: »Es ist nachvollziehbar, dass Sie sich wünschen, mit diesem Gefühl/dieser Schwierigkeit/diesem Problem umgehen zu können. Könnte es jedoch sein, dass Ihnen überhaupt nicht damit geholfen wäre, wenn ich Ihnen Ratschläge dazu gebe? Es ist unsere gemeinsame Aufgabe, herauszufinden, welcher Umgang mit der Situation für Sie gut wäre.« Um unsere eigene Wahrheit aussprechen zu können und unseren Klient*innen die Verantwortung für ihr Leben und ihre Gefühle zurückgeben zu können, müssen wir an unsere eigene konstruktive Aggression angebunden sein. *Wir müssen es aushalten, enttäuschend und frustrierend für unsere Klient*innen zu sein*, und uns anschließend dafür interessieren, was da zwischen uns passiert ist. Wir dürfen nicht zu hohe Ansprüche haben.

**Realistische Erwartungen.** Entwicklung ist ein diskontinuierlicher Prozess. Wenn wir keine schnelle Besserung sehen und ungeduldig werden, haben wir vielleicht die Tiefe der inneren Verletzung unseres Gegenübers noch nicht verstanden. Keine Entwicklung ist geradlinig. Manchmal sind wir mit Therapieabbrüchen oder der Tatsache konfrontiert, dass wir wirklich keine Fortschritte machen. Auch das ist normal und darf sein. Manchmal gibt es die Lebenssituation der Klient*innen nicht her, weil wir mit unserem Feuerwehrschlauch von Feuer zu Feuer rennen, ohne dass ein tieferes Verstehen möglich ist. Manchmal spielen Süchte oder andere Faktoren eine Rolle, die Fortschritte in der Therapie unmöglich machen.

Unser Anspruch sollte sein, im Hier und Jetzt so neugierig und zugewandt wie möglich zu sein. Wir sollten uns mehr dafür interessieren, was passiert, wenn der Kontakt unterbricht, und weniger dafür, ob wir ein guter oder schlechter Therapeut sind oder ob wir die Arbeit richtig machen. Was richtig oder falsch ist, sagen immer die anderen. Das ist der Kern der Untreue an uns, wie Wolf Büntig sagt. Wir dürfen Therapie für uns und unsere Klient*innen stimmig gestalten.

**Fehler dürfen sein.** Keine menschliche Beziehung ist ohne Fehler. Wir müssen bereit sein, uns diese Fehler gemeinsam anzuschauen, und sie auch zu uns nehmen, wenn wir tatsächlich Fehler gemacht haben. Schwierige Situationen können wir als Herausforderungen sehen, die wir überwinden können. Entstehende Hindernisse, mögliche Konflikte und Irritationen vertiefen die Beziehung, wenn wir diese gemeinsam verstehen und anschließend reparieren können. Frei nach Winnicott (Winnicott 1973, S. 10) geht es nicht darum, ein perfekter Therapeut zu sein, sondern ein *good-enoug-Therapeut. Das Wichtigste in unserem Beruf sind unsere Neugierde und unser Interesse am Sosein unseres Gegenübers. Alles andere wächst auf dem Weg.*

**Kritik nicht persönlich nehmen.** Wir können lernen, wie wir schwierige Rückmeldungen oder Situationen mit unseren Klient*innen weniger persönlich nehmen, ohne dass wir uns gegen Kritik immunisieren. Nicht selten sind nicht wir gemeint. Die schwierigen Gefühle erhalten ihre Ladung aus Geschehnissen früherer Beziehungen. Indem sie jetzt sichtbar werden, haben wir die wunderbare Möglichkeit, Zugriff darauf zu erhalten. Wir müssen es nur schaffen, uns nicht gemeint zu fühlen. Wir dürfen nicht gekränkt unser Interesse abziehen. Es geht nicht um uns! *In den Therapien wirken wir sowohl in unserer Rolle als Therapeut als auch als Mensch.* Manches, was an uns gerichtet ist, gilt der realen Beziehung, manches sind weiter gereiste Gefühle, die sich bei uns wieder zeigen dürfen. Wir nehmen das, was kommt, neugierig auf – und nicht persönlich. *Wir halten uns zurück, aber nicht raus.* Wenn wir eine Rückmeldung bekommen, die uns zunächst irritiert, antworten oder beschwichtigen wir nicht direkt. Wir nehmen uns zurück und interessieren uns: »Wann ist Ihnen dieser Gedanke gekommen?« »Wie ist es für Sie, mich so zu erleben?« »Wie geht es Ihnen damit, einen Therapeuten zu haben, der …« Anschließend können wir uns dann auch persönlich äußern, sollte das erwünscht sein. Wenn wir uns ganz raushalten, schwächen wir die Bindung zu unseren Klient*innen. Wenn wir direkt antworten, ohne die Situation gründlich zu erforschen, beschränken wir das Erkenntnispotenzial dieser Szene.

Wir selbst sollten immer wieder Therapie in Anspruch nehmen oder uns in Selbsterfahrungsseminaren unseren eigenen Themen zuwenden. Wir können innerlich in Bewegung bleiben und persönlich wachsen. Wir sollten nicht nur Interesse an unserem Gegenüber haben, sondern auch an uns selbst. So bleibt der Weg spannend. Mit unserer Neugierde und Offenheit entstehen auch Unsicherheiten. Diese Unsicherheiten gehören zu unserem Beruf dazu. *Wir können lernen, Sicherheit in der Unsicherheit zu finden.* Das Vertrauen in die Selbstheilungskräfte einer Person unter dem Vorzeichen eines guten entschleunigenden Kontaktes hilft dabei.

**Kill your darlings.** Der Ausdruck wird dem amerikanischen Schriftsteller und Literaturnobelpreisträger William Faulkner nachgesagt. Damit meint er Folgendes: Wir sollten uns von allem Liebgewonnenen trennen, was unserer Arbeit nicht mehr dienlich ist. Mein Supervisor Gustl Marlock hat dieses Konzept auf uns Therapeut*innen übertragen. Was sind deine Darlings in der Therapie? Gefällt dir die Rolle des kompetenten Experten, des erleuchteten Heilers, des rettenden Engels oder der Supertherapeutin? Willst du als immer lieb, freundlich, haltend und gewährend gesehen werden? Also als der ideale Mensch? Wir sollten uns mit den Selbstbildern in unserer Rolle auseinandersetzen, die unsere *Darlings* sind. Wenn wir als Therapeut*innen wachsen wollen, sollten wir unsere therapeutischen Ideal- und Selbstbilder immer wieder hinterfragen und bereit sein, uns von dem zu trennen, was uns nicht weiter dienlich sind. Das kann bei uns Unsicherheiten und Ängste auslösen. Wer bin ich dann, wenn ich nicht helfen oder retten kann? Wie kann ich meine Rolle neu definieren? Mit jedem Abschied kommen jedoch auch mehr Möglichkeiten und Freiheitsgrade dazu. Unsere leitende Frage sollte dabei sein, wie wir maximal unbefangen bleiben können. Wie können wir uns zurückhalten und gleichzeitig zugewandt bleiben?

**Manche Prozesse brauchen Zeit.** Wir dürfen keine Wunderheilungen erwarten. Manche Therapieprozesse brauchen viel Zeit. Wir können nur kleine Schritte machen. Das jeweilige Tempo sollten wir dem inneren Tempo unserer Klient*innen überlassen. Therapie ist immer auch ein Spiel an den Grenzen. Entwicklung verläuft jedoch auch außerhalb der Komfortzone. Sie vollzieht sich »diskontinuierlich« und »in Sprüngen« (Büntig 2013, S. 20). Wenn wir zu schnell machen wollen, erzeugen wir Druck und lösen einen Negativstress aus, der unbedingt zu vermeiden ist. Unsere Klient*innnen haben dann das Gefühl, es nicht gut zu machen, und auch wir sind frustriert oder zweifeln, ob wir eine *gute* Therapie anbieten. Gras wächst nicht schneller, wenn wir daran ziehen. Möglicherweise reißen wir junge Grasbüschel bei diesem Versuch raus. Wir selbst sind verausgabt und wenig effektiv.

## Mit welchen Klient*innen habe ich Schwierigkeiten und wie gehe ich damit um?

Es ist gut zu wissen, bei welchen Klient*innen man sich befangen fühlt. Wenn wir uns selbst unter Druck setzen lassen, uns geprüft oder entwertet fühlen, können wir nicht mehr spontan und intuitiv reagieren. Das brauchen wir jedoch, um präsent und an unsere Kompetenz angebunden zu sein. Nur so kann sich eine Begegnung mit echter Resonanz ergeben. Wenn wir selbst angespannt sind, verlieren wir den Kontakt zu unserem Inneren. Dann sind wir von unserer Intuition und unserem tieferen Wissen abgeschnitten.

Bei mir lösen Klient*innen, die folgende Merkmale mitbringen, eine gewisse Befangenheit aus. Vielleicht sind es bei dir ähnliche oder auch ganz andere.

## Klient*innen delegieren die Verantwortung an uns

Manche Klient*innen delegieren die Verantwortung für Fortschritte an uns und fordern uns mit Fragen heraus. Sie halten uns beschäftigt und lenken von sich selbst ab. Sie spielen uns den Ball zu. Wir rackern uns ab und unsere Klient*innen bleiben unberührt von dem Geschehen. Bei diesen Klient*innen fällt es mir manchmal schwer, frustrierend und enttäuschend zu sein. Jedoch möchte und kann ich die Verantwortung nicht übernehmen, meinen Klient*innen zu sagen, was sie tun sollen. Ich validiere in diesen Situationen das Bedürfnis meiner Klient*innen, an die Hand genommen zu werden, Orientierung zu bekommen oder jemanden zu haben, der ihnen sagen kann, was zu tun ist. Gern erkläre ich mein Vorgehen und warum ich davon überzeugt bin, dass Lösungen, die von mir kommen, nicht weiterhelfen würden. Oft sind das Klient*innen, die zwar Lösungen fordern, aber eigentlich keine der Lösungen annehmen wollen oder können. Einfache Lösungen würden ja suggerieren, dass ihre innere Not und Befangenheit nicht gerechtfertigt wäre, weil es einfache Auswege gäbe. Es entsteht ein ausswegloses und für beide Seiten frustrierendes Ja-aber-Spiel (siehe Berne 2007 und Yalom 2010b, S. 35). Wir müssen die Hilflosigkeit aushalten und möglicherweise auch spiegeln. Wir können dann wiederholt erklären, was Therapie eigentlich ist: dass es letztendlich die Aufgabe der Klient*innen ist, über sich selbst nachzudenken, sich selbst zu erforschen und dass wir gemeinsam die Hindernisse verstehen, die ihnen und ihren Zielen im Weg stehen. Nach einiger Zeit stellen viele meiner Klient*innen fest, dass sie anfänglich häufig frustriert waren, sie dieses Vorgehen jedoch letztendlich gestärkt habe, selber nach Lösungen zu suchen.

## Druck machen: »Sie sind der Experte«

Manchmal fordern Klient*innen uns heraus, indem sie uns Druck machen. Sie verlangen von uns, Lösungen, Deutungen und Erklärungen zu bekommen. Auch das ist eine Spielart, sich der Eigenverantwortung zu entziehen. Zunächst versuche ich zu verstehen, von welchem Gefühl dieser Druck ausgeht. Ich mache deutlich, dass ich letztendlich gar nichts weiß, dass ich lediglich die Fragen habe, nicht die Antworten. Dass wir die gemeinsam finden müssten. Auch hier betone ich das Gemeinsame. Wir klären die Rollen in der Beziehung, nämlich dass ich Experte dafür bin, eine Atmosphäre zu schaffen, in der sich mein Gegenüber öffnen kann, und dass letztendlich der Klient Experte für sich ist. Dadurch steigen wir selbst von unserem Thron und unsere Klient*innen können sich mit ihrer Sehnsucht auseinandersetzen, ein allwissendes und ideales Gegenüber zu haben. Wir könnten konkret sagen: »Ich habe den Eindruck, Sie machen mir gerade ganz schön Druck, dass ich Ihnen gute Ratschläge gebe/eine Richtung für Ihre Entwicklung vorgebe. Der Wunsch nach Orientierung ist verständlich, jedoch geht es in der Therapie darum, was Sie verändern möchten. Das kann manchmal mühsam sein. Wie kommt das bei Ihnen an, wenn ich das so sage?«

Durch den Prozess der Enttäuschung sind unsere Klient*innen gezwungen, ihre ohnmächtige und abhängige Kindrolle zu verlassen. In der Beziehung zu uns auf Augenhöhe beginnen sie zu wachsen.

## Entwertende Klient*innen

Manchmal entwerten Klient*innen uns oder die Therapie. Die Therapie geht nicht schnell genug voran oder ihr Partner oder ihre Partnerin seien der Meinung, dass die Therapie nichts bringe. Wie kommt dies bei uns an? Als konstruktive Kritik oder als Entwertung? Wenn Letzteres zutrifft, sollten wir das nicht allzu persönlich nehmen. Wir sind nicht ideal und es ist nicht Ziel der Therapie, dass unsere Klient*innen keine kritischen Bemerkungen machen. Vielleicht haben unsere Klient*innen tief enttäuschende Beziehungserfahrungen gemacht und erleben die Beziehung zu uns ebenso. Unsere Aufgabe ist es, unbefangen zu bleiben und alles, was zwischen uns auftaucht, zu untersuchen. Dafür müssen wir aushalten, auch mal enttäuschend oder frustrierend für unsere Klient*innen zu sein. Letztendlich geht es darum, ein *ausreichend guter Therapeut* zu sein. Wir sind nicht omnipotent und sollten mit Heilungsfantasien nicht allzu lange flirten. Wir bieten unsere Präsenz, unsere Wahrnehmung, unsere Fragen und Zugewandtheit an. Mehr ist Therapie nicht. Wir kennen nicht den Weg, den unsere Klient*innen einschlagen sollten.

Kritik sollten wir immer neugierig entgegennehmen und sie untersuchen. Wir bleiben klar und präsent in unserer offenen, zugewandten und fragenden Haltung: »In welchem Moment ist Ihnen das aufgefallen?« »Wie ist es für Sie, in Therapie zu sein und das Gefühl zu haben, nicht voranzukommen?« »Woran würden Sie merken, dass wir vorankommen?« (In den meisten Fällen können entwertende Klient*innen das nicht genau formulieren. An der Antwort erkennen wir dann, ob es sich um reale konstruktive Kritik handelt oder ob es um das Entwerten an sich geht). Pauschale Abwertungen begrenzen wir klar: »Für Ihre Kritik bin ich offen, aber abwerten lasse ich mich nicht. Hier ziehe ich eine Grenze.«

Es bringt keinen Nutzen, wenn wir uns abstrampeln und uns bemühen, dass Klient*innen uns *gut finden.* Zum einen dürfen wir uns nicht gegen Kritik immunisieren. In jeder Kritik steckt ein Kern Wahrheit. Zum anderen ist es unsere Aufgabe, gemeinsam zu schauen, welches biografische Thema, welche grundlegenden Beziehungserfahrungen und tief sitzenden Enttäuschungen sich hier wiederholen. Wo gehören die Beziehungsbotschaften *eigentlich* hin? Vieles kann gemeinsam verstanden werden, wenn wir uns nicht unterordnen, rechtfertigen, beschwichtigen oder erklären. Es gibt keinen perfekte Therapie. Es gibt nur Interesse und Neugierde oder fehlendes Interesse und fehlende Neugierde. Es reicht, wenn wir ausreichend gute Therapeut*innen sind. Mit dieser Grundhaltung müssen wir uns weder abstrampeln noch verbiegen. Ein fehlbarer Mensch reicht einem anderen fehlbaren Menschen die Hand.

## Idealisierende Klient*Innen

Eine mild idealisierte Beziehung gilt als förderlich für den therapeutischen Prozess und muss nicht unbedingt angesprochen werden. Wenn wir aber merken, dass wir stark idealisiert werden, müssen wir unseren Klient*innen dabei helfen, dass aus dieser asymmetrischen Beziehung irgendwann eine Beziehung auf Augenhöhe werden kann. Wenn wir uns selbst unbewusst mit dem Größenselbst identifizieren und diese Idealisierung genießen, ist eine heilsame therapeutische Beziehung nicht möglich. Wir können dann etwas sagen wie: »Ich merke, dass sich ein Teil von mir geschmeichelt fühlt. Ich habe auch den Eindruck, dass es viel Sympathie zwischen uns gibt. Ich bemerke aber auch, dass sich ein anderer Teil von mir über das Kompliment nicht freut, weil es in mir das Gefühl auslöst, ich müsste für Sie so sein. Das macht mich in unserer

Beziehung unfreier.« Oder: »Ich habe das Gefühl, Sie stellen mich da ganz schön auf ein Podest. Wofür ist das gut?«

## Der Umgang mit Suizidalität

An dieser Stelle ist es mir wichtig, kurz auf das Thema »Umgang mit Suizidalität« einzugehen, weil unsere Grundhaltung der Nondirektivität nicht mehr gilt, wenn akute Gefahr an Leib und Leben besteht. Dann müssen wir aus unserer neutralen Rolle heraustreten und aktiv werden. Beim Thema Suizidalität sollten wir sehr klar sein. Die Besprechung vollzieht sich in einem Spannungsverhältnis: Wir sollten dazu einladen, über dieses Thema zu sprechen. Manche Klient*innen brauchen diese Gedanken als fantasierte Hintertür, um das nicht Aushaltbare ertragen zu können. Damit halten Sie uns jedoch in einer permanenten, subtilen Sorge um Sie, was eine effektive Therapie unmöglich macht. Wenn dies unausgesprochen und unreflektiert bleibt, lassen wir uns so in *emotionale Geiselhaft* nehmen. Wir sollten uns nicht scheuen zu fragen, ob lebensmüde Gedanken eine Rolle spielen und wie konkret die Gedanken sind. Sind es Fantasien, dass alles zu Ende sein möge, weil es so anstrengend ist? Wurde über konkrete Methode nachgedacht? Wurden möglicherweise sogar erste Vorkehrungen zur Planung getroffen? Gibt es Suizide im Bekannten- oder Verwandtenkreis?

Beim Thema Suizidalität übernehme ich den Vorschlag meines Supervisors Bernhard Grimmer (zum Weiterlesen: Grimmer 2014), der äußert: »Wenn Sie mit mir zusammenarbeiten, muss ganz klar sein, dass Sie sich für das Leben entscheiden. Wenn Sie sich da eine Tür offen halten, können wir nicht zusammen Therapie machen.« Wir können noch anfügen: »Wie kommt das bei Ihnen an, wenn ich das so klar sage?« Als Therapeut*innen sind wir befangen, wenn diese Hintertür einen Spalt offen ist oder Klient*innen gar in der Interaktion mit diesem Thema spielen. Wir können dann keine wirksame Therapie mehr durchführen: Unwillkürlich nehmen wir eine Schonhaltung ein, wodurch wir uns an die wirklich schwierigen Punkte nicht mehr heranwagen. Wenn wir an diesem Punkt nicht klar sind, leidet nicht nur die Therapie, sondern irgendwann auch unser Schlaf.

Wir werden auch direktiver, wenn Fortschritte der Therapie durch das Verhalten unserer Klient*innen bedroht sind.

## Wann und wie spreche ich die Beziehung zu meinen Klient*innen an?

Nicht alle Therapeut*innen sind geübt darin, die Geschehnisse innerhalb der therapeutischen Beziehung zum Thema zu machen. Vielleicht fühlen wir uns selbst vulnerabel, haben Angst vor Entwertung oder Bindungsverlust, wenn wir uns zeigen. Das tun wir nämlich unweigerlich, wenn wir die Beziehung oder Teile davon im Hier und Jetzt untersuchen. Das Hier und Jetzt ist immer im Wandel, immer kreativ, nie kontrollierbar und vorhersehbar. Wir brauchen dafür Mut, die Fähigkeit, Unsicherheit auszuhalten, und eine Anbindung an unsere eigene konstruktive Aggression. Unsere Aufgabe ist es, letztendlich Sicherheit in der Unsicherheit zu finden und unser Gegenüber immer wieder frisch auf uns wirken zu lassen.

Für manche Klient*innen ist es zu Beginn der Therapie bedrohlich, wenn wir die Beziehung zu früh thematisieren. Damit signalisieren wir, dass die therapeutische Beziehung infrage gestellt werden kann. Zu Beginn frage ich dann eher etwas vager: »Wie geht es Ihnen mit der Therapie? Die therapeutische Beziehung kann ich implizit durch meine Fragen erforschen: »Wie geht es Ihnen damit, wenn ich das sage?« »Was denken Sie, wie es mir geht, wenn ich das frage/wenn Sie das äußern?« »Was vermuten Sie, was ich dazu gedacht habe?« Ich hole also das Hier und Jetzt unserer Beziehung mit in den Reflexionsraum. Dabei muss ich die zwischenmenschlichen Themen meiner Klient*innen aktiv im Hinterkopf haben. Diese Themen werden sich im Rahmen unserer Beziehung aktualisieren und abbilden. Über die therapeutische Beziehung bekommen wir Zugriff darauf. Wir haben in den Therapien die einmalige Möglichkeit, die Problematik live mitzuerleben und diese neugierig, nicht wertend in allen Facetten zu untersuchen. Dafür muss ich aushalten können, immer wieder Projektionsfläche für Wünsche, Sehnsüchte, aber auch Enttäuschungen und Befürchtungen aus vergangenen Beziehungen zu sein.

Wann immer möglich, sollten wir die Konfliktthemen, die im Leben unserer Klient*innen immer wieder eine Rolle spielen, ansprechen, wenn diese sich in Beziehung zu uns zeigen. Dafür brauchen wir eine Anbindung an unsere eigene konstruktive Aggression, weil wir uns aus dem kuscheligen Raum des einander Verstehens rausbewegen und Unbewusstes Ansprechen.

## Wie gehe ich mit schwierigen Gefühlen um?

Gelegentlich kommt es vor, dass schwierige Gefühle in uns entstehen, die uns auch nach den Therapien und vielleicht sogar bis ins eigene Bett verfolgen. Hier hilft mir ein psychoanalytisches Konzept: Klient*innen agieren ihre Themen aus, damit sie weniger leiden. Sie externalisieren ihre Themen in Handlungen, weil sie diese psychisch nun nicht genügend verstehen können oder noch keine Worte dafür haben. Das Konzept der projektiven Identifikation beschreibt einen fast schamanisch anmutenden Vorgang: Klient*innen deponieren ihre abgespaltenen und nicht aushaltbaren Gefühle quasi in uns. Wir können das daran erkennen, dass wir Gefühle in einer Intensität und manchmal auch Qualität erleben, die uns nicht vertraut ist. Wenn wir nach manchen Stunden so fühlen, können wir uns sicher sein, dass die Klient*innen dadurch etwas weniger leiden. Wir können diese Gefühle im therapeutischen Prozess nutzen, indem wir sie aus Klientenperspektive spiegeln: »Kann es sein, dass Sie sich manchmal so und so fühlen?« Wir helfen unseren Klient*innen, eine Sprache für das diffuse, verwirrende und überfordernde innere emotionale Erleben zu finden. Wo namenlose Erregung war, kann psychisches Land werden. Dadurch entsteht mehr Distanz. Klient*innen müssen sich weniger ihren starken Gefühlen ausliefern.

Wenn du Ängste, Bindungsängste, Verlustängste, Angst vor Entwertung etc. häufig erlebst, kannst du neugierig auf diese Themen sein und diese in der Selbsterfahrung oder Supervision erkunden. So kannst du unbefangen bleiben und lieferst dich deinen Klient*innen aufgrund deiner offenen biografischen Bedürfnisse oder Verletzungen nicht aus. Das ist ein Prozess und es darf dauern, bis man sich selbst in der therapeutischen Rolle als Mensch unbefangener und freier fühlt.

## Wie gehe ich damit um, wenn ich kein Interesse, keine Sympathie oder gar Ablehnung empfinde?

> »It never hurts to see the good in someone. They often act the better because of it.«
> *(Nelson Mandela)*

Es gibt Klient*innen, die es uns schwer machen, Sympathie für sie aufzubringen. Wenn wir das ganz am Anfang der Sprechstunden merken, sollten wir unser Gefühl ernst nehmen und keinen gemeinsamen Prozess beginnen. Wenn wir keinen Teil an unseren Klient*innen finden, der uns gewinnend oder sympathisch erscheint, ist es möglich, dass sie die ihnen bekannte Erfahrung, von anderen abgelehnt zu werden, in der Beziehung zu uns reinszenieren. Wir müssen diese Gefühle vollständig in uns wahrnehmen, dürfen aber nicht auf deren Grundlage handeln. Klient*innen müssen spüren, dass wir ihnen – trotz allem – zugewandt sind und an sie glauben. Manchmal hilft es, wenn Sie sich einen unsympathischen Klienten als vierjähriges Kind vorstellen. Was empfinden Sie dabei? Fast immer erleben wir Sympathie, wenn wir die Not und die Verletzung der Klienten sehen und verstehen. Vielleicht haben wir noch nicht ausreichend verstanden, warum sich jemand mit seinem unsympathischen Verhalten so schützen muss. Wenn wir uns von einem bedrohlichen, passiv-aggressiven oder grandios-entwertenden Auftreten einschüchtern lassen, werden wir selbst defensiv. Unsere Klient*innen kehren die Rollen um, indem sie uns so fühlen lassen, wie sie sich selbst nicht fühlen wollen. Wenn wir den Abwehrvorgang der Rollenumkehr nicht bewusst wahrnehmen, verlieren wir die Anbindung an unsere Kompetenz, Intuition und Spontanität und können diese Beobachtungen nicht gewinnbringend erkunden.

Wenn die Beziehung ausreichend tragend ist, können wir ansprechen, wie wir die Klient*innen wahrnehmen, und in Erfahrung bringen, ob sie diese Rückmeldung schon bekommen haben. Sie spüren ja, dass sie gemieden werden oder dass keine emotional bedeutsamen Beziehungen entstehen. Vielleicht, weil sie ständig in Machtkämpfe geraten, jeden Menschen als Konkurrenten sehen, stark entwerten oder fordernd und klammernd werden. Wenn wir an die eigene Verletzlichkeit, die eigenen Ängste und Sehnsüchte nach Zugehörigkeit und Verbindung herankommen, dann braucht es diese Abwehr immer weniger.

Wir können als Therapeut*innen einen Blick für das Gute und die »secret beauty« (Thomas Murton, zitiert in Kornfield 2008) in jedem Menschen entwickeln. Wir können uns dafür interessieren, wann und warum jemand sein Herz verschlossen hat. Als Therapeut*in müssen wir an unsere Klient*innen glauben. Wir brauchen ein unerschütterliches Vertrauen in ihr Potenzial. Nur mit dem Glauben an die Entwicklungsfähigkeit des Menschen macht die Idee von Psychotherapie Sinn. Ich habe mich häufiger gefragt, warum Yalom als Therapeut so erfolgreich war. Wenn ich seine Therapiegeschichten lese, sind diese voller Irrwege, Abbrüche und nicht zutreffender Deutungen oder Einschätzungen. Auch seine Klient*innen haben ihn entwertet, waren frustriert oder enttäuscht von dem, was ihnen angeboten wurde. Dennoch wird ein unerschütterliches Ringen um ein gemeinsames Verstehen deutlich, eine tiefe Zugewandtheit und ein tiefes Vertrauen, dass der Prozess in diesem gemeinsamen Ringen Früchte tragen wird. Und das tut dieser dann auch.

Wir können nicht wissen, welche Wege oder Auswege unsere Klient*innen einschlagen werden, wenn sie in eine Sackgasse geraten sind. Wir können nur dableiben. Was wir unseren Klient*innen voraus haben, ist unser Vertrauen darin, dass sie einen Weg finden werden. Wir vertrauen darin, dass sie die die Fähigkeit, diesen Weg zu gehen, in sich tragen. Jeder Mensch trägt die Fähigkeit der Selbstheilung in sich.

Tief depressive Klient*innen können diesen Glauben ganz schön herausfordern. Wir sind verleitet, selbst zu resignieren, uns erlahmen zu lassen, uns überzeugen zu lassen, dass wirklich nichts etwas bringt und bringen kann. Manchmal glaube ich es auch selbst nicht, aber ich sage immer: »Ich weiß, dass es sich für Sie nicht so anfühlt. Ich bin mir jedoch sicher: Dieser Zustand wird nicht ewig andauern. Es wird irgendwann besser werden. Kein Zustand ist von Dauer.« Das ist das Einzige, was ich in manchen Situationen hinzufügen kann. Ein Teil vom Klienten hört dies und schöpft daraus Hoffnung – auch wenn diese noch so klein sein mag. Viele sagen am Ende einer Therapie, dass sie daran nicht geglaubt haben, aber dass es gestimmt hat. Hoffnung und Vertrauen lohnen sich immer. Manchmal ist es das Einzige, was wir in dunklen und verzweifelten Phasen geben können. Und es ist viel.

## Wie finde ich meinen eigenen Weg?

Letztendlich musst du als Therapeut*in deinen eigenen Weg finden. Womit fühlst du dich wohl? Welche Art von Offenheit ermöglicht es dir, frisch zu bleiben, den eigenen Raum und den therapeutischen Raum offen und weit zu halten? Da gibt es kein richtig oder falsch. Analytiker begründen ihre kategorisch abstinente Haltung in Bezug auf eigene Gefühlsäußerungen damit, dass man ja nicht wisse, wie sich dies auf die Übertragungsbeziehung auswirke. Das weiß man aber nie! Und wir wollen ja letztendlich, dass Klient*innen die alten Beziehungsmuster überwinden. Wir können ihnen dabei helfen, indem wir eine andere Art von Beziehung anbieten. Dafür gibt es keinen vorgeschriebenen Weg. Jeder Therapeut ist einzigartig und muss mit jedem Klienten einen eigenen Weg finden, der ihm oder ihr auf dem Weg der Selbsterkenntnis, Selbstwahrnehmung, Beziehungsfähigkeit und Individuation behilflich ist. Nur wenn wir unseren persönlichen Stil finden, bleiben wir präsent, lebendig, mit unserer Intuition und Spontanität verbunden. Das sind Voraussetzungen dafür, dass echte Begegnung stattfinden kann. Dazu Wolf Büntig: Therapie können wir nicht richtig machen, nur persönlich!

## Wie können wir entspannt bleiben?

Wir müssen uns vor Augen führen, dass unsere Klient*innen uns nicht aufsuchen, weil wir so gute Therapeut*innen sind, sondern weil sie in Not sind und eine menschliche Begleitung brauchen. Für viele ist es eine absolut neue und heilsame Erfahrung, mit einem ihnen zugewandten Menschen über ihre intimsten Gefühle und Gedanken zu sprechen, ohne bewertet oder verbessert zu werden. Wenn jemand da ist, dableibt und zuhört. Wir müssen nichts Außergewöhnliches leisten. Zentral sind unser Interesse und unsere Neugierde. Wir können präsent sein, uns spüren und neugierig sein, was im Hier und Jetzt auftaucht. So ist die Begegnung frisch.

> Die Tätigkeit als Therapeut*in besteht nicht nur aus berührenden Begegnungen. Unsere Klient*innen sind mit ihrer Art, in Beziehung zu sein, häufig in eine Sackgasse geraten: Wir sind konfrontiert mit Anspruchsdenken, passiven Erwartungshaltungen, Entwertungen, appellativen Suizidandrohungen oder Beziehungsabbrüchen. Klient*innen versuchen, uns in einer Rolle zu sehen, die sie zur Befriedigung ihrer Bedürfnisse brauchen. Wir müssen das uns unbewusst zugeschobene Rollenangebot bewusst wahrnehmen, um nicht unreflektiert darauf aufzuspringen. Wenn wir mit der Rolle des idealen Helfers oder des omnipotenten Experten identifiziert bleiben, brennen wir irgendwann aus. Unsere Aufgabe besteht darin, neugierig, offen, unbefangen und interessiert zu bleiben.

# 11 Psychotherapie – ein potenziell toxischer Beruf

Im vorherigen Kapitel bin ich auf die professionellen Herausforderungen der therapeutischen Arbeit eingegangen. In diesem Kapitel werde ich persönlicher und gehe verstärkt auf die psychischen Herausforderungen der therapeutischen Tätigkeit ein. Ich habe einige Ideen der Selbstfürsorge zusammengetragen. Sehr hilfreich finde ich das Konzept des *verletzten Helfers*, auf das ich am Ende des Kapitels eingehe. Ein Supervisor von mir sagte es einmal so: Wir haben einen potenziell toxischen Beruf. Unsere Tätigkeit kann psychisch belastend für uns sein. Wenn wir nicht aufpassen, verlieren wir in den Therapien mehr Energie, als wir dazugewinnen.

Natürlich ist das, was wir tun, sinnstiftend und wertvoll. Wir bieten unsere Präsenz, unsere ungeteilte Aufmerksamkeit, unser Dasein, unsere Zeit, unser Vertrauen, unsere Erfahrung und unser Wissen an. Häufig spüren wir den hohen Wert dessen, was wir geben können. Für mich ist es einfach schön, die positive Entwicklung von Klient*innen zu sehen: Wenn sie andere Wege finden, mit den Aufgaben des Lebens umzugehen, mit sich selbst freundlicher werden, lebendiger und präsenter werden, sich selbst und andere mehr achten und mehr Möglichkeiten im Leben sehen.

Auf der anderen Seite kommen viele Menschen in Therapien, weil sie große Schwierigkeiten in Beziehungen haben. Manches an ihrer Art der Beziehungsgestaltung strengt nicht nur ihre Mitmenschen, sondern stellvertretend für diese auch uns an: Anspannung, überzogene Ansprüche, Impulsivität, Kränkbarkeit, eine seit Langem bestehende tiefe Enttäuschung in Bezug auf Beziehungen, Forderungen oder Wertungen. Wir bauen eine Beziehung zu Menschen auf, die in Beziehungen allzu häufig verletzt wurden und dagegen bestimmte Schutz- und manchmal Angriffsmechanismen entwickelt haben.

Es gibt Therapietage, nach denen ich mich energetisiert und gut fühle. Ich spüre den Sinn und Wert meiner Arbeit. Es gibt aber auch Tage, an denen ich mich müde, erschöpft und ausgelaugt fühle. Ich bin dann unsicher, ob meine Lebenszeit und die der Klient*innen im Gespräch gut investiert war. Vieles in der therapeutischen Tätigkeit ist belastend. Da gibt es nichts zu beschönigen: Klagende Klient*innen, die in scheinbar aussichtslosen Lebenssituationen feststecken. Manche können wir nicht erreichen, auch wenn wir uns noch so viel Mühe geben. Einige sind derart unter Druck, dass die Gespräche nicht über ein *Druckabladen* hinausgehen. Wir fühlen uns als Mülleimer missbraucht. Wir sind mit so vielen verschiedenen Problemen, Traumata und Nervensystemen konfrontiert. Dabei ist es nicht leicht, in einem guten Kontakt mit sich selbst zu bleiben und gleichzeitig einen guten Kontakt zum Gegenüber aufrechtzuerhalten.

An manchen Tagen zweifle ich, ob wir weiterkommen, und strenge mich zu sehr an, gerate unter Druck oder übernehme zu viel Verantwortung. Ich spüre Leistungsdruck, was mich davon abhält, spontan zu handeln und mit meiner Intuition verbunden zu sein. Gelegentlich entwerten Klient*innen uns oder die Therapie mehr oder weniger subtil. Auch wenn wir dies vor dem Hintergrund der Beziehungserfahrungen unserer Klient*innen oder tatsächlicher Versäumnisse von uns nachvollziehen können, macht dies was mit uns als Menschen. In manchen Momenten zieht die Arbeit mehr Energie, als sie zurückgibt. Wenn ich abends meiner Frau schildere, wie es mir geht, sagt sie nicht selten: »Ich glaube, du arbeitest zu viel für deine Klient*innen!«

In Momenten der Unsicherheit, des Zweifels und der Erschöpfung hilft es mir, mich mit der humanistischen Grundhaltung zu verbinden. Dann frage ich mich, was die dahinterliegende Intention für die Arbeit ist. Ich brauche Geduld, denn emotionale Prozesse haben ein anderes Tempo als kognitive. Es dauert umso länger, mit Menschen in einen guten, konstruktiven Kontakt zu kommen, je tiefer sie selbst verletzt wurden. Ein Supervisor von mir sagte einmal, dass Therapie nicht nur wie gemeinsames Süßigkeitennaschen ist. Über weite Strecken hinweg ist sie richtige Arbeit und fühlt sich mehr so an wie an einer Vollkornbrotkruste zu kauen. Therapie ist Arbeit. Seelenarbeit. Über manche Strecken hinweg ist sie mühselig und anstrengend, sowohl für unsere Klient*innen als auch für uns.

Manchmal kommen unsere Klient*innen mit klaren Anliegen. Häufiger sind diese jedoch diffus, schwer in Worte zu fassen und vielschichtig. Als Therapeut*innen können wir lernen, uns mit einer zugewandten, fragenden und offenen Haltung in diesem Durcheinander zu bewegen. Um diese Unsicherheit auszuhalten, brauche ich ein tiefes Vertrauen in die Selbstheilungsfähigkeiten und Wachstumskräfte des Menschen. Angebunden an dieses Vertrauen, bin ich weniger als Person verantwortlich, sondern ein Facilitator für selbstorganisierende Prozesse. Welche davon dran sind, zeigt sich im Kontakt mit unseren Klient*innen. Nicht wir müssen danach suchen oder Themen vorgeben. Meine Verantwortung liegt darin, einen sicheren und wertfreien Raum zu schaffen, in der ich zum Spüren und neugierigen Explorieren einlade.

## Die Rolle der Selbstfürsorge

Wir sollten in Gesprächen ausreichend reguliert sein. Wir sollten dafür sorgen, dass es uns so gut wie möglich geht und dass unsere *innere Schale* gefüllt ist. Dazu brauchen wir ein eigenes Leben außerhalb der Praxis. Wir brauchen Tätigkeiten und Menschen um uns herum, die uns guttun. Wir sollten in gutem Kontakt mit uns, unseren Grenzen und unserem Wert sein. Wir brauchen eine Orientierung, was wir als Therapeut*innen anbieten können und was nicht. Klient*innen schreiben uns unbewusst die Rolle zu, in der sie uns haben möchten. Auf dieses Rollenangebot dürfen wir nicht unreflektiert aufspringen. Für die Gefühle und Handlungen unserer Klient*innen übernehmen wir keine Verantwortung. Indem wir sie bei der Suche nach Lösungen, die zu ihnen passen, unterstützen, fördern wir ihre Selbstständigkeit und Selbstachtung. Wir arbeiten erkenntnis- und prozessbasiert, im Gegensatz zum handlungsbasierten Ansatz der Verhaltenstherapie. Erkenntnisse selbst sind jedoch nicht die Lösung, sondern bereiten Handlungen vor, die unseren Klient*innen wählen und ausführen müssen.

Jeder Therapeut muss Wege finden, wie er selbst frisch und lebendig bleibt. Trotz des Leids, der Sorge, der Tiefe und Schwere der Themen, mit denen wir täglich konfrontiert sind. Jeder hat da andere Strategien. Hier eine Auswahl:

- Sorge dafür, dass es dir gut geht.
- Lüfte nach jeder Stunde.
- Finde heraus, welcher Rhythmus für dich gut ist. Man muss nicht immer zur vollen Stunde beginnen. Ich brauche zum Beispiel nach der zweiten Stunde fünf Minuten länger Pause und nach der dritten zehn Minuten länger.
- Wie viele Stunden täglich sind gut für dich? Da ist jeder Therapeut, je nach Arbeitsweise und Erfahrung, unterschiedlich. Achte unbedingt darauf, was für dich persönlich ideal ist! Wähle nicht das Pensum aus, das du auf dem Höhepunkt deiner Kräfte bewältigen könntest. In deinem Alltag bist du nicht immer voll in deiner Kraft. Wähle ein Pensum, das du auch gut bewältigen kannst, wenn du nicht 100 Prozent geben kannst.
- Wechsle nach dem Therapietag deine Kleidung und dusche, um die *Energie* der Prozesse *abzuwaschen*.
- Schüttle dich nach schwierigen Sitzungen oder streife die Energie von dir ab.
- Tanze zwischendurch oder bewege dich.
- Iss ausreichend, aber nicht zu viel während der Arbeitstage.
- Mach ggf. nach dem Mittagessen eine kleine Mittagspause. Leg dich hin, mache eine kleine Meditation, einen kurzen Mittagsschlaf oder eine angeleitete Entspannungsübung (zum Beispiel autogenes Training).
- Spüre immer wieder nach, wann du unter Druck gerätst oder zu viel Verantwortung übernimmst: Vielleicht musst du das Setting klären und Verantwortung zurückgeben, um wieder gut zu dir zurückkommen zu können. Die Energie für die Arbeit muss irgendwann von unseren Klient*innen kommen.
- Bleibe mit deiner eigenen konstruktiven Aggression in Kontakt. Neben der Fähigkeit, zu halten und mitzuschwingen, brauchen wir Kontakt zu unserer eigenen Aggression, um zu konfrontieren, zu kontrastieren und unsere eigene Wahrnehmung auszusprechen.
- Beobachte, wann du dich im Gespräch von deiner eigenen Lebendigkeit abschneidest. Versuche, während der Therapiegespräche in Kontakt mit deiner Lebendigkeit zu bleiben.

Als Therapeut*innen bieten wir Präsenz, Zeit, Geduld, Hoffnung und unser Wissen an. Wir können aber keinen Schalter umlegen oder selbst die Veränderung sein. *Wir heilen nicht, sondern bringen durch unser Kontaktangebot den Prozess der inneren Entschleunigung und Selbstheilung in Gang.*

Viel zu oft strengen sich Therapeut*innen zu sehr an und arbeiten zu hart: »Sie versuchen, Dinge zu verstehen und zu analysieren und mühen sich ab, dem Gegenüber eine Hilfe zu sein, anstatt einfach mit Offenheit, Neugier und Interesse präsent zu bleiben« (Heller & Kammer 2023, S. 178). Ein Dozent von mir hat die ersten Berufsjahre in den Therapiegruppen einer Klinik vorweggeschickt: »Ich bin Anfänger, ich kann noch nicht alles.« Das hatte mich sehr beeindruckt. Ich habe mich das in meinen Anfangsjahren nicht getraut, aber allein die Vorstellung, das zu sagen, hat mich entlastet. Eine Dozentin erzählte in einem Seminar folgende Geschichte: Eine sehr anspruchsvolle und tief verletzte Patientin kam zu ihr in die Therapie. Sie habe ihr Folgendes gesagt: Wenn sie merke, sie würde sie als Fall und nicht als Mensch behandeln, würde sie nicht mit ihr arbeiten können. Die Dozentin entgegnete ihr: »Wissen Sie, ich bin ein Mensch und ich werde Fehler machen. Ich weiß aber auch, dass Sie mich damit nicht davonkommen lassen.« Mit dieser Offenheit können und dürfen wir an unsere eigene Begrenztheit herangehen. Dann wird die Arbeit Freude machen und tief gehen. Wir brauchen keine Angst davor zu haben, Fehler zu machen oder durchschaut zu werden. Ein weiterer Dozent schilderte, einmal vor einer Gruppe heftig kritisiert worden zu sein: Er sei unsicher, er wirke unauthentisch und überfordert etc. Mein Dozent entgegnete nur: »Es kann sein, dass Sie mit allem recht haben. Was nun?« Es ist okay, wenn wir als fehlerhaft und in unserer Begrenztheit wahrgenommen werden. Auch dafür können wir uns interessieren, wenn wir nicht darauf angewiesen sind, dass unsere Klient*innen uns in einer bestimmten Art und Weise spiegeln. Wir spielen keine Rolle, sondern sind als Mensch da.

Als Therapeut*innen haben wir eine große Verantwortung. Wie schaffen wir einen Raum für unsere Klient*innen, in dem Leid gelindert wird und Wachstum ermöglicht? Auf der anderen Seite kamen unsere Klient*innen auch ohne uns im Leben irgendwie zurecht und werden nach der Therapie ihren Weg weitergehen. So wichtig sind wir dann doch nicht. »Der Aufbau einer authentischen Beziehung zum Patienten fordert von sich aus, dass wir auf die Macht des Triumvirats Magie, Mysterium und Autorität verzichten« (Yalom 2010, S. 99). Wir sollten demütig bleiben: Wir sind nicht omnipotent. Wir können das Schicksal nicht beeinflussen und niemanden – so wenig wie uns selbst – vor Leid, Krankheit, Verlust und Tod bewahren. Das gilt selbst beim Thema Suizid: Der freie Wille steht letztendlich über allem. Was wir geben können, ist unsere zugewandte, offene und fragende Haltung. In Zeiten der Hoffnungslosigkeit können wir Hoffnung schenken. Dabei geht es nicht darum, dass alles gut wird. Das entspricht nicht dem, was das Leben mit sich bringt. Wir können jedoch Vertrauen darin vermitteln, dass wir alle Aufgaben bewältigen können, die das Leben uns stellt.

## Der verwundete Heiler[7]

Wie bist du in einem sogenannten sozialen oder helfenden Beruf gelandet? Was sind deine Motive dafür? Gibt es möglicherweise Beweggründe, die dir noch nicht bewusst sind? Viele Menschen in helfenden Berufen sind verletzte Heiler (vgl. Pross 2009, Yalom 2010). Vielleicht hast du selbst die Erfahrung gemacht, früh eine helfende Rolle im Familiensystem einzunehmen. Kinder tun dies aus Liebe, wenn sie merken, dass es einem Elternteil oder Geschwisterchen nicht gut geht. Der Preis für diese helfende Rolle ist hoch: Die eigene Bedürftigkeit und Abhängigkeit muss abgewehrt werden. Das Selbstgefühl beruht weniger auf der eigenen Körperlichkeit, sondern auf der helfenden Rolle. Das Kind, das nicht mehr Kind sein darf, erfährt statt kindgerechter Beachtung eine narzisstische Erhöhung: Anstatt seine Bedürfnisse zu befriedigen, wird es für seine Reife und liebevolle Unterstützung gelobt. Dahinter bleibt jedoch ein einsames, verletztes Selbst.

Vielleicht bist auch du ein verletzter Heiler. Daran ist überhaupt nichts Verwerfliches. Unsere biografischen Brüche machen uns zu dem, wer wir sind. Wir können aus unserem seelischen Schmerz eine ungeheure Kraft ziehen, dem Leid anderer empathisch begegnen und aus einer leidvollen Erfahrung eine große Ressource machen. Es ist stimmig, dass verletzte Helfer selbst soziale Berufe wählen. Die Ursprungssituation kann zu einem gewissen Grad unter kontrollierten Bedingungen wiederholt und geheilt werden. Es ist jedoch von zentraler Bedeutung, dass wir nicht unbewusst in unserer helfenden Kindrolle verharren. Wir dürfen nicht als ideale Menschen hilfreich sein. Wenn wir mit diesem Selbstbild identifiziert sind, machen wir uns narzisstisch abhängig von unseren Klient*innen. Wir brauchen sie, um unser Selbstbild als idealer Mensch zu spiegeln. In dieser Abhängigkeit können wir nicht unbefangen Therapie machen. Unsere Aggression und unsere Spontanität werden dadurch gehemmt. Wir übernehmen einerseits zu viel Verantwortung für unsere Klient*innen und brauchen sie auf der anderen Seite. Wenn wir aus dieser unbewussten Motivation heraus therapeutisch handeln, muss der therapeutische Prozess irgendwann ins Stocken geraten. Aggressionen haben keinen Raum und Klient*innen merken, dass implizit das von ihnen verlangt wird, was sie ihr Leben lang getan haben: sich nach den Erwartungen von anderen zu richten!

Für mich selbst ist die eigene Therapie von unschätzbarer Bedeutung für mein Wirken als Therapeut. Wir sollten nicht versuchen, als ideale Menschen anderen zu helfen. Wir sollten auch nicht unsere eigenen unerfüllten kindlichen Bedürfnisse auf unsere Klient*innen projizieren. Dann sehen wir nicht sie, sondern eigentlich uns und geben ihnen ungefragt das, was wir damals gebraucht hätten. Möglicherweise entspricht dies jedoch überhaupt nicht dem, was unsere Klient*innen brauchen. Unsere Aufgabe ist es,

---

7 C.G. Jung hat das Konzept des verwundeten Heilers durch seine Beschäftigung mit der mythischen Figur Chiron eingeführt (Vogel 2017).

das, was im Hier und Jetzt sichtbar wird, zu berühren. Damit schaffen wir die Möglichkeit, bisher Unausgesprochenes, Ungesehenes und Ungelebtes zu transformieren. Dafür müssen wir als Menschen mit unseren eigenen Beschränkungen sichtbar werden. Wir müssen unserem Gegenüber die Verantwortung für die eigenen Handlungen und Gefühle zumuten. Das erfordert viel Geduld und Demut. Dazu sagt der dänische Existenzphilosoph Kierkegaard (Kierkegaard 1848/1964, S. 39):

> »Wenn es einem wirklich gelingen soll, einen Menschen zu einer bestimmten Stelle zu führen, muss man zuallererst darauf achten, ihn dort zu finden, wo er ist, und dort beginnen. [...] Das ist das Geheimnis in der Kunst des Helfens. Jeder, der dies nicht kann, unterliegt einer Selbsttäuschung, wenn er meint, einem anderen helfen zu können.
>
> Um in Wahrheit einem anderen helfen zu können, muss ich mehr verstehen als er – zuallererst aber doch wohl begreifen, was er verstanden hat. Tu ich das nicht, so hilft mein größeres Verstehen ihm gar nichts. Will ich gleichwohl mein größeres Verstehen geltend machen, so ist es deshalb, weil ich eitel bin oder stolz, so dass ich im Grunde anstatt ihm zu nutzen eigentlich von ihm bewundert werden will. Alles wahre Helfen beginnt jedoch mit einer Demütigung; der Helfer muss zuerst knien vor dem, dem er helfen möchte, und dann verstehen, dass helfen nicht herrschen heißt, sondern dienen, dass helfen nicht Macht-, sondern Geduldausübung ist, dass die Absicht, zu helfen, einem Willen gleichkommt, bis auf weiteres zu akzeptieren, im Unrecht zu bleiben und nicht zu begreifen, was der andere verstanden hat.«

Um an unsere eigene Wahrheit und Intuition angebunden zu bleiben, brauchen wir Kontakt zu unserer eigenen konstruktiven Aggression. Nur so kommen wir aus einer symbiotischen Helfer-Kranken-Beziehung in eine reife Beziehung auf Augenhöhe von Mensch zu Mensch. Dazu Yalom: »... ich könne [...] nicht helfen, wenn zwischen uns keine Begegnung von Mensch zu Mensch stattfände; sie müsse mich als reale Person betrachten ...« (Yalom 2010, S. 114).

Seelische Verletzungen bringen neben Leid und Schmerz immer auch ein Geschenk mit sich. Menschen, die früh erfahren haben, dass das Leben auch wehtun kann, dass Krankheit, Verlust, Einsamkeit und Tod dazugehören, erleben das Leben intensiver. Sie haben ein größeres *seelisches Gewicht*, wie der umstrittene Pastor und Therapeut Bert Hellinger gesagt haben soll. Sie können sich empathischer in das Leid von anderen Menschen einfühlen und schauen demütiger auf das Leben. »Das ist der Punkt, auf den wir zurückkehren, wenn furchtbare Not oder zarte Rührung unser Ohr geöffnet und unser Herz wieder liebefähig gemacht hat«, wie Hesse es so schön ausdrückt[8]. Das Gleiche gilt für uns Therapeuten. Unsere eigenen Verletzungen sorgen dafür, dass wir uns

8 Aus seinem Gedicht: Dass Gott in jedem von uns lebt.

mit den Verletzungen anderer Menschen verbinden können. Wir können uns dem zuwenden und die häufig skurrilen und manchmal unsympathischen Methoden, mit diesen Verletzungen umzugehen, in der Tiefe sehen und verstehen. Dazu Carl G. Jung (Jung 1961/2003, S. 139):

> »Als Arzt muß ich mich immer fragen, was mir der Patient für eine Botschaft bringt. Was bedeutet er für mich? Wenn er nichts für mich bedeutet, habe ich keinen Angriffspunkt. Nur wo der Arzt selber getroffen ist, wirkt er. ›Nur der Verwundete heilt.‹ Wo aber der Arzt einen Persona-Panzer hat, wirkt er nicht. Ich nehme meine Patienten ernst. Vielleicht bin ich genauso vor ein Problem gestellt wie sie. Oft passiert es ja, daß der Patient gerade das richtige Pflaster für die schwache Stelle des Arztes ist. Daraus können schwierige Situationen entstehen, auch für den Arzt, oder gerade für ihn.«

Ich spüre das auch: Da, wo ich selbst mit meiner eigenen Verletzung und Verwundbarkeit in Kontakt bin, arbeite ich am bezogensten. Wolf Büntig (Büntig 2013, S. 79) drückt es so aus:

> »Der am Wesen orientierte Psychotherapeut befindet sich in der Ich-Du-Beziehung dem Patienten in unmittelbarer Ausschließlichkeit gegenüber. Es gibt im Moment dieser Beziehung nichts als sich und ihn oder sie in ihrer primären Verbindung im Wesen. Alles Ich-Es ist im Hintergrund verfügbar und wirksam als Handwerkszeug, doch nur dort, wo der Therapeut sich voll mit seinem eigenen Sein dem Sein des Patienten stellt, [...] kann es zu einer heilsamen Ich-Du-Beziehung kommen, die die entscheidende Voraussetzung für Menschwerdung ist.«

Irgendwann, wenn auf die richtige Art berührt, kann aus dem einstigen Leid eine Ressource und ein Gewinn für das eigene und das Leben der anderen werden: »Aus der Scheiße von gestern wird der Mist von heute und der Dünger von morgen« (Büntig 2015)!

> Die Rolle der Selbstfürsorge ist für unseren Beruf zentral. Du kannst als Therapeut*in herausfinden, was dir hilft, in den Therapien frisch, zugewandt und unbefangen zu bleiben. Die meisten Tätigen in sozialen Berufen sind »verletzte Helfer«. Das ist stimmig. Nur der Klient bekommt für mich eine Bedeutung, der auch etwas Verletztes in mir berührt. Wir dürfen jedoch nicht unreflektiert aus der Rolle des verletzten Helfers heraus handeln. Sonst geraten wir therapeutisch in eine Sackgasse und brennen psychisch aus.

# 12 Krankheit und Normalität

»Ein psychisch Kranker ist ein Mensch, der bei der Lösung einer altersgemäßen Lebensaufgabe in eine Krise oder Sackgasse geraten ist, weil seine Verletzbarkeit und damit sein Schutzbedürfnis und sein Bedürfnis, Nicht-Erklärbares zu erklären, für ihn zu groß und zu schmerzhaft geworden sind (M. Bleuler 1987). Das Ergebnis nennen wir Krankheit, Kränkung, Störung, Leiden, Abweichung. Weil so etwas jedem von uns jeden Tag widerfahren kann und zumindest in Ansätzen schon passiert ist, ist dieser Mechanismus uns grundsätzlich innerlich zugänglich und bekannt, was nichts damit zu tun hat, den Anderen in seiner Andersheit und Einzigartigkeit annehmen zu können.«

*(Dörner et al. 2007, S. 17)*

Die Humanistische Psychologie versucht, den Menschen nicht auf eine psychische Diagnose zu reduzieren. Sie versucht, ihn zunächst in seiner Ganzheit zu betrachten und den Sinn der Symptome zu verstehen. Dazu Carl G. Jung:

»Das Krankhafte kann nicht einfach wie ein Fremdkörper beseitigt werden, ohne dass man Gefahr läuft, zugleich etwas Wesentliches, das auch leben sollte, zu zerstören.

Unsere Aufgabe besteht nicht darin, es zu vernichten, sondern wir sollten vielmehr das, was wachsen will, hegen und pflegen, bis es schließlich seine Rolle in der Ganzheit der Seele spielen kann.«

*(Jung GW 16, §293)*

Wir begreifen ein psychisches Symptom also nicht als eine Art Tumor, der bösartig wuchert und deshalb entfernt werden muss. Pathologische Verhaltensweisen sind bemerkenswerte Ich- und Anpassungsleistungen, welche sich unter extrem schwierigen Bedingungen ausbilden. Alle psychischen Störungen haben eine interpersonelle Komponente: Menschen können kein ausreichend befriedigendes soziales Leben führen, weil es ihnen nicht gelingt, befriedigende und emotional bedeutsame Beziehungen zu initiieren oder aufrechtzuerhalten. Als Behandelnde brauchen wir einen tiefen Respekt vor den Möglichkeiten der Psyche, in Form von psychischen Symptomen höchst kreative Antworten auf das nicht Aushaltbare finden zu können. Psychische

Störungen haben eine tiefere Bedeutung, die wir gemeinsam im Rahmen der psychischen Konstitution und Lebensgeschichte verstehen können. Sie weisen häufig auf das nicht gelebte Leben hin. Wir können krank werden, wenn unsere Fähigkeiten und unsere Talente in ihrer Entwicklung gebremst werden und wir das, was wir erleben, nicht mehr authentisch ausdrücken können. Unsere Individuationsenergie ist blockiert und kann nicht fließen. Viele Menschen haben ihre eigene Lebensenergie aus Schutz vor Verletzungen so weit heruntergefahren, dass sie ihre Liebe und Kreativität nicht mehr frei ausdrücken können. Sie können sich nicht mehr auf andere zubewegen. Das kann krank machen.

Psychische Störungen werden anhand einer gesellschaftlichen Norm definiert. Sie können aber auch durch krankhafte gesellschaftliche Normen entstehen. Paul Watzlawick beschreibt den Zeitpunkt, an dem die Homosexualität nicht länger als psychische Krankheit angesehen wurde, als »größten therapeutischen Erfolg, der jemals erzielt wurde« (Watzlawick 2022, S. 61): Von einem Tag auf den anderen waren Millionen homosexuelle Menschen geheilt! In Deutschland geschah dies 1992, als die neue Ausgabe der Klassifikation von Krankheiten des WHO, das ICD-10, implementiert wurde. Diagnosen mögen einigen Menschen eine hilfreiche Orientierung bieten, für andere sind sie stigmatisierend und pathologisierend.

Der Humanistischen Psychotherapie wird vorgeworfen, dass sie nicht *diagnosespezifisch* genug arbeitet. Genau das ist jedoch die Stärke der Humanistischen Psychologie. Sie hat Wissen über die spezifischen Muster einer psychischen Störung, sieht jedoch den Menschen nicht allein durch diese Brille. Das ist ganz ähnlich wie bei den psychodynamischen Verfahren, die die gleichen Prinzipien bei Menschen mit ganz unterschiedlichen Schwierigkeiten anwenden. Ein ganzheitlicher Ansatz, in dem die Klient*innen im Mittelpunkt stehen, ersetzt jedoch nicht die Notwendigkeit, ein fundiertes Wissen über definierte Störungsbilder zu haben! Manche Klient*innen fühlen sich entlastet, wenn sie erfahren, dass es für ihr Erleben, unter dem sie leiden, einen Namen gibt. Das bietet Orientierung und befreit sie von dem Gefühl, mit allen Problemen isoliert zu sein. Darunter leiden ja viele: Sie haben das Gefühl, mit der Eigenart ihres Leids völlig allein zu sein und unverstanden zu bleiben. In der Therapie nehmen wir jedoch nicht Kontakt zu einem Störungsbild auf, sondern zu dem Menschen dahinter, der noch so viel mehr ist.

## Was genau ist eigentlich krank und was ist nun normal?

Hier gibt es verschiedene Vorstellungen, die wir als Therapeut*innen kennen sollten. Was normal und was krank ist, entscheiden Menschen vor dem Hintergrund bestimmter gesellschaftlicher Normen. Diese Begriffe ändern sich ständig im Laufe der Zeit. Dazu Pearson: »Abweichendes Verhalten definiert sich über verschiedene Kriterien: Leidensdruck oder Behinderung, Fehlanpassungen, Irrationalität, Unberechenbarkeit,

Außergewöhnlichkeit und statistische Seltenheit, Unbehagen bei Beobachtern und Verletzung moralischer und gesellschaftlicher Normen. Keines dieser Kriterien ist notwendig oder hinreichend, um psychische Erkrankung genau zu definieren. Eine objektive Beurteilung psychischer Störungen ist das vorrangige Ziel der Forschung. Dieses Ziel ist nicht einfach zu erreichen, denn Urteile über Normabweichungen sind oft situationsabhängig« (Zimbardo & Gerrig 2004, S. 661).

Wittchen et al. 2006 (S. 26) weist darauf hin, dass »bei der Definition von Krankheit [...] jeweils unterschiedliche Normbegriffe gemeinsam eine Rolle spielen (zum Beispiel statistische Norm: abnorm oder krankhaft ist das Ungewöhnliche; funktionale Norm: abnorm ist das Schädliche; soziale Norm: abnorm ist das gesellschaftlich Abweichende)«. Im Gegensatz zum Krankheitsbegriff wird »[a]ngesichts des Fehlens eindeutig nachgewiesener kausaler ätiologischer und pathogenetischer Beziehungen [...] grundsätzlich in den Klassifikationssystemen neuer Prägung der neutralere Störungsbegriff präferiert« (Wittchen et al. 2006, S. 29). Watzlawick (Watzlawick 2022, S. 58) schreibt:

> »Aber das Fehlen einer klaren Definition der Normalität, die auf einem so anfechtbaren Grundsatz aufbaut, macht es der Psychiatrie unmöglich, Pathologien zu definieren ... Im Falle der Psychiatrie haben wir es mit dem Wesen Mensch zu tun. Und was der Mensch ist, ist letzten Endes eine metaphysische Frage, für die es keine Beweise gibt.«

Hier wird deutlich, dass es sich bei seelischen Störungen nie um absolute Kategorien handelt. Wenn diese so von Normen abhängen, dann müssen wir auch die Normen hinterfragen, nach denen wir unser Leben gestalten. Können auch Normen gestört sein? Meiner Meinung nach ist eine Kultur gesund, die ihren Mitgliedern, so gut es geht, erlaubt, ihre Grundbedürfnisse zu erfüllen. Wir leben in einer Kultur, die eine enorm hohe Geschwindigkeit vorgibt. Um mitzuhalten, müssen wir den damit einhergehenden Druck aushalten können.

Als Therapeut*innen müssen wir hinterfragen, ob die gesellschaftlichen Normen, nach denen wir leben, gesund sind. Dienen sie noch der Befriedigung unserer Grundbedürfnisse? Wenn wir als Therapeut*innen die Ursachen psychischer Störungen ausschließlich auf der individuellen Ebene betrachten, stützen wir lediglich das System, in dem wir leben, und behandeln mit dem Leid unserer Klient*innen die Symptome einer kränkelnden Gesellschaft. Wir schaffen so immer neue Diagnosen, für die wir dann immer neue Therapien erfinden, anstatt nach den gesellschaftlichen Ursprüngen zu fragen. Anhand von Symptomträger*innen in Familien können wir dies gut zeigen. In Familien können wir den Sinn psychischer Symptome schnell erfassen: Wenn ein Jugendlicher in einer Familie erkrankt, in der er Missbrauch, Missachtung, Vernachlässigung und Gewalt erlebt, können psychische Symptome ein *gesunder* Lösungsversuch sein, sich vor weiteren Verletzungen zu schützen. Er muss sein verkörpertes Gefühl für Stimmigkeit ausschalten, um in diesem System überleben zu können. Er liefert sich diesem System weniger aus, wenn er depressiv oder psychotisch wird. Als Kind kann er sich noch nicht von der Familie abwenden. Das macht die Symptome nicht weniger leidvoll – aber sie haben einen Sinn. Ich schaue mit Achtung auf die Ich-Leistung der Symptombildung. Ich würdige Symptome als Leistung einer gesunden Seite, die sich in einem kranken System nicht anders zu helfen wusste. Bewundern wir nicht die wenigen Widerständler*innen in faschistischen Systemen? Diese funktionieren nicht mehr, kapseln sich von Beziehungen ab und gelten in diesem System als krank. Sie waren aber immer mit einem verkörperten Gefühl von Gerechtigkeit und Stimmigkeit verbunden. Sie litten enorm und bezahlten häufig mit ihrem Leben. Aber waren sie aus heutiger Sicht physisch nicht gesünder als die Masse, die mitmachte?

Natürlich müssen wir psychisches Leid auf individueller Ebene anschauen und behandeln. Das ist die Hauptaufgabe von uns als Therapeut*innen. Wir sollten jedoch nicht versäumen, den Sinn gemeinsam zu erfassen, den eine bestimmte Symptomsprache zum Ausdruck bringt. Dann sind die Symptome eine noch verschlossene Tür für eine zukünftige Entwicklung und keine zufällige Wucherung, die entfernt werden muss – am besten mit starken Medikamenten – noch ehe ihr Sinn erfasst wurde.

Wie bereits erwähnt, lässt sich Psychotherapie in eine Krankheits- und eine Gesundheitszone unterteilen (Galuska 1998). Gesundheit ist nicht einfach die Abwesenheit von Krankheit. Das habe ich gut in meiner Zeit in einer Suchtklinik sehen können. Viele Betroffene von einer Abhängigkeit waren nicht plötzlich seelisch gesund, wenn sie nicht mehr tranken. Das Symptom ihrer psychischen Störung war nicht mehr sichtbar. Dennoch stieg nicht selten ihr Leidensdruck, weil sie mit ihrem inneren Unglück und allem, was ungelebt und offen im Herzen war, konfrontiert waren. Nach der Beseitigung des Symptoms fing die therapeutische Arbeit erst an! Wir können nicht einfach Symptome behandeln, sondern müssen uns den Menschen, der uns gegenübersitzt, ganz genau anschauen und ihm zuhören. Nur so können wir gemeinsam herausfinden, was los ist.

Die Psychoanalyse und der Behaviorismus entwickelten ihr Menschenbild und ihre Behandlungsmethode anhand des Studiums von psychisch erkrankten Menschen und Tieren. Im Rahmen der humanistischen Gegenbewegung interessierte sich Antonovsky (Antonovsky 1979) im Rahmen seines Salutogenesekonzepts nicht dafür, was Menschen krank machte, sondern dafür, was Menschen gesund hält und was die Bedingungen für ein gesundes Leben sind. Auch Abraham Maslow (Maslow 2010) entwickelte seine Persönlichkeitstheorie anhand von Menschen, die sich selbst verwirklichen konnten. Erstmals wurden Theorien über die menschliche Psyche formuliert, deren Grundlage nicht das Studium seelisch erkrankter, sondern gesunder Menschen bildete. Antonovsky (Antonovsky 1979) fand heraus, dass ein inneres Kohärenzgefühl eine wesentliche Rolle beim Empfinden seelischer Gesundheit spielt. Sein Gesundheitsbegriff ist weniger normativ oder funktional, sondern sinnbezogen. Demnach ist ein Mensch gesund, der sein subjektives inneres Erleben, seine emotionale Wirklichkeit, seine Beziehungen und Handlungen und sein Selbstbild sinnhaft aufeinander beziehen kann. Ähnlich betrachtet Rogers (Rogers 2012) eine Person als gesund, die alle ihre Erfahrungen, Handlungen, Gefühle und Bedürfnisse in ihr Selbstkonzept zu integrieren vermag. Nach Fromm ist derjenige gesund, der liebesfähig und schöpferisch ist (Fromm et al. 1971). Wolf Büntig (Büntig 2013, S. 20) betont unser verkörpertes Selbstgefühl, unsere Beziehungsfähigkeit und den lebendigen Bezug zur Gegenwart als Kern von psychischer Gesundheit:

> »Gesund zu sein heißt, anwesend zu sein, zu sehen, was ist, zu schmecken, was ist, zu fühlen, was ist, was einem guttut, was einem nicht guttut. Was einen erfüllt, was einen schal lässt – das ist gesund, aber das ist nicht normal. Wirklich mit etwas in Beziehung zu sein, hingegeben zu sein an den Augenblick, das gegenwärtige Leben im beständigen Wandel ganz zu erfahren, das ist nicht normal, aber sehr gesund.«

Um einen lebendigen Bezug zur Gegenwart zu haben, muss ich mit den Veränderungen des Lebens mitgehen können. Wenn ich zu viel halte und eine zu rigide Abwehr entwickle, werden meine Handlungsmöglichkeiten stark eingeschränkt. Die humanistische Perspektive betont zudem die persönliche Verantwortung und Wahlmöglichkeiten als eine wichtige Quelle von psychischem Wohlergehen.

Die humanistischen Vorstellungen von Gesundheit gehen von einem zutiefst subjektiven seelischen Gesundheitsbegriff aus. Sinnhaftigkeit, Integrität, Selbstgefühl und die Fähigkeit, sinnhaft in Beziehung zu sich selbst und zur Welt zu sein, spielen dabei eine zentrale Rolle.

Andere gängige Definitionen von Gesundheit beziehen sich eher auf das innere Wohlbefinden und die erhaltenen Funktionen von Körper und Geist oder die wirtschaftliche Leistungsfähigkeit innerhalb einer Gesellschaft. Im Folgenden ein paar gängige Definitionen:

Gesundheit ist …

- »Körperliches und geistiges Wohlbefinden; Unversehrtheit; Freiheit von Defekt, Schmerz oder Krankheit; Normalität körperlicher und geistiger Funktionen.« (Webster's Dictionary 1985)
- ein »Zustand vollkommenen körperlichen, psychischen und sozialen Wohlbefindens, nicht nur definiert durch die Abwesenheit von Krankheit und Behinderung.« (Konstitution der Weltgesundheitsorganisation 1958)
- »Das Kriterium menschlicher, geistiger und seelischer Normalität ist die Wirklichkeitsanpassung eines Menschen. Wer die Wirklichkeit wirklich so sieht, wie sie ist, der ist normal und das sind ›natürlich‹ vor allem wir Therapeuten …«, schreibt Watzlawick (Watzlawick 2022, S. 58) mit einer gewissen Ironie.

Der Brockhaus drückt sich bereits in den 1930er-Jahren relativer in Bezug auf einen Gesundheitsbegriff aus, betont jedoch sehr den Leistungsaspekt: Gesundheit ist …

- »ein Zustand der vollen Leistungsfähigkeit eines Organismus […] [und] gegeben, wenn alle seine Teile im richtigen Wirkungsverhältnis zueinander stehen und alle Verrichtungen ihren normalen Gang gehen. Ein Körper, der absolut gesund wäre […], wird nie gefunden. Unter relativer Gesundheit versteht man das persönliche

Wohlgefühl, verbunden mit ungehemmter Leistungsfähigkeit, obwohl im Bau [...] Ungleichheiten, ja sogar Ausfälle bestehen.« (Brockhaus 1930)

Eine moderne und gängige Definition einer psychischen Störung finden wir bei Wittchen:

> »In Anlehnung an das DSM-IV (APA, 2000, Saß, Witschen, Zaudig & Hauben, 2003) lassen sich psychische Störungen definieren als ein klinisch bedeutsames Verhaltens- oder psychisches Syndrom oder Muster, das mit momentanem Leiden (zum Beispiel einem schmerzhaften Symptom) oder einer Beeinträchtigung (zum Beispiel Einschränkung in einem oder mehreren wichtigen Funktionsbereichen) oder einem erhöhten Risiko zu sterben einhergeht. In Unabhängigkeit von dem ursprünglichen Auslöser sollte eine verhaltensmäßige psychische oder biologische Funktionsstörung bei der Person zu beobachten sein.«
> *(Wittchen et al. 2006, S. 30)*

Philosophen wie Karl Jaspers betonen die Bedeutung des Kontextes, in dem über Gesundheit und Krankheit entschieden wird. Sie verdeutlichen, dass es sich bei Gesundheit und Krankheit nicht um unumstößliche Fakten, sondern um ein gesellschaftliches Konstrukt handelt:

> »Was gesund und was krank bedeutet, darüber zerbricht sich der Mediziner am wenigsten den Kopf ... Was krank im Allgemeinen sei, das hängt weniger vom Urteil der Ärzte, als vom Urteil des Patienten ab und von den herrschenden Auffassungen der jeweiligen Kulturkreise.«
> *(Jaspers 1973, S. 652)*

## Brauchen wir psychische Diagnosen?

Sozialrechtlich ist die Situation klar: Psychotherapeutische Leistungen werden in Deutschland von der Krankenkasse übernommen, wenn eine »krankheitswertige psychische Störung« vorliegt. Dass Psychotherapie eine Kassenleistung ist, ist ungeheuer wichtig und wertvoll – in den meisten Teilen der Welt ist das nicht der Fall. In der Logik der Krankenkassen müssen Leistungen auf bestimmte unterscheidbare Diagnosen zugeschnitten sein, um ihre Erstattung zu rechtfertigen. Dieses Prinzip wurde aus der somatischen Medizin übernommen. Wir kommen in unserem System also nicht darum herum, eine psychische Diagnose zu vergeben. Wie diese Diagnose nun aber für den therapeutischen Prozess genutzt wird, ist sehr unterschiedlich.

In der KVT sind die Behandlung und die damit einhergehenden Interventionen stärker auf eine jeweilige Diagnose zugeschnitten. Diese »bedarfsgerechte« Perspektive entspricht den Anforderungen der Evidenzbasierung. Für die tiefenpsychologischen und humanistischen Ansätze spielt die Diagnose oft eine untergeordnete Rolle. Wir brauchen fundiertes Wissen über bestimmte Diagnosen und Besonderheiten, die damit einhergehen.

Wir schauen uns jedoch in erster Linie ganz genau den Menschen an, der uns gegenübersitzt; wir interessieren uns für ihn und dafür, was er im Kontakt im Hier und Jetzt in uns auslöst, und stellen unsere Wahrnehmung darüber in einer fragenden, offenen und interessierten Haltung im Dialog zur Verfügung. Wir behalten das Wissen um die Diagnose stets im Hinterkopf, strukturieren die Therapie jedoch nicht auf dieser Grundlage. Wir starten die therapeutische Arbeit nicht mit der Diagnose, sondern mit der Beziehung.

Für einige Klient*innen ist eine Diagnose nicht wirklich von Interesse. Manche fühlen sich dadurch stigmatisiert. Anderen bietet die Diagnose anfänglich eine wichtige Orientierung, die Sicherheit gibt. Sie erkennen, dass das Problem bereits beschrieben wurde und dass andere Menschen ebenfalls darunter leiden. Sie fühlen sich damit weniger isoliert und allein.

Die Frage, welchen Stellenwert Diagnosen innerhalb der jeweiligen Therapie erhalten, sollten wir ganz pragmatisch davon abhängig machen, wie stark der jeweilige Klient davon profitieren kann. Die klare Benennung von Diagnosen, etwa bei schweren Beziehungsstörungen wie Borderline oder Narzissmus, kann sowohl für Klient*innen als auch für Therapeut*innen entlastend wirken. Sie bietet einen wichtigen Rahmen für therapeutische Interventionen, der Klient*innen hilft, sich in ihrer komplexen und oft verwirrenden Innen- und Beziehungswelt besser zu orientieren. Gleichzeitig ermöglicht dieser Rahmen den Therapeut*innen, sich emotional weniger zu verstricken.

Für mich ist wichtig, dass Diagnosen den richtigen Stellenwert bekommen: als eine allgemeine Beschreibung dessen, wie das Leiden eines Menschen aussehen kann. Sie sind eine Landkarte, anhand derer wir uns grob orientieren können und die uns hilft, mit anderen darüber zu kommunizieren.

Die modernen Klassifikationssysteme sind bereits davon weggekommen, Ursachen psychischer Störungen zu formulieren. Sie sind lediglich beschreibend und haben damit einen beschränkten Erkenntniswert. Die Diagnose selbst ist nicht die Person, nicht der Mensch. Wir kommen also nicht umhin, uns auf einen einzigartigen Menschen einzulassen, der durch seine Symptomsprache einen einmaligen Weg gefunden hat, seine aktuellen Belastungen, Verirrungen und Suchbewegungen auszudrücken. Wir müssen unseren diagnostischen Blick nicht aufdrängen, aber wir können ihn zur Verfügung stellen, wenn er hilfreich ist. Dabei können wir unsere Klient*innen immer fragen: Stärkt oder schwächt diese Perspektive? Hilft sie dabei, mit sich in Kontakt zu kommen, oder hindert sie dabei?

Es gibt keine absolute und objektive Definition psychischer Krankheit oder Gesundheit. Was psychisch gesund oder krank ist, wird vor dem Hintergrund gesellschaftlicher Normen definiert. Dabei spielen statistische, funktionale und soziale Normen eine wesentliche Rolle. Auch gesellschaftliche Normen können gestört sein. Vor diesem Hintergrund können psychische Symptome einen sinnvollen Bewältigungsversuch darstellen. Die Humanistische Psychologie geht von einem zutiefst subjektiven Krankheits- und Gesundheitsbegriff aus: Sie betont den Wert einer stimmigen und lebendigen Beziehung zu sich und zur Welt. Während die Behavioristen und Psychoanalytiker*innen ihr Persönlichkeitsmodell anhand von psychisch erkrankten Menschen entwickelten, orientierten sich die Humanistischen Psycholog*innen an psychisch gesunden Menschen und formulierten davon ausgehend ihr Persönlichkeitsmodell. In unserem Gesundheitssystem müssen wir psychische Diagnosen vergeben und über fundierte Kenntnisse darüber verfügen. Klient*innen unterscheiden sich darin, ob ihnen die Orientierung anhand von Diagnosen hilft oder nicht. Hier müssen wir individuell schauen, welchen Stellenwert eine Diagnose im therapeutischen Prozess bekommt.

# 13 Gruppentherapie: Die Kraft der therapeutischen Gemeinschaft

Die therapeutische Gemeinschaft hat seit jeher einen großen Stellenwert in der humanistischen Tradition. Der Mensch wird nicht als isoliert von anderen betrachtet, sondern als soziales Wesen, das auf andere Menschen angewiesen ist. Das eigene Selbst bildet sich in Interaktion mit unseren Mitmenschen aus. »Der Mensch wird am Du zum Ich«, wie Martin Buber es ausdrückt. Mit anderen gehen wir durch dieses Leben, erleben zusammen Freude und Leid. Dazu müssen wir lernen, mit anderen auszukommen. »Auf die Welt kommen bedeutet, in Konflikt zu geraten«, wie Fritz Perls gesagt haben soll. Wir brauchen das Zusammenleben mit anderen Menschen so wie Brot und Wasser. Da wir uns unterscheiden, treffen jedoch auch unterschiedliche Ansichten und Bedürfnisse aufeinander, sobald wir mit anderen Menschen in Kontakt sind. Wolf Büntig (Büntig 2015) sagt dazu: »Wer mit Konflikten leben kann, hat es wesentlich leichter im Leben.«

Es ist eine lebenslange Aufgabe, auf freundliche Art Grenzen zu kommunizieren und Bedürfnisse zu äußern. Dazu gehört natürlich auch, mit anderen Verbindung zu erleben und das individuelle Mischverhältnis aus Nähe und Distanz zu finden, das für einen stimmt.

Als Mensch sind wir in allen Lebensabschnitten Teil einer Gruppe. Wer wir sind, finden wir in Beziehung zu anderen heraus. Wir formen uns mithilfe der Beziehungsbotschaften und Spiegelungen, die wir erfahren. Das fängt mit der eigenen Familie an. Teil einer Gemeinschaft zu sein bedeutet immer, einen Kompromiss zwischen innen und außen zu finden, also zwischen unseren Bedürfnissen, Wünschen, Zielen und Grenzen und denen unserer Mitmenschen. Unser ganzes Leben lang nehmen wir unser eigenes Familiensystem und dessen implizite und explizite Regeln mit und tragen diese mit uns herum. In Kontakt mit anderen Gruppen können wir uns bewusst darüber werden, wie unsere eigenen Erfahrungen in uns wirken; wie sie die Verbindung zu anderen erleichtern und erschweren.

Sich anderen mit dem zu zeigen, wie es einem wirklich innerlich geht, ist der erste und wichtigste Schritt zur psychischen Heilung. Wenn wir diesen Schritt tun, treten wir aus der Isolation heraus, die uns glauben lässt, dass unser Leid uns von allen trennt. In der therapeutischen Gemeinschaft können wir erleben, dass wir mit unserem Leid weder allein noch isoliert sind und zugleich für andere hilfreich und bedeutungsvoll sein können. Wir gestehen uns unsere letztendliche Abhängigkeit von anderen Menschen ein und öffnen uns damit für eine Verbindung. Wir machen die Erfahrung, so angenommen zu werden, wie wir sind, und erweitern unser Repertoire an Strategien der Verbindung mit anderen Menschen, der Konfliktlösung und Kommunikation.

In der Gruppe können wir einen individuellen Zugang zu einem menschlichen Grundkonflikt finden: Wie können wir in der Beziehung Unabhängigkeit erleben, ohne die Verbindung und Zugehörigkeit zu gefährden? Nach Maslow (Maslow 2010, S. 72) zeichnet eine gesunde Gemeinschaft aus, dass sie die Bedingung für die Grundbedürfnisbefriedigung aller Mitglieder schafft: Die therapeutische Gemeinschaft hat nicht nur eine ungeheure therapeutische Wirkkraft, sie bringt uns auch in Verbindung mit uns als ursoziale Wesen. Nicht selten fühle ich mich nach einer Gruppentherapie innerlich verbunden, ruhig und weit. Es kann so heilsam sein, wenn Menschen sich im Rahmen einer Gemeinschaft öffnen und verletzlich zeigen. Im authentischen Miteinander einer Gemeinschaft wird das Freudvolle freudvoller und das scheinbar Unerträgliche erträglicher.

Ich möchte hier die Perspektive der ambulanten Gruppentherapie erläutern. Ich arbeite mit einem psychodynamischen Beziehungsverständnis im Hinterkopf, bringe aber zahlreiche humanistische Prinzipien – so wie ich sie kennengelernt habe – zur Anwendung.

## Auswahl der Klient*Innen

Die Auswahl der Klient*innen ist ein entscheidender Faktor für das Gelingen einer ambulanten Gruppentherapie. Ihrer Natur nach eignet sich die Gruppe insbesondere für das Bearbeiten zwischenmenschlicher Themen. Vielen Klient*innen leuchtet es nicht unmittelbar ein, was ihre psychische Problematik mit zwischenmenschlichen Themen zu tun hat. Andere äußern zwischenmenschliche Probleme explizit als Kern ihres Leidens. Letztere erfüllen die Voraussetzung für die Teilnahme in einer Gruppentherapie. Da unsere Psyche und unser Selbst sich in Beziehung formen, hat jedes psychische Leid seine Wurzeln in zwischenmenschlichen Beziehungen. Vielleicht waren diese enttäuschend, frustrierend, missachtend oder verwöhnend. Gleichzeitig wirken sich alle psychischen Störungen wiederum auf die aktuellen Beziehungen aus.

Typischerweise werden folgende zwischenmenschliche Themenkomplexe genannt:

- Ich fühle mich isoliert und einsam und möchte mehr Nähe zu anderen Menschen erleben. Das macht mir aber Angst.
- Ich ordne mich unter und habe Schwierigkeiten damit, meine Meinung zu äußern oder meine Bedürfnisse zum Ausdruck zu bringen und dafür einzustehen. Ich habe Schwierigkeiten damit, bei meinen eigenen Meinungen und Bedürfnissen zu bleiben.
- Ich passe mich anderen stark an und verliere mich selbst in Beziehungen. Ich spüre mich selbst nicht und weiß nicht, wer ich bin. Ich grolle dann anderen oder erschre-

cke sie mit meinem Ärger, wenn ich dann endlich mal meine Bedürfnisse durchsetzen möchte.
- Ich bin verschlossen und habe um mich herum eine Mauer aufgebaut. Ich möchte mich mehr öffnen und verletzlicher zeigen können.
- Mir wird vorgeworfen, dass ich zu sachlich und kalt wirke. Das schafft eine Distanz, die ich nicht möchte. Ich möchte mehr von meinen Emotionen mitteilen können.
- In Beziehungen bin ich schnell überwältigt und überschwemmt. Ich spüre meine eigene Grenze dann nicht mehr. Ich möchte lernen, mehr bei mir zu bleiben, ohne die Verbindung zu anderen zu verlieren.
- Ich wirke auf andere unempathisch und empfinde wirklich manchmal wenig Interesse. Ich möchte lernen, mich für andere zu interessieren und zu ihnen eine Verbindung zu spüren.
- Ich gerate immer wieder in zwischenmenschliche Konflikte und erlebte Zurückweisung durch andere, ohne Ideen zu haben, wie es dazu kommt und was ich dazu beitrage.

So oder so ähnlich können ausgearbeitete zwischenmenschliche Themen für die Gruppe klingen. Manchmal möchten Klient*innen lernen, sich allgemein von anderen Menschen besser abzugrenzen. Dies wäre für die Gruppe kein geeignetes Anliegen. Klient*innen könnten dies als Einladung verstehen, sich weniger für die Gruppe zu engagieren oder sich aus der Gruppe herauszuziehen. Das schadet der Kohäsion der Gruppe. Das Thema Abgrenzung können wir konkretisieren, sodass es sich nicht auf die Strategie beschränkt, sich von anderen zurückzuziehen. In der Gruppe können die Teilnehmenden lernen, sich innerlich abzugrenzen, ohne sich vom Kontakt abzuschneiden oder der Gruppe fernbleiben zu müssen. Ich möchte in der Gruppe das Element der Verbindung betonen und ein Gemeinschaftsgefühl fördern. Aus diesem Grund gibt es zwei zentrale Arbeitsgrundsätze in der Gruppe:
1. Ich rede offen über meine Gefühle und Gedanken im Hier und Jetzt.
2. Ich beziehe mich auf die anderen Gruppenteilnehmer*innen.

In der Gruppenarbeit können wir dabei unterstützen, wie eine bindungskompatible Abgrenzung möglich sein kann. Die Gruppentherapie kann dann funktionieren, wenn ich mich sowohl für mich selbst als auch für die anderen interessiere. Wie kann jemand bei sich sein, gut für sich sorgen und gleichzeitig mit anderen in Verbindung bleiben? Dieses Pendeln ist eine wichtige und lebenslange Lernaufgabe für jeden Menschen. In der Gruppe gilt es, zu üben, zu einem Teil bei sich und gleichzeitig mit anderen in Verbindung zu sein.

Ich betone, dass alle Themen für die Gruppe relevant sind. Es hilft immer auch den anderen, wenn sich jemand in der Gruppe öffnet, denn sie werden dadurch ermutigt, sich mit ähnlichen Themen zu zeigen. An der Oberfläche sind alle Themen unterschiedlich, in der Tiefe sind sie jedoch ähnlich. Als Gruppenleitung haben wir die Aufgabe, das universale Thema hinter den individuellen Anliegen zu erkennen und zu benennen. Lediglich die explizite Arbeit an erlebten Traumata klammere ich aus der

Gruppenarbeit aus und verweise auf Einzelgespräche. Die betroffene Person wäre zu wenig geschützt und die anderen Teilnehmer*innen würde dies überfordern, wenn die Gruppe noch nicht ausreichend zusammengewachsen ist.

Die Erarbeitung des zwischenmenschlichen Themas ist für die Arbeit in der Gruppe wesentlich, weswegen ich die Teilnehmer*innen immer wieder dazu anrege, ihr zwischenmenschliches Anliegen zu formulieren und zu erforschen, was das konkret für die Arbeit in der Gruppe bedeuten könnte. Als Therapeut*innen sollten wir das zentrale Anliegen aller Personen stets im Hinterkopf haben. So können wir sie zu gegebener Zeit daran erinnern.

Wenn Klient*innen kein zwischenmenschliches Thema sehen wollen oder können, so wäre die Gruppe für sie nicht der richtige Ort. Sie brauchen ein passives Krankheitsmodell noch zu sehr, die innere Verletzung ist zu tief oder noch zu »frisch«, sie fühlen sich zu sehr bedroht von der Vorstellung, sich in einer Gruppe zu öffnen, brauchen die ungeteilte und sichere Zuwendung der Therapeutin oder es fehlt einfach das zwischenmenschliche Interesse.

Nach Rogers kommt eine wirkungsvolle therapeutische Beziehung nur dann zustande, wenn Klient*innen in der Lage sind, die Zuwendung und Empathie von anderen wahrzunehmen. Menschen, die das nicht können, erleben es möglicherweise als Zeitverschwendung, sich »auch noch die Probleme der anderen anhören zu müssen«. Wenn Menschen die Zuwendung von anderen nicht annehmen und wahrnehmen können, ist zunächst eine Einzeltherapie indiziert. Dieses Thema kann anhand der Beziehung zur Therapeutin erlebt und durchgespielt werden. Einer Gruppe würde ein solcher Klient möglicherweise schaden, da sein selbstbezogenes Verhalten die Kohäsion und das Vertrauen in die Gruppenarbeit schwächt.

Ich betone bei den Vorbereitungsgesprächen, dass die Gruppenarbeit ebenso ernst zu nehmen ist wie Einzeltherapiesitzungen. Die Teilnehmer*innen sind nun Teil einer therapeutischen Gemeinschaft. Sie entziehen der Gruppe Erfahrung und Energie, wenn sie fehlen oder unregelmäßig und unverlässlich teilnehmen. Eine ambulante Gruppentherapie braucht Commitment. Wir sollten unsere Kient*innen fragen, ob sie wirklich dazu bereit sind. Wir sollten nicht ignorieren, wenn Teilnehmer*innen zu spät kommen. Auch wenn ich nicht – wie Yalom vorschlägt – zu spät kommende Teilnehmer*innen von der Sitzung ausschließe, verbalisiere ich dennoch konsequent, wie viel zu spät er oder sie gekommen ist.

## Meine Haltung als Gruppenleiter

Als Gruppenleitung gebe ich keine Handlungsanweisungen und Themen vor. Für Klient*innen, die mit einer passiven Erwartungshaltung kommen, ist dies zunächst befremdlich und frustrierend. Sie wollen *es richtig machen* und brauchen dafür fachliche Orientierung und Inputs. Es lohnt sich jedoch, in diesem Punkt beharrlich zu bleiben. Die Arbeit wird danach umso leichter, und die Teilnehmer*innen fühlen sich auf längere Sicht empowert. Sie bringen ihr Wissen und ihre Fähigkeiten ein. Das hilft anderen und sie selbst kommen damit weiter – das Vertrauen in die eigenen bereits vorhandenen Kompetenzen und Fähigkeiten wächst. Auch ich bin dadurch entlastet, weil ich ohne Vorbereitung und mit freiem, offenem Geist in die Sitzungen gehen kann. Letztendlich möchte ich die Selbstverantwortung und Selbstwirksamkeit meiner Klient*innen stärken. Ich schwäche sie, wenn ich die Arbeit für sie mache. Gemäß meiner humanistischen Grundhaltung gebe ich die Verantwortung für das Einbringen von Themen zurück.

Für eigene Themen Raum einzufordern ist bereits eine therapeutische Konfrontation: Das erfordert, die eigenen Bedürfnisse ernst zu nehmen und für deren Erfüllung Verantwortung zu übernehmen! Wenn sich eine Gruppe neu formiert, wird sich in den ersten Sitzungen der Reihe nach jeder einmal mit einem verletzlichen Thema zeigen. Hier geht es darum, ob die jeweiligen Teilnehmer*innen einen Platz in der Gruppe finden, auch wenn sie sich mit ihren Schattenseiten zeigen. Meist sind das vulnerable oder schambesetzte Themen. Diese Erfahrung ist für viele neu und hat bereits eine heilsame Wirkung. Wenn alle das Gefühl haben, einen Platz in der Gruppe zu haben und grundsätzlich willkommen zu sein, beginnt zunächst die Konfliktphase, nach dem geläufigen Phasenmodell der Gruppendynamik von Tuckman (Tuckman 1965) *Stormingphase* genannt. Häufig wird hier getestet, ob auch Kritik geübt werden darf, ob Eigenart und Aggression in der so geschützten Atmosphäre sein dürfen. Dann beginnt die Arbeitsphase, in der die Klient*innen in Abhängigkeit zur Sicherheit, die die Gruppe vermittelt, tiefere, schambehaftete, diffusere und vulnerable Themen einbringen. Sie beginnen dann – mit unserer Anleitung – allmählich, die Beziehungen zu den anderen Teilnehmer*innen zu untersuchen. Ich erlebe, dass Klient*innen hiermit zögerlich sind.

Als Gruppenleitung müssen wir die expliziten Unterschiede der Normen einer Gruppentherapie im Vergleich zu Alltagsgruppen immer wieder betonen: *Draußen* würden Kommentare auf der Beziehungs- und Prozessebene von einigen als übergriffig und irritierend erlebt werden. Konflikte würden nicht innerhalb der Gruppe, sondern unter *vier Augen* geklärt werden. In der Gruppe ist das anders: Die Beziehungen zu allen anderen Teilnehmer*innen sollen explizit innerhalb der Gruppenstunde untersucht werden. Was lösen andere in mir aus? Zu wem fühle ich mich hingezogen? Vor wem nehme ich mich in Acht? Wo spüre ich Nähe, wo Distanz? Mit wem fühle ich mich verbunden? Mit wem ist was offen geblieben? Aus welcher Beziehung hängt mir noch etwas nach? Als Gruppenleitung ermutigen wir dazu, explizit Rückmeldungen zu geben und einzuholen. Die Hauptaufgabe der Gruppe besteht darin, die Beziehungen zu allen Gruppenteilnehmer*innen zu untersuchen: »Der Therapeut [macht] deutlich, dass die Gruppe am erfolgreichsten sein wird, wenn sie Menschen hilft, so gut wie möglich ihre Beziehungen zu den anderen Personen im Raum zu verstehen« (Yalom 2005, S. 257). Und weiter: »Ich rate den Klienten, sie könnten sich selbst am meisten helfen, indem sie ihre Gefühle in der Gruppe sofort ehrlich und direkt äußerten, insbesondere ihre Gefühle gegenüber den anderen Gruppenmitgliedern und den Therapeuten« (Yalom 2010b, S. 337). Dies ist nach Yalom der »Kern der Gruppentherapie« (ebd.).

Im Hier und Jetzt der Interaktionen sind auch die vergangenen Beziehungserfahrungen *enthalten*. Diese liegen zwar in der Vergangenheit, die natürlich nicht zu ändern ist, werden jedoch in bestimmten Beziehungsmustern immer wieder aktualisiert. Im Hier und Jetzt der Gruppenbeziehungen werden sie sichtbar. Damit erhalten wir einen Zugriff zu den vergangenen Erfahrungen, ohne in biografischen Einzelarbeiten – die meist die anderen Teilnehmer*innen abhängen – danach suchen zu müssen.

Ich vermittle die Kernaufgabe in der Gruppe so:

1. Teilen Sie die im Hier und Jetzt auftauchenden Gefühle und Gedanken offen mit.
2. Beziehen Sie sich auf die anderen Gruppenteilnehmer*innen.
3. Interessieren Sie sich für sich und für die anderen Teilnehmer*innen.

Ich betone nicht, dass wir respektvoll miteinander umgehen oder jeder auf seine Grenzen achten soll – das ist den meisten ohnehin bewusst. Manchmal müssen wir die Teilnehmer*innen daran erinnern, von sich persönlich zu sprechen.

Wenn die ersten Konflikte auftauchen, rufe ich die Feedbackregeln ins Gedächtnis: Wir können nie sagen, *wie* jemand ist, sondern nur von unseren eigenen Gefühlen sprechen, was jemand in uns auslöst und wie das unsere Beziehung zu ihm oder ihr verändert.

Ich halte die Klient*innen dazu an, die Gruppenbeziehungen nicht außerhalb der Gruppe zu pflegen. Die Beziehungen innerhalb der Gruppentherapie sind *Probebeziehungen* für die realen Beziehungen *draußen* im Leben und sollen diese keinesfalls ersetzen. Damit würden wir eine Abhängigkeit zur Therapie schaffen, anstatt die Freiheitsgrade unserer Klient*innen zu erweitern. Engere Beziehungen innerhalb der Gruppe führen zu Befangenheiten in der Therapie. Eine engere Untersuchung dieser Beziehungen würde ausgespart bleiben, weil man es doch »ach so gut« miteinander hat oder die Beziehungen draußen nicht gefährden möchte. Dazu Yalom: »Die Therapiegruppe lehrt Klienten, wie sie vertraute langfristige Beziehungen aufbauen können, aber sie bietet ihnen keine solchen Beziehungen. Sie ist eine Brücke, nicht das Ziel. Sie ist nicht das Leben, sondern eine Generalprobe für das Leben« (Yalom 2010b, S. 339).

## Meine Aufgaben als Gruppenleiter

Zu Beginn betone ich, dass meine Aufgabe als Gruppenleiter darin besteht, die Interaktion zu moderieren. Anfänglich ist es ein starkes Motiv der Teilnehmenden, mir als Gruppenleiter zu gefallen und zu erspüren, was ich erwarte. Wenn Klient*innen beim Sprechen nur mich anschauen, mache ich mit dem Finger eine kreisrunde Bewegung und sage etwas wie: »Sprechen Sie mit uns« und schaue in die Runde. So setze ich eine Norm, dass nicht ich als Gruppenleiter im Mittelpunkt stehe, sondern alle Anwesenden auf Augenhöhe und gleichwertig sind. Zum Start einer neuen Gruppe sind Teilnehmende sehr aufgeregt. In den Findungs- und Kennenlernphasen von neuen Gruppen bin auch ich aufgeregt und fühle mich etwas scheu. Folgende Themen beschäftigen mich dabei: Werden die ambivalenten Klient*innen bleiben? Wird eine gute Gruppenatmosphäre entstehen? Werden Sie in der Gruppe Fortschritte machen und zufrieden mit der Gruppe sein? Ich kann mir jedoch sicher sein, dass die Klient*innen aufgeregter sind. Früh schon frage ich nach den Gefühlen im Hier und Jetzt. Ich kann dann kurz intervenieren, indem ich dazu einlade, sich mit der Aufregung da sein zu lassen: »Bleiben Sie einen Moment bei Ihrer Aufregung. Ich bleibe auch dabei. Wie nehmen Sie diese wahr? Wie geht es Ihnen, wenn Sie sich erlauben, mit der Aufregung hier zu sein?«

Sicherheit zu schaffen, ist eine zentrale Aufgabe von mir als Gruppenleiter. Wenn keine ausreichende Kohäsion, kein ausreichendes Zusammengehörigkeitsgefühl entsteht, können Teilnehmer nicht therapeutisch wirksam ihre Gefühle und die Beziehungen in der Gruppe explorieren. *Therapie beginnt mit einer zugewandten und nicht wertenden Neugierde für das eigene Erleben!* Eine angespannte Umgebung führt dazu, dass Teilnehmer*innen sich halten und wenig atmen. Wer sich hält und Angst hat, kann nicht explorieren und Neues lernen. Sicherheit entsteht, indem ich die Mechanismen und die grobe Struktur der Gruppe transparent mache. Ich gebe Orientierung und Vertrauen in den Prozess und äußere auch, wie kreativ, lebendig und wirksam die Gruppenprozesse sind. Unter fremden Menschen entsteht Sicherheit, wenn alle Teilnehmenden miteinander in Kontakt kommen.

Wenn Pausen entstehen oder wenig geatmet wird, kann ich das beschreiben. »Jetzt ist erst mal Stille.« »Alle halten den Atem an.« Ich kann dann fragen: »Was geht gerade in Ihnen vor?« Oder: »Das erfordert ganz schön Mut, ein eigenes Thema reinzubringen. Wer traut sich?« Oder: »Wer hat Lust, ein eigenes Thema einzubringen? Oder wer hat keine Lust, denkt aber, es ist sinnvoll und wichtig?« Oder: »Was hindert Sie daran, sich gerade mitzuteilen?« Es findet sich dann immer jemand, der etwas vorbringt. Wir brauchen hier etwas Geduld.

Die Pausen sollten wir nicht zu lange halten, aber auch nicht zu kurz. Wir sollten mitbekommen, welches Spannungsniveau für die Gruppe aushaltbar ist. Als Gruppenleitung verstehe ich mich wie ein Hier-und-jetzt-Dirigent. *Ich versuche, so zu intervenieren, dass sich so viele Teilnehmer wie möglich angesprochen fühlen und die Interaktion dadurch so lebendig, spontan und aufeinander bezogen wie möglich ist.* Wir versuchen, auf die Vertiefung einer Mitteilung durch die Erkundung der individuellen Vergangenheit zu verzichten. Das würde die anderen Gruppenmitglieder wenig interessieren und sie würden ihre Aufmerksamkeit aus der Gruppe abziehen. Ich würde Nachfragen stets so formulieren, dass sie die anderen Gruppenteilnehmer im Hier und Jetzt einbeziehen: »Wie erleben Sie ..., wenn Sie zuhören? Welche Gedanken und Gefühle gehen Ihnen durch den Kopf?« »Was fällt Ihnen auf?« »Welche eigenen Themen resonieren in Ihnen, wenn Sie das hören?«

Auch wenn ich in der Einzeltherapie keine Ratschläge gebe, leite ich in der Gruppe immer wieder dazu an: »Was würden Sie ... für ähnliche zukünftige Situationen raten?« »Wie hätten Sie in dieser Situation gehandelt?« Hier stelle ich die Lebendigkeit der Interaktion vor den Grundsatz, auf Handlungsanweisungen zu verzichten. Diese stehen natürlich nicht im Vordergrund. Etwas indirekter könnten wir die anderen Teilnehmenden fragen, wie es ihnen in der angesprochenen Situation ergangen wäre und wie sie real oder ideal darauf reagiert hätten. Der reale Aspekt betont die universellen menschlichen Begrenzungen und fördert das Gefühl der Verbundenheit, während die ideale Reaktion auf die Erweiterung der Handlungsspielräume abzielt. Wenn viele Lösungen angeboten werden, können wir den Betroffenen immer fragen, wie es ihm damit geht. Teilnehmende können lernen, dass häufig nicht Lösungen hilfreich und gewollt sind. Wichtiger ist es, die Gefühle des Gegenübers auszuhalten, sie stehen lassen zu können und gleichzeitig dazubleiben. In der Gruppenleitung sind wir die Dirigent*innen, die die Aufgabe haben, Fragen so zu stellen, dass sie eine lebendige Interaktion und Beteiligung aller Mitglieder im Hier und Jetzt wahrscheinlicher machen.

In der Gruppe sollten wir vermeiden, Einzelarbeiten aneinanderzureihen, ohne die anderen Gruppenmitglieder zu involvieren. Wir sollten sparsam mit vertieften Ausflügen zum *Damals und Dort* der individuellen Biografien umgehen. Andere Teilnehmer steigen dann innerlich aus, fühlen sich wenig involviert, und die Atmosphäre verliert an Lebendigkeit.

Wir sind als Gruppenleitung nondirektiv, was nicht bedeutet, dass wir nicht aktiv, interessiert und auch konfrontativ sein können. Wir müssen die zwischenmenschliche Agenda unserer Teilnehmer*innen im Hinterkopf behalten. Vor diesem Hintergrund können wir die jeweiligen Mitglieder auffordern, Stellung zu beziehen oder sich einzubringen. »Frau Müller, ich merke, dass Herrn Ibrahims Aussage bei vielen Mitgliedern Reaktionen auslöst. Vor dem Hintergrund Ihres zwischenmenschlichen Themas, dass Sie häufiger Ihre eigenen Gefühle äußern möchten, frage ich mich, ob Sie nicht mitteilen möchten, was Sie gerade fühlen?«

Als Gruppenleitung muss ich bereit sein, fehlbar zu sein, Kritik anzuhören und auszuhalten. Dazu Yalom (Yalom 2010b, S. 159): »Um mit ihrer Gruppe als Gruppenmitglieder interagieren zu können, müssen Gruppentherapeuten unter anderem in der Lage sein, ihre persönliche Fehlbarkeit einzugestehen. Ein Therapeut, der es nötig hat, als unfehlbar zu erscheinen, ist für seine Klienten ein verwirrendes und hinderliches Beispiel.«

Gerade am Anfang testen Gruppenmitglieder das Setting und auch uns in der Leitungsrolle: Können wir Kritik und ehrliche Zweifel aushalten? Reagieren wir aufgrund eines kritischen Kommentars gekränkt, defensiv oder ziehen wir uns gar zurück? Darf Kritik ausgesprochen und neugierig untersucht werden? Oft müssen wir gar nichts weiter tun als aushalten, dass das Setting Unsicherheiten und Zweifel auslöst: »Bringt das was, wenn ich zusätzlich noch die Probleme der anderen anhören muss?« »Bekomme ich mit meiner Problematik in der Gruppe genügend Aufmerksamkeit?« »Kann ich in der Gruppe Fortschritte machen?«

Als effektive Gruppenleitung können wir uns nicht hinter der Rolle der Fachfrau oder des Fachmanns verstecken. Wir sind sichtbar für andere und müssen bereit sein, uns aus der Deckung unserer reinen Expertenrolle herauszubewegen. Dazu Yalom (Yalom 2010b, S. 159): »Eine weitere Konsequenz des Bedürfnisses nach Vollkommenheit äußert sich darin, dass Therapeuten übertrieben vorsichtig werden. Weil sie Angst haben, einen Fehler zu machen, wägen sie ihre Worte so sorgsam ab und interagieren so bedächtig, dass ihre Spontanität auf der Strecke bleibt und auch in der Gruppe eine gestelzte und leblose Atmosphäre entsteht.«

Damit Teilnehmer*innen spontan und offen interagieren können, sollten wir als Menschen spürbar sein. Gleichzeitig sollte unsere Offenheit nie uns selbst entlasten. Meine Beobachtungen stimmen mit denen von Yalom überein, wenn er schreibt: »… der Wunsch der Gruppenmitglieder, der Leiter solle ›menschlicher‹ sein, [ist] äußerst ambivalent« (ebd., S. 244). Und weiter: »Die Mitglieder sind außerordentlich neugierig in Bezug auf den Therapeuten, möchten aber zugleich, dass er unbekannt und mächtig bleibt« (ebd., S. 251). Wenn wir diese Ambivalenz wahrnehmen, können wir sie aussprechen.

Auch ich genieße das gemeinschaftliche, aufeinander bezogene und offene Klima in Gruppen. Wir sollten jedoch nie die Leitung der Gruppe aus der Hand geben, indem wir selbst zu Teilnehmer*innen werden. Das passiert, wenn wir uns zu sehr als Teil der Gruppe fühlen oder uns von wertenden Mitgliedern einschüchtern lassen. Therapeut*innen verfallen »oft in zwei Extremhaltungen: Entweder sie flüchten sich in die bequeme und geschützte Rolle des Fachmanns, oder sie versuchen, der mit der Rolle des Gruppenleiters verbundenen Angst und Verantwortung zu entfliehen, indem sie praktisch ihr Amt niederlegen und sich mit der Gruppe ›gemeinsam machen‹« (ebd., S. 161).

Ich erlebe es in meinen Gruppen so: Sitzungen mit spontanen, aufeinander bezogenen und lebendigen Interaktionen wechseln sich ab mit solchen, in denen sich die Gruppenmitglieder wieder mehr in sich zurückziehen und eher an mir orientieren. Als Gruppenleitung sind wir eine Instanz mit disziplinierender Wirkung. Manche Klient*innen fühlen sich durch unsere Anwesenheit in ihrem spontanen Ausdruck gehemmt. Ich habe gute Erfahrungen damit gemacht, ein inneres Dilemma zum Ausdruck zu bringen: »Ich gebe umso mehr Sicherheit, je aktiver ich bin, ich habe jedoch auch den Eindruck, dass ich Sie als Gruppe schwäche, wenn ich zu aktiv bin und den Prozess kontrolliere. Dann wird die Interaktion zwischen Ihnen weniger spontan und Sie sprechen eher zu mir. Ich schlage vor, dass ich mich heute etwas zurücklehne. Wenn mir etwas sehr wichtig erscheint, werde ich es dennoch mitteilen.« Meist sehe ich dann nickende Zustimmung. Manchmal wünschen sich Einzelne auch mehr Autorität und Führung. Sie sind der Meinung, nur ich könnte die *wertvollen* Einsichten vermitteln. Hier können wir gemeinsam verstehen, was dieser Wunsch mit dem zwischenmenschlichen Thema der jeweiligen Person zu tun hat.

Wenn ich mich dann zurücklehne und die Gruppe arbeiten lasse, habe ich nicht selten zwei innere Empfindungen: Einerseits fühle ich mich von der großen Verantwortung entlastet, die Interaktionen zu tragen, auf der anderen Seite fühle ich mich fast *arbeitslos*: Es wird so offensichtlich, wie kompetent die Mitglieder bei der Problemlösung sind. Das ist eine eindrückliche Erfahrung. Wir müssen es aushalten, dann weniger wichtig zu sein. Teilnehmer*innen und Gruppenleitungen werden unterschiedliche Verantwortlichkeiten zuteil: »Der Therapeut hat eine bestimmte Art von

Verantwortung – Verantwortung gegenüber den Klienten und dem Verlauf der Therapie. Die Gruppenmitglieder haben eine menschliche Verantwortung untereinander« (ebd., S. 261).

Ich muss mit meiner inneren Haltung klar die Gruppe führen. Konflikte innerhalb der Gruppe sind unvermeidlich – ich muss diese willkommen heißen und aushalten. »Manche Gruppen werden ›zu nett‹ und vermeiden sorgsam Konflikte und Konfrontationen, wobei sie häufig die Tendenz des Therapeuten, Aggression zu vermeiden, spiegeln« (ebd., S. 403). Echte Kohäsion kann nur entstehen, wenn der Vorhang der oberflächlichen Harmonie gelüftet wird und auch konflikthafte und schwierigen Gefühle der Teilnehmer*innen untereinander zum Ausdruck gebracht werden können.

Bei der Begleitung von Konflikten orientiere ich mich anhand einer Faustregel, die aus der Kindererziehung stammt: *Wir sollten »dem Stress und der Unreife nie die Führung überlassen«* (Timmer 2024). Nicht derjenige sollte die Gruppenkommunikation führen, der am lautesten ist, andere am meisten einschüchtert oder am bedürftigsten ist. Alle haben mit ihren Themen einen Platz. Unsere Aufgabe als Leitung ist es, dafür zu sorgen, dass reife Normen der Achtsamkeit und Bezogenheit die *Führung* haben. Somit können sich alle in der Gruppe sicher fühlen und sind nicht dem Ausagieren anderer Teilnehmer*innen schutzlos ausgeliefert.

Die Gruppentherapie hat ein paar spezielle Merkmale, die ich transparent benenne:

- *Persönliche Rückmeldungen* zu anderen Gruppenteilnehmer*innen sind erwünscht. Normalerweise werden Konflikte unter den Konfliktparteien außerhalb der Gruppe ausgetragen, um den andere nicht in Verlegenheit zu bringen. Die Gruppentherapie bildet hier eine Ausnahme: Da es um interpersonelle Lernerfahrungen geht, gehören Beziehungsklärungen explizit in die Gruppe. Es werden keine allgemeinen gesellschaftlichen, politischen oder wissenschaftlichen Themen besprochen, sondern persönliche Themen. Jeder spricht für und von sich. Der Fokus des Prozesses pendelt zwischen der Interaktion und der Reflexion derselben. Auch dieses Merkmal ist einzigartig in Therapiegruppen: Metakommunikation über den Prozess ist stets erwünscht.
- *Feedback vs. Sharing:* Ich führe zwei grundlegende Möglichkeiten ein, auf eine Mitteilung zu antworten. Wir können mit einem Feedback oder einem Sharing reagieren. *Feedback* beinhaltet Aussagen darüber, wie jemand eine Person wahrgenommen hat, was einem aufgefallen ist, was in einem ausgelöst wurde und wie dies die Beziehung zu jener Person verändert hat. Auch dabei auftauchende Gedanken zählen dazu. Im Gegensatz dazu beinhaltet das *Sharing* keine konkreten Rückmeldungen zur Person, die sich mitgeteilt hat. Beim Sharing äußern die anderen Mitglieder, welche eigenen Themen, Gefühle, Erinnerungen etc. resoniert haben, während sie zugehört haben. Während Feedback das interpersonelle Verständnis fördert und wichtige Aufschlüsse darüber gibt, wie man auf andere wirkt und was man in ihnen auslöst, fördert Sharing das Gefühl der Verbundenheit mit allen anderen Menschen. Ein zentraler Wirkfaktor in Gruppen wird von Yalom (Yalom 2010b, S. 28) »Universalität des Leidens« genannt. Wenn etwas emotional Bewegendes gesagt

wurde, ist es wichtig, dass Resonanz von anderen geäußert wird. Die Person, die sich emotional gezeigt hat, sollte nicht mit ihrer Äußerung allein bleiben. Das Sharing ist gerade bei existenziellen Themen eine wenig konfrontative Art, miteinander in Kontakt zu treten und das Gefühl der Verbundenheit zu anderen Menschen zu stärken.

Persönliche Rückmeldungen zu geben und zu erbitten ist für viele Teilnehmende anfänglich mit großer Aufregung verbunden. Die Möglichkeit dazu kann tief sitzende Ängste mobilisieren: Werde ich kritisiert, entwertet, beschämt, ausgelacht oder gar ausgestoßen? Es ist wesentlich, immer zu betonen, dass wir nie sagen können, wie ein Mensch ist. Jeder kann nur über die Gefühle und Eindrücke sprechen, die in einem selbst entstehen. Feedback ist immer auch eine Aussage über die Person, die es gibt. In Gruppen lasse ich nicht zu, dass Teilnehmende bloße Projektionen von sich geben. Du Botschaften im Sinne von »Du bist …« unterbinde ich und helfe der Person dabei, mitteilen zu können, was eine Person in ihr auslöst und wie das die Beziehung zur jeweiligen Person verändert.

## Das Hier und Jetzt der Gruppentherapie

Yalom betont den Wert des *Hier und Jetzt* in der Gruppentherapie im Gegensatz zum *Damals und Dort*. Dabei schlägt er folgendes Vorgehen vor: Die Gruppenleitung behält die interaktionellen Themen im Hinterkopf und sucht in der Gruppeninteraktion hier und jetzt Entsprechungen dafür. Diese können anschließend untersucht werden. Er würde beispielsweise fragen, zu wem in der Gruppe man mehr Nähe wünsche oder mit wem man sich weniger verbunden fühle oder vor wessen Wertung man am ehesten auf der Hut ist. Die Aussage, dass das bei allen gleich sei, würde er nicht stehen lassen. Er betont, dass die Arbeit in der Gruppe erst maximal wirksam wird, wenn die Diskrimination zu anderen sein darf. Er begründet dies so (Yalom 2005, S. 272): »Der Therapeut kann darauf hinweisen, dass mangelnde Differenzierung zwischen anderen Personen die eigene Distanz und Teilnahmslosigkeit begünstigt – also exakt die Verhaltensmuster, die man vielleicht ändern möchte.«

Es gibt also nicht nur die Gruppe als Ganzes, sondern einzelne Teilnehmer*innen, zu denen man eine individuelle und einzigartige Beziehung entwickelt und zu denen man einen unterschiedlichen Grad an Nähe, Verbindung, Sympathie und Interesse spüren darf. Das oberste Ziel nach Yalom wäre die genaue und neugierige Untersuchung aller Beziehungen innerhalb der Gruppe. Die Gruppe wird als sozialer Mikrokosmos verstanden, in dem sich die zwischenmenschlichen Probleme der Teilnehmenden abbilden. Wenn die Gruppe an sich oder die Untersuchung zu einem anderen Gruppenmitglied im Fokus steht, sind die Teilnehmer*innen involviert, präsent, aktiviert und neugierig.

Je nach Zusammensetzung der Gruppe kann diese Arbeit überfordern. Ich lasse auch Gruppen über das *Damals und Dort* sprechen, solange es emotional relevant ist und nicht lediglich der Vermeidung von Gruppenkonflikten o. Ä. dient. Ich teile jedoch auch meinen Eindruck mit oder unterbreche gegebenenfalls die Sitzung, wenn ich das Gefühl habe, dass nicht alle Gruppenmitglieder mit ihrer Aufmerksamkeit dabei sind.

Am Ende jeder Sitzung würde ich fragen, wie Teilnehmer*innen die Interaktion oder Atmosphäre in der Gruppe erlebt haben. Ich habe auch mit den Vorschlägen von Yalom (vgl. Yalom 2005, S. 366) experimentiert, folgende Fragen zu stellen: »Wer war heute der Aktivste?« »Von wem kam die meiste Unterstützung?« »Wer hat sich am meisten zugetraut?« »Von wem haben Sie etwas Neues erfahren?« Da ich die Rückmeldung bekommen habe, diese Fragen würden eine Konkurrenz unter den Teilnehmenden schaffen und eine wertende Atmosphäre kreieren, stelle ich diese Fragen heute eher allgemeiner.

Reflexionsfragen zum Gruppenverlauf:

- Wie war die Stimmung heute?
- Was wurde vermieden?
- Was blieb unausgesprochen?
- An welchen Stellen waren Sie am meisten dabei?
- An welchen Stellen waren Sie am meisten abwesend?

Reflexionsfragen zu den Gruppenbeziehungen:

- Wo war eine Verbindung spürbar?
- Wo war ein Konflikt spürbar?
- Über wen haben Sie sich heute am meisten gefreut?

Ich behalte im Hinterkopf, dass ich mich in der Gruppe sowohl auf den Inhalt des Gesagten als auch auf den Prozess konzentriere. Der Prozess bezeichnet die Interaktion der Gruppenmitglieder untereinander und die dabei auftretenden Gefühle und Gedanken. Wann immer möglich versuche ich, Themen in das Hier und Jetzt der Gruppe einzubringen, indem ich frage, wie sich das entsprechende Thema in der Gruppe abbildet. Oder ich frage, ob jemand Feedback von den anderen wünscht. Was fällt an Veränderung auf? Wie wirkt jemand auf die anderen? Welche Gefühle löst er oder sie bei anderen aus?

Ich empfehle, in unregelmäßigen Abständen Dyaden-Arbeiten zu integrieren, in denen die Teilnehmenden jeweils fünf Minuten Zeit haben, um folgende Fragen über Ihre Gegenüber zu beantworten:

- Was schätzen Sie an Ihrem Gegenüber?
- Gibt es etwas Offenes aus vergangenen Sitzungen?
- Was könnte schwierig werden, wenn Sie zusammen auf einer einsamen Insel stranden würden?
- Was möchten Sie sonst noch sagen?

Anfänglich sollten wir Feedbackprozesse insbesondere dann heranziehen, wenn es um eine positive Entwicklung geht. Für die Teilnehmenden ist diese Art von Rückmeldung so aufregend, dass kritische oder konfrontative Feedbackrunden erst später von mir ermutigt werden, wenn die Gruppe so sicher ist, dass sie Konflikte und Aggressionen gut aushält.

Yalom beschreibt, dass die Aufgabe der Gruppenleitung zunächst darin besteht, so zu intervenieren, dass alle Interventionen der Verbesserung der Gruppenkohäsion dienen: »Gruppenkohäsivität ist die Voraussetzung dafür, dass andere gruppentherapeutische Faktoren überhaupt wirksam werden können« (Yalom 2010b, S. 82). Ohne Gruppenkohäsion ist nicht genügend Boden vorhanden und keine konstruktive und Arbeitsatmosphäre in der Gruppe möglich, in der die Teilnehmenden sich auch emotional öffnen. »Kohäsivität ist das gruppentherapeutische Gegenstück zur therapeutischen Beziehung in der Einzeltherapie« (ebd., S. 80). Yalom (ebd., S. 82) definiert sie als »Attraktivität einer Gruppe für ihre Mitglieder.«

## Die Kraft des Guten in der Gruppe

In jeder Gruppe wirkt die »Kraft des Guten« (Rogers 1985). Damit ist gemeint, dass eine Gruppe die Kraft hat, die Selbstheilungs- und Wachstumskräfte aller Teilnehmer*innen zu aktualisieren, sofern sie Sicherheit und ausreichend gute Beziehungen ermöglicht. Diese Grundhaltung von Rogers hilft mir, den Prozess zu begleiten, ohne ihn in seiner ganzen Komplexität durchdringen zu müssen und kontrollieren zu wollen. Gruppenprozesse schwanken ganz natürlich zwischen den Polen Verbundenheit und Vereinzelung. Wir müssen lernen, Konflikte und unangenehme Gefühle in der Gruppe auszuhalten. Diese Phasen kommen und gehen und wir können sie mit Neugierde und einer fragenden Haltung anschauen. Schon manches Mal hatte ich insgeheim die Befürchtung, eine Gruppe könne auseinanderfallen. Dies ist jedoch nie geschehen. Die Gruppe bietet mehr Sicherheit als uns bewusst ist. Als Leitung müssen wir weniger machen als wir denken. Es gibt eine Bewegung innerhalb von Gruppen, die Rogers die *Kraft zum Guten* nennt. Einzelne Teilnehmer*innen werden zum Ausdruck bringen, was die Gruppe gerade braucht, um gut arbeiten zu können. Von besonderem Interesse sind für mich die Äußerungen von Außenseitern. Sie bringen immer etwas zum Ausdruck, was die Gruppe abwehrt oder vermeidet.

Analog zur Qualität der Beziehung in der Einzeltherapie wirkt die Kohäsion in der Gruppe. Wenn diese gut und die Atmosphäre ausreichend sicher ist, zeigen sich die zwischenmenschlichen Themen in der Gruppe und können bearbeitet werden. Eine korrigierende Erfahrung ist möglich. Als Gruppenleitung müssen wir präsent sein und neugierig für das bleiben, was in der Gruppe passiert. Manchmal reicht es, uns innerlich zu sagen, *dass wir die Gruppe halten*. Auch wenn wir gerade nicht wissen, was genau passiert. Wolf Büntig (Büntig 2015) hat dazu folgende Brücke: Wenn uns nichts einfällt,

fällt uns vielleicht irgendwann etwas auf! Wir können dann einfach benennen, was wir sehen oder wahrnehmen. Wir schauen, was daraus entstehen möchte.

Für mich ist die Arbeit in der Gruppe aufregender als die Einzeltherapie, sie ist lebendiger und kreativer. Nach den Gruppensitzungen fühle ich mich häufig erfüllt, lebendig, ruhig und verbunden. Das ist auch für mich nährend. Viele Menschen kommen in Therapie, weil sie sich innerlich isoliert und abgekapselt fühlen. Es ist schön zu sehen, wie sie sich in den Gruppen öffnen, Anteil nehmen und sich berühren lassen. Das allgemein Menschliche wird in den Gruppen besonders spürbar. Das Wesentliche wirkt und kommt zum Vorschein. Dazu braucht es keine Psychotricks: Was wirkt, ist, auf echte, lebendige, bezogene und ehrliche Art mit anderen in Kontakt zu sein, ohne sich selbst dabei zu verlieren. In dieser Atmosphäre zeigen sich die Themen, Verletzungen und Entwicklungsrichtungen und das ungelebte Potenzial der einzelnen Teilnehmenden wird sichtbar.

Die Therapiegruppe eignet sich insbesondere für die Bearbeitung zwischenmenschlicher Themen. Als Grundvoraussetzung für die Teilnahme an einer Gruppe sollten Klient*innen mit unserer Hilfe ihre psychischen Probleme in zwischenmenschliche Probleme übersetzen können. Die Gruppenarbeit ist kreativ und lebendig. Es gibt eine Kraft der Gruppe zum Guten: Äquivalent zur Einzeltherapie werden Selbstheilungskräfte durch die Gruppe aktiviert, sofern eine ausreichend gute Kohäsion besteht. Auf dieser Grundlage kommen Teilnehmende mit sich und anderen in Kontakt und können ihre Beziehungsmuster neugierig mit Unterstützung der Therapeutin und der anderen Teilnehmenden untersuchen.

# 14 Psychotherapie und Spiritualität: Die transpersonale Dimension

> »Dankbarkeit macht frei. Das Geschenk, das man nicht verdienen kann, weil es ja bereits geschenkt ist, dankbar zu nehmen, ist eine Geste der Demut, die uns nur glückt, wenn wir darauf verzichten können, alles im Griff haben, alles selber machen und alles verdienen zu müssen. Wer sich dem größeren Ganzen beugen, die Gaben des Lebens nehmen und dafür danken kann, ist frei. Frei auch dafür, vom Geschenkten weiterzuschenken an die, die bedürftig sind und ihrerseits frei sind, zu nehmen.«
>
> *(Wolf Büntig o. D.)*

Psychotherapie lässt sich grundsätzlich in eine Krankheits- und Gesundheitszone unterteilen (Galuska 1998). Die Gesundheitszone umfasst neben den ichbezogenen Entwicklungen und Lebensaufgaben auch die transpersonalen Aspekte des Seins. Damit werden alle Phänomene bezeichnet, die weder durch die individuelle Prägung noch durch den persönlichen Erfahrungsraum vollständig erklärt werden können. Dazu gehören Gipfelerlebnisse, kollektive Phänomene wie das von Jung beschriebene kollektive Unbewusste, transzendente und reine Bewusstseinszustände. Auch transgenerationale Phänomene wie die transgenerationale Weitergabe von Traumata, Kompetenzen und Ressourcen zählen dazu.

Die transpersonale Perspektive wird in den meisten humanistischen Methoden nicht explizit ausformuliert. Betont werden eher Aspekte der menschlichen Beziehung, der individuellen Voraussetzungen menschlicher Existenz und die konkrete Erfahrung im Hier und Jetzt. Psychoanalytiker in der humanistischen Tradition wie Carl G. Jung interessierten sich hingegen explizit für spirituelle Erfahrungen. Einige Vertreter nähern sich dem Thema aus einem rein wissenschaftlichen Interesse (zum Beispiel Stanislav Grof 2007), einem philosophischen (zum Beispiel Ken Wilber 2006) oder sind praktizierende und Lehrer von Meditations- und Achtsamkeitspraktiken (zum Beispiel Jack Kornfield, Thich Nhat Hanh oder Jon Kabat-Zinn). Dieses Kapitel ist als zusätzliche Ergänzung eines Ansatzes zu lesen, der als wertvolle und letztendlich konsequente Erweiterung der humanistischen Perspektive gesehen werden kann.

Man könnte anmerken, dass Spiritualität eine Weltanschauung darstellt und somit nicht in die Psychotherapie gehört. Allerdings wirkt sich jede spirituelle Haltung mehr oder weniger subtil auf unser therapeutisches Wirken aus. Natürlich dürfen wir unsere eigene Haltung nicht aufdrängen. Wir vermitteln unser Weltbild nicht, sondern respektieren die Selbstbestimmung und die Weltanschauungen unserer Klient*innen. Eine spirituelle Anbindung kann uns jedoch enorm dabei helfen, das Leid und die Not unserer Klient*innen zu berühren und gleichzeitig gesund in unserem Beruf zu bleiben. Zudem ist die konkrete Praxis dieser Haltung, etwa durch Meditation und Achtsamkeit, äußerst wirkungsvoll.

Menschen, deren Welt- und Menschenbeziehungen eine transpersonale Perspektive beinhaltet, werden als spirituell bezeichnet. Im Gegensatz zur Religion ist Spiritualität ein höchst individueller Zugang zur Welt. Spiritualität beschreibt die Beziehung zwischen dem Ich und der Welt, befasst sich mit unterschiedlichen Bewusstseinszuständen und deren Erweiterungen. Sie beinhaltet die Vorstellung einer ordnenden Kraft, die das eigene Ich transzendiert. Dazu Wolf Büntig (Büntig 2013, S. 18): »Transzendenz bezeichnet ferner jenen inneren Weg, auf dem die Person frei wird, die Vorstellungen, Masken und Rollen, die sie ›Ich‹ zu nennen gelernt hat, je nach Situation zu gebrauchen oder zu lassen, und durchlässig wird für die schöpferischen Gestaltungskräfte des eigenen Wesens, die ihre Wurzeln in der Gemeinschaft alles Lebendigen haben.« Ein solcher Zugang zur Welt erweitert unser Menschen- und Weltbild und schafft einen weiten Resonanzraum für das, was in uns lebendig ist. Ausgehend von dieser Perspektive fragen wir als Therapeut*innen, wie wir unsere Innenwelt, Umwelt, unsere Mitwelt und unsere Mitmenschen in ihrem Leid und ihrer Freude berühren – sprich: wie wir dazu in Beziehung treten.

Spiritualität kann als Quelle von Hoffnung, Glaube, Trost und tiefer Verbundenheit eine wichtige Ressource sein. Sie kann genauso im Dienste der Vermeidung, Abwehr und Abspaltung schwieriger Gefühle und Ich-Anteile stehen – zum Beispiel von Schattenaspekten wie Wut, Neid, Einsamkeit, Isolation und Verantwortung. Dies ist immer dann der Fall, wenn die Spiritualität sich nicht auf die Ganzheit der menschlichen Erfahrung bezieht, sondern nur auf das Leuchtende, Positive und Ideale. Verwirrende, irritierende, unangenehme und unlustvolle Gefühle und innere Erfahrungen werden abgewehrt, indem sie verdrängt oder projiziert werden. Sie werden schlicht verleugnet, ausgeblendet und übersprungen. Diese Art der Spiritualität wird auch als *Spiritual Bypassing* bezeichnet.

Welche Rolle spielen transpersonale Phänomene in deinem Welt- und Menschenbild? Echtes, tiefes Zuhören hat etwas zutiefst Transpersonales. Wenn wir wirklich zuhören und innerlich weit mitschwingen, muss unser Ego mit seinen vorgefertigten Meinungen, seinem Wissen, seinen Deutungen und Interpretationen sterben. Nur dann können wir uns wirklich auf die Innenwelt unseres Gegenübers einlassen, ohne bereits beim Zuhören damit beschäftigt zu sein, was wir als Nächstes sagen werden. Dann kommt unsere Resonanz aus einer anderen Tiefe. Diese Art des Zuhörens ist bereits eine Erfahrung, die über das alltägliche Ich-Bewusstsein hinausgeht. In den Gesprächen komme ich immer wieder zu Carl Rogers Grundsätzen des aktiven Zuhörens zurück: Es ist eine ideale Übung, eigene Deutungen, Interpretationen und Meinungen zurückzuhalten und sich ganz auf das Gegenüber einzulassen. Wir fassen Inhalte zusammen und spiegeln das emotionale Erleben, das wir bei unserem Gegenüber oder in uns wahrnehmen. Diese Art des Zuhörens kann einen tiefen Raum schaffen, wenn wir präsent und offen dabei sind. Es führt uns weg von einer Haltung des Wissens zu einer Haltung des Verstehens.

Wir können die Wirklichkeit um uns herum nie vollkommen wahrnehmen und erfassen. Auch können wir unsere Mitmenschen mit ihrem inneren Erleben nicht unverzerrt und unverfälscht sehen. Unsere Wahrnehmung ist bereits Interpretation: auf biochemischer Ebene verzerrt durch Übersetzungsprozesse einer Sinneswahrnehmung in elektrische und biochemische Signale; auf psychischer Ebene verzerrt durch Prägungen, Vorurteile, Welt- und Menschenbilder, Projektionen und Übertragungsprozesse. Durch vertiefte Selbstkenntnis können wir uns dieser Interpretationen und der Bedingtheit unserer Wahrnehmung und Schlussfolgerungen bewusster werden. Eine Distanz zur Wirklichkeit bleibt jedoch unüberwindbar. Zumindest im Denken der *westlichen* Philosophie und Psychologie. Die buddhistische Praxis und Psychologie geht einen Schritt weiter. Dort gibt es die Vorstellung, dass wir diese Verzerrungen minimieren und gar überwinden können, indem wir unsere Ich-Grenzen transzendieren und so tief in das Wesen von Erscheinungen schauen. Durch tiefe Meditation können wir reine Bewusstseinszustände erreichen, die die Dinge an sich in ihrer »Soheit« (Thich Nhat Hanh 2001, S. 233) erfassen können. Wir lösen uns selbst auf und werden damit ein ununterscheidbarer Teil der Welt: »Es gibt keinerlei Unterscheidung mehr zwischen Selbst und Nicht-Selbst – Sie sind ich, ich bin Sie. Wir bedingen und durchdringen einander. Es gibt keinerlei Grenze zwischen uns« (ebd., S. 137).

In der Therapie schaffen wir zunächst einen Raum, in dem unsere Klient*innen mit sich in Kontakt kommen können. Der Raum wird geweitet, indem wir dem Körper erlauben, akkumulierten Stress und Spannungen loszulassen. Die Tiefe unseres eigenen Raums definiert und begrenzt die Tiefe der Therapie. Unsere eigenen Grenzen umstecken die Grenzen für die Therapie. Eine spirituelle Anbindung kann es uns erleichtern, den Raum für existenzielle Themen wie Leid, Verzweiflung, Schmerz und Not offen zu halten. Unser Dasein und Dableiben hat bereits heilende Kraft und kann von der Qualität sehr unterschiedlich sein. Ganz unabhängig von der Methodik, die wir anwenden, oder der Art, wie wir Fragen stellen. Diese Qualität ist für unser Gegenüber spürbar, lässt sich jedoch schwer operationalisieren.

Die Öffnung für eine transpersonale Perspektive in der Therapie bringt auch Fallstricke mit sich. In unserer auf Funktionalität und Produktivität ausgerichteten Gesellschaft gibt es ein riesiges Verlangen nach Sinnerleben und Orientierung. Menschen, die offen, vulnerabel und auf der Suche sind, sind verführbar. Die Richtlinienverfahren – mit ihren evidenzbasierten Interventionen – scheinen keine ausreichend befriedigenden Antworten auf die existenziellen Nöte des Menschseins zu haben, weshalb sich zahlreiche »Heiler« auf den Markt drängen, die unter dem Vorzeichen der Spiritualität arbeiten. Manche davon arbeiten seriös und aufrichtig, andere missbrauchen ihre Macht unter dem Deckmantel angeblich allgemeingültiger Prinzipien.

Für mich gibt es zwei Arten der Spiritualität: Eine öffnet sich und bleibt fragend und neugierig. Sie kennt die Antworten nicht. Eine andere meint die Antworten zu kennen. Vor dieser Art von Spiritualität sollten wir uns in Acht nehmen. Niemand kann die letzten Antworten auf die großen Fragen geben. Wir können jedoch einen Raum dafür schaffen, in dem wir mit dem Mysterium verbunden bleiben, das unser Sein und unsere Welt durchströmt. In der gemeinsamen Stille und Ruhe können wir dies spüren. Die spirituelle Praxis in Form von Meditation, Gebet, Bewegung, Gesang oder Achtsamkeit kann in Gemeinschaft praktiziert werden. Anne Lamott (Lamott 1997) drückt es so aus: »My Mind is a bad neighborhood I try not to go into alone.« Die Antworten auf die großen überindividuellen Fragen können wir nur individuell finden und leben – gleichzeitig brauchen wir die Verbindung mit einer Gemeinschaft, in der wir aufgehoben sind. Jeder darf sich selbst auf die Suche machen und herausfinden, was für ihn oder sie stimmt. Jeder darf seinen eigenen Weg gehen. Wir sollten im Hinterkopf haben, dass suchende und vulnerable Menschen verführbar sind. Wir dürfen uns nicht dazu verleiten lassen, den *Magier* zu spielen, den manche Klient*innen in uns sehen möchten.

Grundsätzlich stellt sich die Frage, inwieweit unsere spirituelle Anbindung unsere therapeutische Haltung und Arbeit vertiefen kann. Wie können wir unseren eigenen inneren Raum weit und schwingungsfähig halten? Wie erweitern wir unseren Bewusstseinsraum und halten diesen offen? In der inneren Weite können wir tief zuhören und mitschwingen. Wir sind an unsere Intuition und menschliche Kompetenz angebunden. Letztendlich müssen wir uns fragen, wie wir das Leid und die Erfahrungen menschlicher Existenz berühren möchten, von denen auch wir als Therapeut*innen Teil sind. Dafür müssen wir eine therapeutische *Fix-it-Haltung* aufgeben. Die existenzielle menschliche Erfahrung kann nicht repariert werden. Niemand ist vor der Erfahrung von Krankheit, Tod, Isolation, Verlust und Leid geschützt. Wir können lediglich lernen, diese Erfahrungen als Teil des Lebens anzunehmen und damit zu leben.

Spirituelle Themen sind im engeren Sinne nicht Teil der Psychotherapie. Psychotherapie konzentriert sich zunächst auf die Heilung psychischer Störungen. Die eigene spirituelle Anbindung kann jedoch dabei helfen, bei Erfahrungen von Leid, Trauma, Verlust und Verzweiflung präsent, offen und zugewandt zu bleiben. Wir können da sein und zuhören – von Mensch zu Mensch. Unser achtsames Gewahrsein hat bereits heilende Kraft. Galuska (Galuska 1998, S. 46) beschreibt, wie wir in den Gesprächen präsenter werden: »Der direkteste Weg scheint mir das Gewahrsein der eigenen Präsenz zu sein, wenn wir also einen Wechsel der Perspektive vom Inhalt des Erlebens zum Beobachter des Inhalts vollziehen. Aber auch die Entfaltung jeder der beschriebenen Qualitäten, das Eintauchen beispielsweise in die Stille oder Leere, die Desidentifizierung oder die Ausdehnung in die Weite und Unendlichkeit können Zugänge darstellen« (ebd.). Bei diesen Themen können wir nicht auf Psychotricks und evidenzbasierte Interventionen zurückgreifen. Es braucht uns als menschliches Gegenüber. Diese Art von Gewahrsein können wir nur aufbringen, wenn wir diese Themen als urmenschliche Themen anerkennen und ihnen den Raum geben, der ihnen zusteht.

Beim Umgang mit den spirituellen Erfahrungen unserer Klient*innen ist es hilfreich, eine wichtige Verwechslung zu kennen, auf die Ken Wilber (Wilber 2006, S. 259) hinweist.

## Die Prä-Trans-Verwechslung

Manche Menschen, darunter auch viele Therapeut*innen, sehen in einer spirituellen Suchbewegung Ausdruck eines defizitären und regressiven Bedürfnisses. Jedes Gipfelerlebnis, jede transpersonale Bewusstseinserfahrung, jede tiefe Erfahrung der Auflösung des eigenen Ichs in etwas Größerem, jede Nahtoderfahrung usw. wird als Regression in die prärationale Sphäre der symbiotischen Verbindung mit der Mutter gedeutet. Wiederum andere spirituell offene Menschen wähnen in jedem (Drogen-) Rausch, in jeder Auflösung von Grenzen den Ausdruck einer spirituellen und transrationalen Erfahrung.

Der Unterschied zwischen transrationalen und prärationalen Erfahrungen ist nicht immer offensichtlich: In beiden Erfahrungen ist die Struktur des Ichs aufgelöst. Es gibt jedoch eine wichtige Unterscheidung: Der eine Zustand regrediert in einen Zustand vor Entwicklung des rationalen und reifen Ichs, der andere Zustand transzendiert das Ich. Die Fähigkeiten der Ratio bleiben erhalten, werden jedoch zugunsten einer höheren und umfassenderen Bewusstseinsebene transzendiert. Wir dürfen nicht den Fehler machen, jede transrationale Erfahrung als prärational zu deuten. Damit entwerten wir diese und das Potenzial dieser Erfahrung für die Entwicklung unseres Gegenübers bleibt ungenutzt. Viele klassische Psychoanalytiker*innen machen diesen Fehler: In der psychoanalytischen Theorie gibt es kein Gefäß für diese Erfahrungen. Andere humanistische Weiterentwicklungen der Psychoanalyse sind offener und setzten sich explizit mit den Gemeinsamkeiten von Zen-Buddhismus und Psychoanalyse auseinander (siehe Erich Fromm et al. 1971).

Um in die Sphäre von transrationalen Bewusstseinszuständen zu gelangen, brauchen wir ein ausreichend stabiles Ich und eine ausreichend funktionierende Ratio. Ausgelöst werden diese Bewusstseinszustände durch Meditation, Flow- oder Gipfelerlebnisse oder auch tiefe Begegnung, Intimität und Sexualität.

Transpersonale Anhänger der New-Age-Bewegung begegnen Menschen mit einer stark entwickelten Gedankenwelt häufig misstrauisch und mit einer gewissen Verachtung. Dies resultiert daraus, dass die Ratio als Herrschaftsinstrument missbraucht werden kann, um Hierarchien zu etablieren. Es ist jedoch ein Fehler, sie deshalb nicht zu nutzen. Nur mithilfe der Ratio können wir unsere biologischen Triebe und Ich-Bedürfnisse zugunsten höherer Werte oder des Zusammenlebens in einer Gemeinschaft aufschieben. Die Ratio ermöglicht es uns, Kontrolle über unsere Bedürfnisse und Impulse zu erlangen, was für ein funktionierendes Miteinander unverzichtbar ist. Gesellschaftliches Zusammenleben ist ohne Affektkontrolle nicht möglich. Wir können auf sofortige Befriedigung unserer Bedürfnisse zugunsten einer späteren und tieferen Bedürfnisbefriedigung verzichten. Maslow (Maslow 2010, S. 17) nennt dies die »apollonischen Kontrollen«, benannt nach dem griechischen Gott der Mäßigung und sittlichen Reinheit. Diese Kontrollen sind nur mithilfe unserer Vernunft möglich.

Wir dürfen den Wert unserer Gedanken auch nicht überschätzen und sie nicht mit der Wirklichkeit an sich verwechseln. Unsere Ratio unterteilt die Wirklichkeit, die als Einheit mit allem zusammenhängt, in verschiedene Einheiten und Konzepte. Sie kann sich der Wirklichkeit nur beschreibend annähern, sie aber niemals erfassen. Sie ist die Landkarte, mit der wir uns in der Welt der wahrhaftigen Erfahrungen orientieren können.

## Die Nähe der Humanistischen Therapie zur buddhistischen Psychologie

Die deutliche Nähe der Humanistischen Therapie zur buddhistischen Psychologie wird in der Literatur der Humanistischen Psychologie kaum thematisiert. Gerade Fritz Perls war deutlich beeinflusst von der Zen-Meditation. Carl Rogers selbst lebte für ein paar Monate in China. Peter Levine, der Begründer der körperorientierten Traumatherapie SE, orientiert sich explizit an den Erkenntnissen des Buddhismus (Levine 2024, S. 12). In der buddhistischen Psychologie spielen die Gesetze der Unbeständigkeit und der Interdependenz eine große Rolle. Indem wir uns auf die Tatsache einlassen, dass alles ständig im Fluss ist und sich verändert, müssen wir nicht an Selbstbildern, Erfolgen oder materiellen Errungenschaften anhaften. In der buddhistischen Psychologie wird betont, wie sehr Identifikationen zu unserem Leid beitragen. Wenn wir das, was da ist, ablehnen, erzeugt das Widerstand, Reue, Schuld oder Ärger. Wenn wir mehr von dem wollen, was gerade da ist, erzeugt dies Ängste, Enge, Habgier oder Unruhe. Ziel ist es daher, das Leben so zu berühren, wie es sich uns zeigt, und seine Veränderlichkeit anzunehmen. Wir berühren dies mit einem wachen, freundlichen, neugierigen und nicht wertenden Geist. So können wir mit dem Leben, das sich ständig verändert, mitgehen. Büntig (Büntig 2015) sagt dazu: Nicht das Leben an sich ist leidvoll, sondern unser ständiger Widerstand dagegen. In der buddhistischen Psychologie gilt der Grundsatz: Schmerz ist unvermeidlich, doch Leiden ist optional: Leiden entsteht, wenn wir dem Schmerz Widerstand entgegensetzen. Aus diesem Verständnis heraus stammt der Sinnspruch: »Hast du ein Problem und willst es nicht haben, so hast du schon zwei!«

In der buddhistischen Meditation wird ein tiefes Schauen gelernt. Mit unserem Gewahrsein schauen wir so tief und wach in ein bestimmtes Thema, dass es sich – so berührt – auflösen und wieder verändern kann. Die Humanistische Therapie integriert zahlreiche Erkenntnisse der buddhistischen Psychologie und wendet diese im therapeutischen Gespräch an.

Die moderne Psychotherapie hat längst den unverzichtbaren Wert von Achtsamkeitspraktiken erkannt. Der Siegeszug der Achtsamkeit folgt einer einfachen Logik und einem klaren Prinzip: Wir können nur dann Zugriff auf unsere Muster und unser Erleben bekommen, wenn wir diese auch wahrnehmen. Wir werden dabei umso wirksamer, je feiner wir uns, unsere Denk-, Gefühls-, Halte- und Beziehungsmuster mitbekommen. Achtsamkeit ist jedoch nicht nur Mittel zum Zweck, sondern bereits ein

Hauptfaktor für Veränderung. Gemäß der paradoxen Theorie der Veränderung wandelt sich etwas, wenn wir es wahr- und annehmen können. Die achtsame, freundliche und wertfreie Zuwendung ist bereits das Hauptmittel für die Veränderung. Dazu Perls (Perls 2008, S. 187):

> »Wir sind alle mit der Idee der Veränderung beschäftigt, und die meisten gehen da heran, indem sie Programme machen. Sie wollen sich ändern. ›Ich sollte so sein‹ und so weiter und so weiter. Was aber tatsächlich geschieht, ist, daß die Idee einer vorsätzlichen Änderung niemals, nie und nimmer, funktioniert. Sobald man sagt: ›Ich möchte mich ändern‹ – ein Programm aufstellt –, wird eine Gegenkraft in einem erzeugt, die von der Veränderung abhält. *Änderungen finden von selbst statt.* Wenn man tiefer in sich hineingeht, in das, was man ist, wenn man annimmt, was da vorhanden ist, dann ereignet sich der Wandel von selbst. Das ist das Paradoxe des Wandels.«

Die moderne Psychotherapie hat lange gebraucht, um das herauszufinden. Es widerspricht der Macherlogik: Nur aufwendig erdachte Interventionen können zielgenau eine Problematik fixen. Wenn man nichts macht, passiert auch nichts! Diesem Denken liegt fern, dass eine bestimmte Qualität von Präsenz und Beziehung eine transformierende Kraft haben kann. Diese Qualitäten sind: nicht wertend, annehmend, warm, erlaubend, haltend, lassend und tief schauend. Wenn wir etwas in uns auf diese Art berühren oder berühren lassen, dann hat das eine magische Wirkung: Wir können unseren organismischen und psychischen Selbstheilungskräften dabei zusehen, wie sie ihre Arbeit machen. *Der Fokus liegt hier auf unspezifischen Umgebungsfaktoren (*Kriz 2024*), die auf die Selbstheilungskräfte einer Person zielen und so einen Wandel wahrscheinlicher machen – und weniger auf dem zunächst identifizierten Problem oder Symptom selbst.*

In den modernen Psychotherapien steht die Achtsamkeit ganz im Zeichen des Ichs. Die Argumente für Achtsamkeit liefern die funktionellen Vorteile für die Funktionsfähigkeit unseres Ichs: Wir werden erfolgreicher, ruhiger, stressfreier, unsere Beziehungen werden besser, wir werden als attraktiver eingeschätzt etc. Natürlich steht das im Gegensatz zu den spirituellen Überlegungen, aus denen die Achtsamkeitspraxis stammt: Dort geht es darum, die Anhaftungen an unser Ich zu überwinden und das mit unserem Ego nicht so ernst zu nehmen. Wenn wir tief in die Natur der gegenseitigen Interdependenz schauen, hat ein abgetrenntes Selbst darin keinen Platz. Watzlawick (Watzlawick 2022, S. 46) zitiert Viktor Frankl, der dies so ausdrückt: »›Sich selbst verwirklichen kann der Mensch nur in dem Maße, in dem er sich selbst vergißt, in dem er sich selbst übersieht.‹ Mit einem Wort, die heute so viel zitierte Selbstverwirklichung ist nur zu haben um den Preis von Selbsttranszendenz.«

Unsere Identifikationen mit bestimmten Vorstellungen über unser Ich und die Welt führen schließlich zu Leid. Anhaften bedeutet, mehr von dem zu wollen, was uns gefällt, und das abzuwehren, was uns missfällt. Wenn wir weniger anhaften, bedeutet dies, unseren Geist – sein Begehren und Widerstreben – innerlich gleichmütig zu beobachten. Wir handeln weiterhin, sind aber weniger persönlich damit identifiziert.

Dies ist aus einem weiteren spirituellen Prinzip heraus zu verstehen, welches aus dem Buddhismus stammt: Es leitet den Beobachter dazu an, sich mit der Unbeständigkeit aller Dinge einschließlich der eigenen körperlichen und emotionalen Erfahrungen zu beschäftigen. Durch die Beobachtung der ständigen Veränderung, körperlicher, mentaler und emotionaler Zustände, reift in uns die Erkenntnis, dass nichts von Dauer ist und wir damit auch überhaupt nicht versuchen müssen, an eine Erfahrung anzuhaften. Dazu zählen unsere Selbstbilder genauso wie Vorstellungen von Ruhm, Attraktivität oder Einfluss. Jack Kornfield (Kornfield 2008, S. 519) zitiert dazu seinen Lehrer Ajahn Chah, der auf eine Tasse zeigt und sagt: »Für mich ist diese Tasse bereits zerbrochen.« Er sieht bereits ihre Vergänglichkeit. Das führt in dieser Praxis nicht zu Gleichgültigkeit oder gar einer pessimistischen Weltsicht, sondern zu einem Handeln in der Welt, das von einem tieferen Frieden getragen wird. Ajahn Chah wird dennoch aus dieser Tasse trinken und sie umso mehr wertschätzen.

Ein weiteres zentrales transpersonales Prinzip ist die Interdependenz – die Verbundenheit von allem mit allem. Dieses Phänomen ist für jeden zugänglich und überall beobachtbar. Wir können uns innerlich damit verbinden, dass wir alle die gleichen menschlichen Erfahrungen machen: Geburt, tiefe Freude, Trauer, Krankheit, Verlust, Einsamkeit, Vergänglichkeit, Verbundenheit und Tod. Gerade in unserer hochindividualisierten Gesellschaft ist es wertvoll, sich immer wieder an die Interdependenz aller Dinge zu erinnern. Woher kommt das Essen auf unserem Tisch? Wer hat daran mitgewirkt? Von welchen Menschen wurde es angebaut und geerntet? Aus welchen Ländern wurden die Zutaten exportiert? Während wir uns dies bewusst machen, fühlen wir die Verbundenheit mit allem, fühlen uns weniger isoliert und allein und erkennen eine Sinnhaftigkeit in allem, allein durch die Erkenntnis, dass wir die Erscheinungen um uns herum nicht isoliert betrachten können. »Wenn wir den verblendeten Geist durch das Erkennen der Intersein-Natur aller Dinge in den wahren Geist zu verwandeln vermögen, erreichen wir den Bereich der Soheit, die Welt der Dinge an sich« (Thich Nhat Hanh 2001, S. 233).

Achtsamkeit dient ursprünglich nicht der Förderung unserer persönlichen Leistungsfähigkeit und auch nicht in erster Linie unserem Wohlbefinden, sondern ermöglicht es uns, das Leben in seiner steten Veränderlichkeit, in seinen Tiefen und Höhen, so berühren zu können, wie es ist. Wir hinterfragen Leid erzeugende Identifikationen und Anhaftungen. So können wir freier werden, weniger halten und lebendiger im Hier und Jetzt sein. Als Menschen werden wir mitfühlender mit anderen. In dem Moment, in dem wir die Ursache des Leids anderer Menschen sehen, verwandelt sich unsere Ablehnung ihnen gegenüber in Mitgefühl. Achtsamkeit geschieht immer im gegenwärtigen Moment. Wir berühren das Leben in seiner Lebendigkeit nur in der Gegenwart. Dazu Thich Nhat Hanh (Hanh 2021): »The wonders of life are only available in the here and the now.«

Wir können unser Ich jedoch nicht links liegen lassen und direkt auf die spirituelle

Überholspur wechseln. Wir brauchen ein funktionierendes Ich, um uns in unserer Welt und Gesellschaft bewegen zu können: um zu arbeiten, Kontakte zu knüpfen, Freundschaften zu pflegen, unsere Kinder großzuziehen und für uns selbst zu sorgen. Wir brauchen ein funktionierendes Ich: Emotionsregulation, Affektkontrolle, Affektwahrnehmung und die Fähigkeit zur Bindung. Ausreichend funktionierende Ich-Fähigkeiten sind der Boden auf dem Weg in transpersonale Ausflüge unseres Bewusstseins. Sie sind der Grund, auf dem wir stehen. Wir müssen uns auf ein ausreichend gesundes Ich berufen können, wenn wir uns in Gemeinschaft bewegen.

Als spirituell-offene Therapeut*innen dürfen wir uns von spirituellen Erfahrungen unserer Klient*innen nicht blenden lassen. In einer Supervision hörte ich Folgendes: Eine alleinerziehende Mutter hatte große Schwierigkeiten, für ihr Kind zu sorgen. Sie kam kaum mit ihren eigenen Gefühlen, der Emotionalität ihres Kindes und den alltäglichen Anforderungen zurecht. Ihre Therapeutin war von ihren Geschichten über ihre außergewöhnlichen spirituellen Zustände, ihre spirituelle Suche und ihre hochsensiblen Fähigkeiten äußerst beeindruckt. Der Supervisor äußerte Folgendes: Er würde sich davon nicht allzu sehr beeindrucken lassen, sondern fragen, inwieweit diese Erfahrungen bei der so schwierigen Beziehung zu ihrer Tochter hilfreich seien. Wir brauchen ein ausreichend starkes Ich, um uns auf der spirituellen Reise nicht zu verlieren.

Hanh (Hanh 2001, S. 187) schildert sein Missfallen am »Gestalt-Gebet« von Fritz Perls (siehe Kap. 3), da es die Menschen als voneinander getrennte Individuen darstelle. Sein Einwand ist aus einer transzendenten spirituellen Perspektive heraus nachvollziehbar. Allerdings müssen wir auch schauen, wer auf welcher Ebene der Entwicklung davon angesprochen wird. Das sind genau diejenigen, die sich schlecht abgrenzen können, die so erzogen wurden, dass sie nicht auf ihr Inneres hören, sondern sich an die gefühlten Erwartungen von außen anpassen und dabei sich selbst verlieren. Da kann der Satz: »Ich bin nicht da, um nach den Erwartungen anderer zu leben« befreiend sein und eine Voraussetzung dafür schaffen, die wesensgemäße Eigenart zu entdecken und mutiger zu leben. Erst wenn das gelingt und die Ich-Grenzen einigermaßen stabil sind, können wir diese auch transzendieren. Dann können wir diese Grenzen wieder auflösen und diese jederzeit wieder etablieren, wenn wir uns in dieser Welt bewegen müssen. Hanh (Hanh 2001, S. 187) ändert das Gestalt-Gebet folgendermaßen:

> »Du bist ich und ich bin du.
> Stimmt es nicht, dass wir uns gegenseitig bedingen und durchdringen?
> Du hegst die Blume in dir, damit ich schön sein kann,
> und ich verwandle den Abfall in mir, damit du nicht leiden musst.«

Ein spirituell angebundener Therapeut pathologisiert eine spirituelle Suche nicht als regressiv oder defizitär. Er gibt ihr einen besonderen Stellenwert in der Therapie und versucht, diese Suche als Ressource und als eine dem Menschen innewohnende Bestrebung anzuerkennen. Wir können uns dafür interessieren: Was ist das Größere für unser Gegenüber? Worauf beruft es sich, wenn es sich einsam oder verlassen fühlt? Was gibt ihm Trost oder Halt? Was geschieht seiner Meinung nach nach dem Tod? Gibt es eine Seele? Ohne eine Ideologie zu verfolgen, ohne die Antworten zu kennen, können diese Fragen einen Raum in unseren Klient*innen öffnen, der in schwierigen Zeiten tragend sein kann und der sie wieder für das Mysterium des Seins öffnet.

Wie können wir die transpersonale Perspektive konkret in unserer Arbeit nutzen?

1. **Innere Stille und Weite.** Wir können unseren inneren Raum weiten und präsenter werden, wenn wir nicht nur als Mensch oder in unserer Therapeutenrolle anwesend sind. Wir haben eine »Abstinenz und gewisse Distanz zum Persönlichen, aber gleichzeitig eine Wesensverbundenheit dieser beiden sich um Heilung bemühenden Menschen« (Galuska 1998, S. 55). Wir verbinden uns mit einer inneren Instanz, die wir den inneren Beobachter oder inneren Zeugen nennen. Diese Instanz kann unsere Gedanken, Gefühle und Empfindungen beobachten, ohne mit ihnen identifiziert zu sein. »Dieser Zeuge, diese Bewußtheit, ist in sich selbst rein und klar« (ebd., S. 44). »Und diese Präsenz, dieses Gewahrsein, dieser Bewusstseinsraum ruht in sich selbst, er trägt in sich selbst Frieden und Stille. Er ist vollkommen gelöst, ja losgelöst, frei, auch frei von jeder Absicht, jeder Erklärung, ja selbst jeder Beschreibung« (ebd.). In dieser Stille schaffe ich einen Raum, mit dem ich mich dem Leid meines Klienten zuwenden kann. Ich kann in diesem Raum mehr *containen*. Jack Kornfield bedient folgendes Bild: Wenn ein Beutel mit Farbe in einem kleinen Becken ausgeleert wird, färbt diese das ganze Becken. Wenn er jedoch in einen See ausgeleert wird, verblasst die Farbe bald. Die Farbe steht für das Leid unserer Klient*innen und das Wasser für unseren inneren Raum. Der gleiche Inhalt kann einen größeren Raum nicht kontaminieren. Der innere Zeuge hilft uns, uns ganz von unserer Neugierde und unserem Interesse leiten zu lassen. Wir werden weniger befangen, verstricken uns weniger aufgrund unserer persönlichen Themen und Ängste. »Diese Qualitäten sind frei von unseren üblichen Identifizierungen, frei von dem, was man Persönlichkeit nennt, unser Konzept von uns selbst und der Welt. Sie werden jenseits unseres Ich-Bewußtseins, unseres personalen Erlebens erfahren, sind somit transpersonal, trans-ichhaft, trans-egoistisch. Somit können wir diesen Bewußtseinsraum als ›transpersonalen Bewußtseinsraum‹ bezeichnen« (ebd., S. 45).
2. **Verankerung im »transpersonalen Bewußtseinsraum«**: Im Rahmen einer transpersonalen Präsenz versuchen wir, mit keiner bestimmten Brille auf den Klienten und den therapeutischen Prozess zu schauen. Unser Fokus gilt dem, wie wir da sein können und die Beziehung so gestalten können, dass wir offen, spontan und intuitiv handeln können. »Die Intuition gründet sich in der Freiheit von der Perspektivität« (ebd., S. 48). Die transpersonale therapeutische Arbeit schaut mit einer übergeordneten Perspektive auf den Prozess, die nicht an Schulen oder Theorien gebunden ist. Ihr wichtigster Leitfaden ist unsere Intuition und unsere Erfahrung: »Unsere Präsenz, das ist unsere Bewußtheit für all das, was wir in diesem Moment erleben. Diese Bewußtheit ist frei von allem Einzelnen. Sie ist offen für alles, was auftaucht, und läßt es in ihrem Licht, nämlich der Bewußtheit, erscheinen. In der therapeutischen Arbeit ermöglicht sie also […], zunächst einmal wahrzunehmen, ohne sich darin zu verwickeln« (ebd., S. 53). Wir bauen eine Verbindung auf, die auf einer unge-

teilten Zuwendung zu unserem Gegenüber in Hier und Jetzt gründet. Wir blicken auf das Wesenhafte im Menschen. »Am Charakter kennen, im Wesen erkennen wir einander« (Büntig 2015, S. 79).

3. **Offenheit für spirituelle, existenzielle Themen**: Im Rahmen dieser Perspektive sind wir offen für spirituelle und existenzielle Themen. Wir fragen danach, was das größere Ganze für unsere Klient*innen ist. Woran glauben sie, wenn es existenziell schwierig wird? Was trägt und hält sie? Wir geben diesen Fragen Raum, ohne die Antworten zu kennen.
4. **Verbindung der individuellen Lebensgeschichte mit universellen, transpersonalen Themen.** Im Rahmen der transpersonalen Perspektive sehen wir Leid nie nur individuell. Wir sehen darin eine universelle, existenzielle Erfahrung, die alle Menschen betrifft: »Somit wäre dann das subjektive Problem unserer Klientin nicht nur ihr subjektives individuelles Problem, sondern ein Problem in der Kette der Generationen, ein Problem in der Menschheitsgeschichte, vielleicht sogar ein Ausdruck der Schmerzhaftigkeit und Leibhaftigkeit des Seins selbst …« (Galuska 1998, S. 48). Diese Perspektive schafft einen Raum, der das Leiden erträglicher macht. Sie hebt die Isolation auf, die das Leid nur verstärkt.
5. **Demut dem Leben und dem Sosein unserer Klienten gegenüber.** Wir kontrollieren und gestalten den Prozess nicht allein. Wir können niemanden vor dem Leben schützen. Unsere Bedeutung ist sehr relativ in Bezug auf die vergangenen und künftigen Erfahrungen, Prägungen und Lebensaufgaben unsere Klient*innen. Wir können mit unserer Präsenz begleiten und zeitweise Halt geben, Hoffnung wecken, bei Veränderungsprozessen begleiten und zu tieferer Selbsterkenntnis verhelfen.
6. **Ausrichtung auf Wachstum.** Die transpersonale Perspektive schaut nicht störungsspezifisch auf den psychisch leidenden Menschen. Sie beschränkt sich nicht auf die *Krankheitszone.* Sie interessiert sich für die Lebensaufgaben eines Menschen und sein persönliches und inneres Wachstum. Galuska (Galuska 1998) unterteilt die Therapie in eine Krankheits- und Gesundheitszone. Beide greifen ineinander und kommen nicht ohneeinander aus. Um zu gesunden, brauche ich Anbindung an meine gesunden Seiten und Ressourcen. Und um gesund zu bleiben und zu wachsen, brauche ich Kontakt zu allem Ungelösten in mir, den schwierigen Gefühlen und meinem existenziellen Leid. Leid lässt sich nicht ausklammern, sondern ist – wie Freude – ein Teil der Existenz, den wir annehmen müssen. Dazu Thich Nhat Hanh (Hanh 2001, S. 237): »[…] wir [müssen] […] alle Schwierigkeiten der Welt, unseren Körper und unseren Geist akzeptieren, um sie verwandeln zu können. Wenn wir sie zurückweisen, wenn wir vor ihnen wegzulaufen versuchen, werden wir niemals Erfolg haben. Es gibt keine Möglichkeit, den Dingen, die wir hassen, zu entkommen. Wir können sie nur verwandeln, und zwar in das, was wir lieben.« Das ist die transpersonale Beschreibung der paradoxen Theorie der Veränderung.
7. **Verbindung mit dem tiefsten Selbst:** Wenn jemand im Leben nicht weiterweiß, sind wir als Begleitende dazu verführt, Antworten zu geben, die wir aber nicht geben können. Wir können der Person dazu verhelfen, sich mit ihrem tiefsten Selbst zu verbinden, und zum Beispiel fragen: Wessen im Leben bist du dir in der Tiefe sicher?

Was weiß dein tiefstes Selbst in dir darüber? Es ist erstaunlich, welche Antworten auftauchen, wenn wir die Perspektive der Person auf diese Art weiten.

»Healing happens all around
(Just) breathe and smile.
Be still and know
Healing happens all around and deep inside, nothing to do

When we entrust to mother earth and let go, healing takes place
When we relax in what we are and surrender ourselves,
Nothing else to do

Be aware of your fear (pain/doubt ...)
Just breathe with it,
Your presence is enough
Invite your love to be, here with you
Let yourself be embraced.«
*(Tabea Halfmann, Healing Song)*

Die transpersonale Dimension des Bewusstseins umfasst Gipfelerlebnisse, kollektive Phänomene wie das kollektive Unbewusste, transzendente und reine Bewusstseinszustände sowie die transgenerationale Weitergabe von Traumata. Um uns auf dem spirituellen Weg nicht zu verlieren, brauchen wir ein ausreichend starkes Ich. Häufig werden Zustände, die das Ich transzendieren, mit regressiven und unreifen Ich-Zuständen verwechselt. Diese Verwechslung wird nach Ken Wilber (Wilber 2006) Prä-Trans-Verwechslung genannt. Die spirituelle Anbindung von Therapeut*innen kann den therapeutischen Raum vertiefen und öffnen. Gleichzeitig wahren wir die Prinzipien der Neutralität: Wir drängen unser Weltbild nicht auf und lassen Klient*innen ihre Vorstellung von Spiritualität. Durch die Wahrnehmung unserer Präsenz können wir Stille und Weite erfahren: Wir haben mehr Raum, unserem Gegenüber mit seinem Leid zu begegnen. Wir sehen individuelles Leid auch als Ausdruck existenziellen und universalen Leidens. Buddhistische Prinzipien wie die Interdependenz oder Unbeständigkeit helfen dabei, weniger an Vorstellungen über das Selbst anzuhaften und damit innerlich freier und lebendiger zu werden: Das Bewusstsein darüber hilft Menschen dabei, das Leben so zu berühren, wie es ist.

# 15 Schlussbetrachtung: Bleibe Mensch!

> »Wenn du nach einer schlimmen Nachricht still sitzen bleiben kannst, wenn du bei finanziellen Verlusten total ruhig bleibst, wenn du kein bisschen neidisch auf die tollen Urlaubsreisen bist, die deine Nachbarn ständig unternehmen, wenn du immer vergnügt isst, was auf den Teller kommt, wenn du nach einem anstrengenden Tag ohne [Hilfe] einschlafen kannst, und wenn du immer zufrieden sein kannst, wo du auch bist – dann bist du wahrscheinlich ein Hund.«
>
> *(Kornfield 2012, S. 21)*

Das humanistische Narrativ gibt eine Orientierung, wie wir als Therapeut*innen unseren Klient*innen begegnen können. Es lädt uns ein, uns auf die Qualität der Beziehung und des Kontaktes zu konzentrieren, den Menschen, der uns gegenübersitzt, genau anzuschauen und uns dafür zu interessieren, wer er oder sie ist. Es hilft uns dabei, uns auf das Wesentliche zu konzentrieren und auf die Selbstheilungskräfte der Menschen zu vertrauen. Damit ist es auch ein wichtiger Burn-out-Schutz und Wegweiser in einem Gebiet mit so vielen Angeboten, die das Gefühl vermitteln, dass wir allein mit unseren Interventionen den Prozess steuern.

Wir müssen uns vor Augen führen, dass alle Therapeut*innen, auch die großen Gründerväter und -mütter wichtiger Therapierichtungen, Menschen sind. Wir alle kochen mit Wasser und begegnen letztendlich auf schlichte und häufig sehr unaufgeregte Weise Menschen, die seelisch leiden und innerlich wachsen wollen. Der therapeutische Prozess ist häufig mühselig und manchmal emotional zehrend und anstrengend. Es gibt keine Wunderheilungen oder *Shortcuts*. Was zählt, sind unsere Haltung, unser Dasein, unser zugewandtes Interesse, unsere authentischen Grenzen und unsere Neugierde. Wir sollten nicht so viel damit beschäftigt sein, Therapie richtig zu machen, sondern uns auf die Qualität der Beziehung konzentrieren, unseren Klient*innen tendenziell mehr zutrauen, als wir das vielleicht tun, und Therapie persönlich – gemäß unserer Eigenart – gestalten.

Alle Therapieverfahren haben eine bestimmte Verführungskraft. Sie suggerieren: Nur das ist der richtige Weg! Aber auch die großen Gründerväter und -mütter waren fehlbar und sehr viel menschlicher, als deren Klient*innen sie wahrscheinlich haben sehen wollen. Rogers litt bekanntlich unter ausgeprägten Selbstzweifeln, Jung war anfänglich begeistert vom Nationalsozialismus und hatte bekanntlich eine leidenschaftliche Affäre zu einer Klientin. Fritz Perls zeigte in seinen Workshops nicht selten chauvinistische Tendenzen, und Yalom hegte eine tiefgreifende Abneigung gegen fettleibige Menschen ... Es gibt weder den idealen Weg noch den idealen Menschen.

Als Menschen haben wir unsere Beschränkungen, und das ist auch gut so. Als Therapeuten befinden wir uns auf einem lebenslangen Lernweg. Als Begleiter*innen können wir viel von unseren Kient*innen lernen. Wir dürfen uns vor den Therapien die Frage stellen: »Was kann ich von diesem Menschen lernen?«

Wir sollten unseren eigenen Erfahrungen trauen, unsere eigenen Wege finden, fehlbar und verletzlich sein, auf dem Boden bleiben und immer wieder fragen: Wer bist denn du? Was passiert denn da gerade zwischen uns? Du bist es mir wert, dass wir uns dafür interessieren können! Dann bleibt Psychotherapie für uns eine Reise, die uns immer wieder Neues zeigt und zu sagen hat.

# Danksagung

Danken möchte ich allen, die mich in das unfassbar spannende und komplexe Feld der Psychotherapie eingeführt haben und mir auf meinem therapeutischen Weg Inspiration gegeben haben, Begleitung, Vorbild und Lehrer waren und sind. Das sind so viele, dass ich hier nur einige davon erwähnen kann.

Ich danke …

… meiner Frau, Kollegin und Gestalttherapeutin Irina Winkler für ihre warmherzige und klare Unterstützung und anregende Gespräche über die Humanistische Therapie und die Gestalttherapie!

… meinen Freunden Julian Meyer-Hemme und Kolja Heumann für eine einzigartige Freundschaft, anregenden fachlichen Austausch und gemeinsames Wachsen auf dem Weg als Psychotherapeuten.

… für gemeinsame Vorarbeit und Durchführung eines Seminars meinem Freund und Kollegen Julian-Meyer Hemme.

… meinem Freund Alexander Dreydorff für einen so warmen menschlichen und inspirierenden fachlichen Austausch und ein gemeinsames Seminar im Jung-Institut.

… meinem Schulfreund Vandad Sohrab, der mir die Welt der Philosophie eröffnete.

… allen aus der Arbeitsgemeinschaft Transpersonale Psychologie in Hamburg, insbesondere Dr. Dorothee Wienand-Kranz für die warmherzige und inspirierende fachliche Begleitung.

… Prof. Friedemann Schulz von Thun, dessen humanistische Haltung in seinen Vorlesungen mich inspirierte und begeisterte.

… dem Team der STEMS (Studentische Telefon- und E-Mail-Seelsorge der Evangelischen Studierendengemeinde Hamburg), insbesondere Birgit, unserer Ausbilderin in Gesprächstherapie nach C. Rogers.

… allen Teilnehmenden und Initiatoren des Menschenbilder-Seminars in Hamburg, das den Anspruch hat, die Psychologie mit ihren Nachbardisziplinen Philosophie und (Kultur-) Soziologie zu vernetzen und weniger beachtete psychologische Forschungsfelder wie die Kritische Psychologie, Bewusstseinspsychologie oder die transpersonale Psychologie zu besprechen.

… dem gesamten Team der Heiligenfeld Kliniken Bad Kissingen für einen intensiven Einblick in die angewandte transpersonale Psychotherapie, insbesondere meinem Praktikumsanleiter Hisham Zoabi, der mir eine offene Art der psychoanalytischen Gruppenarbeit in Verbindung mit Aufstellungsarbeiten näherbrachte.

… allen Klient*innen und Mitarbeiter*innen der klinischen Stationen der SINOVA

Klinik Weissenau Ravensburg (insbesondere Dr. Steve Truöl) und Friedrichshafen (Prof. Dr. Juan Valdés-Stauber) und der Forel Klinik in Ellikon an der Thur.

... der ZIST Akademie, die die Humanistische Psychotherapie erfahrungsbasiert und facettenreich in einer intensiven und tollen Ausbildung vermittelt. Vor allem danken möchte ich Wolf Büntig, dem ich dieses Buch widme, David Roth, der die Idee zur ZIST-Akademie hatte und wesentlich bei deren Umsetzung tätig war, und allen Dozent*innen. Hervorheben möchte ich hier Gustl Marlock, Christine von Aufseß, die Gestalttherapeutin Willi Krauss-Kogan, Luise Reddemann, Prof. Christian Reimer, Reini Hauser, Angela Klopstech (Bioenergetik), Doris Rothbauer (SE) und Susannah Grover (spirituelle Aspekte der Psychotherapie).

... meiner Ausbildungsgruppe im ZIST für die Erfahrung, miteinander zu lernen, sich zu zeigen und einander zu sehen.

... meinen Supervisor*innen Dr. Bernhard Grimmer, Christiane Rösch, Cornelie Storz und Gustl Marlock für einen korrigierenden und erweiterten Blick auf Psychotherapien.

... meiner Lehrtherapeutin Christa Henzler für warmherzige und klare Begleitung meiner inneren Prozesse und Förderung und Ermutigung auf meinem beruflichen Weg.

... meiner SE- und NARM-Selbsterfahrungsleiterin und Supervisorin Frau Doris Rothbauer für erstaunliche verkörperte Erkenntnisse.

... all meinen Klient*innen, die ich auf meinem bisherigen Weg begleiten durfte und von denen ich so viel lernen konnte und immer noch lerne.

... der Projektleitung, Dr. Nadja Urbani vom Schattauer Verlag, für ihr genaues Lesen und Mitdenken, ihre ungebrochene Neugierde und Begeisterung für das Projekt, die ermutigende und kompetente Begleitung, wertvolle fachliche Impulse sowie ihren Einsatz im Verlag, damit dieses Buch veröffentlicht werden kann!

... meiner Lektorin Karla Seedorf für einen scharfen Blick, zahlreiche Korrekturen und viel Zeit mit dem Manuskript.

# Abbildungs- und Tabellenverzeichnis

# Literatur


Antonovsky, A. (1979). Health, stress, and coping. USA: Jossey-Bass.

Ackerman, S., & Hilsenroth, M. (2001). A review of therapist characteristics and techniques negatively impacting the therapeutic alliance. Psychotherapy: Theory, Research, Practice, Training 38 (2), S. 171–185. https://doi.org/10.1037/0033-3204.38.2.171

Ackerman, S., & Hilsenroth, M. (2003). A review of therapist characteristics and techniques positively impacting the therapeutic alliance. Clinical Psychology Review 23 (1), S. 1–33. DOI:10.1016/S0272- 7358(02)00146-0

Berndt, C. (2019). Individuation: Wie wir werden, wer wir sein wollen – Der Weg zu einem erfüllten Ich. München: dtv premium.

Berne, E. (2007). Spiele der Erwachsenen. Psychologie der menschlichen Beziehungen. Reinbek bei Hamburg: Rowohlt.

Balint, M. (2002). Therapeutische Aspekte der Regression. Die Theorie der Grundstörung (3. Aufl.). Stuttgart: Klett-Cotta.

Beisser, R., A. (1998). Gestalttherapie und das Paradox der Veränderung. Gestaltkritik 1.

Bion, W. R. (2004). Notes on Memory and Desire. In: Langs, R. (Hg.). Classics in Psychoanalytic Technique. Lanham: Rowman & Littlefield Publishers, Inc., S. 243–244.

Brach, T. (2012). Attend and Befriend: Healing the Fear Body. www.tarabrach.com/attend-and-befriend-healing-the-fear-body-audio/ (Zugriff am 20.11.20124).

Buber, M. (1978). Urdistanz und Beziehung. Beiträge zu einer philosophischen Anthropologie. Heidelberg: Verlag Lambert Schneider.

Bühler, C. (1962). Psychologie im Leben unserer Zeit. München, Zürich: Droemersche Verlagsanstalt.

Büntig, W. (2013). »Das Geschenk des Lebens«. Texte von Wolf Büntig. In: Mühleisen, H.-O. (Hg.). Das Mögliche verwirklichen. Perspektiven der Humanistischen Psychologie. Freiburg: Kreuz Verlag, S. 15–120.

Büntig, W. (2015). Wesen und Charakter. Seminar im Rahmen der ZIST-Akademie (18. bis 23. 10. 2015).

Büntig, W. (o. D.). Dankbarkeit. https://www.zist.de/blog/2023/04/26/dankbarkeit-wolf-buentig/ (Zugriff am 11. 11. 2024).

Carmen (2023). Nur weil die jetzt wieder weint. https://mondklar.art.blog/2023/02/01/nur-weil-die-jetzt-wieder-weint/ (Zugriff am 29.11.24).

Cozolino, L. (2009). Das Herz der Psychotherapie. Ein praktischer Begleiter auf dem Weg therapeutischer Praxis. Freiamt: Arbor.

Doering, S. (2016). Übertragungsfokussierte Psychotherapie (TFP). Göttingen: Vandenhoeck & Ruprecht.

Dörner, K., Plog, U., Teller, C., & Wendt, F. (2007). Irren ist menschlich. Lehrbuch der Psychiatrie und Psychotherapie (3. Aufl.). Bonn: Psychiatrie-Verlag.

Eberwein, W., & Thielen, M. (2014). Humanistische Psychotherapie: Theorien, Methoden, Wirksamkeit. Gießen: Psychosozial-Verlag.

Ermann, M. (Hg.) (2014). Der Andere in der Psychoanalyse: Die intersubjektive Wende. Stuttgart: Kohlhammer.

Feifel, H., & Eells, J. (1963). Patients and Therapists Asess the Same Psychotherapy. Journal of Consulting Psychology 27, S. 310–318.
Fiedler, P. (2004). Ressourcenorientierte Psychotherapie bei Persönlichkeitsstörungen. Psychotherapeutenjournal 1, S. 4–12.
Foucault, M. (1994). Überwachen und Strafen. Die Geburt des Gefängnisses. Frankfurt/M.: Suhrkamp.
Freud, S. (1942): Gesammelte Werke V. Frankfurt/M.: Fischer.
Fromm, E. (1987). Haben oder Sein. Die seelischen Grundlagen einer neuen Gesellschaft (15. Aufl.). München: dtv.
Fromm, E., Suzuki, D. T., & Martino, R. de (1971). Zen-Buddhismus und Psychoanalyse. München: Suhrkamp.
Galuska, J. (1998). Die transpersonale Dimension der Psychotherapie. In: Riedel, L. (Hg.). Sinn und Unsinn der Psychotherapie. Rheinfelden: Mandala Media, S. 41–60.Grawe, K., Donati, R., & Bernauer, F. (1994). Psychotherapie im Wandel. Von der Konfession zur Profession. Göttingen: Hogrefe.
Grimmer, B. (2014). Psychodynamische Gesprächskompetenzen in der Psychotherapie. Kommunikation und Interaktion. Stuttgart: Kohlhammer.
Grof, S. (2007). Kosmos und Psyche: An den Grenzen menschlichen Bewußtseins (5. Aufl.). Frankfurt/Main: Fischer.
Han, B. (2012). Müdigkeitsgesellschaft (7. Aufl.). Berlin: Matthes & Seitz.
Han, B. (2015). Agonie des Eros (4. Aufl.). Berlin: Matthes & Seitz.
Han, B. (2021). Infokratie. Digitalisierung und die Krise der Demokratie. Berlin: Matthes & Seitz.
Hanh, T. N. (1996). Call me by my true names: The collected poems of Thich Nhat Hanh. Berkeley, California: Parallax Press.
Hanh, T. N. (2001). Aus Angst wird Mut: Grundlagen buddhistischer Psychologie. Bielefeld: Theseus (J. Kamphausen).
Hanh, T. N. (2021). This Moment is Perfect | Lion's Roar (lionsroar.com) (Zugriff am 20. 07. 2024).
Hartmann-Kottek, L., & Kriz, J. (2005). Humanistische Verfahren und ihr Kontext. PiD-Psychotherapie im Dialog, 6(01), S. 112–116.
Heigl-Evers, A. & Nitzschke, B. (1991). Das Prinzip »Deutung« und das Prinzip »Antwort« in der psychoanalytischen Therapie: Anmerkungen zur theoretischen Begründung zweier therapeutischer Angebote, die an unterschiedliche Klientengruppen gerichtet sind. Zeitschrift für Psychosomatische Medizin und Psychoanalyse, 37 (2), S. 115–127.
Heimann, P. (1969). Gedanken zum Erkenntnisprozess des Psychoanalytikers. Psyche – Zeitschrift für Psychoanalyse 23, S. 2–24.
Heumann, K., & Bock, T. (2015). Psychoedukation ist ein überholtes paternalistisches Konzept. Pro. Psychiat Prax; 42: 296-297 DOI http://dx.doi.org/ 10.1055/s-0034-1387499
Heller, L., & Doerne, A. (2024). Befreiung von Scham und Schuld. Alte Überlebensstrategien auflösen und Lebenskraft gewinnen. Das Neuroaffektive Beziehungsmodell NARM (6. Aufl.). München: Kösel.
Heller, L., & LaPierre, A. (2013). Entwicklungstrauma heilen. (4. Aufl.). München: Kösel.
Heller, L., & Kammer, B. J. (2023). PRAXISBUCH Entwicklungstrauma heilen. Wege zur Auflösung von Beziehungs-, Entwicklungs- und Bindungsstörungen. München: Kösel.
Hesse, H. (1974). Demian: Die Geschichte von Emil Sinclairs Jugend. Frankfurt/M.: Suhrkamp.
Heuft, G., & Esser, G. (2017). Gutachten zur wissenschaftlichen Anerkennung der Humanistischen Psychotherapie. Deutsches Ärzteblatt, 09. 03. 2018.
Hirschberger, J. (1980). Geschichte der Philosophie. Band I: Altertum und Mittelalter (12. Aufl.). Freiburg i. Br.: Herder.
Hirschberger, J. (1980b). Geschichte der Philosophie. Band II: Neuzeit und Gegenwart (11. Aufl.). Freiburg i. Br.: Herder.
Jacobi, F. (2006). Entwicklung und Beurteilung therapeutischer Interventionen. In: Wittchen,

H. U., & Hoyer, J. (Hg.). Klinische Psychologie & Psychotherapie. Heidelberg: Springer Medizin, S. 554–579.
Jaspers, K. (1965). Kleine Schule des philosophischen Denkens. München: Piper.
Jaspers, K. (1973). Allgemeine Psychopathologie. Berlin, Heidelberg, New York: Springer.
Jaspers, K. (2012). Der philosophische Glaube. München, Zürich: Piper.
Jung, C. G. (1961/2003). Erinnerungen, Träume, Gedanken von C. G. Jung. Aufgezeichnet und hg. v. Aniela Jaffé (Sonderausgabe, 13. Aufl.). Düsseldorf und Zürich: Walter.
Jung, C. G. (2007). Die Beziehungen zwischen dem Ich und dem Unbewußten (10. Aufl.). München: dtv.
Kierkegaard, S. (1848/1964). Der Gesichtspunkt für meine Wirksamkeit als Schriftsteller. In: Søren Kierkegaard, Schriften über sich selbst, GW 33. (2. Aufl.) Düsseldorf-Köln: Eugen Diederichs.
Kolbe, O. (2020). Vortrag: Abhängigkeit als Beziehungsform. Forel Klinik, Ellikon a. d. Thur, Schweiz.
Körner, J. (2018). Die Psychodynamik von Übertragung und Gegenübertragung. Göttingen: Vandenhoeck and Ruprecht.
Kornfield, J. (2008). Das weise Herz. Die universellen Prinzipien buddhistischer Psychologie (8. Aufl.) München: Arkana.
Kornfield, J. (2012). Das innere Licht entdecken. Heilende Meditationen für schwierige Lebensphasen. München: Kösel.
Kornfield, J. (2018). Heart Wisdom – Ep. 86 – Entering with an Awakened Heart. Jack Kornfield. https://jackkornfield.com/ep-86-entering-with-an-awakened-heart/
Kornfield, J. (2000). After the Ecstasy, the Laundry. How the heart grows wise on the spiritual path. New York: Bantam Books.
Kornfield, J. (2022). The key to Wise Thougth. https://jackkornfield.com/the-key-to-wise-thought/ (Zugriff am 25. 07. 2024).
Kornfield, J. (o. D.). The colorings of consciousness. https://jackkornfield.com/the-colorings-of-consciousness/ (Zugriff am 06. 11. 2023).
Kunzmann, P., Burkard, F.-P., Wiedmann, F., & Weiß, A. (2003). dtv-Atlas Philosophie. (11. Aufl.). München: dtv.
Kriz, J. (2007). Grundkonzepte der Psychotherapie (6. Aufl.). Weinheim: Beltz.
Kriz, J. (2011). »Humanistische Psychotherapie« als Verfahren. Psychotherapeutenjournal 4, S. 332–338.
Kriz, J. (2018). Gutachten des Wissenschaftlichen Beirats Psychotherapie zur Humanistischen Psychotherapie – Und wie geht es nun weiter? Psychotherapeutenjournal 3, S. 257–264.
Kriz, J. (2018b). WBP-Bewertung tendenziös und voller Mängel. Familiendynamik 43 (2), S. 162–163.
Kriz, J. (2023). Humanistische Psychotherapie: Grundlagen – Richtungen – Evidenz. Stuttgart: Kohlhammer.
Kriz, J. (2024). Grundlagen der Humanistischen Psychotherapie. Live-Seminar: Auditorium Netzwerk (25. 05. 2024).
Kriz, J. (o. D.). Lexikon der Psychologie: Humanistische Psychologie. Spektrum.de (https://www.spektrum.de/lexikon/psychologie/humanistische-psychologie/6752 %23:~:text=Die%2520 Hauptvertreter--%2520u.a.%2520Charlotte,,Gesellschaft%2520f%25C3%25BCr%2520 Humanistische%2520Psychologie%2522 (Zugriff am 19. 06. 2024).
Lamott, A. (1997). My mind is a bad neighborhood I try not to go into alone. https://www.salon.com/1997/03/13/lamott970313/ (Zugriff am 21. 07. 2024).
Levine, P. A. (2010). Sprache ohne Worte. Wie unser Körper Trauma verarbeitet und uns in die innere Balance zurückführt. München: Kösel.
Levine, P. A. (2024). Vom Trauma befreien. Wie Sie seelische und körperliche Blockaden lösen (14. Aufl.). München: Kösel.

Linhardt, R. (2018). Wenn der Druck zu groß wird. Medizin studieren 1, S. 7–9.
Luderer, H.-J. (2018). Offener Brief an den Wissenschaftlichen Beirat Psychotherapie. GwG_offener_Brief_WBP_2018-02-19.pdf (koerperpsychotherapie-dgk.de) (Zugriff am 12. 11. 2023).
Luhmann, L. (2004). Einführung in die Systemtheorie (2. Aufl.). Heidelberg: Carl-Auer-Systeme.
Mangold, Ijoma (2023). Das Deutsche Krokodil. Meine Geschichte (9. Aufl.). Reinbek bei Hamburg: Rowohlt Taschenbuch.
Marlock, G. (2018). Die strukturellen Veränderungen der Seele in der Postmoderne. Deutsche Vorlage zum Eröffnungsvortrag beim 16. Europäischen Kongress der European Association for Body Psychotherapy (ZIST | Körperpsychotherapie und Humanistische Psychologie (G. Marlock).
Maslow, A. H. (2010). Motivation und Persönlichkeit (12. Aufl.). Hamburg: Rowohlt.
Mentzos, S. (2008). Neurotische Konfliktverarbeitung. Einführung in die psychoanalytische Neurosenlehre unter Berücksichtigung neuer Perspektiven (20. Aufl.). Frankfurt a. M.: Fischer.Mühleisen, O. (2013). Einführung. In: Ders. (Hg.). Das Mögliche verwirklichen. Perspektiven der Humanistischen Psychologie. Freiburg: Kreuz, S. 9–13.
Munz, D. (2018). Einführende Informationen zum Wissenschaftlichen Beirat Psychotherapie und zur Begutachtung der Humanistischen Psychotherapie. Psychotherapeutenjournal 3, S. 251–256.
Perls, F. S. (2008): Gestalt-Therapie in Aktion (10. Aufl-). Stuttgart: Klett-Cotta.
Petzold, H. (2004). Integrative Therapie. Modelle, Theorien und Methoden einer schulenübergreifenden Psychotherapie (3. Bände). Paderborn: Junfermann.
Plantholz, M. (2018). Nach dem Gutachten des Wissenschaftlichen Beirats Psychotherapie: Rechtliche Auswirkungen auf die Gesprächspsychotherapie. Psychotherapeutenjournal 4, S. 362–367.
Pross, C. (2009). Verletzte Helfer: Umgang mit dem Trauma: Risiken und Möglichkeiten sich zu schützen (Leben lernen, Bd. 222). Stuttgart: Klett-Cotta.
Rogers, C. R. (1985). Die Kraft des Guten. Ein Appell zur Selbstverwirklichung. Frankfurt/M.: Fischer Taschenbuch.
Rogers, C. R. (2012). Entwicklung der Persönlichkeit (18. Aufl.). Stuttgart: Klett-Cotta.
Rosa, H. (2023). Unverfügbarkeit (8. Aufl.). Frankfurt/M.: Suhrkamp Taschenbuch.
Rudolf, G. (2013). Strukturbezogene Psychotherapie. Leitfaden zur psychodynamischen Therapie struktureller Störungen (3. Aufl.). Stuttgart: Schattauer.
Sartre, J.-P. (2023). Der Existentialismus ist ein Humanismus. Und andere philosophische Essays 1943 – 1948 (12. Aufl.). Hamburg: Rowohlt.
Schweitzer, J. (2018). Ein anderer Blick auf die Entscheidung zur Humanistischen Psychotherapie des Wissenschaftlichen Beirats Psychotherapie. Psychotherapeutenjournal 4, S. 360 f.
Strasser, P. (2023). Selbstverwirklichung ist oft Selbstbespiegelung. Psychologie Heute, 7, S. 10.
Strauß, B. (2019). Innovative Psychotherapieforschung – Wo stehen wir und wo wollen wir hin? Psychotherapeutenjournal 1, S. 4–10.
Suzuki, S. (2016). Zen-Geist – Anfänger-Geist: Unterweisungen in Zen-Meditation. Berlin: Theseus.
Thielen, M. (2018). Stellungnahme der AGHPT zum Gutachten des Wissenschaftlichen Beirats Psychotherapie zur Humanistischen Psychotherapie – Wurde nach wissenschaftlichen Kriterien entschieden? AGHPT-Stellungnahme-zum-Gutachten-des-WBP-zur-HP.pdf (psychodrama-deutschland.de) (Zugriff am 12. 11. 2023).
Thun, S. v. (2015). Mehr oder minder authentisch? Von der Authentizität zur Stimmigkeit – Warum das erstrebenswerte Leitbild der Kommunikation eine Gegentugend braucht. Praxis Kommunikation 6, S. 10–13.
Timmer, K. (2024). Grenzen setzen – für weniger Stress im Alltag. Trans-Parents. Online-Kurs (08. 10. 2024).

Tuckman, B. W. (1965). Developmental sequences in small groups. Psychological Bulletin 63, S. 348–399.
Vogel, H. (2000). Auswirkungen für die Psychotherapeutenausbildung: Verbesserung der Ausbildung durch das Psychotherapeutengesetz? Journal für Psychologie 8 (4), S. 41–53. https://nbn-resolving.org/urn:nbn:de:0168- ssoar-2844.
Vogel, H. (2006). Das Psychotherapeutengesetz und die Ausbildung der Psychotherapeuten. DGVT. https://www.dgvt.de/aktuelles/news-details/das-psychotherapeutengesetz-und-die-ausbildung-der-psychotherapeuten/ (Zugriff am 12. 11. 2023).
Vogel, R. T. (2017). Individuation und Wandlung. Der »Werdensprozess der Seele« in der Analytischen Psychologie C. G. Jungs. Stuttgart: Kohlhammer.
Watzlawick, P. (2022): Der Unsinn des Sinns. Oder vom Sinn des Unsinns (13. Aufl.). München: Piper.
Weischedel, W. (2001). Die philosophische Hintertreppe (31. Aufl.). München: dtv.
Wilber, K. (2006). Eros. Kosmos. Logos. Eine Jahrtausend-Vision (4. Aufl.). Frankfurt/M.: Fischer Taschenbuch Verlag.
Winkler, J. (2022). Suchttherapie inside. Erfahrungswissen für junge Therapeutinnen und Therapeuten. Stuttgart: Schattauer.
Winkler, J. (2022b). Mut zum Hier und Jetzt: Übertragung und Gegenübertragung im therapeutischen Dialog. Heidelberg: Springer essentials.
Winnicott, D. W. (1965). The Maturational Process and the Facilitating Environment. Studies in the Theory of Emotional Development. New York: International Universities Press
Winnicott, D. W. (1973). The Child, the Family and the Outside World. Vereinigtes Königreich: Penguin Books.
Wittchen, H.-U., Hoyer, J., Fehm, L., Jacobi, F., & Junge, J. (2006). Klinisch-psychologische und psychotherapeutische Verfahren im Überblick. In: Wittchen, H. U., & Hoyer, J. (Hg.). Klinische Psychologie & Psychotherapie. Heidelberg: Springer Medizin, S. 410–431.
WBP (2018). Erläuterungen zum Gutachten des Wissenschaftlichen Beirats Psychotherapie zur Humanistischen Psychotherapie. Psychotherapeutenjournal 4, S. 353–358.
Yalom, I. D. (2005). Im Hier und Jetzt: Richtlinien der Gruppenpsychotherapie (5. Aufl.). München: btb.
Yalom, Irvin D. (2010). Der Panama-Hut oder was einen guten Therapeuten ausmacht. München: btb.
Yalom, I. D. (2010b). Theorie und Praxis der Gruppenpsychotherapie (10. Aufl.). Stuttgart: Klett-Cotta.
Zimbardo, P. G., & Gerrig, R. J. (2004). Psychologie (16. Aufl.). München: Pearson.